YOUNG·青年维也纳
VIENNA

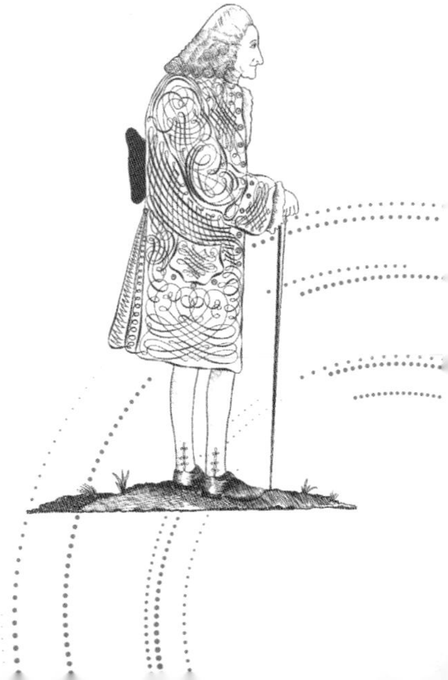

高 林 著

青年维也纳丛书

主　　编　一霖

YOUNG VIENNA · 青年维也纳

KAISER WALZER

皇帝圆舞曲

从启蒙到日落的欧洲

EUROPE'S JOURNEY FROM ENLIGHTENMENT TO SUNSET

人民东方出版传媒
東方出版社

图书在版编目（CIP）数据

皇帝圆舞曲：从启蒙到日落的欧洲 / 高林 著 . — 北京：东方出版社，2019.3
ISBN 978-7-5207-0716-9

Ⅰ. ①皇…　Ⅱ. ①高…　Ⅲ. ①欧洲—历史—19 世纪　Ⅳ. ① K504

中国版本图书馆 CIP 数据核字（2018）第 293188 号

皇帝圆舞曲：从启蒙到日落的欧洲
（HUANGDI YUANWUQU：CONG QIMENG DAO RILUO DE OUZHOU）

作　　者：高　林
策　　划：陈　卓
责任编辑：李　森
特约编辑：一　霖　袁业飞
责任审校：孟昭勤　金学勇
出　　版：东方出版社
发　　行：人民东方出版传媒有限公司
地　　址：北京市东城区东四十条 113 号
邮　　编：100007
印　　刷：北京联兴盛业印刷股份有限公司
版　　次：2019 年 3 月第 1 版
印　　次：2019 年 3 月第 1 次印刷
开　　本：880 毫米 ×1230 毫米　1/32
印　　张：14.125
字　　数：370 千字
书　　号：ISBN 978-7-5207-0716-9
定　　价：68.00 元
发行电话：（010）85924663　85924644　85924641

彩图 1　匈牙利女王玛利亚·特蕾莎在加冕之山上

彩图 2 《无忧宫里的腓特烈》

彩图 3　腓特烈二世（席位中间）同伏尔泰（席位左三前倾者）
以及普鲁士科学院成员在无忧宫

彩图 4　1769 年，信奉理性开明专制的约瑟夫二世皇帝（28 岁）见到自己的偶像腓特烈二世（57 岁）

彩图 5　神圣罗马帝国的弗兰茨二世皇帝（或奥地利的弗兰茨一世皇帝）

彩图6　克里斯蒂安·柯勒《日耳曼尼亚的觉醒》
画中,象征德意志民族的日耳曼尼亚,在手持天平的正义女神的感召下从沉睡中醒来,左手握住神圣罗马帝国皇冠，右手摸向武器，准备战斗

彩图 7　雨果的浪漫主义名剧《欧那尼》首演时盛况空前，分成两派的观众大打出手

彩图 8　玛利亚·特蕾莎骑士团 150 周年庆典油画

彩图 9　奥地利哈布斯堡家族奠基人鲁道夫一世

彩图 10　神圣罗马帝国皇帝马克西米利安一世

彩图 11　奥地利皇帝弗兰茨·约瑟夫一世

彩图 12　霍夫堡宫对面的“卢斯馆”

彩图 13　1853 年，弗兰茨・约瑟夫一世遇刺事件

彩图 14　17 世纪末的维也纳

彩图 15　维也纳感恩教堂

彩图 16　维也纳国家歌剧院风景写生（阿道夫·希特勒 绘）

彩图 17　奥地利国会大厦

彩图 18　维也纳市政厅

彩图 19　维也纳城堡剧院

彩图 20　国民邮政储蓄银行，前面的广场上有乔治·柯赫半身像

彩图 21　末代沙皇尼古拉二世一家，东正教圣像画

彩图 22　印象派画家毕沙罗笔下的巴黎街景，街边的房子一层和二层挑高非常高，底商和贵族套间不会互相打扰

彩图 23　19 世纪巴黎社交界的巨星孟德斯鸠伯爵

彩图 24　克利姆特所绘的维也纳大学天顶画《医学》

14
13
12
11
6
5
4
3
2
1

彩图 25　维多利亚·路易丝公主婚礼现场

① 德皇威廉二世的儿媳、威廉皇储的妻子　太子妃塞西莉娅
② 新郎的父亲、汉诺威王国（已亡国）的恩斯特·奥古斯特二世
③ 英王乔治五世的妻子　玛丽王后
④ 德皇威廉二世
⑤ 德皇威廉二世的长子　威廉皇储
⑥ 萨克森－科堡－哥达的维多利亚公主　黑森大公妃
⑦ 德皇威廉二世的儿媳、埃特尔·弗雷德里希王子的妻子　奥尔登堡女公爵苏菲·夏洛特
⑧ 英王乔治五世
⑨ 德皇威廉二世的妻子　奥古斯塔·维多利亚皇后
⑩ 新郎恩斯特·奥古斯特三世，婚礼后受封不伦瑞克公爵
⑪ 新娘维多利亚·路易丝公主，德皇威廉二世唯一的女儿
⑫ 俄皇尼古拉二世
⑬ 德皇威廉二世的姑姑　巴登大公妃路易丝
⑭ 丹麦的瓦尔德马亲王

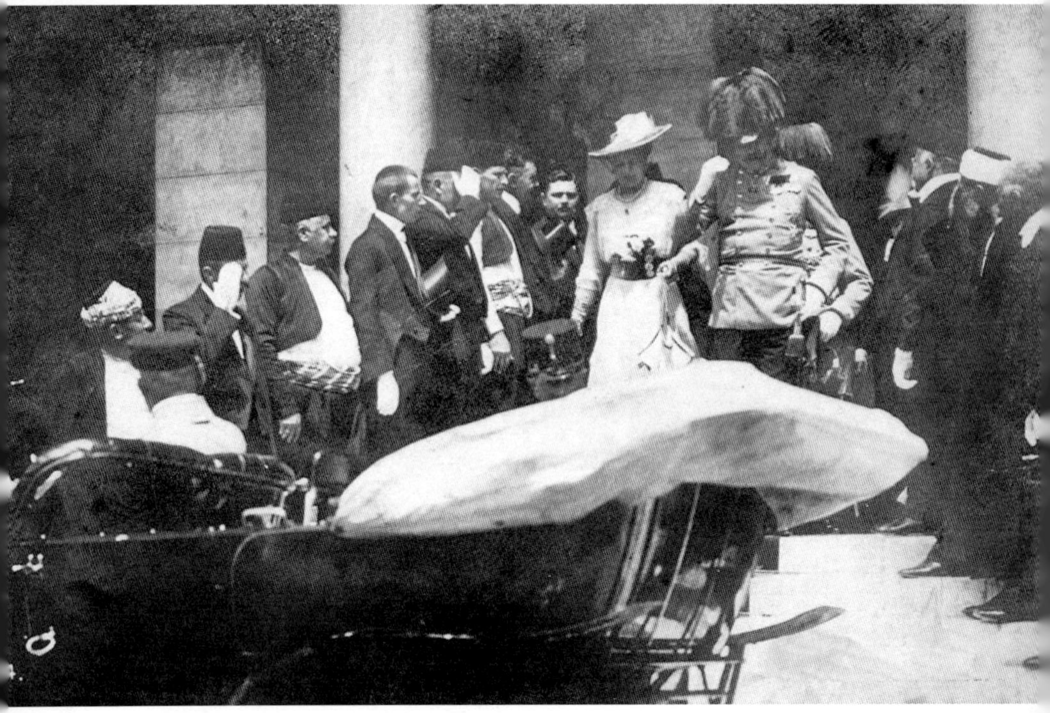

彩图 26　斐迪南大公夫妇走出萨拉热窝市政厅准备登上汽车，几分钟后将遇刺身亡。随着这次枪响，“他们的世界远去了，我们的世界到来了”

编者的话

我和高林先生刚刚认识的时候，就想为他出一本书。那时，由于对德奥史的精通，他已经在一个小圈子里被朋友们熟知了，但还从未在纸质媒体上发表过文字。偶然有一次，我在一个微信群里感受到了他在放松状态下的讲座水平。说是讲座，其实更接近受邀闲谈。在毫无准备的情况下，大量素材信手拈来，对历史人物的评论敏锐精当，幽默中透着潇洒的谈吐，从各个方面都让人印象深刻。更迷人的是，如此出色的一个研究者，在漫长的岁月里，只是纯粹出于兴趣而毫无功利目的地积累着自己的学养。

起初，本书的文字整理工作，并没有既定的头绪，只是按照高林先生在过去写作中已有的、较为完整的篇目进行梳理。为了能更多地跟读者互动，我们还将初步整理出来的一些内容，发布在微信公众号上。高林先生把公众号命名为“青年维也纳”（Young Vienna），意在致敬 100 年前活跃于维也纳的那个若有若无的文学团体。

这个公众号很快聚集起一些和高林先生光谱接近的作者。在不久的将来，这批作者的作品还将构成“青年维也纳”丛书的后续几本。例如，以鉴赏古典音乐见长的乐正禾先生，他的书是关于西方古典音乐中德奥系的历史，预计很快会和读者们见面。虽然各自涉猎的领域有所不同，但丛书作者们的写作，应该说都属于进步史观以外、博雅谱系门下的产物。

说回到本书，关于书名，我们曾有过多个不同的主意，最终确定为《皇帝圆舞曲——从启蒙到日落的欧洲》。《皇帝圆舞曲》为小约翰·施特劳斯1889年的作品，创作初衷是献礼奥地利皇帝弗兰茨·约瑟夫访问德国。有趣的是，这首曲子被高林先生设置为自己的手机铃声。“启蒙”一词，无论在英语、法语、西班牙语还是德语中，都有“发光”“点亮”的意涵。所以，“启蒙”的时代也是“光”的时代，正好与“日落”构成了对比。

本书的内容，涵盖了拿破仑、腓特烈大帝、梅特涅等热门人物。虽然是以高林先生一年以来于报章发表的文章为底本，但在结集整理过程中的不断增加和改写，已经让本书具备了全新的面貌，更能让读者从高林先生对热门人物自出机杼、锐利不凡的点评中，体会到他的深思。

最后，要特别感谢袁业飞先生在本书编辑过程中所做的重要贡献，包括众多有价值的写作建议及注释。非常感谢香港的孔笑微博士所提出的审读建议，以及刘玉海和朱天元先生、张子言女士等朋友对“青年维也纳”的支持与帮助。还要感谢东方出版社的陈卓先生、李森先生为本书的出版所付出的努力。

希望读者您，能喜欢“青年维也纳”丛书的这第一本作品。

“青年维也纳”丛书主编　一霖

2018年9月9日 于香港

目 录

第二章 革命与复辟

第三章 帝国的时代

自序　睡神、梦神与你我

在我们的时代，历史和文学之间已经横亘着一条难以逾越的鸿沟，这条鸿沟也横亘在文学和生活之间。历史和文学、文学与生活，甚至历史和生活之间都变得泾渭分明。我们以问题意识来划分时代，并赋予时代以主题。我们总结每个时代的时代精神，把过去的岁月看作“绝对精神”演变的不同阶段，以至于当我们谈论历史的时候，我们甚至把历史当中的人看作无足轻重的点缀。如果说维也纳宫廷把普鲁士刑法中禁止的那种同性之间的行为叫作“波茨坦病”，那么，这种理解历史的方式大概可以叫作“柏林大学病”或者“黑格尔病”。

当这本书里的文字要变成一本书的时候，作为一个典型的没有黑格尔命却害了黑格尔病的人，我也花了很长时间反复问自己：“难道这些东西可以成为一本书吗？”难道一本书不应该是某种思想的载体，甚至在某种程度上是“绝对精神”的一种体现吗？后来我找到了一个非常简单的办法让自己从这种症状里摆脱出来，你们也可以试一试，那就是找了面镜子照了照自己，然后我就再也不去想什么“绝对精神”了。

其实，历史、文学和生活原本是三位一体的。100多年前，奥斯卡·王尔德说：“人生模仿艺术远过艺术模仿人生。”如果说“模仿”意味着距离，那么，历史和生活之间其实连这层关系都不存在。我们生活的每一部分，我们的衣食住行、喜怒哀乐都是历史的一部分。考古学家认真地考察中世纪公共墓地的遗骨，据此分析中世纪普通人的预期寿命，甚至根据海底沉积物里的花粉浓度来判断古代的温度变化。历史与我们之间其实并不是距离远近的问题——历史就是我们自己。比如，当你读到这里，把书翻回扉页想看看这个东拉西扯的作者到底是谁的时候，买这本书时的那个善良的、好欺骗的你，就已经随着这个动作走进了历史。

是的，也只有从这个角度，我们才好意思把这本奇妙的书交到你们手中。坦白说，我自己从没想到它最后能变得像今天这样完整、井井有条而且浑然一体。这都是我伟大的朋友一霖和袁业飞的贡献，因为这本书的最初形态只是一系列独立发表的文章被分门别类地放在一起。如果说它们发表时就存在着某种内在的一致性，我能想到的大概有两点：第一，它们都是一个叫高林的人写的；第二，它们都是高林这种“历史生活化”，我们姑且不说是“庸俗化”的观念的产物。

基于这种观念，我把历史看作过去时代里人的生活的总和。每一个人其实都是普通人，包括公认的英雄或者公认的穷凶极恶之徒，本质上都有普通人的一面。瘸子塔列朗曾经对拿破仑疯狂地追求享乐表示震惊，但客观地说，瘸子自己在享乐方面也没落在他的皇帝后边。甚至希特勒这样的人，如果你考虑到啤酒馆政变以前，这位“元首”的内心深处给自己的定位是一个“施洗者约翰”式的人物，你大概也会觉得这个人至少在当时还没有彻底疯掉。

在过去的每一个时代里，总有些东西是不变的，因此也是相通的。当我们看到那些久远年代哀痛的父母给自己夭折的孩子留下的纪念物，或是那些遥远年代里发源难考、旋律质朴的情歌，再或是一首几经流转，依然被反复吟唱的悼亡歌，如果它拨动了你内心深处某些温柔的部分，至少在那一瞬间，你和古人是声息相通的，这是另一种意义上的“通灵”感。在过去的岁月里走过的那些人，其实从没有真正远去，只要你愿意寻找，在雕塑、绘画、建筑中，在他们眺望或者俯瞰过的山河大地上，在他们留下的诗句或歌声里，他们的生命都在继续。

当历史成为你和古人之间的桥梁时，当你透过历史感受到那些古人的心灵时，历史所扮演的其实是文学的角色。我们在文学里感受别人的心灵，体验别人经过浓缩的生命，然后享受到文学的乐趣与温暖。假如我们抱着同样的态度去看待历史，它也完全可以提供相同的服务：文学用自己的手法去表现作者的时代，历史学家也在做同样的事情。当历史还没有变得远离我们时，它和文学之间并不存在那条难以逾越的鸿沟。那是兰克会开心地捧读瓦尔特·司各特小说的时代，当人们问他：“《昆汀·杜沃德》在历史细节上是准确的吗？”兰克反过来问：“《昆汀·杜沃德》在细节不准确又怎么样？”

这是一些关于过去的文字，如果一定要提供一个坐标，那就是一本关于“近代”欧洲的书。再具体一点就是关于“美好年代”的书。可一旦具体到这个地步，误解也随之而来，因为一切“术语”其实都有标准含义，比如，美好年代（La Belle Époque）原本指的是一战前的法兰西第三共和国，它是一个法语词，但在这本书里我们关于法国的部分却并不多，所以解释也就不可避免：这是一本关于“美好年代”这个时段里的欧洲的书，从柏林到巴黎到维也纳，我们写了很多东西。

在全书的前半部分，我们追溯了美好年代的开端，第一章我们谈到了19世纪的史前史，18世纪的启蒙时代——旧制度下的最后时光。第二章我们以一种浮光掠影的态度扫过拿破仑和他的帝国，然后进入了19世纪的真正开端——复辟时期，以及那些停留在两个世纪交界点上的人。瘸子塔列朗在这里显得有点突兀，但这种突兀其实正是让我们把他留在这里的最大原因，他的存在本身就凸显了这个时代作为分水岭的特点。这个理由也可以解释梅特涅，梅特涅和塔列朗在这个时代里有众多的共同点。这两个人构成了一座桥梁，让我们从那个戴扑粉假发的年代，走向那个留络腮胡子来表达自己自由主义立场的近代。

在这个时代，第一个被我们请出来的人是拿破仑三世，因为从统治手段上说，拿破仑三世是近代一系列波拿巴主义式统治者里的第一人。从个人气质上说，他也是第一个真正面对现实，以一种近代政客的精神去扮演君主的统治者。在他之后，有趣的人相继登场，比如爱玩游艇的德意志皇帝威廉二世；还有他那个同样被维多利亚时代的时尚教主培养的，既爱玩游艇也爱玩汽车的表兄弟沙皇尼古拉二世；还有沉默的皇帝弗兰茨·约瑟夫一世，他们一起构成了美好年代的顶层。

在他们之下，一个正在兴起的阶层“中产阶级”正顶着“布尔乔亚”的帽子急切地登上历史舞台，比如，可爱的巴黎社交明星普鲁斯特，还有在维也纳的身体健康、欢蹦乱跳版的普鲁斯特——施尼茨勒。他们构成了本书的最后一部分。在他们之后，我们将看到一个世界的落幕，当然也是我们所讨论的这个时代的终结。

当你终于看完了这段喋喋不休的独白翻到正文时，我希望你看到的是一本轻松愉快的书，这也是我“历史庸俗化”主张中的重要一环。如果一本历史书或者关于历史的书没有意思，那还不如不写。历史之于你，应该像睡神与梦神，紧紧地抱住你们，蒙住你们的双眼，带你们走进梦乡。因为你生命里的一部分其实早就沉睡在历史的怀抱里了。

第一章 旧制度下

◇ 启蒙时代的风尚

◇ 网红伏尔泰和学者阿鲁埃

◇ 启蒙皇帝——约瑟夫二世

◇ 明星老弗里茨

一　启蒙时代的风尚

法国的君主想要享受生活，而其他的欧洲君主想要过上法国国王那样的日子。无论是想要过几天好日子的法国国王，还是想要过几天法国国王式好日子的其他君主，他们首要的敌人都是对他们的享乐生活越来越不耐烦的人民，以及那些被他们想方设法约束在自己周围的贵族。

《在若弗兰夫人沙龙里诵读伏尔泰的悲剧〈中国孤儿〉》

本书的主题是老欧洲的最后辉煌——19 世纪，虽然 19 世纪从年代纪元上始自 1801 年，但向前对启蒙时期做一个追述依然是必要的，毕竟本书并不打算写成一本从主义到主义、从思想到思想的思想史或者观念史，相反，我们一贯把思想看作社会和时代的产物，伟大的思想要还原到诞生它的摇篮，也就是形成它的时代和社会中去。比如，把启蒙思想家反迷信的格言和当时高级教士的放荡生活结合在一起；把启蒙思想家反封建的呼声和当时欧洲君王们已经建立和正迫切想要建立绝对君主制的愿望与利益结合在一起；把启蒙思想家和他们的听众结合在一起，那个立体的历史背景当中的启蒙运动才能被还原出来。

也只有这样，我们才能真正看到那个由一大群有时可爱、有时可恨，有时两者兼而有之的人所组成的启蒙时代的世界；看到那个在沙龙的窃窃私语和大声哄笑中声名鹊起的思想流派；看到那个狡猾地在皮包里塞满书稿、证券和国债的伏尔泰，怎样伺偻着腰、撇着嘴，头上戴着假发、腰上挂着宫廷侍从的金钥匙，扬扬自得地走过这个时代，并在不经意间改变了他所走过的那个世界。还有同样走在这条道上的瘸子塔列朗，这位路易十五的修道院长、路易十六的主教、大革命中的议员、督政府的督政官、执政府的执政官、拿破仑的大臣和亲王、路易十八的首相、路易-菲利普的大使，一只手拄着拐杖，另一只手搭在可怕的前修士、拿破仑的警务大臣富歇的肩膀上，一瘸一拐地走在伏尔泰已经远去的道路上。轻松愉快的帝国首相梅特涅，挺直了身子，站在一脸倦容的弗兰茨皇帝身边，远远地看着这些人远去，然后环顾四周发出一声叹息。

这个世界是 19 世纪欧洲的真正开端和源头。从这个意义上说，从狄德罗的短假发到施尼茨勒[①]的偏分头之间其实只需要迈一小步，从施尼茨勒的

---

① 亚瑟 · 施尼茨勒（Arthur Schnitzler，1862—1931），奥地利剧作家、小说家。维也纳现代派的核心人物，是第一个把意识流手法引入德语文学的作家。生于犹太医生家庭。维也纳大学医学博士，曾以行医为业。主要作品有剧作《阿纳托尔》《轮舞》《贝恩哈迪教授》，小说《通向野外的道路》《特雷赛》等。施尼茨勒的文学创作反映了 19 世纪末维也纳社会的精神状态，本书的第五章有更多对施尼茨勒的论述。——本书注释均为编者注

常礼服到金属朋克的皮夹克之间才需要迈一大步[1]。启蒙时代开启了 19 世纪的历史，但启蒙派对 19 世纪的影响其实是间接的，因为 19 世纪的文化很大程度上是建立在对启蒙思想的抗拒上的。公平地说，虽然启蒙思想家们热衷于批评自己时代的种种不公和弊端，但他们的思想对自己的时代所发挥的也主要是一种推波助澜式的影响。

启蒙时代的舞台

启蒙运动的舞台是 18 世纪下半叶的欧洲，而这个时期的欧洲之所以能够产生启蒙运动有两个重要原因：一是相比于之前的几个世纪，欧洲在 18 世纪进入了一个相对稳定的时期；二是近代绝对君主国的兴起。

说 18 世纪是一个相对稳定的时期，是因为之前的两个世纪是毫无疑问的乱世。这两个世纪的欧洲实际上只有两个主题，而且彼此交错互为因果，那就是奥斯曼帝国的持续西进与欧洲在政治和宗教上的分裂。1519 年，随着哈布斯堡[2]的查理五世当选神圣罗马帝国皇帝，欧洲其实已经进入了一个相对团结的阶段，但这种短暂的团结也是奥斯曼帝国兴起的副产品。奥斯曼土耳其从小亚细亚的一个苏丹国，迅速崛起成为整个近东的霸主。1453

---

① 一战是现代欧洲和老欧洲的分界线。从文化上说，19 世纪与启蒙时代之间有明显的延续性，而一战后与一战前存在着一次断裂。

② 哈布斯堡家族（House of Habsburg）曾是欧洲历史上统治领域最广的家族。哈布斯堡家族发源于瑞士北部的阿尔高州，在 1020 年筑起鹰堡（哈布斯堡城堡），并逐渐将势力扩展到今天的奥地利和德国南部。1273 年，哈布斯堡家族的鲁道夫一世被选为神圣罗马帝国皇帝（1273—1291 年在位）。1438 年开始，神圣罗马帝国皇帝由哈布斯堡家族世袭。查理五世（1520—1556 年在位）时代，哈布斯堡家族成为欧洲最强大、领地最广阔的统治者，带领天主教联盟抵御奥斯曼帝国的威胁。1806 年，神圣罗马帝国解散，哈布斯堡家族继续统治奥地利帝国。1867 年，为了化解普奥战争失利对帝国的冲击，奥地利帝国改为奥匈帝国。1918 年，奥匈帝国在一战中解体，哈布斯堡的统治结束。

年穆罕默德二世攻陷君士坦丁堡，拜占庭帝国灭亡，这深深地刺激了西方的基督教君主。但给他们带来更直接威胁的是奥斯曼帝国对匈牙利的征服。奥斯曼帝国对匈牙利的入侵由来已久，早在1396年，英国、法国和勃艮第[①]的骑士们就参加了皇帝希格斯蒙德[②]组织的抵抗奥斯曼人的十字军。这支十字军在尼科波利斯的战败，让整个西方的基督教君主在葬礼的丧钟声中感到大难将要临头。从这种恐惧当中兴起了新的十字军热潮，勃艮第公爵们组织的金羊毛骑士团就一再以各种富于戏剧性的仪式，重申自己的这种十字军理想。1519年，随着勃艮第大公、西班牙的基督教国王、两西西里的国王、哈布斯堡在德意志各世袭领地的领主，以及神圣罗马帝国的皇帝等一大串身份都集中到哈布斯堡的查理五世一人身上时，基督教和奥斯曼帝国的正面对抗就开始了。这种基督教欧洲和奥斯曼帝国的正面对抗在地中海上表现为马耳他之围[③]和勒潘托海战[④]，在多瑙河上则表现为1529年

---

① 这里的勃艮第是指勃艮第公国（法语：Bourgogne）。该公国建立于9世纪，包括法国中部和东部一些地区。在腓力二世（大胆者）当政时期（1363—1404），勃艮第公国的军事和政治势力有所扩展，亦获得了佛兰德、阿图瓦、弗朗什孔泰（又称勃艮第伯国）以及其他地区；在腓力三世（好人）当政时期（1419—1467），又获得了布洛涅伯爵领地、卢森堡以及尼德兰的一部分和皮卡第。勃艮第公国在查理公爵（即大胆查理）统治之下（1467—1477），势力达到顶峰，与法国争雄。然而，1477年查理在南锡战役中被瑞士击败，公国逐渐被法国和哈布斯堡王朝瓜分。当今法国布洛涅行政区大部分地区旧为勃艮第公国属地。

② 皇帝，特指神圣罗马帝国皇帝。在很长一段时间内，神圣罗马帝国皇帝都是欧洲唯一的皇帝。希格斯蒙德（Sigismund von Luxemburg，1368—1437）是卢森堡王朝的神圣罗马帝国皇帝（1433—1437年在位）。他是勃兰登堡选帝侯（1378—1388，1411—1415），1411年被选举为罗马人的国王，1433年加冕为神圣罗马帝国皇帝，他同时还是匈牙利和克罗地亚国王（1387—1437年在位）、波希米亚国王（1420—1437年在位）。他组织的十字军在1396年的尼科波利斯战役中大败给奥斯曼帝国。

③ 1565年，奥斯曼帝国大军入侵马耳他岛，遭到医院骑士团的激烈抵抗。此战是历史上最激烈的围城战之一，以奥斯曼军队的败退告终。这是欧洲抗击奥斯曼帝国过程中一个振奋人心的节点。

④ 1571年，奥斯曼帝国海军与西班牙、罗马教廷和威尼斯组成的联合舰队在勒潘托海角发生的一场大战，最终联军获胜。此战并未使奥斯曼帝国受到重大打击，但极大地鼓舞了欧洲人抗击奥斯曼帝国的信心。

的维也纳之围[①]。基督教世界在奥斯曼帝国的扩张面前站稳了脚跟，但战争所带来的巨大损失和沉重财政负担，也随即压垮了仅仅出于共同的恐惧而结合起来的欧洲。

对欧洲的很多人来说，奥斯曼的威胁近在眼前，比如哈布斯堡王朝统治的多瑙河领土和西地中海领土。而对另一些人而言，奥斯曼帝国的威胁却不过是远方的闷雷。比如被哈布斯堡王朝统治的勃艮第人就是如此。勃艮第的富庶使哈布斯堡王朝视之为财源，但勃艮第国家偏处低地德意志，既不接近多瑙河也不接近地中海，他们为保卫欧洲所承担的财政负担远高于脱离哈布斯堡王朝统治所需要的军费。当欧洲整体的安危和十字军远征体现为宗教仪式、充满说教寓意的戏剧和奢华宴会上的十字军誓言的时候，勃艮第人就表现得热情高涨。一旦十字军具体化为需要每一个人承担的沉重税赋，而且这种税赋很多时候还并不平等时，人们的热情就瞬间降温了。勃艮第西南的法国人曾经在 1396 年和勃艮第人一起参加十字军，但很快瓦卢瓦王朝[②]的国王和勃艮第公爵们围绕领地主权所爆发的矛盾就代替了虚无

① 1529 年，奥斯曼帝国军队第一次尝试夺取维也纳，进攻受挫后，因冬季来临、后勤线吃紧而撤退。这一战是奥斯曼帝国第一次侵略中欧。之后的 150 年，奥地利和奥斯曼帝国展开了长期的攻防战，直至 1683 年维也纳之战欧洲军队大败土耳其。

② 瓦卢瓦王朝是 1328—1589 年统治法国的王朝。1328 年法王查理四世死后，因卡佩家族嫡系无男嗣，由卡佩家族的旁支瓦卢瓦伯爵查理之子腓力六世继承王位（1328—1350），建立瓦卢瓦王朝。瓦卢瓦王朝时期，内外战争频繁。王朝初建，英王爱德华三世以法王腓力四世外孙的名义与腓力六世争夺王位，爆发英法百年战争。15 世纪初年，瓦卢瓦家族的两个旁系奥尔良公爵和勃艮第公爵的争斗延续近 30 年之久。从 1494 年起，瓦卢瓦王朝同哈布斯堡王朝为争夺意大利而连年作战，1562—1598 年又爆发宗教战争。百年战争时期，王权一度衰落，15 世纪初，王权逐渐加强，路易十一（1461—1483 年在位）纵横捭阖，消除掉大胆查理等威胁，基本完成了法国的统一。1589 年 8 月 1 日，亨利三世（1574—1589 年在位）遇刺身亡，因无子嗣，王位由纳瓦尔的亨利四世继承（1589—1610 年在位）。至此，瓦卢瓦王朝结束，波旁王朝开始。

缥缈的十字军热情。随着1477年大胆查理[①]的死，瓦卢瓦王朝和勃艮第家族之间的矛盾，转变成了瓦卢瓦王朝和继承了勃艮第家族遗产的哈布斯堡王朝之间的矛盾。对法国来说，奥斯曼帝国不但不再是威胁，反而成了帮助它打破哈布斯堡王朝南北夹击的盟友。

当法国基于对哈布斯堡霸权的恐惧而与奥斯曼人结成渎神同盟[②]的时候，法国成了勃艮第和德意志任何想要摆脱哈布斯堡王朝统治的人的幕后老板。而这种基于利益的分离主义倾向又得到了宗教改革的鼓舞，基于性价比的计算而产生的政治性的倾向，变成了可以不计生死的非理性的信仰斗争。奥斯曼帝国的外来压力把短暂团结起来的欧洲压得四分五裂，而在这块四分五裂的土地上，一个奥古斯丁会修士[③]站出来呼喊宗教改革，就酿成了德意志和勃艮第持续一个多世纪的动荡和纷争。

与今天我们把宗教改革视为人类历史进步的重要篇章的观念相反，宗教改革的16世纪在德意志历史上长期被看作黑暗篇章，之所以它不是最黑暗的篇章，是还有宗教战争全面爆发的17世纪紧随其后登上历史舞台，16世纪的灾难跟17世纪比真的是小巫见大巫。16世纪和17世纪德意志地区的持续纷争和凶残杀戮造成了两个结果：第一是法兰西大君主国在西欧的崛起，法国此时当之无愧地成为天堂之外最美的王国。而且法国不但是最美的王

---

① 大胆查理（Charles le Téméraire，1433—1477），最后一个独立的勃艮第公爵（1467—1477）。他名义上是法国国王藩属，但实力强劲、野心勃勃，与法国国王路易十一进行了激烈较量。1477年在南锡战役中战死。他的独女玛丽为了保住领地，提前嫁给了哈布斯堡家族的马克西米利安一世。但勃艮第就此衰微，以后的历史就是哈布斯堡和瓦卢瓦家族的争霸史。

② 法国国王弗朗索瓦一世和奥斯曼帝国苏莱曼大帝于1536年缔结同盟。这意味着曾被教皇授予“最虔诚的基督教国王”称号的法国国王冒天下之大不韪，与整个基督教世界的敌人结盟，对抗哈布斯堡家族的查理五世，所以被称为“渎神同盟”。

③ 指马丁·路德。自1517年马丁·路德提出《九十五条论纲》对抗罗马教廷，引发宗教改革，到1648年《威斯特伐利亚和约》签订，欧洲陷入了100多年的宗教战争之中，神圣罗马帝国皇帝的权威和实力深受打击。

国，也是最强大的王国，因为德意志的涣散[①]已经通过《威斯特伐利亚和约》所规定的威斯特伐利亚体系固定下来。德意志的等级现状和宗教信仰现状，得到了瑞典和法国两大强国的担保。当瑞典衰退之后，瑞典对德意志的监督权被俄国所取代。欧洲强国共同担保了德意志的分裂和涣散状态，神圣罗马帝国的皇帝彻底蜕变为礼节性的头衔。

但这种局面的好处就是至少保证了1648年《威斯特伐利亚和约》以后一个半世纪里德意志的和平与安定。从1648年到1789年法国革命爆发，虽然爆发了好几次波及全欧的大战：路易十四发动的历次战争、哈布斯堡西班牙系绝嗣导致的西班牙王位继承战争、哈布斯堡奥地利系绝嗣导致的奥地利王位继承战争，还有七年战争以及被戏称为“土豆战争”[②]的巴伐利亚王位继承战争，但除了俄国的崛起、普鲁士从奥地利手中夺取了丰饶的西里西亚、波旁王朝获得西班牙王位，还有唯一在这一个半世纪里因为被瓜分而惨遭灭亡的大国波兰，欧洲的国际格局基本维持在1648年的局面。

法兰西大君主国成为这个时期欧洲各国效法的榜样。路易十三和他嗜血好杀的首相“红公爵”黎塞留大肆杀戮法国贵族，从而重振了受宗教战争[③]重创的法国王权。而到路易十四登上王位的时候，虽然也经历了投石党之

---

① 1648年，三十年战争结束，哈布斯堡皇室被迫在《威斯特伐利亚和约》中承认新教的合法地位，帝国内诸侯邦国可自行订定官方宗教，诸侯邦国有外交自主权；承认荷兰和瑞士为独立国家；哈布斯堡皇室的部分领地被迫割与法国、瑞典和一些新教诸侯；法国和瑞典在神圣罗马帝国议会有代表权。

② 1778—1779年，奥地利和普鲁士围绕巴伐利亚王位继承权爆发的战争。这场战争没有大的作战行动，双方满足于相互对峙，力图通过部队调动来切断敌军与其补给的联系，逼敌退却。因为此战中双方都忙着收获土豆，所以被戏称为“土豆战争”。

③ 1562—1598年，法国信奉加尔文宗（被称为胡格诺派）的贵族联盟与信奉天主教的国王及贵族之间爆发了长期内战，使法国王权一度中衰，巴黎和外省的高等法院经常抵制王命，各地贵族不同程度地恢复了征税和募兵特权。内战以胡格诺派的首领、瓦卢瓦王室的远亲、波旁家族的纳瓦尔国王亨利登上法国王位（即法国国王亨利四世），皈依天主教，颁布“南特敕令”而告终。

乱，但法国贵族面对王权已经完全没有了宗教战争时代那种桀骜不驯和举兵作乱的胆量。路易十四时代留给我们的文学作品里有一部叫《道德箴言录》，这本书的作者是拉罗什富科公爵[①]，这位法国第一流的贵族说“几百年来，法国国王从来没有亏待过拉罗什富科家的人”，但他在路易十三和路易十四年幼的时代却是造反专业户。等到太阳王开始他的统治，这位杀人不眨眼的公爵居然坐在沙龙里跟文人学者聊起了人生，还写了这么一本书，可见法国国王真的是站起来了！

路易十四模仿西班牙哈布斯堡王朝的埃斯科里亚尔宫[②]修建了凡尔赛宫，而且把整个宫廷以及所有想要从宫廷里谋到好处的人都聚集到凡尔赛。对比西班牙的埃斯科里亚尔宫和法国的凡尔赛宫可以得出一个有趣的结论：在埃斯科里亚尔宫，宫殿的核心是作为西班牙历代君主墓地的修道院和宏伟的修道院教堂。每天早晨，西班牙宫廷的贵族纷纷等候在国王寝宫的门口，然后跟在国王身后浩浩荡荡地走向宫殿核心的教堂参加弥撒。通过这个过程，国王向贵族以及每一个目睹这一盛况的人强调——上帝是西班牙大君主国的核心，而西班牙的基督徒国王是君权神授的正统君主。而在凡尔赛宫，宫廷教堂偏处宫殿一角，宫殿的中心是国王的寝宫，每天早晨，法国贵族们要浩浩荡荡地聚集在国王的寝宫参加国王的起床仪式，通过这个过程，路易十四告诉贵族们——国王才是法兰西大君主国的唯一主宰者。

路易十四把整个君主国的政府官员都聚集在凡尔赛，又把每一个想要在宫廷里谋取一官半职或者从国王手中求取好处的人（大部分都是贵族）也

---

① 弗朗索瓦·德·拉罗什富科（François de La Rochefoucauld，1613—1680），早年热衷政治，曾参加过推翻首相黎塞留的计划，却不断失败。还曾参与投石党叛乱。晚年进入以塞维涅夫人、拉斐特夫人为代表的沙龙圈子（尤与后者过从密切），从此潜心著作直至逝世。最著名的传世之作是《道德箴言录》。

② 全称“埃斯科里亚尔圣洛伦索王家修道院”，该修道院由西班牙国王菲利普二世下令修建，于1563年动工，1584年竣工，历时21年，是一个集修道院、宫殿、陵墓、教堂、图书馆、慈善堂、神学院、学校“八位一体”的庞大建筑群，位于马德里市西北约50公里处。

聚集在凡尔赛。然后一方面带着他们大肆铺张，以耗费贵族的金钱；另一方面又用慷慨的赏赐、收入丰厚的官职作为引诱驴子疯狂奔跑的胡萝卜。法国贵族被国王带进了这场永无止境且耗资巨大的赛跑，一个生活在宫廷里的人，上自大贵族、大臣，下到莫里哀这样的王室承包商，很可能一辈子都搞不清楚自己到底是发了财还是破了产。人们被宫廷雍容华贵的气派、铺张奢华的排场，以及庄严优雅的娱乐弄得神魂颠倒，同时由于长期待在国王身边而对自己乡下的领地疏于管理。路易十四时代著名的沙龙女主人朗布依埃侯爵夫人有一次回到了自己乡下的城堡，写信给朋友说城堡最先被偷走的是窗户上的玻璃，后来是窗框的木头，最后所有可以被拆下来的东西都被偷走了。当过去桀骜不驯的法国贵族出于虚荣和私欲被聚集到凡尔赛而连自己的窗户都保不住时，路易十四在辉煌的宫廷音乐当中打扮成太阳神站在舞台的正中央，让法国第一流的贵族扮演行星围着自己旋转翩翩起舞，凡尔赛就被“太阳王”打造成一场绝对君主国辉煌而悦人眼目的梦幻。他的宫廷成为全欧洲君主羡慕和效法的典范。

如前所述，德意志的等级现状——分裂涣散的局面被《威斯特伐利亚和约》所确定，也得到法国和瑞典，后来是法国和俄国两大强国的担保。因此，德意志在一个多世纪里失去了走向团结和统一的任何可能性。由于分裂，德意志有着多如牛毛的大大小小的宫廷。

1800 年，德意志民族的神圣罗马帝国有 1789 个组成部分，其中有 200 个左右可以称得上是邦，而真正能够形成自己宫廷的也有几十个。这些宫廷里最大的无疑是维也纳和柏林，其中维也纳最先起来跟随凡尔赛的脚步，利奥波德一世皇帝被称为维也纳的路易十四，他不但和路易十四一样喜欢跳芭蕾舞，甚至还在维也纳郊外动工兴建了一座维也纳的凡尔赛宫——美泉宫。而柏林在这方面整整慢了维也纳半个世纪，勃兰登堡选帝侯兼普鲁士公爵一直到1701年才得到“在普鲁士的国王”[①]这个头衔，而且霍亨索伦[②]王朝实在是穷，仅腓特烈一世国王一代走奢侈糜丽路线就让之后的普鲁士国王们叫苦不迭。腓特烈一世的儿子腓特烈·威廉一世完全是一个简朴的雇佣兵队长型的人物，因此，德意志18世纪上半叶的辉煌宫廷里是没有柏林的（柏林是今天的首都，但18世纪上半叶的宫廷却非常小），好在慕尼黑和德累斯顿弥补了柏林简朴粗犷的不足。

慕尼黑的巴伐利亚选帝侯马克斯·艾曼努尔是路易十四的铁杆盟友，也正因为这一点，他很长时间内被迫流亡国外。但是这位选帝侯在慕尼黑的时期，他的宫廷从风格到音乐都几乎是路易十四宫廷的翻版。德累斯顿的萨克森选帝侯奥古斯特也是一样，这位以大力士自居的选帝侯追求辉煌和享乐，尤其是当他发现自己在效法路易十四的文治武功方面困难重重之后就更是如此，他为了给自己买到波兰王位甚至不惜皈依天主教，也正是这位选帝侯兼

① 1701年，神圣罗马帝国皇帝利奥波德一世在西班牙王位继承战争中陷入孤立境地，勃兰登堡选帝侯兼普鲁士公爵腓特烈第一个与皇帝结盟并派出援军。作为回报，皇帝在一份秘密协约中答应授予其国王的称号。1701年1月18日，腓特烈在柯尼斯堡加冕为“在普鲁士的国王”，称腓特烈一世。腓特烈的领土分为勃兰登堡和普鲁士公国两部分。勃兰登堡是神圣罗马帝国的一个选侯国，而神圣罗马帝国内除了由皇帝兼任的罗马人的国王和波希米亚国王以外不能有别的国王。普鲁士公国不在帝国之内，但腓特烈统治的普鲁士公国是东普鲁士，而西普鲁士在波兰国王统治下。所以腓特烈给自己谋到的头衔是有些尴尬的“在普鲁士的国王”。

② 霍亨索伦家族（Hohenzollerns）是勃兰登堡–普鲁士（1415—1918）及德意志帝国（1871—1918）的统治家族。霍亨索伦家族起源于士瓦本公国境内的黑欣根附近，其始祖布尔夏德一世在11世纪初叶受封为索伦伯爵。第四代索伦伯爵腓特烈三世是皇帝腓特烈一世和亨利六世的家臣。12世纪末期，该家族在索伦前冠以“霍亨”（意为高贵的）字样。此后又分为信奉天主教的士瓦本系和信奉新教的法兰克尼亚系两支。法兰克尼亚系的腓特烈五世于1363年被皇帝查理四世封为帝国伯爵。1415年，腓特烈六世成为勃兰登堡选帝侯，称选帝侯腓特烈一世。1618年，勃兰登堡的霍亨索伦家族（选帝侯系）通过继承得到普鲁士公国统治权。在腓特烈·威廉大选侯统治时期（1640—1688），勃兰登堡–普鲁士日趋强盛。1701年，普鲁士公国升为王国，选帝侯成为国王腓特烈一世。1871年，普鲁士国王威廉一世成为德意志帝国皇帝。1918年，德意志帝国在一战中崩溃，霍亨索伦家族的统治结束。

波兰国王，带给一向简朴刻板的德累斯顿宫廷一段难得的炫目历史。

通过这些模仿者，路易十四如同一阵旋风席卷欧洲各国。政治上的相对稳定，宗教纷争的终结，绝对君主制的兴起，贵族聚集到宫廷，让一个新时代悄然在欧洲降临。启蒙运动的舞台已经齐备，大幕正徐徐拉开。

王权与沙龙

启蒙时代的最初声音是从沙龙里发出的，而沙龙顾名思义就是招待客人的客厅。为了防止贵族造反和争夺王权，路易十四把贵族聚集到身边，而且通过这种方式给予贵族分享王权的机会。随着王权的加强，法兰西大君主国的各个部分都越来越多地被约束在国王手中。从官职到有俸圣职，每一个可以带来收入的职位，每一项可以带来收益的特权都被把持在国王手中。而地方上对这些职位和特权的任何要求，无论正当与否都需要得到国王的恩准。到这个时候，国王的命令就是法律，但国王的命令其实带有相当大的随意性。

所以，每一个人为了自己的利益都必须尽可能地挤进宫廷，挤到法国国王的身边。《黎塞留传》提到，早在亨利四世统治的末期，法国宫廷已经人满为患，但跟路易十四在凡尔赛建立的庞大宫廷相比，亨利四世的宫廷只能算是一个前奏或者预演。

人们为了谋取一官半职，为了造福本乡本土，甚至是为了打官司而聚集到凡尔赛。然后他们需要向王室证明自己的贵族身份，只有得到承认的贵族才有资格觐见国王。但拥有资格的人实在太多了，所以国王需要一个筛选的机制。

国王会任命一些人成为自己的大臣，另一些人则成为自己的侍从，这些人无疑是宫廷的天然成员。有些特殊的大贵族，比如国王的亲兄弟或者堂兄弟在成为侍从或者大臣方面拥有优先权，波旁王朝把这些人叫作“血亲王子”，国王不招待谁也不会不招待他们，首席血亲王子还拥有充当国王首席侍从的荣耀，这项荣耀具体体现在国王的起床仪式上，他可以光荣地把毛巾递给国王。为了这项荣誉，波旁王朝的血亲王子苏瓦松公爵和孔代亲王还曾经兵戎相见。

血亲王子之外，就数拉罗什富科那样的第一流大贵族身份最高。国王搞宫廷的目的就是把他们这些不稳定因素拴在自己身边，当然不可能不接见他们。但是，对他们以下的那些人，国王的自由裁量权就大多了。不过俗话说，自由越大麻烦越多，虽然波旁王朝的很多国王都是精力异常旺盛的人，但国王毕竟很忙，不可能事必躬亲，因此他们往往把甄别一个人是否符合宫廷的趣味、是否有趣、是否有才智的权力下放给那些在凡尔赛开门招待宾客的贵族沙龙。这些沙龙实质上扮演了竞争进入宫廷机会的预选赛的角色，而这些沙龙的女主人就是预选赛的裁判。

通过国王的努力，过去那些居住在各自乡下城堡里的法国贵族，现在纷纷聚集到凡尔赛。而波旁王朝的国王们在招待谁的问题上抓大放小，在道德伦理方面则几乎不闻不问，采取完全的自由放任态度。路易十四自己就是一个精力旺盛的人，其实在这方面，大革命前波旁王朝的历代君主除了路易十三和路易十六，几乎都是一个模子刻出来的，他们都保持着亨利四世那种异常充沛的精力和非常旺盛的欲望。亨利四世晚年对孔代亲王未来的王妃①产生了兴趣，结果被王后在宫廷里追着哭喊。路易十三则是一个阴郁的人，完全不像亨利四世亲生的。但路易十四一登场就立刻证明自己是亨利四世的

① 夏洛特·玛格丽特·德·蒙莫朗西（Charlotte Marguerite de Montmorency，1594—1650），15岁时进宫为亨利四世的王后服务。在一次芭蕾舞练习中被亨利四世相中，亨利四世还取消了她与一位侯爵的订婚，把她许配给了传闻是同性恋的侄子亨利二世·德·波旁，即孔代亲王。夏洛特后来跟丈夫有三个孩子，长子就是后来赫赫有名的将军大孔代（Le Grand Condé）。

亲孙子。伏尔泰曾经说，难以想象路易十四作为国王，在每天的宴会、舞会、音乐会、打猎、玩牌、打台球或者门球之余还能统治法国，创立如此之多的文治武功。而且我们必须考虑到路易十四还有过那么多的情人，在享乐和统治之余还生了那么多合法的和不合法的“法兰西之子”或者“法兰西之女”。路易十四在位时间太长，他死的时候连他孙子都已经死了，所以继位的路易十五是他的重孙子。而当路易十五成年开始亲政的时候，也表现出了一个典型的波旁王朝君主的作风。

路易十四虽然风流，但他内心深处是严肃的。这一点即使从路易十四时代的宫廷音乐中也可以体会出来。路易十四时代的宫廷音乐庄严厚重胜过轻松愉快，尤其是那些供路易十四跳芭蕾舞的音乐。但路易十五并不是另一个路易十四，路易十五只是在欲望方面像路易十四。他对文治武功其实并不太感兴趣，他喜欢的是宫廷里浮华享乐的一面，对路易十四作为统治手段和消遣的吃喝玩乐，路易十五发自内心地陶醉其间。在他和王后结婚的最初几年，他几乎让王后连续生孩子，王后抱怨说自己在法国宫廷的生活就是不断地在怀孕、生产和坐月子中周而复始。最终，忍无可忍的王后建议国王赶快效法法兰西先王去找一个情人。路易十五也俯允了王后的建议，于是风流享乐的路易十五时代降临了。

在更古老的时代，欧洲君主和贵族其实就不太在乎道德，因为贵族的婚姻从根本上就跟感情没什么关系。一个君主、一个王子或者公主要选择结婚对象，首要的条件是女方能带来什么样的嫁妆，以及什么样的继承权，而男方则主要看他的地位和权势。例如邻居有一片卡在你家两个重要领地之间不断收你过境税的领地，你还绕不过去，或者他家控制着河上唯一一座桥，你打不过他所以不能把他的桥拆了自己造一座，那么这时他刚好有个女儿你有个儿子，他愿意把那块领地当嫁妆，即使他女儿少了一只眼睛，你的儿子也只能说“我愿意”，如果儿子不说估计老爹自己也会去说。

对贵族来说，婚姻就是一门生意，虽然基督教试图对贵族的道德伦理进行约束，而且成功地让贵族们接受了一夫一妻制，但贵族婚姻的基础决定了贵族的感情和婚姻完全是两码事，在中世纪的骑士浪漫诗歌里，婚姻之外的爱情已经受到了贵族的推崇。而且那时很多小贵族把自己的长子送到大领主家接受骑士教育，学习战斗也学习如何为大领主效劳，比如充当侍从、官员；当然也顺便当了人质。这些孩子生活在大领主的家里，自然天天要和女主人在一起。贵族赞助的诗人、歌手表现的都是婚姻之外的爱情，他们受到的启蒙教育就是如此，而他们性觉醒的目标也是大领主家的女主人，这种浪漫的骑士之爱里有不少擦枪走火的。否则圆桌骑士故事①的作者也不会让兰斯洛特和亚瑟的老婆有一腿。这是婚外恋的文化土壤。

当然，贵族阶级也试图对他们的伦理进行规范，只不过是站在他们自己的立场上，也就是父母让子女“老实点”这个立场上。孩子毕竟是亲生的，光靠绳子捆、棍子抽是不行的，效果也往往不够好。所以，贵族们就试图通过说服教育和塑造理想人物来让子女们接受贵族的游戏规则。推崇婚姻之外的爱情——其实就是鼓励没有爱情的婚姻，由于这个时期的骑士诗歌还要考虑到教会的立场，因此，婚姻之外的爱情往往是有罪的，比如兰斯洛特骑士的爱情就有罪。或者干脆就是无望的单相思，如果比单相思再进一步，教会可能就要站出来说两句了。

但是到路易十五时代，教会也已经失去了约束力。在法国，高级教士完全成了贵族次子的职业。黎塞留红衣主教原本要顶着一个侯爵的头衔去做军官，结果他兄弟突发奇想做了修道士，不肯再当主教，他家对吕松主教区的掌控权眼看就要丢掉，于是他母亲一声令下，黎塞留侯爵剃掉了头顶上的头发，去了一趟罗马，拿到教皇的特许令，摇身一变成了吕松主教黎塞留。这样的高级教士，对基督教的道德能有什么样的尊重？当黎塞留红衣主教穿着

---

① 圆桌骑士（Knights of the Round Table），传说中不列颠君王亚瑟（Arthur）麾下的一群优秀骑士。他们中最著名的兰斯洛特与亚瑟王的妻子有私情。

小丑的衣服、手里打着响板给王后跳萨拉班德舞的时候，他会跳完舞就板起脸来教训法国宫廷不道德吗？瘸子塔列朗在晋升大品教士的时候，哭着喊：“你们让我当教士迟早要后悔的！”这样的人日后也一样成了修道院长和主教，他们会去指责法国宫廷道德堕落吗？而且法国教士头顶上好歹还有一个国王约束，虽然国王往往睁一只眼闭一只眼，但法国的高级教士毕竟不敢太公开地胡作非为。可是欧洲还有一群山高皇帝远，而且拥有君主特权的德意志高级教士呢。

19 世纪末的卡尔·鲁格博士指责德意志的天主教会从 18 世纪以来就陷入一种巴洛克式的浑浑噩噩之中，在将近两个世纪里毫无作为。神圣罗马帝国的高级教士拥有广阔的领地和巨大的财富，他们作为帝国诸侯还拥有君主特权。马格德堡大主教[①]作为帝国诸侯院的首席，就自称首席邦君大主教。后来，马格德堡大主教在宗教改革当中成了改革的牺牲品，萨尔茨堡大主教[②]继承了他的地位，成为德意志首席邦君大主教。一个像他这样兼任了帝国诸侯的大主教，其实就是自己领地上的君主。皇帝远在维也纳，教皇远在罗马，实际上没有任何人能够去约束和监督他。从萨尔茨堡主教在山顶上的城堡寝宫卧室望出去就是萨尔茨堡城下的米拉贝尔宫，而这座宫殿就是萨尔

---

① 马格德堡大主教一职设立于 968 年拉文纳宗教会议，拥有德意志首席主教的头衔（Primas Germaniae，这个头衔曾拥有凌驾于神圣罗马帝国各路王公之上的地位，18 世纪初哈布斯堡家族拒绝给予承认），地位崇高。宗教改革时期，马格德堡成为新教的“堡垒”，在三十年战争中遭到帝国军队的洗劫和焚毁。1648 年《威斯特伐利亚和约》规定马格德堡将在当时的行政官死后归并入勃兰登堡–普鲁士。1680 年，在最后一任行政官死后，勃兰登堡–普鲁士将马格德堡吞并，将其设为半自治的“马格德堡公国”。

② 798 年，教皇利奥三世将萨尔茨堡主教辖区升级为大主教辖区（archdiocese），从 1278 年起，大主教们被哈布斯堡封为亲王（Fürst），只听命于神圣罗马帝国的皇帝和罗马教皇，在帝国议会中拥有举足轻重的地位。1328 年，萨尔茨堡从巴伐利亚独立，成为政教合一的神圣罗马帝国的亲王大主教区，属于帝国直隶系统，享有独立造币、征税、备军和一定的立法权力。1648 年，马格德堡亲王大主教区被世俗化后，它的日耳曼首席主教的头衔转移给了萨尔茨堡亲王大主教。

茨堡邦君大主教给自己的女朋友修建的。像萨尔茨堡大主教这样的高级教士在德意志还有很多。

德意志18世纪的很多主教都戴假发穿绣花礼服，和普通的贵族毫无不同，他们本来就是贵族家的次子，因为没有财产才被送来当教士。然后他们发现自己其实根本不受任何监督和约束，于是立刻在生活作风上向自己的兄弟们学习。他们往往会在舞会的间隙匆忙披上祭披去主持弥撒，弥撒结束之后把祭披一脱继续跳舞。这些人在信仰方面毫无作为，因为他们根本没有任何作为的必要。如果他们反复强调和宣传基督教的信仰和道德，让教区里的人民都变得虔诚信仰上帝，那他们自己还怎么继续过风流快活的日子？也只有站在萨尔茨堡大主教寝宫的窗口，眺望着米拉贝尔宫，你才能理解什么叫“贵族的无神论”。

据说黎塞留红衣主教的死讯传到罗马时，教皇说：“如果真有上帝，我们的这位弟兄可就有得解释了。”然后教皇又说，“可假如没有上帝，我们这位弟兄的一生也十足精彩了！”这句话同时是贵族的无神论和路易十五时代的道德风尚的最好注脚。

伏尔泰的时运

在18世纪，欧洲君主这门职业的风险正在下降。随着三十年战争的结束，君王已经很少亲自上战场杀敌。而掌握着巨大的权力、拥有巨额财富的君主们面对几乎已经固化的国际体系也已经近乎无能为力。虽然还有腓特烈二世这样横空出世的英雄，但他能够做到的其实也微乎其微。腓特烈二世一生南征北战，但他最终也没能吞并萨克森选侯邦，在欧洲地图上最大的业绩只是勾结沙皇、皇帝一起瓜分波兰，还有就是在那场标志着他横空出世的奥地利王位继承战争里，趁火打劫从哈布斯堡王朝手里夺取西里西亚。法国虽然强大，但是法国的强大几乎激起了欧洲各国的集体遏制，所以法国暂时也对打破欧洲的局势无所作为。

于是，在这种僵持的和平中，法国的君主想要享受生活，而欧洲的君主则想过上法国国王那样的日子。无论是想要过几天好日子的法国国王，还是想要过几天法国国王好日子的其他君主，他们首要的敌人都是对他们的享乐生活越来越不耐烦的人民，以及那些被他们想方设法约束在自己周围的贵族。而贵族和人民手里唯一能够被用来反对君主的武器，就是欧洲各国的封建传统——中世纪以来所形成的、源头在大森林里的日耳曼部落的共同统治的习惯法。

这种东西是国王建立绝对君主国的最大障碍。我们知道法国王权原本在法国压根不受重视，即使卡佩王朝①已经实现了王位的世袭，他们的势力也是建立在作为巴黎伯爵或者是卡佩王朝自己创造出来的法兰西亚公爵的领主权的基础上。虽然他们反复强调他们是法国的国王，或者如他们自己用的头衔那样是“法兰克人、勃艮第人、阿基坦人之王”，但在法国其他的大领主眼中，他们不过是戴着王冠的法兰西亚公爵，因为他们戴着王冠，所以大家应该对他们客气一点，走路的时候让他们走在前边，如此而已。

法国国王逐渐夺取法国各地的统治权，依靠的其实也是他们从那些大领主手中夺取的领主权。比如，布列塔尼这个公国被并入法国，并不是因为它原本是法国的一部分，而是因为联姻。布列塔尼的末代女公爵安妮被迫连续嫁给查理八世和路易十二两代法国国王，才让法国王室终于夺取了布列塔尼

---

① 卡佩王朝（Capetian Dynasty，987—1328），法国王朝。987 年 7 月 3 日，巴黎伯爵家族的雨果 · 卡佩被推举为国王，继承了加罗林王朝的遗产。此后的瓦卢瓦王朝（1328—1589）和波旁王朝（1589—1792，1814—1830）都是卡佩家族的支系。

的统治权。[①]而对布列塔尼人来说，法国国王首先是他们的公爵，其次才是他们的国王。当法国国王想要对布列塔尼人建立绝对王权的时候，他们依照封建传统拥有的自治传统就成了自己最后的武器。这种武器虽然不如贵族的私兵好用，无法直接抗衡国王，但它其实在道义上是占优势的。国王可以用武力把高等法院赶出巴黎，还可以无赖地宣布“国家就是我”，但事实上，国王也明白他们是在耍无赖，国王手里有强权，但是心里觉得理亏。

这时候如果能有一些睿智的思想家站出来证明国王做得好做得对，封建法、封建传统、封建特权都是胡闹，是中世纪的野蛮愚昧的遗存，应该被一扫而空，整个社会应该建立一种直接效忠君主的开明专制的制度，国王能不高兴吗？

也只有理解了这一点，再考虑到点燃大革命导火线的其实是法国中世纪

---

① 直到15世纪，位于法兰西西北方的布列塔尼仍是独立的公国，处于法国和英国两个大国的影响下。15世纪中叶，布列塔尼公爵弗朗索瓦二世只有一个独生女安妮（Anne），她的婚姻将决定公国由谁继承。1492年，年满15岁的安妮被迫嫁给了法兰西国王查理八世。但是，成为法兰西王后六年后，查理八世便去世了。由于安妮与查理八世并无存活的子女，因此布列塔尼公国再度有可能从法兰西国王的手上溜走。为了避免这种状况，继承法国王位的路易十二（查理八世的堂叔）解除了自己的婚姻，强娶了寡妇安妮，以确保法兰西王国能永远保有布列塔尼公国。安妮与路易十二仍旧没有儿子，但有两个女儿，其中长女克洛德（Claude）因据有布列塔尼的继承权，所以她的婚姻也如其母一样，对布列塔尼与法兰西的未来有重大影响。在1504年路易十二与神圣罗马帝国皇帝马克西米连一世签订的《布卢瓦条约》中，马克西米连虽同意将米兰公国让给路易十二，但却要求在路易死后无嗣时，米兰与勃艮第将要归马克西米连之子查理（后来的查理五世）所有，同时，查理将迎娶克洛德为妻。这样的条件，除了将使法兰西国王丧失对米兰公国与勃艮第公国的掌控外，查理与克洛德的婚姻也将再度使布列塔尼脱离法兰西王国。因此法兰西贵族群起反对，并在三级会议中要求将克洛德嫁给昂古莱姆伯爵弗朗索瓦。这位伯爵也就是日后的法兰西国王弗朗索瓦一世，他是路易十二的侄子（也是克洛德的堂兄），在男系中与路易十二亲缘最近，因此下任的法兰西国王也肯定是他。于是，路易十二决定毁弃与马克西米连的条约。日后，克洛德与弗朗索瓦一世的儿子亨利二世顺利继承王位，这才将布列塔尼公国永久合并到法兰西国王的统治之下。

以来各等级参与国家事务的传统方式“三级会议”[①]，还有更具封建色彩的、导致了三级会议的1788年的“等级会议”[②]，你才能理解为什么这个时期的君

从左至右：路易十五的家庭教师、年幼的路易十五、他的祖父（王太子路易）、曾祖父（路易十四）和父亲（勃艮第公爵路易），背后有亨利四世和路易十三的半身像

---

① 法国中世纪的等级代表会议。参加者有教士（第一等级）、贵族（第二等级）和市民（第三等级）三个等级的代表，三个等级不分代表多少，各有一票表决权。通常是国家遇到困难时，国王为寻求援助而召集会议，因此会议是不定期的。它的主要职能之一是批准国王征收新税。百年战争时期，为了抵抗外敌，三级会议有权监督政府。16—17世纪初，绝对王权形成，三级会议被削弱。从1614年到路易十六统治时期，三级会议中断了175年。

② 法国三级会议自1614年以后一直没有召集过，但由于地方和贵族的压力，国王允许一些边远的和较晚并入法国的省份继续保留本地的等级会议并发挥一定作用，如布列塔尼、普罗旺斯、勃艮第、多菲内等省。路易十六统治后期，法国的财政危机深重，许多省召开了自己的三级会议，第三等级的代表大多在会上取得了主导地位。1788年7月21日，多菲内省三级会议的300多名代表在维齐尔城堡集会，决定第三等级要以双倍代表名额出席全国的三级会议。这个《维齐尔堡决议》迅速地得到了许多省三级会议的响应。路易十六也同意了这一要求。1789年，路易十六召开了最后一次三级会议，这次会议点燃了法国大革命的导火线。大革命后，三级会议随旧制度一道被废除。

主不但反迷信、反愚昧、推崇贵族的无神论，他们还要“反封建”；为什么托克维尔说，大革命时期的代表们郑重宣布废除法国的各种“封建特权”的时候，其实法国国王早就把他们要做的事情做得差不多了。

启蒙时代是一个寻欢作乐的时代，为了更好地寻欢作乐，君主们、君主身边的贵族和教士站到了他们权势基础的对立面。反封建的君主和反迷信的高级教士聚集在宫廷里寻欢作乐的时候，一个耶稣会学校培养出来的平民青年像愣头青一样闯进了法国宫廷。这个年轻人此时还一脑袋的崇高理想和古典悲剧精神，想写一部波旁王朝的《伊利亚特》，并因此成为路易十五宫廷里的拉辛①。这个年轻人名叫弗朗索瓦·阿鲁埃，他后来用了很多笔名，其中一个如雷贯耳，甚至取代了他的真名而被历史所铭记，那就是伏尔泰！

---

① 让·拉辛（Jean Racine，1639—1699），法国剧作家，与高乃依同为法国悲剧艺术的代表。他早年受冉森派影响，萌生了类似帕斯卡的禁欲和虔诚思想，服膺古典主义作品。拉辛喜欢在希腊诗人的题材上进行再创作，他笔下的希腊英雄形象总是能够在波旁宫廷中找到原型。他通过献给路易十四的《亚历山大大帝》而在宫廷里名声大噪，1672 年入选法兰西学院。隔年，路易十四在凡尔赛宫大宴群臣，拉辛的《伊莱菲涅亚》被选中在宫里演出，后来又在巴黎公演，使拉辛的名声盖过高乃依。他的另一部作品《昂朵马格》也取得了巨大成功。

二 网红伏尔泰和学者阿鲁埃

年轻的普鲁士国王腓特烈二世一心想要把自己打扮成一个启蒙运动所推崇的开明君主的标本。伏尔泰对于实现他的这个目标简直是最好的工具。伏尔泰说话深刻、有趣、吸引人，富有哲理，还易学易懂。伏尔泰说的是格言吗？不！这简直就是年度广告词啊。

伏尔泰（1694—1778）

伏尔泰是一个奇妙的人，很多时候我们并不了解他，因为我们大多没看过《哲学书简》，也没看过《风俗论》。但假如我们坚持着看完了《哲学书简》《风俗论》，甚至《老实人》，我们就真的了解伏尔泰了吗？！

如果我们像一个18世纪末的外省青年那样熟读伏尔泰作品，然后来到巴黎，坐在某个咖啡馆里，搞不好卢梭正在你身边下象棋；或者在某个夫人的沙龙里，旁边是邦雅曼·贡斯当[①]，然后我们就伏尔泰和他的思想侃侃而谈。你很快就会发现，大家纷纷露出一种惊奇的神色，拿看外星动物的表情看着你……终于有人鼓起勇气上来拍着你的肩膀说："您谈论的真的是我们的阿鲁埃老爹吗？"

接着你转过来听他们说，听他们聊他们眼中的伏尔泰，你会想问和他们同样的问题："我们谈论的真的是同一个伏尔泰吗？"

段子手的黄金时代

在我们看来，伏尔泰是一个伟大的哲学家，对他们来说，伏尔泰也是一个伟大的哲学家，但我们的哲学家伏尔泰是《哲学书简》或者《哲学词典》的作者，而他们的哲学家伏尔泰是一个满嘴"俏皮话"或者"格言"的段子手。

仅仅是伏尔泰一个人有这种双重形象吗？如果有人说，伟大的哲学家狄德罗其实是想钱想疯了，孟德斯鸠是继承了伯父的职位马上抛售变现才过上

---

① 邦雅曼·贡斯当（Henri-Benjamin Constant de Rebecque，1767—1830），法国大革命时代的政治活动家、自由派领袖，经历了法国大革命、拿破仑的统治以及波旁王朝的复辟。贡斯当于1794年在瑞士结识了斯台尔夫人，从此开始了长达14年之久的浪漫关系，他的小说《阿道尔夫》很大程度上是描述这段关系的自传性作品。1795年，贡斯当随斯台尔夫人来到巴黎后，立即成为斯台尔夫人沙龙里的中坚人物，该沙龙不仅在法国，而且在欧洲都有巨大的影响。

了优哉游哉的生活，霍尔巴赫[①]是因为伯父死了才实现了财务自由，我们对启蒙思想家的固有印象岂不是碎成一地？

其实只要我们认真看他们的著作，要发现这个被遗忘的世界的只鳞片爪也并不是什么难事。伏尔泰说，出版审查其实毫无必要，因为十个人里只有一个读书，读书的十个人里九个只看小说，剩下那一个看哲学的十有八九还看不懂。孟德斯鸠说，他们的时代里，人们只在每天起床之后和出门之前看看书，就是为了待会儿在别人面前去谈论它。这两句话几乎可以为我们还原启蒙时代读者世界的全貌。

那是一个君主试图和才智之士分享权力的时代。前文就已经讲过，经过宗教战争和三亨利之战的杀戮，法国贵族遭到第一次重创。在那之后，路易十三和他的"红公爵"又给了这些积极地想要和君主分享权力的贵族第二次打击。当波旁王朝的第三个国王决定在凡尔赛当绝对君主时，法国贵族已经温顺得像一群小动物了。法兰西大君主国在专制程度和宫廷的华丽优雅方面都走上了巅峰。

路易十四是法国第一个掌握这样绝对权力的国王，晚年的他对自己青年时代的生活充满悔恨，其中很可能也包括他抓住的巨大权力。但是风尚已经形成，制度已经固化，在法兰西大君主国之内，只有一个人的思想是有价值的，只有一个人的判断是正确的，那就是国王，贵族已经不再能生龙活虎地提出意见了。

当路易十五和路易十六登上王位时，失去了敌手的国王也因为寂寞而失去了动力。现在法国国王希望能有更多更有趣的人来填补那些管住自己嘴巴的贵族。于是，在路易十三和路易十四时代开始蓬勃发展的沙龙文化绽放了。人们非常清楚，要飞黄腾达其实只有一个条件，那就是让国王注意到

---

① 霍尔巴赫（Baron d'Holbach，1723—1789），原名亨利希·梯特里希（Heinrich Diefrich），法国启蒙思想家，曾参加《百科全书》的编纂，著有《自然的体系》《社会的体系》《揭穿了的宗教》等。他继承了伯父的遗产和男爵封号，终身过着富裕的生活。

你。而让国王注意到你的最好办法就是“格言”或者巴尔扎克所谓的“俏皮话”。巴尔扎克说，法国人是可以为了一句“俏皮话”而抛头颅洒热血的。

就这样，在传统的学院体系之外，一群“民科”登上舞台，他们不但不在乎自己缺乏“学术背景”，还以讥笑学院知识分子为乐。而且在沙龙里，他们也很少和学院知识分子公平竞争，因为评价标准是一元化的，就是沙龙主人的趣味，而沙龙主人尤其是女主人很少会是学院做派，因此专业知识分子在这个时代蒙受了惨痛的失败。每一个进入沙龙的人都有且只有一个评定标准，那就是脱颖而出，让别人注意到你。你在朗布依埃侯爵夫人家玩“弹剑作歌”那一套是没有用的。对沙龙女主人来说，这些“才智之士”就像赛马场上的马，每一次晚宴、每一次下午茶都是精挑细选的，各种风格、领域里的“赛马”被认真地分配在他们的座位上。你以为去侯爵夫人家吃晚餐是真让你吃东西吗？在沙龙里待一晚上其实比躲在书房里写书累太多了。但是风险和回报也高太多了！

说到风险和回报，在18世纪末，有一个国家已经形成了成熟的读者群。那就是英国！在英国，一个成功的作家已经可以靠写作的收入养活自己。从亚历山大·蒲伯到写恐怖小说的安娜·德·拉德克里夫夫人，如果你看了《成为简·奥斯汀》这部电影，你就会记得简·奥斯汀想跟男主私奔的时候去拜访了拉德克里夫夫人，希望自己能像她那样靠写作生活。

但遗憾的是法国不行，原因是两面性的：一是法国的文化水平虽然很高，但却没有形成一个有版权意识的读者阶层。而无法形成的一个重要原因是荷兰和瑞士是当时的两大盗版书出版中心。你今天辛辛苦苦写出一本流行著作，下星期阿姆斯特丹或日内瓦就有了盗版。而且当时的作者并不愿意把自己跟瑞士和荷兰出版商的关系搞僵，因为法国国王陛下还有严格的出版审查制度，如果作家写了陛下可能看了不愉快的书，自然也得去瑞士印，甚至作家自己都要随时往瑞士跑，比如说伏尔泰。

所以在法国，即使你是莫里哀这样公认的喜剧大师，你也不确定自己这辈子能否赚到钱，他死了之后，人们发现他的家产已经赔得差不多了。另一个原因是作家自己过得太奢侈，在凡尔赛几乎只有两种生活可供选择：“人上人”的生活和为人上人服务的人的生活。而很多作家其实都不富裕。别看伏尔泰叫“德·伏尔泰”，但这是笔名，伏尔泰本来叫弗朗索瓦·阿鲁埃，“德·伏尔泰”是他给自己起的贵族式的笔名。孟德斯鸠就好多了，他是真贵族还有俩男爵的爵位，但如果没有伯父留下一个可以卖了变现的法官职位，孟德斯鸠也不会那么悠闲。

所以在旧制度晚期，一个法国文人没什么家底，却必须过人上人的生活，他有什么方法吗？进入体制内和迎娶白富美。是的，虽然时间流逝了200多年，但任何时代的天才小哥走上人生巅峰还是要靠这两条路。

沙龙让人趋之若鹜，也正是因为它是通往这两条路的大门。白富美家敞开大门招待宾客，只要你吸引到夫人的注意，说不定你就两件好事一起赶上了。在沙龙里红了，夫人们会记住你，更重要的是整个凡尔赛的贵族社会会记住你。夫人们把十几匹身形矫健的“小马”聚集在自己家餐桌上，可不是让你去做学术报告的。你要打动夫人，又要打动其他人，怎么办？

那时候，和我们这个时代一样，靠说话，靠说笑话，我们这个时代有了一个更准确的词——“段子”。但段子也分怎么讲，一桌人里十个有九个是段子手，你觉得你该怎么讲？“我有个同学……”说完这句你就可以闭嘴了，好好吃你的饭，因为明天你就没机会再来了！所以必须简短、必须有趣、必须有深刻的内涵，还要逗乐。

你得像赛马场上的马一样拼命打满全场，在你摔断腿之前，得到夫人或者夫人们的青睐，然后你不失时机地拿出一本书，瞬间人人都在买，都在“看”，都在谈你的书。你就像一匹爆冷的栗色小马驹，一夜成名。然后你怀着满心的喜悦睡着，第二天中午醒来，你发现请柬堆成了山。然后国王也知道了你，王后带着你一起散步；你写文章踩了线被塞进巴士底狱，王后去找国王一哭二闹三上吊。你先是进了法兰西学院，然后成为某个机构的首脑，三十几岁当上大臣，给自己大捞一票，买下一个被偷得连窗户都没了的城堡，从此成为伯爵。

十几年前有一部戛纳电影节获奖作品叫《惊世浮华录》，讲的就是一个外省小哥如何在凡尔赛出人头地的故事。当时神父问他："要不要一起打牌？"这原本没有恶意。他把脚一伸，说道："我只剩下鞋上的银搭扣可以押（这里当下注讲）了。"这句话看起来也没有恶意。于是，大家都低头看他的鞋扣，结果黄蜂尾上针来了，"别人只有低下头才能看出它值多少钱！"小哥一炮打响！迈开了他在凡尔赛的第一步。这就是凡尔赛竞技场的游戏规则。

对，凡尔赛要的就是"机智"，"机智"就是幽默、聪明而且充满哲理地说话，这话还不能长，否则餐桌上没人耐心听你讲。

这就是伏尔泰时代的游戏规则。

伏尔泰的横空出世

伏尔泰的生平其实和另一个法国大作家的生平非常相似，那就是雨果。伏尔泰和雨果的前半生都是一个努力攀爬社会金字塔的过程。而且他们在人生的中间阶段就已经爬到了一个相当高的地位。假如他们的生平到此戛然而止，他们在历史上的地位和形象绝不会有今天这么高大。

就像雨果最初不是一个小说家一样，伏尔泰最初的梦想也不是成为一个哲学家，相反，虽然他经常贬低诗歌，但他最初的梦想就是成为一个诗人。做一个诗人而且是古典的悲剧诗人，颂扬崇高的品德、高尚的情感和令人落泪的自我牺牲，在路易十四时代就意味着登上法兰西文坛的巅峰。当国王和观众在台下用手绢擦眼泪的时候，伟大的作者就登上了神坛，名利双收的同时还被人们当作一尊活神崇拜。波旁王朝塑造了高乃依[①]和拉辛这两个典范，他们是法兰西大君主国的维吉尔[②]。自此以后，法国的文人都希望自己成为下一个拉辛。莫里哀其实比拉辛还要大十几岁，死得也比拉辛早，他一辈子都在写插科打诨的喜剧，但莫里哀也想成为拉辛。他反复向国王央求，说自己最大的梦想就是写一出悲剧，国王用另一种方式满足了他，当他在《无病呻吟》的大幕降下时发病身亡，莫里哀的一生变成了一出在笑声中流泪的悲剧[③]。

拉辛辉煌的生命在伏尔泰五岁那年终结，伏尔泰不想成为另一个拉辛是不可能的，所以他写了大量的剧本和诗歌。他今天几乎已经被遗忘的史诗《亨利亚特》就是他希望用来砸开凡尔赛宫大门的敲门砖。但遗憾的是，伏尔泰生不逢时，很多年以后他自己说路易十五的宫廷里已经没有另一个拉辛的位置。其实不单路易十五的宫廷里没有，路易十五成年以前摄政王[④]的宫廷里也没有。当一个满脑袋崇高理想的青年阿鲁埃出现在我们刚才描述的那种风格的宫廷里的时候，他肯定不招待见。而且伏尔泰在这崇高庄严的一面之外还有尖酸刻薄逮住什么黑什么的一面。这两种反差极大的特质结合在一起会带来什么也就不言而喻了。伏尔泰希望摄政王能够成为他的保护人，结果摄政王送他进了巴士底狱。在巴士底狱里待了一年半，青年阿鲁埃不但没

---

① 高乃依（Pierre Corneille，1606—1684），与莫里哀、拉辛并称法国古典戏剧三杰。1636年，高乃依根据西班牙英雄传奇创作的悲剧《熙德》在巴黎公演，轰动全城，取得辉煌的成功。

② 维吉尔（Publius Vergilius Maro，通称 Virgil，前70—前19），罗马共和国末期、帝国初期的伟大诗人，拉丁文学的象征，《牧歌》《农事诗》和《埃涅阿斯纪》的作者，常被视为荷马以后最重要的史诗诗人。

③ 国王不让莫里哀写悲剧，莫里哀最后是在演出喜剧时发病死去的，从这个意义上说他的人生就是一出悲剧。

④ 摄政王指奥尔良公爵腓力二世（Philippe II，Duke of Orléans，Philippe Charles，1674—1723）。他是路易十四的侄子。路易十四1715年死后，他成为年方五岁的路易十五的摄政王。1723年2月路易十五成年，他结束摄政出任首相，四个月后病死。

有被自己的不幸激怒，相反，他真正认清了凡尔赛的游戏规则。更重要的是，当他终于被放出来时，他还有了第二次机会，摄政王喜欢他尖酸刻薄的一面，只要他挖苦的不是自己，摄政王很快又接见了伏尔泰。谈到自己的牢狱之灾，伏尔泰向摄政王表示：承蒙国王陛下供给我饮食，真是不胜感激，但是“恳求殿下下次就别再提供住处了”！这句话收到了全部的效果，段子手伏尔泰诞生了。

但人红是一回事，作品红是另一回事。伏尔泰掌握了凡尔赛的游戏规则，但凡尔赛已经不需要另一个拉辛了。伏尔泰要认清这一点还需要等很久，在追求成为另一个拉辛的道路上，伏尔泰孜孜以求的结果是，他已经被其他作家甩在了身后，孟德斯鸠作为一个愉快的富二代在巴黎靠着《波斯人信札》声名鹊起，而伏尔泰靠《哲学书简》扳回一局还要等上很多年。在即将被众多的“大师”淹没的岁月里，伏尔泰最大的收获其实是得到了夏德莱夫人的爱。依靠夏德莱夫人的门路，伏尔泰在法国保持着自己的名声，更重要的是，他在欧洲打开了一片蓝海。

伏尔泰最初发迹是在英国。法国摄政王要联合英国一起抵抗西班牙国王，伏尔泰长期无人问津的《亨利亚特》描述法国宗教战争，而且主角亨利四世是当年联英抗西的英雄，所以《亨利亚特》瞬间就具有了弘扬英法两国伟大友谊的色彩。《亨利亚特》不但找到了出版商，而且预订的读者里英国大人物层出不穷，甚至包括未来的首相沃尔波尔[①]。一个在英国出名的法国作家，自然也引起了凡尔赛宫的重视，主张联合英国的法国大臣弗勒里红衣主教[②]也跟伏尔泰有了联系。但伏尔泰走上自己人生的巅峰还不是靠英国人。

伏尔泰在沙龙里练就的这一套手段的真正价值在于替君主做宣传。法兰

---

① 沃尔波尔（Robert Walpole, 1st Earl of Orford，1676—1745），英国辉格党政治家，1721 年出任第一财政大臣之职，后人普遍认为他是英国历史上第一位事实上的首相。

② 弗勒里（Cardinal André-Hercule de Fleury，Bishop of Fréjus，1653—1743），法国枢机主教，路易十五实际上的首席大臣（1726—1743）。

西大君主国的国王已经不需要宣传了，路易十五才不需要靠君王的个人魅力来为国家做贡献，那一套是亨利四世或者路易十四干的，路易十五作为欧洲最强大的君王只要放手让大臣去为他赢得荣誉就行了。但好在欧洲君主众多，尤其是宫廷多如牛毛的德意志，还有大票的君王要重走波旁王朝的创业之路。在上层阶级里，人人都以说法语为荣。俄国贵族能说法语就不说俄语。如果确实不会讲法语那也要同时做到讲不好俄语，或者不好好讲俄语，在说俄语的时候加鼻音，这样显得有法语味。德意志自然也是，德国贵族会非常真诚地跟你说："你等等，让我想想怎么用德语跟你说这个词。"这是一个法国外交官不用学外语的好年代。他们太需要伏尔泰这样的人了。

尤其是此时年轻的普鲁士国王腓特烈二世一心想要把自己打扮成一个启蒙运动所推崇的开明君主的标本。伏尔泰对于实现他的这个目标简直是最好的工具。伏尔泰说话深刻、有趣、吸引人，富有哲理，还易学易懂。伏尔泰说的是格言吗？不！这简直就是年度广告词啊。伏尔泰找到了属于他的蓝海，在法国、英国、普鲁士到处都吃得开。这个道理后来狄德罗也学会了，所以他从俄国女皇叶卡捷琳娜二世那里捞了一票①。

其实，狄德罗在捞钱的本事上也不是伏尔泰的对手，伏尔泰可不是白白给普鲁士的腓特烈二世提供创意的。他去普鲁士的条件是腓特烈答应支付他两万利弗尔的年薪（离开法国时，他顺手以六万利弗尔卖掉了他的法国宫廷侍从官头衔）。在普鲁士，伏尔泰也不放过任何能挣钱的机会，但不幸的是他在萨克森国债投机上遭受了著名的打击。萨克森选侯邦发行过一种债券，价值跌到了原票面价格的一半。腓特烈曾要求普鲁士人购入的这种债券

① 叶卡捷琳娜二世长期与伏尔泰、狄德罗等人通信。1765年，叶卡捷琳娜得知狄德罗为了嫁女，急于卖掉自己藏书的情况后，就告知狄德罗，愿用16000金币买下这批书，唯一条件就是狄德罗必须继续使用这批藏书，除非俄皇过问。而且叶卡捷琳娜还聘请狄德罗为图书馆馆长，并一次付清了此后50年的薪水，共计50万卢布。狄德罗成为女皇的顾问，狄德罗的家则变成了俄国的人才介绍所，欧洲许多学者、医生、教师和工匠手持狄德罗的介绍信来到俄国。

到期以后，应以和面值相当的黄金来偿付。但有些狡猾的普鲁士人在国外低价购入债券，再回普鲁士以票面全额换回。于是，腓特烈下令禁止进口这种债券。伏尔泰“顶风作案”，委托犹太银行家希尔施为他从国外大量购入萨克森债券。当希尔施警告说这些债券无法合法带进普鲁士时，伏尔泰打包票说自己在政府有关系，能保护他。可后来伏尔泰和希尔施闹崩了，一直吵到法庭上，这一非法投机就这样曝光于世。而腓特烈评论此事时也用了一句格言：“我们的这位哲学家朋友，在钱的问题上可真不像个哲学家。”

最后的霞光

通过在全欧洲的一番折腾，伏尔泰不但发了财，而且凭借他在腓特烈二世宫廷里的影响和威望，在法国也受到了重视。伏尔泰声名在外，又有夏德莱夫人的力挺，他真正走上了人生的巅峰：他当上了法兰西学院院士，佩戴着宫廷侍从的金钥匙。如果伏尔泰此时离世，他依然会被看作路易十五时代风尚的化身，但绝对不足以命名一个时代。

但命运就是这样，1749 年夏德莱夫人死了，1753 年伏尔泰跟腓特烈的交情也告吹了。虽然功成名就甚至也发了财，但伏尔泰正在走向舞台边缘，没有人需要伏尔泰了。这就像 1848 年以后的雨果，也正和就要到比利时去写《惩罚集》的雨果一样[①]，历史上的那个光芒万丈的伏尔泰也要等到这一刻才刚刚浮出水面。

---

① 1848 年六月革命后，原本政见保守的雨果逐渐转向共和立场。在总统选举中，雨果投票支持拿破仑三世。1851 年 12 月，路易-波拿巴发动政变，恢复帝制，雨果流亡国外达 19 年之久。流亡期间，雨果不断地创作文学作品对拿破仑三世进行讽刺，包括著名的小册子《小拿破仑》、政治讽刺诗集《惩罚集》。在这一时期，雨果成为一位伟大的为道义而战的斗士。

当卡拉诉讼案[①]发生的时候，伏尔泰正躲在瑞士边境，处境安稳。此时的他要钱有钱，要地位有地位，唯一缺的东西就是崇高和不朽。当人们为了类似的事情让还在艰苦挣扎的卢梭站出来仗义执言的时候，卢梭很狡猾地推辞了，而伏尔泰这样一个耶稣会士培养出来的文人，却站出来说话了，而且爆发出了足以震惊整个时代的力量。因为他喊出了整个启蒙运动最崇高而且最值得被后世铭记的一个主张——宽容。

启蒙运动推崇理性反对愚昧，强调手段的高明和巧妙胜过了目的本身是否正当。这种主张发展下去，就是瘸子塔列朗和梅特涅在政治上所表现出来的那种冷酷的功利主义。但作为启蒙运动旗手和启蒙时期风尚化身的伏尔泰，那个对自然讽刺挖苦的伏尔泰，却喊出了启蒙运动里少有的温情的主张。也正是这一点让伏尔泰超过了所有的竞争者。伏尔泰聪明，他的竞争者们也不傻；伏尔泰讽刺挖苦，每一个希望战胜伏尔泰的人就会显得比他更恶毒。伏尔泰总是用笑声宣布一个对手的灭亡，所以每一个想要成为伏尔泰的人都喜欢笑，而且寻找一切可笑的人加以嘲弄。但是，伏尔泰这个穿着绣花礼服，戴着假发，佝偻着腰的狡猾老人，突然站直了，高声宣布了一个他的追随者永远都不会去在意的主张。

这件事给伏尔泰的生平画上了最辉煌的一抹霞光，也弥补了启蒙运动中

---

① 1761 年 10 月，法国图卢兹市菲拉蒂埃街的一个信奉胡格诺派的商人让·卡拉被人诬告为杀害自己长子（其实是自杀）的凶手，被法官错判，受酷刑而死。伏尔泰知情以后，安顿了卡拉的家人，给知情人写信收集情况，编纂出版了小册子《关于卡拉家庭的最原始材料》，又为平反冤狱写了《因让·卡拉之死论宽容》。在这篇论文中，他明确提出了宽容原则。他认为宽容是“理性的特权”，只有通过它才能解除迷信的双手的武装。他指责“图卢兹法官车裂了最无辜的人……有些盲目的教徒公然主张与其使朗格多克省的 12 位法官承认错误，不如车裂一个无辜的老加尔文教徒”。伏尔泰发起的宣传战把全欧洲的舆论争取到自己这一边，法国政府在 1765 年决定重审卡拉一案，包括启蒙学者杜尔哥在内的 50 个受托推事组成特别法庭对此案进行重新审理。1766 年 3 月，特别法庭撤销了图卢兹法庭的判决，宣布卡拉无罪。卡拉的遗孀和孩子们得到一小笔钱。处理卡拉案件的地方官被解职。获胜的伏尔泰意识到卡拉案并非个别，此后，他把许多精力用在平反其他的冤狱上。

冷酷的理性所缺少的道义力量和人类善良的天性。1778 年，84 岁的伏尔泰归来，整个巴黎万人空巷，人们说那一天的欢呼声是巴黎人在欢迎他们真正的君王。网红伏尔泰和哲学家阿鲁埃的形象也随之结合在一起。回到离别 29 年的巴黎之后，阿鲁埃老爹的生命也走到了尽头，他在征服了这个他曾经梦想征服的城市后，只在辉煌中生活了几个月就与世长辞。1791 年，人们把他的灵柩送进先贤祠，在那里，阿鲁埃老爹傲视所有曾经和他竞争的人，就像和他亦敌亦友的封特奈尔[①]骄傲地坐在所有抨击自己的小册子上。在那里，他要等上将近一个世纪才能等到雨果。

① 贝尔纳 · 勒波维埃 · 封特奈尔（Bernard Le Bovier de Fontenelle，1657—1757），法国学者、文人，1691 年进入法兰西学院。封特奈尔是当时“古今之争”中厚今薄古的重镇，倡导将笛卡尔式的几何学方法延伸到社会、伦理或政治领域。他有意识地使著作受到时髦女士们的青睐，使之像小说一样容易阅读。他的《关于世界多样性的对话》是法国第一部面向普通公众的、有趣的科普性著作，广泛引起了人们的兴趣。伏尔泰的情人夏德莱侯爵夫人在小时候曾跟随封特奈尔学习天文学。封特奈尔的性格机智而冷漠，伏尔泰曾说他是路易十四时代最多才多艺的人，也批评他的《古今逝者对话录》“浅薄轻浮、谬误百出”。

三 启蒙皇帝——约瑟夫二世

约瑟夫二世了解他的国家、人民和政府，但不了解他的贵族及其王权的本质，那是玛利亚·特蕾莎在统治的开端就因为被背叛、被勒索和不断的讨价还价而认识到的东西。这个帝国和王朝一千年的历史中，被重演最多的就是这种一个年轻的、有理想和激情的君主，被自己庞大的计划压倒的剧情。

约瑟夫二世皇帝（1741—1790）

一个充满理想，对他的国家和人民满怀深情，而且聪明有才智，出身高贵、顶着全欧洲最古老的姓氏和头衔的超级富二代是什么样的？我想那大概就是约瑟夫二世皇帝那样。

对今天到维也纳的游客来说，约瑟夫二世就是珍宝馆对面小广场上那个斑驳的铜像。其实在皇家墓地，他们一定会从这位皇帝的身边走过，因为他的父母那辉煌的铜棺是皇族墓地中的重要展品，而这位皇帝的棺材却简朴到令人难以置信。游客们很难注意到他，他就那样安静地躺在父母旁边，无声无息！他是玛利亚·特蕾莎女王的儿子，说他是所有人中最聪明，也是最伟大的，甚至说他是整个哈布斯堡-洛林王朝中天资最高、最值得憧憬的一位也不为过。但三个世纪以后，当帝国的梦逝去，他的形象在墓地回归到了原点，他是玛利亚·特蕾莎和弗兰茨·斯特凡的儿子，罗马人的国王，永远的奥古斯都，皇帝约瑟夫二世！

罗马皇帝与匈牙利女王之子

玛利亚·特蕾莎之子——可能是约瑟夫皇帝身上最大的标签，这个标签决定了很多事。

1703年，皇帝利奥波德一世鉴于哈布斯堡西班牙系的绝嗣所引发的西班牙王位继承战争，以及西班牙王位因为继承战争而落入波旁王朝之手而颁布了《国事诏书》。《国事诏书》宣布哈布斯堡德意志系的领地作为一个整体由哈布斯堡王朝世袭不得分割，而且因为自己的两个儿子——未来的约瑟夫一世皇帝和查理六世皇帝都没有男性继承人，《国事诏书》规定在没有男性继承人的情况下，哈布斯堡王朝的领地也可以由女性后代继承。

但是当查理六世1711年登上皇位之后，却在1713年修改了《国事诏书》，把自己的女儿玛利亚·特蕾莎的继承权排在了兄长约瑟夫一世的两个女儿之前。尽管查理六世有生之年采取了种种方法来补偿兄长的两个女婿——波兰国王奥古斯特三世和巴伐利亚选帝侯查理·阿尔布雷希特，使他们在修改后的《国事诏书》上签字，同时还用各种外交手段，甚至巨额贿赂征得了欧洲各强国对他修改《国事诏书》一事的谅解，但当他在1740年10月去世后，原本放弃了继承权的巴伐利亚选帝侯查理·阿尔布雷希特还是变了卦，普鲁士国王腓特烈二世趁火打劫，在索取西里西亚未果之后宣布武力支持他的“合法继承权”，奥地利王位继承战争随之爆发。

此时的约瑟夫二世皇帝还是胎儿，他出生于1741年3月，6月就跟着母亲到首都普雷斯堡[①]加冕。这次加冕对玛利亚·特蕾莎来说意义重大，因为此时她的敌人正从各个方向攻入她的世袭领地，匈牙利贵族的支持是她最后的希望。在这次加冕礼上，刚生完孩子的女王按照匈牙利传统，策马登上从匈牙利各地送来的泥土垒成的加冕山丘，向四个方向挥剑。（见彩图1）在加冕典礼之后，她更是高举着还是婴儿的约瑟夫，宣布把王朝、自己和孩子的生命都置于匈牙利人民的忠诚之下。从这个意义上说，约瑟夫从婴儿起就亲自投入了奥地利王位继承战争。

作为洛林王朝的皇帝弗兰茨·斯特凡之子，约瑟夫是哈布斯堡–洛林王朝的第一代皇帝。弗兰茨·斯特凡是一个有名无实的皇帝，有生之年不考虑那些风流韵事的话，他做的最独立自主的一件事可能是翻篱笆替妻子偷葡萄，但即使是这件事，玛利亚·特蕾莎也宣称皇帝是贼，匈牙利女王是教唆犯！[②]

---

① 即布拉迪斯拉发，今斯洛伐克共和国的首都和最大城市。该市在历史上曾经长期使用德语名称普雷斯堡（Pressburg），从1536年到1783年，它是哈布斯堡王朝统治下匈牙利王国的首都。

② 据说有一次神圣罗马帝国皇帝弗兰茨·斯特凡与皇后玛利亚·特蕾莎微服出游，皇后口渴了，皇帝为表现骑士精神，亲自翻越篱笆墙去为女王摘了几串葡萄，但他们被园丁发现了，身上又没带现金，说出身份后，乡村农夫根本不相信，将他俩扣住，一直快到晚上才被卫兵们寻找到。事后，玛利亚·特蕾莎让人立了一块牌子，写上：“罗马皇帝犯了侵犯私人财产罪，匈牙利女王是他的同谋，甚至可以说是指使和教唆犯。”

所以当弗兰茨一世皇帝1765年逝世，1764年已经当选为罗马王的约瑟夫加冕为神圣罗马帝国皇帝时，他也扮演了十几年类似他父亲的角色。罗马王和皇帝是他，但统治者是他母亲，虽然他很早就成为国务会议成员，而且作为皇帝被她母亲赋予共治者的地位。但只在少数情况下他的权力会得到母亲的纵容。比如，在俄、普、奥三国瓜分波兰的时候，玛利亚·特蕾莎女王就不得不向执意要开疆拓土的儿子妥协。为此，腓特烈二世讥笑说："她哭了，但她拿了！"

"一个母亲背后的皇帝"——这个标签决定了他的童年经历，以及作为皇储和皇帝的前39年生涯。考虑到他的生命总共才49年，几乎可以说决定了他大部分生涯。这是世袭君主制度一个充满讽刺意义的现象，一个皇储只有在亲人死后才可能真正开始统治。爱德华七世跟人抱怨："别人都有一个不朽的父亲，而我有一个不朽的母亲。"[①]我想约瑟夫二世也不会反对这句话。

从时代上看，1741年是法王路易十五的统治即将走向转折点的一年，这一年弗勒里红衣主教带领法国加入了奥地利王位继承战争，蓬巴杜夫人[②]才20岁还没有进入宫廷，当然也还不是蓬巴杜侯爵夫人。等到弗勒里红衣主教1743年死后，路易十五才会开始他愉快地追求享乐的漫长统治生涯。孟德斯鸠15年前已经卖掉了他继承来的庭长职位，《波斯人信札》和《罗马盛衰原因论》都已经发表很多年了，但《论法的精神》要到约瑟夫皇帝8岁那年才出版。伏尔泰47岁，正处在他名声的全盛期，虽然《哲学书简》给他惹了点麻烦，但他遍及全欧洲的粉丝已经让他不太依赖巴黎了，德意志的粉丝中最大牌的当然是普鲁士国王腓特烈二世——29岁的老弗里茨，刚刚登

---

① 爱德华七世的母亲维多利亚女王是除了伊丽莎白二世女王以外统治时间最长的英国君主，在位长达64年。

② 蓬巴杜夫人（Madame de Pompadour，1721—1764），路易十五最著名的情妇。她出生于巴黎金融商人家庭，1741年结婚，1745年认识路易十五，受到青睐，很快与其丈夫离异，被封为蓬巴杜侯爵夫人，成为国王的情妇与顾问，逐渐掌握了很大的实权。她曾推动法国参加七年战争、镇压耶稣会士，也是洛可可艺术、启蒙运动的赞助者。

上王位就迫不及待地投入奥地利王位继承战争，出兵入侵哈布斯堡的西里西亚，尽管他的前锋和他自己都被奥地利骑兵吓得逃出了战场，但是普鲁士军队的传统获得了成功，国王逃走之后普鲁士步兵赢得了胜利。他从王太子时期就是伏尔泰的铁粉，但一直到1750年才有机会把伏尔泰请到柏林。在音乐方面，老巴赫此时已经进入莱比锡时期[①]，但他还有时间去柏林看望儿子C. P. E. 巴赫，并拜会腓特烈完成了杰作《音乐的奉献》。

这些东西决定了时代的风尚，这是一个相信理性力量的年代，一个相信人定胜天的年代，一个把园林里的花朵和树木都修剪成几何图形的年代，一个把激情看作疾病、把生命和肉体都看作需要加以驯服的野兽，而驯服的方法是哲学和艺术的年代。在当时的君主中间，这种风尚的楷模无疑是腓特烈国王。邦达尔丘克版的《战争与和平》里，老保尔康斯基公爵戴着假发，假发上戴着帽子，穿着绣花礼服，拿着手杖，在乐队的伴奏下于林间漫步的场面，可以看作这种风尚的典范。这种风尚无形地引导了约瑟夫皇帝的整个生涯。

戴皇冠的启蒙思想家

在写下上段文字时，西塞罗《反喀提林》的声音在我耳边回响："你不看看，这是什么时代！什么风尚！"是的，我谈的就是"那是什么时代！那是什么风尚！"接下去要谈的就是在这个时代里的约瑟夫皇帝。

爱德华·吉本说斯多葛主义哲学对人类最大的贡献就是给罗马帝国带来

---

① 1723—1750年，巴赫在莱比锡担任圣托马斯教堂乐长。这是巴赫艺术生涯中最后也是最成熟的时期。此时的巴赫无论演奏技巧还是作曲水平都已到了炉火纯青的地步。他在莱比锡创作了不朽的《b小调弥撒》、《马太受难曲》、《平均律钢琴曲集》第二卷、《赋格的艺术》等作品。

了历史上最好的几个皇帝。而启蒙运动在这方面的贡献不亚于斯多葛学派，它给欧洲带来了一个没有皇帝头衔的“大帝”——普鲁士的腓特烈二世，还带来了一个没有“大帝”头衔的皇帝——神圣罗马帝国的约瑟夫二世。

约瑟夫皇帝视腓特烈国王为楷模和偶像，在这一点上他让人想起了俄国沙皇彼得三世，但约瑟夫皇帝的思想更成熟地位也更稳固，所以他成就了哈布斯堡君主国历史上充满进取精神的十年，当然也是哈布斯堡君主国历史上最具戏剧性的十年。皇帝本人也成为哈布斯堡君主国改革的代表，他的政策成为一种象征，获得了专有名词“约瑟夫主义”。

约瑟夫主义有两种不同的色彩：一方面是一个专制君主国谋求国内统一、加强王权、提高行政效率的运动，从这个意义上说，约瑟夫主义实际上既不是约瑟夫皇帝创造的，也没有随着他的死而终结；另一方面是追求这些目标时，所采取的手段中呈现出的约瑟夫的个人特色，以及他蒙受的失败。

对 21 世纪的读者而言，启蒙运动、启蒙思想很多时候被赋予了一种强烈的平民的、自由主义的甚至革命的色彩。其实这很大程度上是大革命期间和复辟时期意识形态宣传的产物。复辟时期痛定思痛的保王党人认为是启蒙哲学和他们玩弄的危险思想导致了大革命。而 19 世纪的革命者则接受了这个观点，进而宣布没有伏尔泰就没有制宪会议，没有卢梭就没有公安委员会，结果在我们这个时代的思想家眼中，卢梭成了纳粹思想的源头。

但是回到 18 世纪，回到君主制的全盛时期，启蒙运动和启蒙思想实际上都带有浓厚的贵族色彩，甚至君主色彩。第三等级当然也不喜欢世袭特权，但真正厌恶特权的人其实是君主。虽然君权的基础是贵族，但是君权扩大的必然结果就是把这个基础一脚踢开。约瑟夫皇帝厌恶那些世袭特权，他希望建立起君主对人民的直接统治，把有能力而且顺从的官僚直接委派到管理岗位上，但是贵族对人民的权力、贵族对职位的垄断权都直接妨碍了他的目标。

启蒙思想家对宗教的态度也可以从这个角度上理解，他们并不在乎人民，反对迷信是因为迷信可笑，而他们嘲笑的那种愚昧换一个词来形容就是“虔诚”。一群外省的庸众和他们虔诚的神父一起祈祷就是启蒙思想家眼中“愚昧”的典范；而一个穿着绣花礼服跟小情人一起跳小步舞的科隆大主教，以及每天早晨从山上城堡的窗口遥望情人住的“米拉贝尔宫”的萨尔茨堡大主教，从这个意义上讲就一点都不愚昧，相反，他们充满了智慧，懂得把对人民的愚昧的迁就和自己的生活分开。这种“巴洛克式”的麻木不仁和腐败，支配了德意志教会一个多世纪，一直到19世纪末列支敦士登的“红色王子”起来组织天主教社会运动为止。而约瑟夫皇帝既反对人民的愚昧，也反对教会的愚昧。

约瑟夫二世是一个启蒙时期的君主，启蒙时期和君主这两个元素同等重要。他喜欢人民，但因为他从出生起就高高在上，虽然他经常用“法尔肯施泰因伯爵”的化名周游君主国各地，进而了解帝国的山山水水，也了解帝国的政府机构，知道它的一切优点和缺点，但他不了解他的人民，也不理解哈布斯堡君主国本身。

哈布斯堡君主国是聚集在哈布斯堡王朝手中的一系列领地、邦国的集合。虽然这些领地通过《国事诏书》被统一在哈布斯堡–洛林王朝的世袭统治之下，虽然哈布斯堡王朝在几百年间不断努力，已经成功地把它在西部的世袭各领地掌握的权力趋于统一，并置于维也纳的皇帝宫廷机构的权力之下。

但是在波希米亚王国、匈牙利，哈布斯堡王朝拥有的是这两个王国的君权，而君权是要受到这两个王国等级会议或国会制约的，同时还受到这两个王国的贵族的制约。哈布斯堡王朝的理想当然是试图把所有领地的管理、法律统一起来，但他们没有足够的力量。他们在波希米亚取得了比较大的进展，因为在奥地利王位继承战争期间波希米亚一度被占领，所以当皇家军队收复波希米亚的时候，波希米亚被进一步地置于维也纳政府的统治之下。但是在奥地利王位继承战争中，匈牙利贵族做出了巨大的贡献，在布拉格已经沦陷、维也纳危在旦夕的黑暗时刻，是匈牙利贵族面对一个年轻的女王和婴儿王子所展现出的骑士精神，拯救了哈布斯堡王朝，所以整个有生之年，玛利亚・特蕾莎对匈牙利都采取了比较谨慎的态度，尊重匈牙利王国的议会，特别是其中的贵族特权。匈牙利贵族主要是地主，因此，玛利亚・特蕾莎在扩大自己王权的同时往往会照顾匈牙利贵族的利益，视他们为同盟者。在这些改革中，维也纳政府把匈牙利和其他领地用海关线分开，对匈牙利出口到君主国其他地方的农产品免税，对君主国其他地方出口到匈牙利的工业品也免税，但对输入大君主国的外国产品征收高关税。这种政策对匈牙利下层人民不利，但对贵族和君主国有利。这是一个无法战胜匈牙利贵族的王室的狡猾而不公正的手段，它别无选择。

而周游自己领地的约瑟夫皇帝只看到了其中不公正的一面，却没看到它不得不如此的一面，对帝国的大部分弊端，他的看法也都如此：只看到了其中给人民带来的苦难，而没有看到这些苦难带给王朝和贵族的好处，以及在这个过程中君主和贵族之间同谋犯般的亲近感。

约瑟夫皇帝是一个世袭君主，他一出生就是皇储，1764 年当选罗马王，1765 年成为罗马皇帝。微服出行能够让他感受到人民的苦难和贵族的骄奢淫逸，却不能让他认识到这种不公正处境本身正是哈布斯堡王朝换取匈牙利贵族支持的代价。这种支持是通过继承获得匈牙利统治权的哈布斯堡王朝能够保持自己的王位，并进而利用匈牙利的力量独占神圣罗马帝国皇位，以及捍卫广阔的世袭领地的重要原因。

约瑟夫皇帝受够了母亲掩盖在女性的温和之下的那种拖延政策，这种拖延政策是非常哈布斯堡式的，几乎贯穿了哈布斯堡王朝和哈布斯堡–洛林王朝的每一代君主。只不过根据天赋的差异，玛利亚・特蕾莎是一种精明的、准确的拖延，她在寻找时机推动她的目标，在她漫长的统治期里，她树立的目标比约瑟夫皇帝的目标小得多，但取得的成就比约瑟夫大得多。在弗兰茨二世皇帝身上则是一种严肃外表之下的懒惰的拖延，他其实什么都不想干。而弗兰茨·约瑟夫皇帝则是一种勤奋的拖延，因为对自己的才能失去了信心，所以他用众多无关紧要的小事占满了自己的时间表，他寄希望于未来，或许更可能的是寄希望于死亡来拯救自己。

约瑟夫皇帝有天赋，他很可能是哈布斯堡-洛林王朝最有天赋的几个君主之一，而且他有一个楷模——腓特烈大帝。他已经在他母亲的阴影下等待了太久，早已摩拳擦掌准备大干一番。

宝座上的人类之友

约瑟夫二世可以看作哈布斯堡君主国的腓特烈。他以腓特烈大帝为楷模，追求和腓特烈相似的目标：君主国的统一，限制和取消贵族的特权，提高政府的行政效率，反腐败，监督教会、把教会的财富引向对国家有益的领域，他还要保护农民，废除农奴制，承认个人自由和自主择业，这些几乎都是腓特烈干过的。和哈布斯堡君主国一样，普鲁士也是一系列领地的集合，是一个人为凭空制造出来的国家。但是，腓特烈二世的国家比哈布斯堡君主国小得多，同时腓特烈作为国王拥有的力量也比作为皇帝的约瑟夫大得多。普鲁士国王是普鲁士最大的地主，掌握了王国三分之一的耕地，当普鲁士国王站出来表示要善待王国的农民，尤其是那些可怜的佃农和已经奄奄一息的自耕农时，普鲁士贵族纷纷表示，国王在过去的一个多世纪里是带头欺压农民的，如果国王愿意改善自己领地上农民的处境，那么贵族没有理由不跟着学。而类似的改革，玛利亚·特蕾莎时期已经在皇家领地上推行了，只是她小心翼翼地没有在匈牙利推行，因为匈牙利是王朝尤其是她个人的恩人。

但是约瑟夫皇帝迫不及待地开始了他的改革，在十年的统治时期里发布了六千条法令，平均日更 1.6 条，要是有人以同样的频率坚持发十年微博，也是相当令人佩服的。这些法令中，只有少数得以成功推行，其中《容忍法令》可能是约瑟夫皇帝最伟大的法令之一，这部法令承认了信仰自由。在18世纪，哈布斯堡君主承认了新教、犹太教的合法地位，表达了对多元文化的尊重，这让约瑟夫皇帝成了“白左”的先驱。这部法律中最能激怒特朗普总统的[①]，其实是帝国政府对教会的监管、对修道院的废除和对主教管区的重划。这就建立了一个直接臣服于皇帝的国家教会，几乎是神圣罗马帝国教权与皇权漫长斗争的最后一环。1782年，教皇庇护九世亲自从罗马到维也纳去拜会皇帝，希望在这个问题上与皇帝达成妥协，结果皇帝完全不为所动，这次拜会被称为“反向的卡诺萨之行”[②]，约瑟夫二世皇帝替亨利四世皇帝报了仇。

但这个成功其实是建立在18世纪天主教会那种“巴洛克式的麻木不仁”的基础上的，面对时代的转变，天主教曾经赖以维护其自身独立地位的组织和团结正在趋于涣散，启蒙思想在高级教士中间同样引起了广泛的赞同，而且约瑟夫皇帝并不打算触动高级教士赖以维持自己浮华生活的特权，所以他们也乐于向皇帝妥协。但是，跟这些只要自己过得快活就可以跟皇帝妥协的主教们相比，贵族和地主可就没那么好对付了。

对玛利亚·特蕾莎而言，虽然她也出生在哈布斯堡的宫廷，但王位继承战争让她深刻地认识到皇权在不同邦国之间的差异，而一个从小在帝国权威下长大的皇储，更多认识到的是君主国作为整体的一面。约瑟夫二世把各邦

---

① 特朗普总统试图彻底取消《约翰逊修正案》。《约翰逊修正案》于1954年由当时的参议员、后来成为总统的林登·约翰逊（Lyndon Johnson）提出。这项修正案规定包括教会在内的免税团体，如果直接或间接地参与或干预任何政治运动、支持（或反对）竞选公职的任何候选人、提供政治献金等，则将丧失免税地位。

② 1076年，教皇格列高利七世发布敕令，革除神圣罗马帝国皇帝亨利四世的教籍，解除臣民对他的效忠誓约。神圣罗马帝国诸侯中也出现了反亨利浪潮。亨利四世被迫于1077年1月冒着严寒前往意大利北部的卡诺莎城堡觐见教皇，恳求他撤回开除教籍的敕令。格列高利七世让亨利四世受尽侮辱后才同意不将亨利四世逐出教会，并要求亨利写下效忠教皇的誓词。

的特权看作贵族特权的衍生物，并决心加以废除，其目的都是改善国家治理和下层人民的处境，提高政府工作效率。

但他的法令要么被束之高阁，要么根本无法执行，那些他坚定推动的法令大都引起了激烈的反抗和普遍的愤怒。比如，约瑟夫禁止在葬礼中使用棺材，这一点他自己就没做到，但不一定是不想，他的棺材在哈布斯堡皇族墓地和他父母的一样突出，只不过他父母是辉煌得惊人，他是简朴得惊人。

“废除农奴制”，如果这样描述约瑟夫的《农奴法令》，无疑是夸大了其中的革命性，实际上《农奴法令》更多体现为对劳役的货币化。约瑟夫没有亲政以前，在他不断的巡游和微服私访中，地主对农民的劳役控制的弊端就引起了他的重视，他写信给母亲说：“成熟的粮食因为领主强迫农民服役而无人收割，农民一年的辛苦付诸东流”，“而当他们试图向政府寻求保护的时候，地主又往往是他们所在地区的执法官”。这种局面在兼并的加利西亚领土上和匈牙利领土上都广泛存在，而在玛利亚·特蕾莎统治时期，奥地利世袭领地和波希米亚以及加利西亚都推进了温和的改革，唯一没有被触动的就是匈牙利——约瑟夫皇帝认为这是政府改革迟缓的地方。

以德语取代拉丁语为官方语言的改革也与此类似。1741 年，当玛利亚·特蕾莎带着婴儿约瑟夫来到普雷斯堡加冕时，前来欢迎他们的卡洛齐大主教用拉丁语向女王一行发表了欢迎词，加冕典礼举行时，人们向女王的欢呼也是用拉丁语。匈牙利王国和君主国各部分的行政语言都是拉丁语。但到 18 世纪下半叶，拉丁语在现实生活中已经是死语言，除了教士，没有人平时会用到这种语言，虽然医生、律师、法官、学者都能听懂，甚至使用它。约瑟夫二世作为一个深受启蒙思想影响的皇帝，对传统是毫无敬畏的，他唯一关心的就是效率，拉丁语无疑是缺乏效率的，而历史文物就是历史文物，没有任何神秘的力量。因此，他毫不犹豫地决定废除拉丁语，以更有效率的德语取而代之。就像神圣的“斯蒂芬王冠”，[①]在他眼中也不过是普通的王家珠宝，不但自己没有接受斯蒂芬王冠加冕的打算，还公然把王冠从普雷斯堡运往维也纳，收藏在王家宝库里，他因此被叫作“戴礼帽的国王”。

他用一纸命令就宣布用德语替代自中世纪以来即被视为帝国官方语言的拉丁语，而且只给政府的各级官吏三年时间学会德语，否则就要将其免职。《语言法令》让约瑟夫主义具有了一种约瑟夫皇帝本人并不具备的民族主义色彩。约瑟夫主义里“强制的德意志化”这层含义实际上也是从这部法令里来的。约瑟夫选择德语，并不因为他是德意志人，只是因为君主国的臣民以及能为政府机关服务的人中讲德语的更多。

他的法令立刻激起了其他民族的不满，在所有人都需要掌握一门死语言以便办公，而用另一种语言生活的时候，大家并不会觉得有什么不平等，反正无论你下班时间说德语、匈牙利语还是捷克语（帝国有十几种语言），你在上班时间，写的文件只能是拉丁语的。可当这种死语言被抛弃，大家可以用一种活语言办公的时候，不平等就凸显出来。因为平时讲德语的人不需要学习任何语言，而讲其他语言的人不得不去学习别人的语言，民族矛盾也随之暴露出来。在 18 世纪的君主国里，民族意识第一次登上历史舞台，正是在维也纳的特蕾莎学校——这个培养君主国的贵族精英的学校里（教学显然是用德语），诞生了第一批匈牙利语的民族诗歌。之后的一个世纪里，让君主国精疲力竭的民族主义出现在了政治舞台上。

在这十年中，匈牙利成为反对约瑟夫改革的大本营和急先锋，贵族们因为约瑟夫皇帝对其特权的触犯而不满，因为皇帝反对他们驱使农奴服役而不

① 斯蒂芬王冠是匈牙利王国的加冕冠。第一次把这顶圣冠戴上头顶的国王是斯蒂芬一世（Stephen I，975—1038），他在位期间大力推广天主教信仰，在 1000 年或者 1001 年，教皇为他加冕，匈牙利由此升格为王国。因此，王冠被称为圣斯蒂芬王冠。有超过 50 位国王用它加冕成为匈牙利国王，以此获得统治的合法性。只有两个没用它加冕的国王，约翰 · 希吉斯蒙德（John Sigismund，1572—1619）和约瑟夫二世。

满，更因为他们想要靠做官赚钱补贴家用，却要学德语而不满；教士因为出版审查、监督教育的权力被国家夺去而不满。最后，帝国新的外交路线成了所有这些不满爆发的借口。

皇帝的背影

在玛利亚·特蕾莎时期，哈布斯堡君主国放弃了传统的敌视法国的政策，通过玛丽·安托瓦内特女大公和路易十六的婚姻实现了和解，从而缔造了奥、法、俄合作的外交格局，这种外交格局让普鲁士在七年战争中濒于灭亡。因而被腓特烈大帝骂作“支配世界的三条衬裙”[①]。

而约瑟夫二世皇帝的亲普鲁士色彩，让帝国的官员惊恐地发现奥地利有跟传统的仇敌联合起来的趋势，而且这种趋势可能会令普、奥两个中欧国家遭到法、俄的夹击。其结果是当叶卡捷琳娜女皇鼓吹对土耳其战争时，奥地利帝国的实权人物几乎异口同声地要求参与到对土战争中去——从而拉近奥俄传统友谊，避免约瑟夫皇帝继续推动他的亲普政策。

而约瑟夫二世也希望得到一个取得军事荣誉的机会。1788 年，仅仅对俄国负有提供兵力支援义务的约瑟夫二世以交战国的姿态投身土耳其战争。但他选择的将军毫无才能，把手中的兵力在边界上一字排开，以致当土耳其军队发动进攻时，皇家军队只能仓皇退缩，这再次证明皇帝本人在军事上只有爱好而没有才能。尼德兰的起义让皇家军队被逐出布鲁塞尔，皇帝的军队还遭到传染病的打击，在如此紧张局面下，匈牙利人又举起了叛旗。

聚集在一起的匈牙利贵族宣布脱离哈布斯堡王朝，准备选举歌德的朋友

---

① 代指奥地利的玛利亚·特蕾莎、法国路易十五的情妇蓬巴杜夫人和俄国的伊丽莎白女皇。

萨克森–魏玛的卡尔·奥古斯特大公为匈牙利国王，虽然大公本人拒绝了，但这对约瑟夫的打击无疑是致命的。更致命的是他的结核病。1790 年 1 月，他宣布废除了自己的大部分法令，把一切都“恢复到女王逝世时的局面”。2 月 20 日，这位皇帝病死在维也纳，然后违背了他本人的法令，被装进棺材送进了哈布斯堡皇族墓地。

约瑟夫皇帝有一个信条，前半句和后半句恰好分别表现出他两种迥然不同的形象。前半句“一切为了人民！”——这是一位戴王冠的革命者。后半句“什么也不能指望人民！”——这是一位冷酷的专制者。这两种形象结合在一起也不是什么新鲜事，其实就是更常见的“开明专制”。开明专制在普鲁士被用来形容约瑟夫的楷模腓特烈大帝，在奥地利则被用来指代玛利亚·特蕾莎和她的两个儿子的统治。

开明专制意味着近代君主国试图越过贵族对人民建立起直接的统治，同时在改善人民处境的同时也改善政府的处境，通过抑制中间的阶层来实现人民与政府的双赢，因此约瑟夫皇帝在人民中间的形象无疑比在贵族阶级中要光明。但他依然是君主，他推崇的理性的政府，是理性的君主国政府，一个共和国在他眼中就是非理性的。虽然在大西洋彼岸一个共和国在他生命的最后时刻已经建立，但他显然没有表现出什么热情来。

作为个人的约瑟夫，没有腓特烈二世那种若隐若现的“波茨坦病”[①]。虽然他也拿妻子当摆设，但他本人很懂得在这方面如何既尊崇传统又过得愉快。甚至当他的妹夫和妹妹出现婚姻问题时，这位经验丰富的大舅哥还曾经给妹夫提供了具体的“改革方案”。这方面他介于同时代的性欲超人路易十五、叶卡捷琳娜女皇和一辈子扑朔迷离到底靠什么解决的腓特烈大帝之间，属于少数比较正常的启蒙时期的君主。

---

① 腓特烈二世不近女色，长期被怀疑是同性恋。因为他住在波茨坦的无忧宫，所以“波茨坦病”成了同性恋的隐晦指称。

约瑟夫皇帝喜欢艺术，尤其喜欢音乐，在这一点上他和其他君主没什么区别。路易十四喜欢跳舞，腓特烈大帝经过仔细研究发现横笛是最适合君主演奏的乐器，因为在演奏中身体可以保持君王的气派。约瑟夫皇帝和腓特烈的观点不同，他选择的乐器是古钢琴。他虽然不跳芭蕾舞，却是一个男中音歌手。他跟莫扎特的关系比腓特烈和巴赫的关系要紧密得多，但他很可能无法认识到莫扎特的伟大。他把音乐看作一种比较私人的东西，虽然扶持德语歌剧，却并不认为音乐是统治的工具，所以没有给予其时代最伟大的音乐家应有的尊重和重视，这让约瑟夫皇帝在莫扎特粉丝中间长期形象不佳。但公平地说，《莫扎特传》这部电影里最接近本来面目的一个角色，还是这位戴着短假发、在歌剧首演时打瞌睡的皇帝。

这位皇帝有思想，为了了解他的世界，他几乎走遍了整个帝国；他了解他的国家、人民和政府，但不了解他的贵族及其王权的本质，那是玛利亚·特蕾莎在统治的开端就因为被背叛、被勒索和不断讨价还价而认识到的东西。他试图在几年中完成他母亲几十年都没能完成的事业，当他试图获得军事胜利时，却遭到前所未有的打击，他倒下了，这几乎是神圣罗马帝国和哈布斯堡王朝的传统剧情，这个帝国和这个王朝一千年的历史中，被重演最多的就是这种一个年轻的、有理想和激情的君主，被自己庞大的计划压倒的剧情。从查理五世[①]到约瑟夫二世无不如此。

当这位皇帝逝世时，他的兄弟科隆的选侯大主教委托邦国内的一个音乐天才为哥哥约瑟夫皇帝创作了一部纪念性的声乐作品，这个天才就是贝多

---

① 神圣罗马帝国皇帝查理五世（1500—1558），勃艮第公爵美男子菲利普之子，神圣罗马帝国皇帝马克西米利安一世之孙。继承了来自父亲的勃艮第公国，来自母亲和外祖父的西班牙王国、两西西里王国、新大陆殖民地，1519 年又继承了祖父的德意志领地，并当选为神圣罗马帝国皇帝，史称查理五世。在他手中聚集了哈布斯堡、勃艮第、卡斯蒂利亚和阿拉贡王室的广阔领土，建立了人类历史上第一个日不落帝国。但也因此被卷入遍布世界的领土所带来的错综复杂的矛盾和斗争。最终心灰意冷，于 1556 年宣布退位，作为修道士度过了余生。

芬。而在他弟弟的加冕礼上，有个来自特里尔选侯邦的青年贵族代表，第一次见到了皇帝的侄子弗兰茨大公[①]，那个青年是一个轻浮的外交官的儿子，名叫克莱门特·梅特涅。

① 弗兰茨二世（Franz II，1768—1835），神圣罗马帝国末代皇帝（1792—1806年在位），奥地利帝国的第一位皇帝（1804—1835，称弗兰茨一世，德语：Franz I）。神圣罗马帝国皇帝利奥波德二世与皇后西班牙的玛利亚·路易莎之子，也是约瑟夫二世的侄子，约瑟夫二世在位期间，他的头衔为大公。

四 明星老弗里茨

腓特烈二世必须树立自己欧洲强国君主的形象，如果普鲁士王国的力量还不足以支撑这种形象，那他就必须用自己的才华和个人魅力来弥补普鲁士王国国力的不足，他要把自己打造成一个明星国王、一个开明专制时期的理想君主，以此让普鲁士王国在欧洲显得不可一世。

腓特烈二世（1712—1786）

时至今日，约瑟夫二世皇帝已经几乎被人遗忘，但普鲁士的老弗里茨依然是老弗里茨。从这个意义上说，奥地利的约瑟夫皇帝，几乎可以被看作普鲁士的腓特烈的崇高形象在奥地利投下的一个转瞬即逝的阴影。很多时候，一个人的影子往往显得比他本人高大，当我们透过老弗里茨的文治武功，透过他刻意给自己营造的“哲人王”形象，尽可能去观察这个人时，或许会觉得还是他的影子更可爱一些。

霍亨索伦的隔代遗传

霍亨索伦王室的隔代遗传，从第一代国王腓特烈一世到末代皇帝威廉二世，几乎贯穿了这个王朝的始终。例如，腓特烈一世是一个浮华的国王，喜欢奢华、追求排场、热衷于辉煌的节庆。在宴会、舞会上一掷千金之余，他却给当时还是孩子的王太子一个小小的账本，让王太子从小养成他自己所没有的量入为出的习惯，而他的这种教育真的起了作用。他死后，登上王位的王太子把他创造的那个梦幻般的宫廷用棍棒和扫帚一扫而空。

腓特烈·威廉一世和他的父亲正好相反，父亲送他账本的那一刻，他就爱上了这件礼物，让这个本子上的结余越变越多就是他一生中最大的快乐。如果一定要给他再增加一个爱好，那就是热爱高个子士兵。这位国王依靠让普鲁士农民接受训练和从国外招募雇佣兵，在普鲁士王国财政有盈余的情况下，组织起一支 8 万多人的军队。他自己则用一群巨人般的士兵组成近卫军。

这位“士兵国王”在先王举行宫廷舞会的大厅里摆上长桌子，和他的朋友们围桌而坐，抽烟喝酒，毫无顾忌地聊天叫骂，这就是著名的“烟草会议”，那是这位国王一生中最大的娱乐和消遣。浮华的腓特烈一世对待自己的儿子是温柔的，当他言不由衷地教育自己的儿子要节俭的时候，他成功了。腓特烈一世把普鲁士的第二代国王教育成了一个朴实无华到粗鲁不文的人。

很多人说腓特烈·威廉一世甚至不能做到正确地拼写，而国王本人也毫无追求写作和知识的念头。他在各方面都成了父亲的对照物，包括对待孩子的态度也是如此。腓特烈·威廉绝对不是一个慈父，他曾经把王太子热衷的书和喜欢的乐曲直接抢走烧掉，甚至把出逃的王太子关进要塞，在其囚室的窗外处决他的朋友。他粗暴地对待自己的儿子，希望让继承其王位的人变成另一个自己。这个目的无论成功还是失败，他的继承者都将永垂史册，因为这个人是腓特烈二世。

腓特烈二世几乎从各方面来说都是一个典范和楷模、一个光彩夺目的国王。他能上阵杀敌，曾力排众议亲自率领军队入侵奥地利，夺取了西里西亚。他还是哲学家，跟伏尔泰、拉美特里[①]谈笑风生。他非常有幽默感，当普鲁士的某个乡下神父在布道里咒骂他是当代的“希律王”[②]时，他把这个神父抓到王宫亲自质问他“说的哪个希律王”，神父对国王的这个问题目瞪口呆。他以这个神父缺乏《圣经》知识为由，让他去学神学。他还会吹横笛，而且一生坚持不懈，即使在行军途中，士兵们也总能听到国王营帐里的笛声。他还会作曲，甚至曾经接见过老巴赫，还和 C. P. E. 巴赫一起演奏，这个场面后来被门采尔画成了那幅著名的《无忧宫里的腓特烈》（见彩图 2），占据了大批巴洛克音乐专辑的封面。作为国王，腓特烈二世作风简朴，一辈子都穿普通军官制服，还关怀民众，曾经亲自发布敕令要求普鲁士的地主保

---

① 拉美特里（Julien Offroy de Lamettrie，1709—1751），法国哲学家、医生。公开宣扬无神论思想，认为没有宗教，人类社会就会幸福得多。著有《心灵的自然史》《人是机器》《伊壁鸠鲁的体系》等。

② 《圣经》中有好几个希律王，包括想杀害幼儿耶稣的希律王（前 37 年—前 4 年统治加利利和犹太）；其儿子，杀死了施洗者约翰的希律王安提帕（前 4 年—39 年统治加利利）；杀死雅各，囚禁彼得的希律王亚基帕一世（前 10 年—41 年统治犹太）；听过保罗申辩的希律王亚基帕二世（统治期为 50—53 年）。

护普鲁士的小自耕农。他活了70多岁，统治了46年，他晚年的时候比大部分普鲁士臣民的岁数都大，所以被称为“老弗里茨”。

但他身上一样有他父亲的影子。在波茨坦，他在一定程度上恢复了腓特烈一世的浮华之风，普鲁士国王的宫殿里又摆上了精美的陈设，陪伴在他周围的却依然是一群男人。门采尔的另一幅著名画作表现了腓特烈在无忧宫接见伏尔泰的场面（见彩图3），这幅画体现出腓特烈二世身上如何兼具了父亲和祖父两代普鲁士国王的形象：华丽的枝形吊灯和优雅的房屋装饰，奢华的桌椅和餐桌上的器皿，还有围桌而坐的国王、大臣和贵族们的打扮都洋溢着腓特烈一世时代的气息；但围桌而坐、侃侃而谈的所有客人都是男人，又向每一个观赏者指出这场宴会是“烟草会议”的继承者。腓特烈二世或许想再现他祖父时代的风气，但士兵国王的粗暴作风在各方面都给他打下了深刻的烙印。

国王的差事！

单纯用隔代遗传和棍棒教育来解释普鲁士君主的作风依然是肤浅的，因为一个世袭君主身上永远都有政治的和个人的——这彼此交错的双重色彩。

路易十四究竟是一个个性严肃的人，还是一个用全部精力扮演庄严的、高高在上的绝对君主的演员？这一点很难判断。路易十四年轻时把宫廷教堂放在凡尔赛宫的一角，是因为他不要信仰，还是他要贬低教会的地位？这一点也很难判断，因为法兰西大君主国太强大，国王有选择的自由。路易十五虽然要在举行完大就寝仪式之后再穿着睡衣从国王寝宫逃走，但他毕竟过上了自己想要的荒淫生活。而在小国普鲁士，国王的形象几乎完全是被国家的政治需要决定的。

腓特烈一世是普鲁士的第一代国王，严格来说应该叫第一个“在普鲁士的国王”，他最大的任务就是要让欧洲的君主们承认他的国王地位。虽然很多人表示，无论是勃兰登堡选侯邦，还是普鲁士公国，都已经在法理上获得了完整的君主权，但人们也不得不承认，无论是公爵还是选侯都比不上一个国王。腓特烈一世在1701年加冕，而在此前不到100年的1619年，英国公主伊丽莎白怂恿自己的丈夫莱茵-巴拉丁选侯腓特烈五世接受波希米亚人送上的王位时，留下一句著名的豪言：“跟国王一起吃菜汤，也好过和选侯一起吃肉！”所以，腓特烈一世国王要做的最重要的一件事就是向整个欧洲证明自己是一个国王。他需要用铺张、奢华、优雅的庆典和华丽的仪式，向每一个被派到柏林的外国使节证明霍亨索伦人有不言自明的王者风范。至于完成这项任务本身是不是也顺遂了国王自己追求享乐的本心，那其实并不重要。

最深刻揭示了霍亨索伦人这种完成国家使命、扮演君王形象的心态的，是普鲁士国王们的“政治遗嘱”。在政治遗嘱这种代代相传的文件里，每一代霍亨索伦人都展现了他们作为普鲁士国王的连贯性。就以那个粗暴、抠门的“士兵国王”来说，他一辈子以贪婪吝啬地追求金钱和满欧洲绑架高个子来给自己当兵而著名。但当他终于有机会在纸上说说自己心里话的时候，他告诉后代子孙，他只是用“贪婪”和“迷恋巨人”这两个带有侮辱性的标签来掩盖他的真实目的。他要留给每一个观察者以“国王贪婪”的印象，这其实是为了掩盖国家财政充裕的烟雾；而国王追求高个子士兵，是为了掩盖普鲁士急剧扩张的军队。腓特烈·威廉一世国王要让全欧洲的君主想到他时，只记得他拼命地抓住每一个硬币、绑架每一个18世纪潜在的“篮球明星”来给自己当兵，而忽略普鲁士王国日渐雄厚的国力和真正让人望而生畏的八万精锐之师。

腓特烈一世和腓特烈·威廉一世父子的形象和他们的使命搅在了一起。那么腓特烈二世呢？事实上也一样。腓特烈二世一生都在扮演普鲁士王国所交给他的角色——用父亲积攒下来的金钱和军队来扩张普鲁士。腓特烈二世的漫长生涯里几乎充满了战争，而且每一次他都要告诉别人，战争不是为“扩张普鲁士”这个目标而打。他进军西里西亚是以捍卫巴伐利亚选帝侯的继承权为借口，但事实上他从哈布斯堡王朝手中夺走了广阔的西里西亚，让普鲁士王国的领土大为扩张。他发动七年战争[①]时自称是为了反抗天主教霸权，代表德意志的新教君主去对抗天主教的奥地利和法国联盟，但事实上，腓特烈的目标就是萨克森选侯邦，用腓特烈自己的话来说就是，萨克森就像装面粉的口袋，只要用棍子狠狠地抽，总能抽出点什么来。

腓特烈的最大使命是扩张领土，他的军事才能服务于这一使命，他的外交路线也服务于这一使命，而他的个人形象和才华同样服务于这一使命。腓特烈蔑视德语，一辈子都用各种方法讽刺挖苦德语，在这方面，他是几乎不能正确拼写的“士兵国王”的亲儿子。同时，他始终用法语交谈和写作，这固然是他个性的原因，但也是普鲁士王国利益的体现。腓特烈·威廉一世统治时期，普鲁士只是欧洲的小国，“士兵国王”只是德意志君主中的一分子，对于一个要积累金钱、训练军队的国王来说，欧洲视野和外交关系网是次要的，所以，腓特烈·威廉连认真写德语的兴趣都没有。但当他为自己的儿子积攒下一笔丰厚的金钱，训练出一支精锐军队时，他的儿子就随之坐在了欧洲霸权的赌桌边。所以，腓特烈二世必须树立自己欧洲强国君主的形象，如果普鲁士王国的力量还不足以支撑这种形象，那他就必须用自己的才华和个人魅力来弥补普鲁士王国国力的不足，他要把自己打造成一个明星国王、一

① 七年战争是1756—1763年欧洲各主要国家都相继卷入的一次大规模战争。战争的导火线是普鲁士腓特烈二世进军萨克森（他曾在自己的《政治遗嘱》中告诫他的继承人要征服萨克森，使得勃兰登堡和西里西亚在地理上能够形成一个整体）。英国与新兴的普鲁士结盟，给予其财政支持；英国的老对头法国则与奥地利尽弃前嫌，结成同盟；俄国也加入法奥联盟中。腓特烈二世硬扛法、奥、俄三强，虽然取得了多次战役胜利，但国力消耗殆尽，陷入绝境，直到俄罗斯女皇伊丽莎白一世突然去世、继位的彼得三世（腓特烈的崇拜者）转为支持普鲁士才逃过一劫。英国在七年战争中获得了法国广阔的海外殖民地，成为最大赢家。普鲁士则在付出了巨大代价后使列强承认了其对西里西亚等地的领有权。

个开明专制时期的理想君主，以此让普鲁士王国在欧洲显得不可一世。

腓特烈一生都用欧洲通行的外交语言法语写作和交谈，只有这样他才能为自己赢得欧洲范围的影响力。甚至他喜欢的乐曲也是从法国来的，腓特烈或许热爱音乐，但他更热爱君王的形象，当他看到法国人改造之后的横笛在演奏时不会扭曲身体破坏演奏者的形象时，他就拿起了横笛一直吹到牙齿脱落。

也只有从普鲁士国王这种扮演自己角色、完成国家使命的命运出发，才能真正理解为什么腓特烈会对他亲近朋友说："我是一面镜子，反衬出来的都是周围的环境。"因为普鲁士太弱小，无力在欧洲强国之间捍卫自己的个性，普鲁士君王只能从欧洲的潮流里寻找自己的榜样，并力争青出于蓝。到腓特烈大帝这一代，普鲁士终于打造出了一个欧洲明星。

"哲人王"的心灵

也只有理解了老弗里茨的处境和命运，我们才能理解为什么说腓特烈是一个小心翼翼地走在"大帝"之路上的人。在欧洲强国的夹缝当中，弱小的普鲁士即使在战场上胜利了，其他强国还没拔剑出鞘，普鲁士可能就已经失败了。因此，腓特烈不但要在战场上创造奇迹，还要在外交中创造奇迹。在欧洲君主的外交大家庭里，普鲁士的位置又决定了腓特烈必须用尽浑身解数去打造一个欧洲君主中的超级明星，让其他人基于对他的欣赏甚至崇拜来忽视普鲁士的弱小本质。

在这方面，腓特烈是一个典型的霍亨索伦人，他能够把自己的角色扮演得完美无缺。他第一次指挥会战时，被进攻的奥地利军队吓坏了，但在逃跑时他依然是一个狡猾的霍亨索伦人，他用一句话下达了彼此矛盾的两道命令——"扫荡敌人的阵地！"和"撤退！"后纵马狂奔逃出战场，他逃走之后坚持着取得胜利的普鲁士军队花了很长时间才找到逃跑的国王。这样的一个国王却在日后成为欧洲最伟大的军事统帅，这不能不说是一个奇迹。“狡猾的霍亨索伦人”几乎是可以用在历代普鲁士国王头上的称号，但其他人的狡猾更像是一种本能，而腓特烈的狡猾背后，却是他早年经历的黑暗生活所带来的一种世袭君主当中不常见的清醒。这也是为什么说约瑟夫二世如果是腓特烈的儿子，腓特烈肯定不会对这个儿子满意，甚至可能会非常粗暴地对待他这个铁粉，因为腓特烈经历了世袭君主很少能遇到的早年生涯。

棍棒教育和殴打在德意志宫廷并不少见，而哈布斯堡王朝很少殴打孩子，他们用其他方式体罚，比如罚站或者不让吃饭。但在德意志小邦的宫廷里，很多时候君主都是亲自抄起一根木棍来教育儿子的。德意志的这种教育方式甚至通过汉诺威王朝和萨克森–科堡–哥达王朝传入了英国，而且一直被保持到 20 世纪。单纯的殴打并不会彻底地扭曲一个王子的心，可关进监狱就不一样了，腓特烈二世当王太子时想和朋友一起逃出普鲁士，这件事本身也很不寻常，因为王太子出逃并不是简单的离家出走，相反是带有叛国色彩的行为，所以被抓回来肯定也不会是简单的挨上几顿打那么简单。腓特烈被关进了要塞监狱，虽然他不会被当作普通囚犯，但至少体验到了专制君主国的另一面。在要塞里，他被迫亲眼看着自己的朋友被杀，知道了他将来要做的国王到底是一桩什么样的买卖。一个在宫廷里长大的王位继承人很少有机会体验到开明专制黑暗的一面，至少约瑟夫二世皇帝就没有体验过。所以，君王这个身份对约瑟夫二世来说就意味着权力，意味着可以造福整个社会和国家的能力与义务，但腓特烈看到了这个身份背后恐怖的一面，以及如果一步走错从宝座上跌落下来意味着什么。

腓特烈的狡猾当中体现的是他对开明专制这种统治发自内心的清醒。他认清了君主制的全貌，对自己的统治毫无幻想。他全身心地去扮演一个理想的统治者，内心却是冰冷的。腓特烈有生之年就被英国人说成同性恋，英国作者甚至宣称腓特烈有一个男宠组成的后宫。当伏尔泰和这位启蒙时期的理想君王闹翻之后，他也对腓特烈的这种传闻推波助澜。但事实上大家都没有证据证明腓特烈是或者不是同性恋。在这位国王漫长的将近半个世纪的统治里，无论是同性还是异性，他很可能谁都没有恋过。继位之初还没有日后那么老练时，他曾亲口承认他对性毫无兴趣，之所以毫无兴趣，用他内心的冷漠和恐惧来解释是最合适的。

君王是一个高风险的职业，稍有不慎就可能从王位上跌落，一旦跌落就意味着万劫不复。之所以大部分君王都能把自己的这门工作做好，是因为他们往往被君王光鲜的一面蒙住了双眼，如果一个人深切体验过君主统治的黑暗面，他坐在宝座上的心情早就被希腊人用“达摩克利斯之剑”的故事说得很明白了。腓特烈正因为理解王冠意味着什么才能成为腓特烈，而约瑟夫二世只看到了腓特烈外在的一面，所以成了腓特烈投射在奥地利的影子。

腓特烈大帝死于1786年，那时候距离他在奥地利的“影子”约瑟夫二世的去世还有三年多。他在政治遗嘱当中，像他的父亲一样要求霍亨索伦的后世子孙绝不能懈怠，因为普鲁士王国的边界依然是不完整和难以防御的，霍亨索伦人必须继续扩张。这些话，约瑟夫皇帝是看不到的，即使看到也不会对腓特烈的心灵有什么感受。但遗嘱的开头有一句话或许能够让约瑟夫皇帝和我们对这位启蒙运动“哲人王”冰冷的内心有一个更深入的体会，他说：“人死之后，万事皆空！”

附 假如玛利亚·特蕾莎嫁给了腓特烈二世

一个有趣的脑洞是：如果是霍亨索伦王朝和哈布斯堡联姻，腓特烈到维也纳当了皇帝的上门女婿，而不是洛林的弗兰茨娶了玛利亚·特蕾莎，未来会怎么样？这个想法确实非常有趣，有趣的地方在于，以腓特烈的性格，他即使真的娶了玛利亚·特蕾莎也不会满足于当一个弗兰茨那样的皇帝（弗兰茨皇帝一辈子任性一次的性格我们在前文已经讲过），腓特烈是一个非常专权的人，他不会跟妻子分享自己的普鲁士王权，而他的妻子刚好也不打算跟任何人分享她的哈布斯堡君主权。为了当皇帝，腓特烈十有八九会改宗天主教，因为他原本就不是一个坚定的新教徒，不但不是，还经常写文章对宗教进行讽刺挖苦。

这样综合来看，十有八九他和玛利亚·特蕾莎的夫妻关系会和他与布伦瑞克-沃芬比特尔公主的婚姻一样变成单纯名义上的夫妻关系。腓特烈很早就不允许王后进入无忧宫，他自己也很少去柏林王宫，分别多年以后他们的一次相遇是腓特烈出征归来，他向多年不见的王后敬了礼说："夫人，您又胖了！"但玛利亚·特蕾莎可不是布伦瑞克–沃芬比特尔的公主，她是奥地利的女大公、波希米亚和匈牙利的女王，在维也纳，腓特烈既不能禁止女王进入美泉宫，也不能禁止女王进入霍夫堡宫。他大概只能躲回波茨坦或者在维也纳郊外建造一个无忧宫那样的小小宫殿，然后不对女王开放，而这样做很可能导致约瑟夫二世依然在1741年如期出生，亲生父亲也还是洛林的弗兰茨。而当约瑟夫二世长大成人，他肯定还会成为腓特烈的铁杆崇拜者，坚定地认为腓特烈才是他的亲爹（见彩图4）。这样的一对父子走在前边，玛利亚·特蕾莎和托斯卡纳大公弗兰茨并排走在后边的场面，确实比奥地利王位继承战争有意思多了。

第二章 革命与复辟

◇ 诸神谢幕，我们登场

◇ 进击的反革命——梅特涅

◇ 孤独的段子手——瘸子塔列朗

◇ 浪漫主义和保王党

◇ 马克思社会地位坐标小考

◇《人间喜剧》的时代

五 诸神谢幕，我们登场

19 世纪是普通人时代和英雄时代的分水岭，而滑铁卢战役是 19 世纪和 18 世纪的分水岭。从时间上说，19 世纪从 1801 年就开始了，但从 1801 年到 1815 年，这十几年完全是 18 世纪的延续，拿破仑的时代横亘在两个世纪之间，就好像贵族时代横亘在 19 世纪和 20 世纪之间。

拿破仑（1769—1821）

在老弗里茨生涯的尾声，普鲁士王国迎来了黄金时代。在东方，通过瓜分波兰，普鲁士前所未有地扩张了自己的领土；在德意志，通过成为一系列条约的共同签署者和担保人，普鲁士国王成为德意志新教各邦的领袖和保护人。相比于强大、咄咄逼人，却显得疲惫而臃肿不堪的奥地利，普鲁士王国代表着启蒙运动的理想——一个以国家第一公仆自居的国王，厌弃宫廷的繁文缛节，谢绝人民衷心献上的赞美和荣誉，用一个清明廉洁的政府统治着蒸蒸日上的国家。普鲁士一年一度的军事演习给来自欧洲甚至是美洲的观察者都留下了深刻的印象，人们无不承认普鲁士军队是欧洲最强悍的战争机器。

但老弗里茨不会知道，在他荣誉的顶峰 1784 年，有个 15 岁的布里埃纳军校生和 3 个同学坐船沿着塞纳河第一次来到巴黎。虽然在巴黎逗留的时间不长，仅够他买一本小说并到圣日尔曼・德・普雷教堂做一次祈祷，但巴黎的辉煌和壮丽已经在这个年轻军校生的心里打下了深刻的烙印。老弗里茨有生之年已经所剩无几，他没有机会听到这个年轻人的名字，但年轻人却记住了老弗里茨这位当时的超级明星。老弗里茨死后 20 年，那个军校生作为征服者骑马进入普鲁士首都柏林，当他亲自去拜访老弗里茨的墓地时，他对随从说："如果这个人还活着，我就到不了这里！"这个人有一个在同学眼中显得古怪的名字，军校的神父甚至怀疑圣人名册[①]能不能查到这个名字，他叫拿破仑。

最后的半神拿破仑

拿破仑是一个奇迹般的人物，出现在一个奇迹般的年代。18 世纪庞贝城

---

① 天主教会将某些已故天主教徒的名字列入"圣人名册"，教徒领受洗礼时一般都会取这些圣人的名字作为自己的"洗名（圣名）"。

的发现在整个欧洲引起疯狂的复古热潮，这一时期所有的贵族和知识分子接受的都是相同的古典教育，这种古典教育被后世的威廉二世概括为“把当代人培养成古罗马人的教育”。事实也的确如此，当笛卡尔在荷兰看到科学院的悬赏题目却发现自己看不懂荷兰语时，他就用拉丁语对着其他人大声问谁能给自己翻译，很快就有一个荷兰人用拉丁语回答：“我来！”——这就是古典教育的影响。而当这些被教育成古罗马人的人真的看到罗马人的房屋、家具、衣食住行时，怎能不为之疯狂？而且罗马人所代表的共和理想和公民美德，正与此时欧洲的革命浪潮相匹配。

这是一个法国大革命的议员会一本正经地在自己的时髦礼服之外再套上一件更时髦的罗马人外袍，然后跑到巴黎的大厦里去开元老院会议的年代。整个欧洲仿佛进入了一个史诗般的时代。大大小小俱乐部里的侃侃而谈，国民公会里的口若悬河，主角们模仿的都是恺撒、加图或者西塞罗。胜利者会得到雷鸣般的掌声，那掌声会让每一个“古罗马人”为之迷醉，即使失败了被送上断头台，最后一次被广场上的人民围观时，他们依然要模仿崇高的古人。恐怖时期的巴黎革命妇女一边织毛衣一边看断头台杀人，为那些慷慨就义的牺牲者所发表的最后的豪言壮语热烈鼓掌，也为铡刀落下、一声闷响之后滚进篮子里的人头鼓掌。对她们来说，广场上的人头滚滚就是一出出免费的古典戏剧。只有一次，这出戏剧出了问题，那就是路易十五的情人杜巴里夫人被送上断头台时，这个老妇人从没想过要成为一个古人，她只想活下去，她一路上哭号哀求，在断头台上挣扎喊叫，当铡刀落下，她的脑袋被刽子手高高举起，以往掌声雷动的广场鸦雀无声——直到这一刻人们才意识到，原来他们每天崇高消遣的本质就是杀人。

这是每一个想要成为传奇英雄的人所能想象的最好舞台。这个时代没有办法讲资历，今天的革命英雄明天就可能成为阶下囚，今天被国会送进监狱的阶下囚明天又可能被巴黎人民扛在肩膀上送进巴黎市政厅。在一个闷热的夏夜广场上燃烧的篝火和回荡着的革命歌曲可以葬送一群人，而同样的夏夜里的一场雨又可能葬送另一群人。

拿破仑就在这样一个时代横空出世。这个矮个子科西嘉人到处创造奇迹，他以一种不可思议的速度攀登社会的金字塔。作为土伦的征服者，他成为共和国最年轻的统帅；作为葡月将军①，他用大炮轰击在巴黎起义的保王党；在伦巴第，他打败占优势的反法同盟。他跨过地中海进军埃及，沿途还把医院骑士团赶出了马耳他岛。他向巴黎人展示自己如何在金字塔的阴影下战胜马穆鲁克，如何英勇无畏地去医院看望身染鼠疫的部下，又如何巧妙地躲过英国人的封锁，进入巴黎成为法兰西共和国的执政。

他把自己塑造成一个前所未有的传奇将领。他在洛迪战役中带头冲锋，在阿尔科拉战役中高举战旗身先士卒，在马伦哥取得辉煌胜利。他的光辉掩盖了他周围的每一个人，他把成千上万的勇士塑造成一支传奇般的大军，人们叫它“大军团”。作为大军团的统帅和法兰西人的皇帝，1804 年他站在布伦海岸上高傲地眺望不列颠。他风驰电掣地以意想不到的速度跨越半个欧洲去打败英国人的盟友奥地利，然后在奥斯特里茨的艳阳下打败姗姗来迟的沙皇。他在耶拿势如破竹地击败了普鲁士人，老弗里茨缔造的传奇之师在他的注视下土崩瓦解。更加羞耻的是同一天在奥尔施泰特，达武元帅麾下的两万多法军，把几乎一倍于自己的普鲁士和德意志联军打得四散奔逃。拿破仑被看作天神，歌德曾挖苦德意志人：不要再对拿破仑做无谓的反抗，尽管你们用尽浑身解数去挣扎，但那锁链“你们挣不脱”！

拿破仑是历史上诞生的最后一个史诗般的英雄。历史就像风景，距离我们越远，细节就越模糊，相应的“主题”或者“戏剧性”也就越鲜明。而这种戏剧性的历史所带来的就是古典戏剧里史诗般的英雄。他们要么是从天

① 1795 年 10 月 3 日（共和四年葡月 12 日），保王党举行暴动，参加者达 2.4 万人。率领政府军的梅努将军擅自与叛军谈判，非常委员会将其逮捕，改命国民公会主席巴拉斯平叛，巴拉斯连夜召来拿破仑，命其负责指挥。10 月 4 日，拿破仑指挥炮兵很快将暴动镇压下去，由此得到了“葡月将军”的称号。

而降的；即使不是从天而降也是天降大任的，虽然在生命的开端，他们可能意识不到自己的这种“天命”，但命运会引领他们走上一条追求荣誉、伟业和权力的闪光道路，他们在前进中展现出超凡的天赋、力量和个性，伟业成就后，最终迎来悲剧般的结局。这种题材构成了我们熟悉的那种古典和中世纪的史诗，从特洛伊到迦太基，从诸神的黄昏到英灵殿，从熙德[①]到唐克雷德[②]，而拿破仑的生平就是这部英雄的、半神半人的系谱的最后一页，离我们最近的一页。

这种英雄史诗能够形成的关键在于被距离湮没的细节。我们知道恺撒曾经放浪形骸，被高利贷的债主围追堵截，但我们不了解细节；我们知道奥古斯都也有一个疯狂的早年，可惜我们依然不知道细节；我们知道恺撒跨过卢比孔河时说“骰子已经投下”，但我们不知道他沿着大道奔向罗马的时候有没有后悔。那些古代英雄生命里大部分的色彩和经历已经被历史掩盖，他们脱离了他们的舞台被写进史诗，失去了血肉和温度，变成了浮雕和铜像。甚至连史诗本身也可能是一种误解，爱伦·坡信誓旦旦地告诉我们：可能根本没有什么史诗，相反，只是一系列的抒情诗和短诗被叠加在一起成了史诗。

但是，拿破仑距离我们并不遥远——这正是他的奇特之处，在近代历史上，这样的英雄是不多见的。整个 18 世纪可能只有俄国的彼得大帝和普鲁士的老弗里茨取得了这样的地位。但正如我们已经说过的，在伟人和史诗般的英雄之间的那条鸿沟，老弗里茨是何等小心谨慎地越过的。他终其一生扮演着自己的角色，紧跟着那个时代文人和知识分子的趣味，从没有落后过半步，甚至没有过一丝的懈怠和放纵。他窒息了自己才为自己赢得了不朽的地

① 罗德里戈·迪亚兹·德·维瓦尔（Rodrigo Díaz de Vivar，1043—1099），人称熙德（El Cid），卡斯蒂利亚贵族，瓦伦西亚的征服者和领主，西班牙史诗《熙德之歌》将其塑造为骑士的典范。

② 又译坦克雷德（Tancred，1075—1112），加利利公爵，安条克摄政，第一次十字军的首领之一。塔索史诗《耶路撒冷的解放》中塑造了他的英雄形象，并虚构了他与异教徒女战士克洛琳达的爱情悲剧。

位，但同时他又深信“人死之后，万事皆空”，这是老弗里茨的悲剧。

但拿破仑并不是一个文人，他也读书，可他从不把自己当作一个知识分子。他是一个皇帝、一个统帅、一个军人，他和歌德有过一次历史性的会面，据说他只问了歌德一个问题：“多大岁数了？”当歌德回答之后，他给出了一个帝王般的评价：“了不起！”而当他遇到未来拿破仑三世外交大臣的母亲[①]时，他的表现用“军人”来形容就太文雅了，更贴切的词应该是“大兵”！

“无限战争”的降临

假如真的有一个属于拿破仑和老弗里茨这种英雄的英灵殿，他们在那里相逢时，老弗里茨可能更多的会嫉妒拿破仑的好运气而不是天才。

因为拿破仑的英雄业绩很大程度上得益于革命的法国。后人一再强调法国革命点燃的民族主义热潮所释放出来的强大力量是拿破仑摧枯拉朽横扫欧洲的根本动力。但事实上这种动力的基础无非是卡诺[②]公民[③]所发明的义务兵役制。而义务兵役制其实并不是新鲜事物，只要一个国家有足够的力量和组织能力，都可以搞义务兵役制。真正阻止欧洲各君主国搞义务兵役制的，其

---

① 指拿破仑的波兰情妇玛丽·瓦莱夫斯卡伯爵夫人（Marie Walewska，1786—1817），她与拿破仑的私生子亚历山大·瓦莱夫斯基（Count Alexandre Joseph Colonna，1810—1868）后来成为路易-波拿巴的外交大臣。

② 卡诺（Lazare Nicolas Marguerite Carnot，1753—1823），法国大革命和拿破仑时期的重要官员，对法军的组织建设厥功至伟。1793 年，作为雅各宾派政府公安委员会委员的卡诺颁布了“大规模动员”（Levée en masse）法令，规定：“自即日起到敌人被驱逐出共和国领土为止，所有法国人皆有服兵役的永久义务。”短短一年之内，革命军的总人数由 64.5 万人膨胀到 150 万人。

③ 法国大革命高潮时期废除了传统的“老爷”“先生”等称呼，各色男女一律以“公民”互相称呼。卡诺是共和制度的忠实拥护者，所以称他为公民非常合他心意。

实是 18 世纪战争的游戏规则。

18 世纪的“花边战争”是一种温文尔雅的战争。路易十四围攻斯特拉斯堡，第一天的围攻结束，斯特拉斯堡的市政会议打开城门，派遣代表给率军围攻他们的路易十四送来冰激凌。太阳王对他们的冰激凌评价非常高，然后问城里的代表能不能再来点。城里的代表回答说，围攻期间每天都会送，但“陛下肯定要围攻很久”，所以不得不省着点送，每天就送这么多。这种事情在后人眼中简直不可思议，我们之所以这么想，正是革命的法国和拿破仑颠覆了产生这种彬彬有礼的游戏规则的社会。

而产生花边战争游戏规则的真正原因是三十年战争：这场凶残的宗教战争以其疯狂的杀戮、肆意的劫掠和交战双方毫无区别的战争罪行而著名。有学者宣称，这场战争夺去了德意志三分之二人的生命。这个数字显然是夸大的，但至少有一点可以肯定，那就是 1648 年签署《威斯特伐利亚和约》的代表们目睹了德意志战后的惨状，纷纷意识到这样打仗是不行的。于是 18 世纪以后，战争变成了王朝之间的游戏。欧洲各君主国之间把战争从意识形态和宗教信仰之争具体化为继承权和财产之争。18 世纪的主要战争，从西班牙王位继承战争到奥地利王位继承战争，再到巴伐利亚王位继承战争，几乎都是因为王位绝嗣而引起的财产之争，而老弗里茨发动的七年战争和瓜分波兰可能是其中少数的异类。

这样的战争是为了争夺财产和土地，但如果允许军队大肆杀戮和劫掠，王朝将得不偿失。如果要约束士兵的纪律，首先就不能让士兵尽义务，必须让士兵把当兵看成一种有利可图的职业，所以就不能搞征兵制而只能搞募兵制。你是来赚钱的不是来烧杀抢掠的，所以你得老实点。募兵制的另一个好处是可以让那些能够自力更生而且能够负担国王的税收的人留在自己家里，而把那些天生就喜欢刀头舔血的、作奸犯科的、觉得军服好看的或者是单纯活不下去的、破产的、找不到工作的、赌博欠了债要被债主往死里打的人，甚至是在酒吧里被陌生人灌醉了的人，总之一切社会的边缘人物都变成领军饷的士兵。如果一个农夫被打死了，他全家老小可能就要失去活路，土地荒废，没人纳税；但一个赌棍被打死了对王国就没什么影响。募兵制虽然要多花不少钱，但这种钱花得并不冤，综合各方面的影响远比宗教战争划得来。18 世纪替国王招募士兵的招兵人是各类传奇故事里不可或缺的角色，如果主角基本上只剩下上吊或者跳河这条路可走的时候，他们就要出现了，然后主角穿上一身光鲜的衣服成了国王陛下的士兵。这些最早的猎头公司在敬业程度上也完全可以跟今天的猎头公司相比，老弗里茨的爹喜欢高个子士兵，他们最远能跑到苏格兰去哄骗无知青年到普鲁士当兵。

募兵制度的优点也决定了它的缺点：士兵都是雇来的，固然不会随便烧杀抢掠，但打仗毕竟是玩命的事，烧杀抢掠不积极，打仗自然更不积极，所以保持军队的战斗力就全靠纪律，而纪律怎么维持？只能靠棍子！“士兵都是社会的渣滓、下流坯！”这是花边战争时期欧洲军官之间的基本共识，所以老弗里茨要求必须让士兵“害怕军士长的藤条胜过敌人的刺刀”。

一支花钱雇来的军队，纪律全靠藤条抽，给养全靠马车运，规模自然不可能大。路易十四进军意大利时，他的大军从吃穿到弹药，甚至挖战壕用的工具和铅丝都是国王派人用马车运过阿尔卑斯山的。

而且指挥官也知道花钱雇来的士兵往往是靠不住的，所以都不愿意打大规模的野战，因为在这样大规模的战役里，死伤的损失之外，还有战败一方被俘和逃跑的损失，说不定自己麾下的士兵趁着战败就把衣服一脱去别的君主那里“找工作”了。因此，花边战争时代的游戏规则决定了战争并不需要 17 世纪那样的广泛参与。

既然战争只需要少数人参与，那就不需要搞什么义务兵役制。老弗里茨逝世的 1786 年，普鲁士的 19.5 万军人里有 11 万是外国士兵，对于一个君主来说，让自己的臣民继续劳动和纳税，让外国人来服役和冒险才是更划算的解决方案。

但是，大革命后的法国遭到了全欧洲的围攻，共和国想要生存下去的唯一出路就是颠覆游戏规则，把花边战争式的有限战争变成革命的和拿破仑帝国的无限战争。法兰西共和国第一个创造了“军票”这种掠夺方式，其实就是用不可兑现的废纸一样的纸币来购买占领区物资。而这种军饷低廉、给养靠劫掠的军事组织方式，才是法兰西共和国和拿破仑帝国能够维持一支在规模上完全超越欧洲其他国家的庞大军队的根本原因。

那么，这种掠夺性战争跟民族主义有什么关系呢？大概就是刺激了所有被侵略和被掠夺国家的民族主义情绪。1815 年拿破仑最终战败时，普鲁士占领军的一个军官拿着军队的命令住到某个法国老夫妇家里，当天他们一起吃晚饭、一起愉快地聊天（这个普鲁士人显然会讲法语），然后各自回房间睡觉。但是第二天早晨他要走的时候，却砸碎了他房间里所有可以砸的东西。当这个普鲁士军官出现在目瞪口呆的老夫妻面前时，说他之所以这么做，只是要让老夫妇知道他们的儿子在柏林他父母家里都干了些什么。拿破仑的大军身上曾经同时兼具解放者和征服者的双重角色，但当解放者的一面渐渐被征服者所取代，他们在整个欧洲的征服事业也激起了普遍的愤怒和仇恨。当欧洲其他国家为了争取生存也开始放弃传统的有限战争，开始采用一切手段抵抗拿破仑时，拿破仑这尊神灵就逐渐从他胜利的巅峰陨落了。

随着拿破仑对德意志的征服，被逼到灭亡边缘的哈布斯堡和霍亨索伦两大王朝，都开始号召反抗拿破仑的民族起义。当拿破仑在莫斯科战败，被俄国军队追逐着退入德意志时，德意志民族大起义就真正爆发了。那些让法军在俄国焦头烂额的游击队和义勇军在德意志也出现了。普鲁士此时也模仿法国实行了义务兵役制，虽然普鲁士的国力无法负担这样一支军队，但英国的补助金帮助了普鲁士人。当奥地利人最终也加入反法同盟阵营的时候，拿破仑的命运实际上已经注定。

大合围战的理论此前已经在奥地利军队里诞生，真正付诸实践却是在 1813 年的德意志民族解放战争。在这场战争中，拿破仑和他的大军团被俄国、普鲁士、奥地利甚至包括巴伐利亚在内的德意志各邦的军队包围在莱比锡。经过这场战役，拿破仑的光辉暗淡了，胜利的联军直捣巴黎，拿破仑不得不在1814年退位，被贬为厄尔巴岛上的国王。

史诗的落幕

但拿破仑的史诗在“告别鹰旗”[①]之后还没有完结，就在那一年，他率领一千人在法国登陆，一路高歌猛进，回到他“忠诚的巴黎”。“衔着三色旗的雄鹰从一个钟楼飞到另一个钟楼，降落在巴黎圣母院。”奇迹般地凭借一己之力征服法国的拿破仑，还要再为世界表演最后一场英雄史诗——滑铁卢战役。

在历史上的战役中，滑铁卢之战无疑是最时髦的：文学巨匠雨果——这个拿破仑大军团的军二代，在《悲惨世界》里离题万里地去描写滑铁卢大战、拉海圣的争夺战、莫斯科亲王和近卫军骑兵在圣约翰山的突击、老近卫军的慷慨赴死；司汤达这个拿破仑的老兵，在《巴马修道院》里描绘了滑铁卢战场上传来的隆隆炮声；司汤达描述的炮声对夏多布里昂来说肯定不陌生，他是拿破仑送进法兰西学院的诗人，那时却正跟随路易十八的宫廷逃亡，在前往布鲁塞尔的路上，他听到从远方战场传来的如同夏日闷雷般的炮声；在他骑马经过的地方，一个英国人正焦虑不安地等待着战场的消息，消息传来，他马上飞奔到海峡乘坐最快的船赶回伦敦，利用时间差捞到了拿破仑战争里的最后一桶金，这个人就是罗斯柴尔德家族伦敦支系的创始人。

滑铁卢战役太传奇了，以至于关于它的一切都被人铭记并反复提到。战场上的统帅自不待言，早在滑铁卢战役之前拿破仑就已经被神化了，此战是

---

① 1804年拿破仑称帝后，以雄鹰作为国玺上的图案，鹰也就成了拿破仑及拿破仑帝国的一个象征。1814年4月20日，拿破仑被放逐到厄尔巴岛之前向卫队发表了告别演说《我要拥抱鹰旗》。

他巨人生涯的最后谢幕。而威灵顿这个仿佛一夜之间被创造出来打破拿破仑神话的人——“世界征服者的征服者”也成了传奇；抱怨威灵顿行动迟缓的普鲁士元帅格奈森诺；被威灵顿抱怨姗姗来迟但终究还是赶到了战场的普鲁士元帅布吕歇尔；被拿破仑反复催促但最终还是没能赶到战场的法国元帅格鲁希；走向滑铁卢战场征途中的连日阴雨，滑铁卢会战当天“奥斯特里茨的阳光”；关于这场战役的一切都名垂史册。从政治史到外交史，从传记到回忆录，从绘画到文学，滑铁卢无所不在，甚至连《魂断蓝桥》里费雯·丽寻短见的大桥都叫“滑铁卢大桥”。

这是一场小人物和伟大英雄的战争。1814 年聚集在维也纳的那些欧洲最有权势的人：英国的卡斯尔雷、俄国充满理想但意志薄弱的沙皇亚历山大，普鲁士严肃方正到缺乏生气的腓特烈·威廉三世国王和他同样缺乏特色但勤劳肯干的首相哈登堡，再加上两个公认的“连基本的道德品质都不具备”的伟大政治家——奥地利皇帝风趣幽默、通达明哲的机会主义宰相梅特涅，更加通达明哲、更加风趣幽默、红透维也纳半边天的路易十八的外交大臣瘸子塔列朗。他们都不是拿破仑那样的英雄，他们当中的很多人甚至连成为英雄的想法都没有。这些聚集在维也纳，原本吵成一团的人听说拿破仑回到巴黎，用了“不到一个小时”就团结起来准备开战！他们把英、普、俄、奥四强国的 40 万大军送上战场的时候，并没有改变世界的念头，也没有什么惊天动地的理想，他们只想结束之前 22 年里的史诗故事，并杜绝类似事件再次发生。

经过这决定性的一天，当硝烟散去，一个时代永远地结束了。诸神谢幕，“我们”——普通人登场，史诗隐去，历史随之而来。滑铁卢战役本身也是 19 世纪的一个缩影：19 世纪是普通人时代和英雄时代的分水岭，而滑铁卢战役是 19 世纪和 18 世纪的分水岭。从时间上说，19 世纪从 1801 年就开始了，但从 1801 年到 1815 年，这十几年完全是 18 世纪的延续，拿破仑的时代横亘在两个世纪之间，就好像贵族时代横亘在 19 世纪和 20 世纪之间。

1801 年已经到来，但是 19 世纪尚未苏醒，它所有的主题都在幕后等待，等待着滑铁卢的炮声，那炮声就是夏多布里昂、罗斯柴尔德远远听到的炮声，他们属于 19 世纪，那是他们登场的信号。

1815 年的滑铁卢战役让拿破仑的形象隐去，新时代随之到来：这是专业化和进步的世纪。在这个世纪里，军队的组织和装备都发生了翻天覆地的变化。拿破仑这个大家共同的敌人彻底垮台以后，各国纷纷恢复了传统的募兵制，只有弱小的普鲁士犹豫再三，最终实行了拿破仑式的义务兵役制。普鲁士那支由义务兵组成的军队在 1866 年普奥战争和 1870 年普法战争中，连续战胜了奥地利和法国的职业军队，迫使奥、法两国相继引入义务兵役制。

1841 年，普鲁士军队率先采用了后膛枪，后膛装弹的步枪大幅度提升了发射速度，从而改变了步兵的战术。在滑铁卢战场上，虽然训练有素的英国步兵展现出惊人的火力，但战役中决定性的武器依然是刺刀，双方排成方队或更为密集的纵队的步兵，互相用步枪齐射之后，再高举上刺刀的步枪冲锋是整个拿破仑时代的步兵基本战术。但后膛枪让“火力”取代了刺刀，1866 年普奥战争中，奥地利和萨克森联军采取了滑铁卢战役中法军式的刺刀冲锋战术，但联军的进攻被普鲁士步兵的“弹雨”扫荡，很快被遏制、击退。交战之后不久，在写给皇后“茜茜公主”的信中，弗兰茨 · 约瑟夫皇帝描述了普鲁士手中“可怕的步枪”及其造成的惊人杀戮。步枪之外，火炮引入了新式的制退复进系统，这项进步大大提高了火炮的发射速度，滑铁卢战场上双方炮兵一天发射的炮弹数，可能被新式火炮在一个小时里打光。快速射击的枪炮制造出威力惊人的火力网，但也造成了惊人的弹药消耗。在滑铁卢战役里，双方军队所携带的弹药车已经庞大到惊人的程度，12.5 万名法军和 350 门大炮所需要的弹药车已经让滑铁卢战场的交通不堪重负，所以当法军最终溃败时，这些被胡乱停在路上的弹药车彻底堵塞了道路，以致拿破仑皇帝的座车以及车上的私人物品，包括拿破仑所有的勋章，都被抛弃在战场上成为联军的战利品。其实，滑铁卢的弹药消耗量只是未来战争的五分之一甚至十分之一。

唯一可能的解决途径是铁路，英国人斯蒂芬孙1814年发明的蒸汽机车，于1830年代传到欧洲大陆。1863年丹麦战争中，丹麦军队还完全没有考虑使用铁路，撤退的丹麦军队沿着铁路徒步行军；但是到1866年普奥战争中，普鲁士军队就开始使用铁路运输部队和军需；1870年战争[①]中更是利用铁路快速集结了一支惊人规模的军队投入法国边境。宣战之际被临时通知向部队报到的后备军人，由于通过铁路运输反而比法国的职业军队集结得还快，这个奇迹宣告了铁路时代的降临，同时也改变了传统的军事指挥模式。

在整个拿破仑战争当中，拿破仑几乎是独自一人统率着他的大军团。但在没有拿破仑式英雄的普鲁士，格奈森诺和沙恩霍斯特将军设计了集体领导的参谋制度。普鲁士军人试图以各司其职的专业化来战胜拿破仑的天才，这种制度在滑铁卢战争中并没有表现出它的优越性，但在军队人数高速膨胀、后勤困难剧增、动员极其复杂却又必须追求速度的19世纪终于取得了成功。滑铁卢战役以后不到100年的坦南堡战役[②]里，战役的主角已经从统帅拿破仑和蹩脚的参谋长苏尔特，变成了天才的作战处长霍夫曼上校和总揽全局的参谋长鲁登道夫。旋风般席卷一切、摧毁一切的英雄消失了。滑铁卢之后是芸芸众生的历史，创造出19世纪奇迹的是这些紧密合作的普通人，毁灭这个世界的依然是这些紧密合作的普通人。

我们都生活在后史诗的时代里，生活在普通人的时代里。之前的那个时代在1815年6月，在圣约翰山前，以一种最戏剧性、最英雄气概的方式落幕了。那条在普通人和史诗英雄之间的鸿沟上搭建的桥梁以一种最绚丽的方

---

① 即普法战争。俾斯麦故意刺激法国而使法国率先宣战，随后普鲁士迅速动员并击败法国。法国的溃败和德国的统一，破坏了自1815年维也纳会议以来的欧洲平衡。法国决心夺回阿尔萨斯–洛林并复仇，德国逐渐走上膨胀之路，成为第一次世界大战的一个诱因。

② 1914年坦南堡会战，又称为坦嫩贝格战役，是第一次世界大战东部战线的一次战役。以德军对俄军的大获全胜而告终。

式坍塌了。拿破仑这个来自科西嘉的炮兵军官，兄弟姐妹一大堆，而且异常抱团的凤凰男，成了最后一个越过它的人，他站在鸿沟的那边作为“不朽者”向我们鞠躬谢幕。我们饱览他的告别演出，并默默地挥挥手，告别那个已经不属于我们时代的英雄梦。

六 进击的反革命——梅特涅

梅特涅具备一个洛可可风时期贵族的所有优点和缺点，很不愿意俯就一个新的市民的时代。他这样狡猾、聪明的一个人，可以容忍皇帝把他的改革计划束之高阁一个9年又一个9年，说到底就是因为他在他的皇帝身上感受到了一种他自身所不具备的“道德的权威”。

梅特涅（1773—1859）

梅特涅也是一个奇妙的人，他是时代星群里并不耀眼的一颗，却很有可能成为被铭记最久的一颗。托了《共产党宣言》的福[①]，在坎宁[②]、卡斯尔雷[③]、夏多布里昂甚至瘸子塔列朗都已经渐渐被人淡忘的今天，梅特涅依然尽人皆知。我怀疑如果有一天连拿破仑都被人忘记了，梅特涅还可能被人提起。

梅特涅留给历史的是一副被扭曲的形象。马克思这个德意志的流亡者实际上把他看作“反动”的人格化。苏联和第三国际各国的历史在这个问题上紧跟马克思，梅特涅那幅讽刺画至少在我上学的时代还出现在历史课本上。本书的目的并不在于改变对梅特涅的评价，也不打算写成梅特涅的生平梗概，只是想谈谈梅特涅这个人和他的时代。

梅特涅逃出维也纳

---

① 《共产党宣言》里说：“一个幽灵，共产主义的幽灵，在欧洲游荡。为了对这个幽灵进行神圣的围剿，旧欧洲的一切势力，教皇和沙皇、梅特涅和基佐、法国的激进派和德国的警察，都联合起来了。”

② 乔治·坎宁（George Canning，1770—1827），英国外交大臣，他一反前任卡斯尔雷的欧洲协调原则，抛弃了神圣同盟。

③ 罗伯特·斯图尔特（Robert Stewart，Viscount Castlereagh，1769—1822），通称卡斯尔雷子爵，英国外交大臣（1812—1822），维也纳会议上抵制俄国势力膨胀的主要人物，倡导建立欧洲协调机制。

梅特涅出生于 1773 年，这意味着什么呢？就主导着欧洲思想和风气的法国而言，这是路易十五统治的最后阶段；就神圣罗马帝国而言，这是约瑟夫二世皇帝统治的中后期。从年龄上说，他比他的恩主弗兰茨二世皇帝小 5 岁，比曾经在德累斯顿痛骂他的世界英雄拿破仑一世小 4 岁，比另一个外交明星瘸子塔列朗小 19 岁，比他最恶毒的批评者海涅大 24 岁，比让他不朽的马克思大 45 岁。

就此，我们可以对梅特涅的时代得出一个初步的判断：就欧洲而言，梅特涅出生在旧制度的全盛时期，同时也是旧制度最后的时光里；就德意志而言，这是“宝座上的哲学家”约瑟夫皇帝统治的时代，同时也是文化上的“魏玛时期”①。如第一章开头所述，德意志已经从此前16世纪到17世纪的漫长且杀戮惨重的战争中恢复过来，在文学、音乐、艺术上重新振作，在政治上，约瑟夫皇帝成为开明专制的楷模，传统的权威正在被颠覆，一个建立在理性基础上的君主制，一个作为第一公仆“一切为了人民”，但同时又“什么也不能指望人民”的新式君主正在用他的全部力量，革新哈布斯堡君主国。这也是大革命的阴云逐渐聚集的时代，德意志马上就要被法国大革命所爆发出来的巨大力量冲击和席卷，进入一个天翻地覆的时期。

洛可可时代的风流浪子

梅特涅出生在科布伦茨一个贵族家庭，他的家族是特里尔的选侯、邦君、大主教的侍臣，他的父亲从特里尔选侯驻维也纳的外交官，步步高升到

① 18 世纪末 19 世纪初，维兰德、歌德、赫尔德和席勒都在魏玛公国，完成了自狂飙突进向古典主义的转变，开启了德国文化史上一个辉煌灿烂的时代。魏玛古典主义在政治上反对大革命的激进，主张通过审美教育来陶冶性情，培养完整和谐的个性。在艺术上，以古希腊艺术为典范，把“高贵的单纯”和“宁静的伟大”视为最高理想。

维也纳驻特里尔选侯邦的外交官。这对理解梅特涅的社会地位和政治立场也是一个非常重要的标志。他作为诸侯邦国贵族的身份，把他和同样来自德意志西部的普鲁士著名大臣施泰因男爵[①]区分开来。

梅特涅登上历史舞台的时代，德意志民族的神圣罗马帝国已经走上穷途末路。德意志的涣散持续了几个世纪，到1648年的《威斯特伐利亚和约》达到顶点，法国和瑞典被授予监督德意志等级状况的特权，当瑞典衰退的时候，这种监督权又被俄国继承。任何重振帝国的改革和尝试无疑都会打破1648年的帝国等级现状，自然也会遭到法国和俄国的干预。所以皇帝和帝国等级会议都丧失了实际的意义，那些直属帝国的大邦国逐渐形成独立的国家，而那些直属于帝国的主教管区、帝国城市、修道院和骑士领地则成了法国和俄国担保下的独立领主。直到1803年，为了履行和法国签订的《吕内维尔和约》[②]，皇帝联合大邦君主们一起促使帝国等级会议通过了《帝国等级会议总决议》，把所有直属帝国的城市都委托给各邦君主统治，把所有的主教管区和修道院的世俗权力一概剥夺，而帝国骑士则被彻底抛弃。

普鲁士的改革者施泰因就来自一个被抛弃的帝国骑士家庭。拿破仑战争和1803年的帝国改革对他来说有着切肤之痛。这种痛苦让他把自己的损失和帝国整体的崩溃与衰亡联系在一起，因而不断争取重建和革新神圣罗马帝国。而梅特涅并没有这种对神圣罗马帝国的爱国心。虽然梅特涅一家也因为

---

① 海因里希·弗里德里希·卡尔·冯·施泰因帝国男爵（Heinrich Friedrich Karl Reichsfreiherr vom und zum Stein，1757—1831），通称施泰因男爵，出生于拿骚的一个神圣罗马帝国骑士家族。出于对腓特烈大帝的崇拜，1780年哥廷根大学毕业后即投身成为普鲁士王国的公务员。1796年，晋升为普鲁士在威斯特伐利亚地区所有领地的总管。施泰因希望能够建立一个完整的德意志国家，但是他的这一理想被梅特涅在维也纳和会上打破，梅特涅成功地使奥地利保留了在德意志中南部的统治地位。

② 1801年2月9日，第二次反法同盟战争后，法国与神圣罗马帝国签订的停战条约。奥军于1800年6月14日马伦哥之役、12月3日霍恩林登战役战败后，对法国求和，奥法之间遂签订一系列和约。

法国的入侵而蒙受了巨大的损失，他自己也曾经是帝国等级会议的成员，但他的家族却从来不是直属帝国的。梅特涅来自属于邦国的特里尔选侯邦，作为邦国的特里尔和作为邦国的奥地利并没有什么区别。因此梅特涅其实更容易接受邦国的认同感而不是帝国整体的认同感。他对邦国的选择是基于一种现实的判断，而不是浪漫主义的幻想，所以梅特涅选择了哈布斯堡君主国。这个问题让我们必须谈谈梅特涅的性格。

一个人的性格在很大程度上取决于两点：时代和阶级。一个时代的文化和风尚，能够影响这个时代多数的人。而梅特涅所在的时代，一言以蔽之就是“洛可可风”的时代。如果我们深入观察梅特涅这个人，会发现他还是一个比较典型的洛可可时期的贵族。

在这一点上，梅特涅的父亲是他的楷模，老梅特涅就是一个轻浮的、浮夸的、大手大脚的、喜欢说大话的贵族。梅特涅是一个强化版的老梅特涅，他把老梅特涅的轻浮变成了圆滑，浮夸变成了外交辞令，他的气质和老梅特涅以及很多同时代的人没什么两样。

要概括这种贵族风度的精神实质，我觉得最大的特点就是掩盖在“优雅”“聪明”色彩之下“内心的麻木不仁”。这是一个把“机智”和“智慧”混为一谈的时代，一个关注手段是否高明胜过结果是否成功的时代。一个人投身于种种活动，无论是政治、外交、阴谋诡计还是战场上的浴血奋战，甚至沙龙里的风流韵事，他都不是谋定而后动，而是在行动中思考，他们出于一个暧昧模糊的欲望而投身事业，高度重视行动本身的技巧和策略，却对行动本身的目标和动机并不重视。结果无关紧要，至于目标是否正当更加无关紧要。“可笑”是这个时代的最大罪恶，而道德在这一时期则是被嘲笑的对象。一个狡猾、机智的人失败了依然使人同情，一个道德质朴的人赢了也没人关心。于是，政治上人们往往失去方向，感情上异常容易被诱惑。

这种特点在梅特涅身上非常明显，在均势外交[①]的设计上他相当高明，他是整个欧洲局势的设计者，但对于这种均势外交的目的，也就是他设计的这个能够赋予奥地利将近半个世纪和平和安宁的体系有什么用？奥地利将利用这半个世纪的和平做什么？梅特涅对此并没有一个明确的意图。均势外交本来只是手段，但梅特涅渐渐忽略了目的。他的皇帝把他的计划锁在办公桌里十几年，他似乎也满不在乎。这正如梅特涅的婚姻，考尼茨[②]的孙女对梅特涅是有感情的，但梅特涅没有。他把结婚看作一种风俗，同时也是正式跻身维也纳贵族政治集团的敲门砖。又因为老梅特涅在佛兰德的失败[③]而显得更为重要。

梅特涅具备一个洛可可风时期贵族的所有优点和缺点，而他和皇帝弗兰茨二世之间的关系也可以从这个角度上理解。神圣罗马帝国的弗兰茨二世皇帝（或奥地利的弗兰茨一世皇帝）（见彩图 5）是一个比较典型的哈布斯堡君主，严肃方正、道德质朴，还有点木讷，自我克制到了失去生气的地步，如果他不是皇帝而是一个廷臣、一个哈布斯堡的大公，梅特涅和他之间可能不会有任何的个人情感。这是在风格和气质上太缺乏共同点的两个人。

但弗兰茨是皇帝，而且这两个人的初次见面是 1790 年，那一年，17 岁

---

① 均势外交指让国际各成员之间维持势力平衡，防止任何一个成员过于强大，以至压倒其他国家的外交策略。近代史上奉行均势外交最早、最成功的当属英国。当欧洲大陆基本稳定时，英国便超脱于外，不干涉欧洲事务。当大国力量均衡被打破，均势受到威胁时，它就扶弱抑强，维持均势。19 世纪欧洲大陆推行均势外交的代表人物是梅特涅和俾斯麦。

② 考尼茨（Wenzel Anton Furst Von Kaunitz-Rietberg，1711—1794），奥地利政治家、外交家，玛利亚·特蕾莎的外交大臣和首相。他的孙女埃莉诺·冯·考尼茨（Eleonore von Kaunitz）在 1795 年 9 月 27 日嫁给了梅特涅。埃莉诺对梅特涅非常倾心，但梅特涅与埃莉诺结婚主要是因为她的门第，攀上这门姻缘，意味着梅特涅能够告别了莱茵土贵族的身份，跻身维也纳上流圈子。

③ 老梅特涅起初担任特里尔驻维也纳朝廷的代表，后来成为帝国朝廷的使臣，被派往尼德兰。1792 年，法国军队征服尼德兰，又把莱茵地区大小诸侯统统赶走。老梅特涅狼狈逃离，还损失了大量土地、臣仆和财产，落得声名狼藉。

的梅特涅作为莱茵地区的贵族代表去参加利奥波德二世皇帝的加冕礼，也就是那一年他看到了皇帝的继承人，22 岁的弗兰茨大公。一个青涩年代里的风流浪子，遇到了一个比他大 5 岁，而且地位比他高得多的严肃的皇储。这种关系基本上就可以解释这对君臣在几十年间的那种奇妙关系了。

弗兰茨皇帝是懒惰的，这种懒惰使他相信一切都是命中注定的，“人总得睡觉”成了他统治的座右铭，而梅特涅有他所有不具备的素质，皇帝非常倚重他的这个大臣。作为一个聪明机智但在内心深处找不到人生方向的人，一个搞政治、闹绯闻，一半是寻求刺激，一半是为了排遣无聊的人，梅特涅对他这位严肃方正的皇帝有着一种发自内心的依恋和温情。这一点到 1848 年他被王朝一脚踢开时也没有改变。梅特涅这样狡猾、聪明的一个人，可以容忍皇帝把他的改革计划束之高阁一个 9 年又一个 9 年，说到底就是因为他在他的皇帝身上感受到了一种他自身所不具备的“道德的权威”。

理解了梅特涅的性格和气质，我们就可以理解梅特涅的政治理想了，他的政治理想实际上也是路易十五式的，他和他那个时代的人一样不相信感情，推崇理性；从方法上说是伏尔泰式的，对宗教没有本能的敬畏，认为感情是一种病，反对意气用事。梅特涅对任何事物都没有发自内心的、本能的敬畏，不相信不辩自明的真理，这就决定了他是一个基于理性的保守主义者，他强调政府作为传统的一面，虽然他并不相信君权神授，但他认为君主制是最符合理性的制度。梅特涅推崇策略，相信普遍规律，厌恶而且不相信特殊性。他受的是传统的贵族式的人文主义教育，对罗马文明有一种当时普遍的崇拜之心，这种崇拜带给他对普世帝国的信念和支持，导致他对民族主义没有热情也没有同情。他支持哈布斯堡王朝一方面是因为他和普鲁士人没有太多的交集，虽然他年轻时代跟腓特烈·威廉三世的美女王后跳过舞；另一方面他认为哈布斯堡君主国是一个更现实的选择，更适合追求他的开明专制的普世君主国理想。

机会主义者的策略

作为政治家，梅特涅是奥地利外交官的儿子，同时又是玛利亚·特蕾莎女皇的首相考尼茨伯爵的孙女婿，他走的实际是比较典型的贵族外交官的道路。他的政治立场也是比较典型的哈布斯堡政治家的立场。他对普鲁士非常反感，在他眼中，普鲁士的本质就是贪婪和残暴，因为运气好才渐渐得以跻身大国之列。这可能是他在遭到马克思猛烈抨击的同时，也被倾向普鲁士的保守主义者特赖齐克[①]骂得一无是处的原因。梅特涅追求的是奥地利理想，这种理想的最后回声可能是约瑟夫·罗特，这个加利西亚犹太人在奥匈帝国灭亡之后痛心地写道："德意志的二重性就体现在拥抱普世主义的哈布斯堡和被民族主义束缚的普鲁士。"

梅特涅到底掌握过多大的权力？很多人拿他和黎塞留红衣主教做比较，他也确实有很多和黎塞留相似的地方，但就权力而言，他是不如黎塞留的。黎塞留和路易十三之间形成了一个比较封闭的决策集团，但梅特涅对他的弗兰茨皇帝从来没有那样的影响力；黎塞留不屑于管理财政，而梅特涅实际上对帝国财政也没有多少发言权，不但如此，帝国的内政大臣和财政官员一直都是梅特涅的主要批评者和反对者。在帝国国务会议上，哈布斯堡的大公们、其他大臣都有很强大的发言权。明白这一点，我们就可以理解为什么梅特涅的改革计划被他的皇帝锁在抽屉里十几年而不闻不问。因为梅特涅只是皇帝的大臣之一，在维也纳有太多的人反对梅特涅。梅特涅的力量主要体现在外交领域。由于外交活动是以皇帝的名义进行的，他才有更多的机会直接向皇帝汇报，加上弗兰茨二世皇帝对他比较信任，他得到了一个比较优越的地位，在外交领域确实获得了比较强的影响力。

---

① 特赖齐克（Heinrich Gotthard von Treitschke，1834—1896），德国历史学家、政论家和国会议员，宣传民族主义，通过撰写历史著作论证普鲁士的统治使命。他反对德意志境内的天主教徒、波兰人和社会主义者。

因为政出多门，而且皇帝没有给予梅特涅全力支持，奥地利在整个19世纪上半叶的复辟时期，除了缓缓恢复力量和拖延问题之外，没有取得什么真正意义上的进步。其中很大一部分责任确实应该由梅特涅承担，他从1809年就成为帝国外交大臣，之后又获得了首相之位，参与帝国的核心决策30多年，却没能在维也纳培养起一个强有力的梅特涅实力集团，也没有利用1835年继位的斐迪南一世①皇帝明显无法理政的机会，推动自己的改革，反而跟皇帝一样一味地迁延妥协，没能在帝国的改革方面取得建树。

理解了梅特涅的性格、理想、实力以及他所处的时代，我们再来看梅特涅的政策。梅特涅的整个政策其实都有一个相同的性质——一种现实的机会主义。瘸子塔列朗喜欢挖苦这位奥地利外交大臣现实主义当中消极的一面，说他的奥地利同行“对一个星期以后的事情都无法预见”。但塔列朗在外交领域所取得的奇迹般的成功，真正的基础其实是几十年间纵横欧洲所向披靡的法国。第一次《巴黎和约》的签订使塔列朗名垂史册，其中固然有塔列朗的个人魅力和巧妙手段的影响，但此前法国的胜利给列强留下的深切恐惧才是决定性的。法国的外交官总是可以期待不期而至的好运气，而总是作为法国霸权牺牲品的奥地利帝国就不具备了。塔列朗积极的狡猾来源于他幸运的国家，而梅特涅消极的狡猾则是因为其国家的不幸。

当革命的法国在莱茵和奥属佛兰德横冲直撞时，梅特涅刚刚投身外交事业。他对法国和拿破仑的态度，很大程度上基于自己的利益在革命战争中的损失以及出身和立场。从立场上说，此时的梅特涅是奥地利帝国的外交官；从出身上说，他是一个天主教选帝侯宫廷贵族的儿子，而法国在这些教会选

---

① 斐迪南一世（Ferdinand I，1793—1875），奥地利帝国皇帝（1835年3月—1848年12月在位）。他是神圣罗马帝国皇帝弗兰茨二世和他的双重表妹那不勒斯和西西里的玛利亚·特蕾莎公主的长子。可能是父母近亲结婚的缘故，他患有癫痫和脑积水，无法理政，由一个包括梅特涅在内的摄政委员会负责执政。1848年革命爆发后，大臣们说服他退位，由他的侄子弗兰茨·约瑟夫一世继位。

侯邦的所作所为，让老梅特涅在莱茵的土地和财产几乎损失殆尽。为了反对拿破仑，梅特涅在 1805 年用尽浑身解数促使普鲁士国王腓特烈·威廉三世加入俄奥同盟一起反对拿破仑，但是乌尔姆战役[①]的失败让梅特涅前功尽弃。

1806 年，梅特涅成为驻法国大使，此时他政策当中现实主义的一面已经开始浮现。尽管他依然认为拿破仑和大革命一样是不可接受和容忍的，但他内心深处已经有了一个与法国妥协的方案。拿破仑对普鲁士发动的短促但摧枯拉朽般的战争，原本可能促使他更加坚决地倒向与拿破仑妥协的一面。但拿破仑突然废黜葡萄牙和西班牙君主，在西线陷入漫长的西班牙起义和战争泥潭，东部的德意志民族主义者和奥地利军队又一起策划了大规模的民族起义，这让梅特涅又倒向了主战派一边。这种机会主义的态度没能造福他的国家，1809 年的起义事后被证明是一场灾难。虽然奥地利勇敢地号召德意志人民起来反抗拿破仑，但没有哪个强国站在奥地利一边，旧日的盟友普鲁士动弹不得，而俄国甚至对奥地利宣战。孤军奋战的奥地利不得不向法国求和，缔结了更为苛刻的《申布伦和约》[②]。但梅特涅的选择却为他个人打开了升迁之门，1809 年他被委派代管奥地利外交部，由此开始了他对君主国外交事务将近 40 年的主宰。

梅特涅主持外交事务后，立刻采取对拿破仑的妥协政策。作为前驻巴黎大使，梅特涅早就认识到“革命君主”拿破仑的最大困境——缺乏君主统治的合法性，所以拿破仑对一切世袭的、正统的事物都有一种强烈的占有欲，特别是对欧洲最崇高的“神圣罗马帝国”和长期独霸皇位的哈布斯堡王朝，拿破仑有着一种基于自卑的崇敬之心。而梅特涅只用了几个月时间就促成了

---

① 1805 年 10 月，拿破仑以轻微的代价取得乌尔姆大捷，奥地利军队战败投降。

② 《申布伦和约》(*Treaty of Schönbrunn*) 于 1809 年 10 月 14 日在维也纳的申布伦宫签订，是法国与奥地利签订的停战条约。条约规定，奥地利割让蒂罗尔和萨尔茨堡予巴伐利亚王国、割让西加里西亚予华沙大公国，割让捷尔诺波尔地区予俄罗斯帝国，割让第里雅斯特与萨瓦河以南的克罗地亚予法国。奥地利亦承认拿破仑一世对以往征服地区的拥有权，同时承认拿破仑的兄长约瑟夫 · 波拿巴为西班牙国王。

拿破仑和玛丽·卢多维卡[①]女大公之间的婚事。通过梅特涅和驻巴黎大使施瓦岑贝格伯爵的努力，1810年的奥地利甚至在某种程度上回到了大革命之前奥地利与法国两大天主教君主国联盟的局面。

但梅特涅从来没有把希望寄托在这种虚无缥缈的联盟之上。他只关心两件事：第一是如何重振奥地利的力量，第二是拿破仑什么时候犯错误。事实上，拿破仑的错误来得比奥地利的复兴要早得多。1812年，拿破仑率领几乎整个欧洲的军队入侵俄国，普鲁士和奥地利的军队均作为盟友参与了远征。但莫斯科的大火和俄国游击队摧毁了拿破仑，在俄国的追击下，他仓皇逃回德意志，当俄国军队随之到来时，曾经力主让拿破仑成为皇帝女婿的梅特涅，现在又力主皇帝站出来反对自己的女婿。1813年，为了说服弗兰茨皇帝，梅特涅作为奥地利的代表向拿破仑递交了最后通牒。当拿破仑结束了漫长的指责和咒骂之后，疲惫地看着梅特涅，威胁说："你别忘了1812年战争中死的大部分是德意志人！"[②]梅特涅留下了他一生中最掷地有声的一句话："陛下别忘了我也是德意志人！"

1813年的民族大会战最终把拿破仑赶下了皇位，之后的第一次《巴黎和约》树立了塔列朗的不朽名声。梅特涅对此并不在乎，因为之后按照第一次《巴黎和约》召开的维也纳会议才是他为自己准备的舞台。而在维也纳会议上，梅特涅所采取的是当时奥地利所能采取的唯一措施——拖延。

奥地利承受了拿破仑战争最大的打击，因此也最虚弱。奥地利在战争期间已经两次财政破产，但随着和平的恢复，奥地利又迎来了第三次财政破

① 更常见的翻译是玛丽·路易莎（Marie Louise，1791—1847），奥地利帝国皇帝弗兰茨一世（即神圣罗马帝国皇帝弗兰茨二世）和第二任妻子两西西里王国的玛利亚·特蕾莎之女。她是玛利亚·特蕾莎女王的曾孙女，玛丽·安托瓦内特的侄孙女。拿破仑为了提升自己在欧洲王室之间的身份，与第一任妻子约瑟芬离婚，娶了玛丽·路易莎这位哈布斯堡家族的公主。

② 1812年拿破仑远征俄国带领的是从多国征召的联军，包括德意志各邦。拿破仑言下之意是1812年远征并没有死多少法国人，他随时还能组织起一支法国大军。

产。英国财政大臣曾经试探着问奥地利大使能不能偿还战争期间所欠下的巨额债务，奥地利大使表示不能。英国大臣又转而问能不能付利息，奥地利大使表示依然不能。“那么利息的利息呢？”奥地利大使只能茫然地摇摇头。

奥地利深深地卷入了德意志和意大利问题。在意大利，奥地利重新夺取了被拿破仑夺走的伦巴第和威尼托，这些地方被奥地利帝国视为财源和重振国家的希望。而在德意志，奥地利的弗兰茨一世皇帝是最后的神圣罗马帝国皇帝，此时很多德意志人主张恢复神圣罗马帝国，在他们看来，1806 年解散帝国的法令更应该被理解为弗兰茨二世皇帝自己宣布退位，而不是帝国本身被解散，英国人则对他们的主张表示同情。但梅特涅很清楚地知道，虽然奥地利在德意志和意大利都有巨大的利益，但无论是一个统一的德意志还是统一的意大利都不可能被置于哈布斯堡的统治之下，即使被授予这样的统治权也不可能不受到挑战。所以，对奥地利来说，最好的手段是既不解决意大利问题也不解决德意志问题，而单纯把问题延后留待奥地利有力量解决的时候再做处理。所以梅特涅利用了小邦谋求独立的要求，联合他们支持自己，最终在意大利维持了小邦分治的局面；同时组织了德意志邦联，在这个架构之下，德意志国家统一被拖延，留待奥地利有力量参与之时再解决。

为什么说梅特涅只是在拖延，而不是根本无视德意志问题，是因为梅特涅在授予普鲁士莱茵卫兵[①]地位时，也同样主张奥地利也成为莱茵卫兵，他主张把萨尔茨堡给予巴伐利亚来交换莱茵–巴拉丁，从而保证奥地利在南德意志的霸权。但这遭到了奥地利军队的坚决反对，皇帝表示如果梅特涅坚持就只能解除他的职位。从这个意义上说，梅特涅实际上也有一种德意志民族主义情绪，但他的民族主义情绪服从于哈布斯堡君主国的国家认同和国家利益，俾斯麦同样有一种德意志的民族主义情绪，那是从属于普鲁士的国家认

---

① 维也纳会议上，梅特涅为了防止其后法国威胁到奥地利，力主把邻近法国的莱茵地区划给普鲁士，希望借普鲁士把守法国东进的大门，消耗法国的力量。

同和国家利益。

不合时宜的反动派

1815—1848年被称作复辟时期，这个时代在德意志被抹上了一层浓厚的梅特涅个人色彩。维也纳会议的两大原则——“正统”和“均势”支配着欧洲，前者来自瘸子塔列朗，其结果是神圣同盟，后者来自梅特涅和卡斯尔雷，其结果是“维也纳体系”。

具体到德意志事务上，梅特涅在这30多年间主要推动了德意志邦联的建立和运转，客观地说，虽然邦联在形式和手段上都非常保守，但依然在某种程度上建立了一个在政治和意识形态上凌驾于德意志邦联各成员国之上的机构，也就是《德意志邦联文件》中所说的“未来德意志国家的预备机构”。而在梅特涅的影响之外，另一个推动了德意志统一事业的是普鲁士组建的德意志关税同盟，这个完全服务于普鲁士的关税组织绕过了梅特涅的邦联，在经济上把德意志各邦统一起来。而正是在这两个机构的基础上诞生了1871年的德意志帝国。

如前所述，奥地利在拿破仑战争中已经民穷财尽，不得不采取保护贸易的政策，利用内部的商业流通来逐渐恢复实力。但《维也纳和约》授予奥地利的威尼托和伦巴第的财富却在战争结束之后迅速下降。意大利已经失去了历史上的富庶，民族觉醒带给帝国的压力和负担却与日俱增。而《维也纳和约》所授予普鲁士的陆地上不接壤的西部领土，却在之后的几十年中渐渐崛起，成为西欧最重要的工业地带之一。

普鲁士的领土位于德意志东、西两边，彼此不接壤，无论是调动军队还是简单的互通有无，都必须通过别人的领土。一方面，普鲁士不愿负担过境贸易产生的过境税；另一方面，对很多小国比如“黑森–卡塞尔选侯邦”来

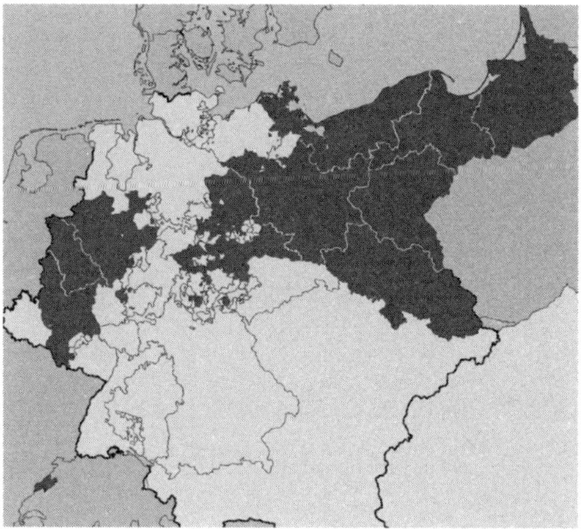

深色部分为维也纳会议后，普鲁士的东西两部分领土

说，单纯向普鲁士过境自己领土的商品征税，也是力所不能及的。因此，普鲁士建议这些小邦加入普鲁士关税区，在内部互免关税，自由流通，同时按照人口比例和普鲁士分配整体的对外关税。这样的建议对财政窘迫又面临革命威胁的小邦极具吸引力，于是黑森–卡塞尔选侯邦——这个刚好卡在普鲁士两部分领土最接近位置上的小邦加入了普鲁士关税区，这让德意志各邦发现普鲁士实现了东西两部分领土之间的自由贸易，而副产品就是普鲁士关税区切断了德意志的南北贸易路线。如果不加入，所有南北方向途经普鲁士关税区的贸易都要负担普鲁士的关税，而普鲁士是有能力来征收这样的关税的。所以，德意志各邦除了少数几个之外，都加入了普鲁士主导的“德意志关税同盟”。

梅特涅之所以默许普鲁士的这种行为，首先是奥地利此时没有能力，也没有动力在这个问题上效法普鲁士。自由贸易是普鲁士的必需，但不是奥地利的必需。奥地利偏处德意志东南部，领土广大，它拥有匈牙利的广阔市场，为了恢复国力它更希望能够独霸匈牙利市场，而不是向德意志各邦开放自己的市场。其次是梅特涅对奥地利的财政政策缺乏影响力，虽然有首相的头衔，却从来没有在维也纳建立起自己的统治。

所以他只能满足于装作统治欧洲。出于对民族主义的恐惧和对革命的担忧，德意志各邦的君主呼吁越来越强的审查和邦联整体的干预，梅特涅借机为德意志邦联争取到了越来越多的权力。被叫作《卡尔斯巴德决议》的一系列邦联决议，是梅特涅对过于松散的德意志邦联改革的开端。此后在梅特涅的推动下，德意志邦联进行了从征税到军事的一系列改革，尽管看起来是为了捍卫邦联各成员国的君主制和君主权，但邦联确实获得了很多超越于邦联成员国国家法之上的权力。而这些权力的获得都依赖于普鲁士的合作，普鲁士之所以顺从地在邦联当中扮演梅特涅的追随者，正是因为梅特涅默许了普鲁士在经济上的大展拳脚。

海涅在《德国，一个冬天的童话》里说：

> 普鲁士的关税同盟
> 将为我们的民族奠基，
> 将要把四分五裂的祖国
> 联结成一个整体。
> 书报审查给我们内部的统一，
> 统一的思想和意志；
> 统一的德国十分必要，
> 向内向外都要一致。

这意思翻译成人话就是："普鲁士说照我们的税则纳税，你就有了德意志祖国。"当德意志人说"可我们在精神上也想联合起来"的时候，奥地利回答："别担心，我们负责出版审查！"

虽然是讽刺挖苦，但基本上可以概括梅特涅在 1848 年三月革命前的统治。他无法左右帝国的财政政策，对皇家军队也无能为力，对匈牙利的政治改革也没什么影响。这种情况下，他在德意志和欧洲所能做的非常有限，只能通过满足那些求助于奥地利的君主们的要求来彰显奥地利的威望和影响。因此，他只能站在“反动”立场上。

晚年的梅特涅是一个不得人心的政治家，而且个人品德上实在乏善可陈，他的个性属于路易十五时代，已经明显不见容于浪漫主义时期。1815年的维也纳会议上有人说：“会议最大的成就来自两个公认的连基本的道德品质都不具备的人。”这俩人就是塔列朗和梅特涅，在一伙路易十五时代出生的人中间，这是一句无伤大雅的玩笑话，但在复辟时期甚至1830年代的浪漫主义时期，这个评价就不是无伤大雅的了，要是再过半个世纪，这句话就可以导致一场决斗。

梅特涅很不愿意俯就一个新的市民的时代，始终保持着贵族式的骄傲和对道德的傲慢态度，这使他始终没能建立一个强有力的派别，人们欣赏他，喜欢他，但不爱他，没有谁无条件地支持他，因为他始终保持着一种策略的、权衡利弊的心态来看待世界。说到底，他是一个革命前的人，并不懂得新时代魔术的实质。而俾斯麦懂，赫茨尔[①]总结说：“俾斯麦没有把握让每个德意志人为餐桌上的牛奶多花一个硬币，所以他发动了一场战争，让德意志人流血牺牲。”这就是19世纪政治魔法的实质，是梅特涅不理解，也不愿意理解的。

在回忆录里，梅特涅说：“我觉得我要么生得太晚，要么生得太早，我希望生得早些，这样我就可以更多地享受那个过去的时代，或者生得晚些，这样就可以目睹20世纪。”但是，以梅特涅的气质，他很可能不会喜欢20世纪。

---

① 西奥多·赫茨尔（Theodor Herzl，1860—1904），奥匈帝国犹太裔记者，受德雷福斯事件刺激而成为犹太复国主义者的先驱。

七 孤独的段子手——瘸子塔列朗

塔列朗一辈子都没有忘记他最初走上人生舞台时的那门手艺，一辈子都以段子手的眼光打量世界。他生在旧制度下，而且在旧制度下形成了自己的风格和方式，他对道德不以为然的原因是法兰西君主国只有一个道德是真实的，即国王的好恶。他不在乎别人怎么看他，不但不在乎，甚至毫不隐瞒他的种种劣迹，他把这种风格叫作“积极地保持沉默”。

塔列朗（1754—1838）

瘸子塔列朗和梅特涅其实都是在本书第一章的年代里长大的，但瘸子和梅特涅不一样，梅特涅的父亲爱他，把他视为自己事业的天然继承人。所以梅特涅有个 18 世纪末意义上的正常童年，日后成了公爵的梅特涅在自己父亲死去时说“他至少可以因为我从没给他惹过麻烦而感到安慰”。而瘸子就不一样了，他有一个 18 世纪法国贵族意义上的正常童年——被放养，而且是以非常低廉的价格寄养在粗野的乳母家里。按照那个时代的风尚，孩子能活到 8 岁就算赚到，死了也没什么可惜。

而且塔列朗摔断了右腿，造成了终身残疾，不能像一个贵族那样成为军人，所以他更加失去了父母的关注。贡斯当回忆他十几岁到巴黎上学时，在宿舍里看到的那个白发苍苍充满智慧和温柔的老人——他的父亲，这也是他能回忆起的最早的父亲的样子。塔列朗则连这样的回忆都没有，成年以后他跟父亲最近的距离可能是在路易十六的加冕礼上，他作为观众，而父亲为国王举着圣油。路易十八讥笑他顶多是“佩里戈尔家的人，而不是佩里戈尔的家人”，但无论如何，他都顶着一个法国最高贵姓氏。

跟梅特涅一帆风顺的外交官生涯相比，塔列朗觉得他的一切都是自己挣来的，作为一个除了姓塔列朗以外一无所有的神学院学生，他要出人头地的方式就是成为一个社交明星。

在路易十五末期路易十六初期，塔列朗像伏尔泰一样作为段子手横空出世。他进入宫廷走的是路易十五的情人杜巴里夫人的门路，跟性冷淡的蓬巴杜夫人不一样，杜巴里夫人是一个对思想不关心，喜欢享受人生的乐趣，也喜欢看别人谈情说爱的人。前文提到在 1793 年哭号着被押上断头台的就是这位夫人。

瘸子登场的那一年，杜巴里夫人的脑袋还好好地长在脖子上，她和大部分女性一样喜欢谈情说爱，即使本人不能躬身入局也喜欢听别人谈论。“谈爱就是做爱”，这也是一句“格言”或者“俏皮话”，出处是《恋爱与牺牲》。会聊天儿的瘸子既优雅，又风趣，还出身高贵，各方面都符合杜巴里夫人的趣味，她对瘸子有一种母亲般的感情。杜巴里夫人曾问他："你为什么闷闷不乐，是运气不好还是你在谦虚？"瘸子回答："在巴黎找个女人比找到一个修道院容易太多了。"杜巴里夫人真就给他弄到了一个修道院院长的职位。过上衣食无忧生活的瘸子，除了感谢夫人之外，最感谢的就是他自己，如果不是他说出这么一句话，他怎么可能得到这个职位？还有就是感谢他的时代，一句话就能实现财务自由的年代。

所以，塔列朗的精神和气质也是洛可可风的，他曾经说："没在旧制度下生活过的人，可算是没活过。"这种怀念是发自内心的，即使1790年的联盟节[①]上他挎着马刀、穿着祭披带领大家做弥撒，出尽了风头，但他内心是怀念路易十五时代的。这种怀念比梅特涅要深刻得多。塔列朗一辈子都没有忘记他最初走上人生舞台时的那门手艺，一辈子都以段子手的眼光打量世界。当蒙莫朗西公爵夫人嫌她丈夫太胖，而对瘸子愤愤地说她想跟丈夫决斗的时候，瘸子说："那可不行，公爵夫人！你丈夫胖成那样，怎么打都能打中，太不公平了！"

理解了塔列朗的段子手本质，我们就能理解他这辈子是怎么撑过来的。其实，瘸子一辈子都在扮演一个马基雅维利主义者的角色，他选择了一个最符合路易十五时代风尚的角色，然后一路演到底。但本质上，他是一个心直口快的人，出身赋予他的高傲让他不屑于扮演一个教士，像于连·索雷尔[②]那样摆出一副教士做派对瘸子而言是不可能的事。即使在他最无力反抗的时

---

① 1790年7月14日是攻占巴士底狱一周年，巴黎群众和来自全国各地的代表共约30万人举行了盛典。人们云集于巴黎战神广场，广场被改建成一个宽阔的圆形阶梯剧场，剧场中央是竖立在土台上的祖国祭坛。制宪议会的议员宣誓："永远忠于国民，忠于法律，忠于国王。"国王也宣誓忠于国民和法律。联盟节（Fete de la Federation）宣示了法兰西人战胜分裂，排除分歧，坚定地组成一个民族的决心（虽然矛盾很快就爆发了）。在联盟节上，塔列朗身穿华丽的主教法衣，登上祭坛，主持弥撒，描述"基督的友爱"同革命感情如何"融为一体"。

② 于连·索雷尔是小说《红与黑》的男主角，出身低微，靠着惊人的记忆力将整本拉丁文《圣经》背了下来，轰动全城，进而利用宗教达到他攀登上层社会的目的。

刻，也从来没有掩饰过自己，他在晋升大品教士的前一刻还在咒骂自己的命运，并对周围的人说：“你们让我当教士会后悔的。”塔列朗从内心深处觉得他的一切荣华富贵、天文数字的财产都是他自己挣来的，是他才智的回报。

1793 年的恐怖时期，瘸子被迫流亡，热月政变之后才回到法国。为了重回政界，他用的还是老手段——从沙龙进军。在巴黎，瘸子轻而易举地得到了当时的沙龙女主人斯台尔夫人[①]的欣赏，但瘸子犯了一个致命错误，他在斯台尔夫人的沙龙里被雷卡米埃夫人迷住了，愤怒的斯台尔夫人直接问瘸子：“假如我和雷卡米埃夫人都掉到河里，你救谁？”连这种自己和亲妈掉到河里的问题都问出来了，可见斯台尔夫人愤怒的程度。瘸子的回答帮他解了围：“夫人，您这么伟大，肯定会游泳！”在拿破仑派人把昂吉安公爵从莱茵河对岸绑架回法国枪毙的那个夜晚，瘸子和警察总监富歇一起在某个夫人家里玩牌。富歇说公爵已经被枪毙了，夫人吓得惊呼：“这是犯罪吗？”瘸子眼皮都不抬地答道：“比犯罪严重多了，这是个错误。”那一刻的瘸子是淝水之战以后下棋的谢安，内心里为自己能说出一句永垂不朽的话爽得快爆棚了。

这也可以解释为什么当沙皇亚历山大驻巴黎的代表奉命向他报告俄国沙皇保罗一世不幸中风离世、新沙皇亚历山大已经登位的消息时，他作为法国外交部长居然把文件一合说：“我觉得你们以后真的应该给你们君主的死想一个新理由，总是中风太乏味了！”这件事据说让沙皇到 1814 年还在记瘸子的仇。

塔列朗生在旧制度下，而且在旧制度下形成了自己的风格和方式，他对道德不以为然的原因是法兰西君主国只有一个道德是真实的，即国王的好恶。

---

① 斯台尔夫人（Madame de Stael，1766—1817），法国评论家和小说家，路易十六时期财政大臣内克的女儿，法国浪漫主义文学先驱。雅各宾派当政时逃至日内瓦她父亲的故乡。拿破仑执政时，不许她留居巴黎，她前往欧洲各国游历。斯台尔夫人与贡斯当的爱情故事，为贡斯当的小说《阿道尔夫》（1815）提供了创作基础。

无论做了多少坏事，只要国王还对你报以微笑，你就是个道德君子，如果国王一脚把你踹进巴士底狱，就算你做了再多的好事，也一定是个伪君子。因此，塔列朗根本不在乎别人怎么看他，不但不在乎，甚至毫不隐瞒他的种种劣迹，他把这种风格叫作"积极地保持沉默"。在塔列朗身上，我们能够看到黎塞留气息的最后光辉，一个被迫穿上主教袍子的法国贵族。黎塞留不屑于捞钱，但钱自己涌进了黎塞留的口袋，而塔列朗太喜欢钱了，从他知道自己无法继承爵位的那天起，他就喜欢钱，他捞了一笔天文数字的钱。

"维也纳会议最重要的成就是两个连基本道德品质都不具备的人取得的。"这句话在 1815 年的梅特涅和塔列朗听来大概算是一句恭维话，因为会议上的其他主角跟他俩相比多少有些黯然失色：俄国沙皇亚历山大有激情、有气概，但没有风度，不够漂亮，在精神上是卢梭气质的一类人，而瘸子和梅特涅是旧制度下最后一批有伏尔泰式风度的人。腓特烈・威廉三世在梅特涅眼里连男子气概都没有。哈登堡是有气概的，但毫无乐趣，在这一点上，哈登堡和梅特涅的皇帝是一类人，严肃方正到了全无特点的地步，但是哈登堡勤奋，而弗兰茨皇帝则抱着一种帝王式的懒惰。

但塔列朗已经不见容于 1815 年以后的世界，虽然在查理十世的加冕礼上，他站到了他父亲没能站到的位置上，但时代已经改变了，新时代的权威不是来自君王而是来自舆论。视道德如无物的贵族的社会已经随着大革命不可避免地崩塌了。1815 年，瘸子和梅特涅一起支撑起一个往日重来的梦幻，随着 1830 年的革命一切又都消逝了，瘸子死于 1838 年，没能看到 1848 年革命。而孤独的梅特涅活到了 1848 年，那一年，他的皇帝、拿破仑、亚历山大一世、腓特烈・威廉三世、哈登堡都已经被埋葬了，只有他还活在一个天翻地覆的世界上。晚年回到维也纳的梅特涅会不会想到 1814 年曾经聚集在他身边的那些人，想到瘸子塔列朗呢？

八 浪漫主义和保王党

当拿破仑最终在1815年战败的时候，革命和帝国时期诞生的两种意识形态终于结合在一起，政治上的民族主义和文化上的浪漫主义通过正统君主的复辟实现了合流，它们联合起来反对启蒙思想和理性主义，并通过这种对理性主义的反动来树立复辟王朝的合法性。

《雾海上的漫游者》

复辟时期在今天往往被等同于波旁复辟王朝，如果仅仅就法国历史而言，这样看无疑是成立的。但如果就整个欧洲而言，复辟时期的范围其实很广。1815 年随着拿破仑的第二次战败和《维也纳和约》的签署，法国、西班牙、意大利各邦、德意志各邦，曾经被革命和拿破仑战争赶走或者削弱的君主们纷纷把时钟拨回到 1789 年以前，欧洲的复辟时期随之开始。

1830 年的七月革命虽然推翻了波旁王朝，却没能在欧洲带来太大的影响。令人意想不到是，法国的革命竟在德意志知识分子中间引起了广泛的热情。

1830 年的那个夏天，青年德意志的古兹科夫[①] 在柏林大学的颁奖礼上听到了巴黎革命的消息。他用一只耳朵听到了黑格尔在台上宣布他获奖的喜讯，而另一只耳朵里装的都是国王被推翻的消息。当他终于离开会场，跑到菩提树下大街的咖啡馆里去阅读报道法国革命消息的报纸时，他说："科学在我身后，历史在我眼前！"但古兹科夫的历史其实还很遥远，1830 年革命的热情如夏季的闷雷般响彻德意志大地，但真正成为席卷一切的暴雨还需要等上 18 年。18 年后，古兹科夫在颁奖礼上曾经注视过的腓特烈・威廉王太子已经是国王腓特烈・威廉四世，他会发表《告柏林臣民书》，然后签署一部《钦赐宪法》。但那些在遥远的未来才会发生的事跟复辟时期的历史显得格格不入，复辟时期或者按照德意志史的术语叫作"三月前"的历史相比于 1848 年万国革命之春和 1848 年以后风起云涌的历史，显得沉闷而平淡。梅特涅的出版审查和莫茨的关税同盟，仿佛是复辟时期仅有的两个主题。但事实上，复辟时期是文化上的一个重要时期，虽然在政治上各国君主都迫切地想要抹掉革命和拿破仑战争的影响，让历史回到 1789 年以前，但要做到这

---

① 青年德意志派是 19 世纪 30 年代产生于德国的一个文学团体。该团体的作家（古兹科夫、文巴尔克和蒙特等）在其文艺和政论作品中表现出强烈的反抗情绪，要求捍卫信仰自由和出版自由。古兹科夫（Karl Ferdinand Gutzkow，1811—1878）是青年德意志派的最重要作家，创作了大量小说、剧作和评论。他的文学成就并不突出，但在当时影响很大。

一点并不能仅仅靠调时钟。

复辟王朝为了证明自己的合法性，为了和已经觉醒而且感受到自身力量的人民建立新的联系，他们在文化和意识形态上也做出了巨大的努力。在文化上，它们留给我们的遗产是浪漫主义；在意识形态上，它们留给我们的遗产是民族主义。从冷冰冰的理性到浪漫的忧伤的情感。复辟王朝实际上促成了欧洲文化的近代化，虽然它们最终被革命推翻，但当它们离去的时候，一个新时代已经降临了。

从鲁滨孙到勒内

浪漫主义作为文学流派最初起源于英国。随着英国贸易的扩大和市民阶级的兴起，阅读已经成为一种重要的娱乐方式。而这种娱乐方式的伟大贡献，就是出版业和版税已经可以让一个作家凭借写作过上体面的生活。也正因为写作的产业化，文学从形式到内容都得到了空前的发展。

当卢梭在巴黎说自己是一个诗人，要写一部伟大的史诗的时候，他的朋友塞给他一本《鲁滨孙漂流记》。卢梭废寝忘食地将它读完，这本书为他打开了一个新世界。一个普通人依靠自己的知识、常识和理性，在一个荒岛上生存下来，他是一个没有非凡的品格、没有上天眷顾、来自芸芸众生的英雄。这是文学上的新时代的开端。

瘸子塔列朗也喜欢《鲁滨孙漂流记》，当本尼凡托王妃（瘸子的头衔是本尼凡托亲王）希望他向自己介绍一下英国的使节鲁滨孙爵士的时候，瘸子就塞给王妃一本《鲁滨孙漂流记》。然后当王妃在宴会上问鲁滨孙爵士“野人星期五为什么没有一起来”的时候，瘸子哈哈大笑，真是前所未有的开心。

但把文学的主角换成芸芸众生还不等同于浪漫主义，鲁滨孙虽然是一个普通人，但他是启蒙时期人们引以为豪的理性和常识的化身。而浪漫主义者其实对这一点并不感兴趣，他们关注的人物要么根本不在乎理性，要么他健全的理性就是他充沛情感的奴隶。浪漫主义者在这一点上其实是伏尔泰主义的反对者。当人们推崇理性，强调常识而忽略内心的声音时，当整个宫廷里被追捧的都是瘸子塔列朗和梅特涅这样狡猾的老油条时，一个满腹道德的人、一个充满纯洁情感的人，基本上就等于被嘲笑的对象。但凡事物极必反，尤其是在阅读趣味并不受宫廷和贵族支配的英国，中产阶级的读者喜欢这一套。于是，伤感文学在英国横空出世，对巴黎的沙龙人物来说，怎么可能有人不但不能用理性去克制自己的情思，相反还纵容自己的感情支配自己的理性？怎么可能有一本书，情节几乎可以忽略不计，而完全只讲一个人的情绪？

但新时代来临了，卢梭的书成为这一类作品的先声，在旧制度的最后辉煌里，当整个社会都被18世纪晚期莫名的恐惧和期待折磨着的时候，卢梭写出了《新爱洛依丝》。卢梭的书出现得恰到好处，他的作品和思想同时影响了两派截然不同的人，也就是大革命里的革命者和被革命者。当大革命爆发之时，最初起来试图订立宪章和约束王权的人是伏尔泰主义者，瘸子塔列朗当时还是主教，身穿祭披腰挂马刀主持大联盟节的弥撒。但很快他们就要被赶下舞台，瘸子甚至逃亡到美国。因为新一代的人就要出现了，他们不是贵族，不是伏尔泰主义者，不认为单凭理性就可以改造世界。他们继承了卢梭人民主权的一面，强调道德的地位，强调道德的暴力，这就是“革命的暴君”罗伯斯庇尔。而随着这些人的登场，迫害的扩大，当革命向暴风雨一样席卷欧洲的时候，那些曾经以崇拜伏尔泰而自豪的贵族们，第一次看到了启蒙面目狰狞的一面。伏尔泰的俏皮话背后掩盖着的刀光剑影现在晃得伏尔泰的崇拜者们睁不开眼。

伏尔泰强调理性，强调世界的共性，认为理性的规律是举世皆然的。这个观点就是大革命和拿破仑帝国的逻辑。大革命和拿破仑帝国不承认各民族的传统，也不承认各民族的特殊性，认为整个世界都可以凭借理性被重新整合成唯一合理的模式。这种观念是否正确姑且不谈，但法国革命者和拿破仑帝国并不是真心想要按照理性来整合欧洲。相反，他们是半按理性半按法国的霸权利益来整合。当他们到来的时候，他们按照理性和革命的原则赶走了当地的统治者，但他们这么做只是为了让自己成为新的统治者。对此，利希滕贝格[①]在《格言录》里刻薄地讽刺道："法国人来之前说自己爱全世界的兄弟姐妹，结果他们来了之后只爱姐妹不爱兄弟！"于是，当所有人想要联合起来反对法国人时，他们心目中的法国人几乎等同于"伏尔泰主义者"，而卢梭就成了他们最好的工具。

卢梭虽然影响了激进革命者，但那些被激进革命者迫害而不得不出逃的人当中很多也是卢梭主义者。《新爱洛依丝》和歌德模仿《新爱洛依丝》写成的《少年维特之烦恼》影响了一代人，他们是在旧制度之下感到忧愁和抑郁的人。其中革命的那一派把自己的忧愁和抑郁变成了革命的暴力和道德的恐怖。而被革命的那些人，如果他们在旧制度之下感受到的是"忧愁、抑郁和彷徨"，那么随着大革命的到来，他们马上就要感受到恐惧和命在旦夕了，夏多布里昂就是这样一个人。

夏多布里昂是一个奴隶船船长的儿子，他的父亲像法国西部的很多人一样投身非洲的奴隶贸易。奴隶船从法国起航，满载着闪亮亮的铜环和亮晶晶的玻璃珠驶往非洲，当时的非洲人很喜欢这些东西，但他们没有合适的东西可以跟法国人交换，于是就拿俘虏的黑人换。夏多布里昂的父亲一面自诩为最古老的布列塔尼贵族布里昂家族的后裔，一面用铜环和珠子换来整船的黑奴，然后把他们卖到美洲殖民地。作为奴隶船船长，他可以从整体贸易里分到属于自己的一份，还可以在奴隶船上拥有自己的货位，带上自己买的黑

---

① 利希滕贝格（Georg Christoph Lichtenberg，1742—1799），德国启蒙学者、物理学家、讽刺作家，去世后，他的部分手稿被编为《格言集》，在 19 世纪的知识分子中流传很广。

奴。经过几年勤奋的工作，夏多布里昂从船长变成了船主。赚到钱的夏多布里昂先生决心变成夏多布里昂老爷，他买下了贡堡城堡，从此成为贡堡伯爵，每个集日都要手持长戟去城堡的集市上耀武扬威。

夏多布里昂老爷还给自己的长子谋到一个体面的婚姻，夏多布里昂的哥哥成了国王财政总监的孙女婿。但这也就意味着夏多布里昂老爷必须遵循长子继承法，把绝大部分财产留给自己的长子，而未来的诗人夏多布里昂作为小儿子就没什么财产可以继承了。因此，夏多布里昂度过了一个混乱、无所适从甚至贫穷的青年时代。读小说和想入非非成了他生活的主要内容。如果说看小说和想入非非让他成了一个卢梭主义者，那么他父亲新买回来的贡堡伯爵头衔就让他成为一个保王的贵族卢梭主义者。1789 年攻陷巴士底狱的那天，夏多布里昂在巴黎旅店里看到巴黎人用长竿子挑着市长的头招摇过市的时候，就抄起火枪要向街上的人群射击。从那一刻起，被旅店老板抱住的夏多布里昂就已经开始了他漫长的流亡生活。

夏多布里昂逃到了英国，穷得每天只能吃一顿饭。为了挣钱糊口他写了《论革命》，但出版商说关于革命的书太多了，不肯收，于是夏多布里昂又把它改成了《论古今革命》。之后，夏多布里昂背着仅有的两件衬衫和他写的书稿参加了科布伦茨的保王军。当他想要靠一己之力为亨利四世的子孙夺回法国的时候，是他写的书稿替他挡下了致命的子弹。考虑到书稿是放在背包里的，那颗子弹很可能是在保王军溃散的时候打来的。但无论如何，此时此刻的夏多布里昂在思想上已经成熟。卢梭和国王之间通过这位奴隶船船主的儿子建立了联系。贡堡的夏多布里昂骑士就要横空出世了。

随着雅各宾派的灭亡，法国革命逐渐尘埃落定。督政府时期虽然对贵族的迫害令依然有效，但已经睁一只眼闭一只眼了。等到拿破仑推翻了督政府，很多贵族都寄希望于拿破仑，希望他成为法国的蒙克将军（英国的蒙克将军把流亡的查理二世请回了英国）。而拿破仑自己也乐于以对贵族流亡者施以宽容政策来争取贵族的支持。所以夏多布里昂也在这个时期回到了法

夏多布里昂

国，当他带着替他挡过子弹的书稿出现在巴黎的沙龙里时，他赶上了最好的时机。这时候，伏尔泰主义所推崇的“理性的情人”已经让人审美疲劳了，当时活跃在巴黎沙龙里的另一个大人物邦雅曼·贡斯当其实也是一个卢梭主义者，但他把这种倾向留在了小说里。他的《阿道尔夫》写的就是一个既狡猾又有着强烈感情的人。可惜当他出现在巴黎沙龙里的时候，人们只能感受到阿道尔夫狡猾的一面却感受不到阿道尔夫感情充沛的一面。而夏多布里昂就不同了，夏多布里昂小说里的人是感情充沛的，他本人更加感情充沛。夏多布里昂做过很多对路易十五时代的人来说是致命的错误的事。比如他爱哭，这对伏尔泰主义者而言简直难以忍受，一个大男人居然动辄泪眼婆娑。而且他毫不掩饰自己的政治立场，启蒙运动以来各国贵族和官员所力图营造的那种“开明而温和”的姿态，在夏多布里昂看来就是虚伪，他和瘸子也因此互相看不顺眼。

但有人看夏多布里昂顺眼，那就是巴黎沙龙的夫人们。巴黎沙龙里最引人注目的一朵花——德雷纳夫人长期以来被邦雅曼·贡斯当追求，最终结果却是夏多布里昂摘走了这朵花。夏多布里昂的作品在各个沙龙里被朗读，替他挡下子弹的书稿现在变成了《基督教真谛》。连第一执政也要站出来对这本书表示赞扬，他把《基督教真谛》交给法兰西学院，让学院给这本书评奖。在伏尔泰主义者云集的法兰西学院眼中，《基督教真谛》一文不值，但学院又不能违逆第一执政的意思，于是只好把夏多布里昂选为法兰西学院院士。在庆祝宴会上，第一执政对法兰西学院的人说：“你们跟我耍滑头，不给书评奖却要走了作者。”实际上法兰西学院压根儿也不想要作者，他们选举夏多布里昂的那个院士席位本来属于谢尼耶，谢尼耶在我们这个时代已经被人遗忘了，但假如你看过《普希金诗选》，一定记得其中有一首纪念安德烈·谢尼耶[1]的诗。这个死掉的院士谢尼耶就是革命期间被杀的那个革命诗人的兄弟。按照传统，新晋的法兰西学院院士在法兰西学院的第一次讲演中都要赞颂自己的前任，选举保王党贵族夏多布里昂来顶替一个革命诗人的弟弟，就是要看看他怎么讲。

如果夏多布里昂赞颂了谢尼耶，那他保王党人的名声就要毁于一旦；如果他攻击了谢尼耶，他就破坏了法兰西学院的传统，虽然第一执政已经成了法国的实际统治者，但在理论上法国还是共和国，拿破仑虽然善待流亡贵族，但如果一个流亡贵族居然在法兰西学院猛烈攻击革命，那也是一件足以让拿破仑不愉快的事。

夏多布里昂骑士面临两难处境，但他的选择一如他小说中的人物，他在保住财产、地位、荣誉和保住人设之间，毅然选择了保住人设。如果让勒内[2]站在法兰西学院讲话，他会说什么？那就是夏多布里昂自己在法兰西学院的演讲，他猛烈攻击谢尼耶。笛福不会去荒岛求生，即使真的到了荒岛上也成不了鲁滨孙，但夏多布里昂真的成了勒内，第一个浪漫主义的英雄诞生了。

童话里的民族主义

复辟时期的另一个主要元素是意识形态上的民族主义，与其说复辟时期

① 安德列·谢尼耶（André Marie Chénier，1762—1794），法国诗人，浪漫主义先驱。法国大革命初期，他在颂诗中予以讴歌，但当革命形势发展到审判国王时，他出面为国王申辩，并激烈地反对雅各宾派，被雅各宾派逮捕处死。普希金写有《安德烈·谢尼耶》一诗。1828 年，因为俄国当局在两个十二月党人军官身上搜到此诗的片断，怀疑此诗系普希金为纪念十二月党人起义事件而作，曾将其审讯。

② 《勒内》是夏多布里昂早期的一部自传体小说，也是《基督教真谛》的一章。主人公勒内出身于没落贵族家庭，忧郁孤独，以修道院为自己的归宿。

的民族主义是一种意识形态，毋宁说是浪漫主义的政治化。启蒙运动和理性主义者认为国家就是人民为了实现某些目的而结合形成的组织，本质上是一种工具。这种观点在法国起源，并且一直持续发展，它的下一步就是布朗基[①]所谓国家是统治阶级的暴政工具。但是，法国人肆意破坏欧洲其他国家，并且依照自己的利益去重新整合欧洲的领土和国家。他们并不是为了被统治者，相反，他们的首要目标是满足法国的利益和霸权的需要。这种霸权主义发展到顶峰就是拿破仑把他的兄弟、妹夫都扶上欧洲各国的王位，其中受影响最大的是德意志。

拿破仑在德意志为自己的妹夫凭空制造了贝格大公国，之后又为弟弟热罗姆·波拿巴制造了威斯特伐利亚王国。在拿破仑的铁腕面前，德意志民族的神圣罗马帝国以及德意志各邦的君主显得毫无还手之力。德意志的亲法派和理性主义者对法国的霸权采取了一种理性主义的态度，并对德意志非理性的反抗进行冷嘲热讽，曾经的狂飙突进运动的代表歌德就是如此。歌德挖苦德意志人说："你们尽管挣扎，但你们挣不脱这锁链。"

歌德是一个重新回到理性的澄明之境的"前浪漫主义者"，但不讲理性的浪漫主义者已经登上舞台。对新时代的政治浪漫派来说，国家不是人民为了某种目的结合起来的产物，也不是实现具体目标的工具，更不能因为有一个更好、更强大的工具就可以名正言顺地抛弃自己的国家。对他们而言，国家就是传统、就是文化，是古往今来这片土地上的人们的一切创造的总和和载体。如果国家的形式存在弊端和漏洞，那就应该加以革新，但绝不能被外力推翻。在国家的问题上没有什么理性，也没有什么性价比，即使拿破仑的锁链再坚固，德意志人也必须行动起来把它砸碎。这就是 19 世纪初的德意志民族主义运动。事实上，民族主义反启蒙、反理性主义的基调从这个时期

---

① 布朗基（Louis-Auguste Blanqui，1805—1881），法国工人运动活动家，早期社会主义者，从波旁王朝复辟时期开始投身革命活动，前后坐牢 30 多年。巴黎公社成立时缺席当选为议会主席。马克思曾称布朗基及其战友为"无产阶级政党的真正领袖"。

就开始了，而且一直持续到20世纪。

20世纪初，法国的保王党作家莫里斯·巴雷斯[①]在他的小说里，让他的男主角充满敬畏地去拜会“反动派的旗手”伊波利特·丹纳[②]，后者则把男主角带到那棵神圣的橡树前，告诉男主角这棵参天大树就是法兰西民族的象征，每一代法国人都是这棵树的枝叶，当风吹过，在树叶的沙沙声中回荡着的是法兰西民族的声音。此时的莫里斯·巴雷斯和伊波利特·丹纳的声音，就是100年前冯·克莱斯特[③]、莫里斯·阿恩特[④]和弗里德里希·雅恩[⑤]声音的回响。

为了战胜拿破仑，浪漫主义者们认为不能单纯地依靠军队和政府，不能单纯地去指望德意志各邦的君主以及他们的军队和外交官。必须回到德意志人的本源，从德意志人的源头和历史的深处重振德意志人的自豪感和认同感，才能让他们自发投身反对拿破仑的战争——而这一点也奇迹般地塑造了德意志民族。

我们知道，历史上德意志国家的载体是德意志民族的神圣罗马帝国，但是对这个称号的正确理解是：“体现于”或者“残存于”德意志民族之内的神圣罗马帝国。所以，神圣罗马帝国实际上是罗马帝国的继承者，德意志人

---

① 莫里斯·巴雷斯（Auguste-Maurice Barrès，1862—1923），法国作家、社会活动家，重视法国传统，鼓吹以民族主义为基础的社会主义，在德雷福斯事件中持反犹立场。他在20世纪初的法国社会影响很大。

② 伊波利特·丹纳（Hippolyte Adolphe Taine，1828—1893），法国评论家和历史学家，对法国大革命进行了反思和批判，认为只有扎根于民族精神才能有真正的改革。著有《艺术哲学》《现代法国的起源》等。

③ 冯·克莱斯特（Heinrich von Kleist，1777—1811），德国戏剧家、诗人、小说家。创作了许多反拿破仑的戏剧和歌词，激励德意志人的爱国热情。

④ 莫里斯·阿恩特（Ernst Moritz Arendt，1769—1860），德国民族主义者、历史学家、作家、诗人。早期为废除农奴制而奋斗，后来从事反拿破仑宣传，由于他的反法立场一度逃亡瑞典。他去世很久之后，他的反法宣传还在两次世界大战中被再次使用。

⑤ 弗里德里希·雅恩（Friedrich Ludwig Jahn，1778—1852），德国政治体育教育的创始人，也被称为“体操之父”，以训练体操、野外远足方式培养民族主义精神。

也长期以罗马人自居。在神圣罗马帝国内部，罗马法被认为是帝国法的当然组成部分，以后的皇帝的法令都被看作罗马帝国法典的附录和补遗。所以，帝国的官方语言是拉丁语，帝国最高法院适用的也是罗马法。每一个想要谋取一官半职的人都要学习罗马法和拉丁语。而法国则是法兰西王国，法国的君主权不是建立在罗马法上的，虽然法国国王反复强调法国国王就是法国的皇帝，但王权依据的是封建法，而封建法的来源是日耳曼人的传统。所以在近代以前，法国被看作法兰克人的国家，是日耳曼传统的体现，法国人（至少法国贵族）是法兰克[①]人，自然也就是日耳曼人。而德意志帝国的贵族和臣民则视自己为罗马人的继承者。

庞贝城的发现带来了欧洲的复古热潮，革命的法国建立了共和国，成了欧洲最适合再现罗马共和国传统的地方。前文就讲到过，法兰西共和国甚至组织了元老院，法国的元老院议员甚至真的会在自己 18 世纪的礼服之外套上托加袍。法国人穿衣服模仿罗马人，家具也模仿罗马人，拿破仑帝国时期的家具都有明显的模仿罗马人的特征。当正在蹂躏德意志的法国人开始以罗马人自居的时候，德意志人又因为拿破仑的胁迫被迫解散了自己的帝国。1806 年，弗兰茨二世皇帝宣布解除神圣罗马帝国各等级和自己之间的关系，帝国的历史终结了。

愤懑焦虑的浪漫主义者们迫切地需要一个新的载体来唤起德意志人的爱国心和自信心。于是他们找到了久已被德意志人遗忘的日耳曼祖先。德意志人依旧居住在莱茵河右岸，这是那些曾经勇敢抵抗罗马人的日耳曼人生活过的地方。这一点为他们塑造德意志人的新认同感提供了便利。于是，当法国人因为革命摇身一变成了罗马人的时候，德意志人也因为惨遭革命而摇身一变成了日耳曼人。（见彩图 6）

---

① 法兰克人是 5 世纪以后侵入西罗马帝国的日耳曼民族的一支。法兰西即由法兰克王国演变而来。

冯·克莱斯特写了《赫尔曼战役》，用阿尔米尼乌斯打败瓦鲁斯和他的罗马军团的故事，号召德意志人起来反抗。而这只是一系列塑造德意志人日耳曼认同感的作品之一。浪漫主义时期的德意志焕发了欧洲近代最早的民族主义，这种民族主义建立在历史传统、文化传统、民族的语言和文学的基础上。德意志的浪漫主义者开始回溯德意志人的历史，冯·克莱斯特回溯得有点远，他一直追溯到了公元1世纪。而其他的浪漫主义者则没有那么远，他们更多地把目光投向中世纪和日耳曼的大森林。中世纪对启蒙运动和理性主义者来说是野蛮、黑暗、愚昧，是文艺复兴和宗教改革把人类社会从中世纪的黑暗中拯救出来。但这套说辞的背后就是法国大革命的正当性。因为无论是文艺复兴还是宗教改革都被理性主义者看作法国革命的先声，是用思想和理性去摧毁愚昧无知和专制统治的体现。

德意志浪漫主义者重新发现了中世纪，他们认为中世纪绝不是黑暗和愚昧的，相反，中世纪的德意志国家强大、民族统一。德意志国家跨过阿尔卑斯山建立起欧洲最强大的国家。而这个观点刚好可以为哈布斯堡王朝服务，因为最后的神圣罗马帝国皇帝弗兰茨二世就属于哈布斯堡王朝，随着1806年的法令，弗兰茨二世皇帝失去了神圣罗马帝国皇位，只剩下奥地利帝国的皇位。而且哈布斯堡王朝1806年以后一直致力于唤起德意志人民的反抗意识，组织对拿破仑的战争。德意志浪漫主义者对中世纪的再发现，正符合德意志最强大的邦国的利益。

与此同时，浪漫主义者还重新发现了莱茵河两岸的老德意志传统，那是德意志的浪漫传说和黑森林里的恐怖童话。这些民间传说和童话故事所讲述的，是宗教改革以前的神圣罗马帝国，是宗法制社会和等级合作制国家的传统，是作为最高权威和公义的象征的皇帝和赋予皇帝以皇权的上帝。如果我们考虑到拿破仑战争中受损害最大的群体其实是德意志的天主教会（1803年的《帝国等级会议总决议》强制教产还俗，让德意志的教会诸侯，除了美因茨大主教和条顿骑士团之外全军覆没，一概被剥夺了世俗统治权，即使是侥幸生存下来的美因茨大主教也丢掉了美因茨城。德意志宗教改革运动最大的敌人，也就是德意志的教会诸侯到1803年以后实际上已经荡然无存了），我们就可以理解德意志的天主教会对拿破仑的深切仇恨。如果我们再考虑到正在号召德意志人民起来反抗拿破仑的哈布斯堡王朝也是天主教君主，就可以理解德意志浪漫派对本民族传统的发掘当中那种亲天主教的色彩了。

这一时期的很多德意志浪漫主义者是天主教徒，而另一些人虽然原本是新教徒，但为了反抗拿破仑，他们寄希望于德意志民族精神的复兴和哈布斯堡王朝的振作，也纷纷皈依天主教。1815年维也纳大会上梅特涅有一个头衔叫作“大会的名誉主席”（维也纳会议并没有设置大会主席职务，所以梅特涅只能是名誉主席），而授予他这个头衔的人——弗里德里希·根茨之所以要这么做，是为了把另一个头衔留给自己，那就是“大会名誉秘书长”。这位维也纳大会的名誉秘书长是一个普鲁士人，而且是新教徒，原本是一个追求自由的理性主义者，甚至曾经在请求普鲁士国王宣布具体什么时候颁布宪法的呈文上签字。但随着德意志反抗拿破仑战争的发展，他抛弃了普鲁士国王，转而到维也纳为梅特涅服务，为奥地利撰写了鼓舞人心的号召书，号召德意志人民联合起来反抗法国人和拿破仑。

如果我们观察一下大革命和拿破仑战争中诞生的浪漫主义和民族主义这两种仿佛并不相干的思想，就会发现它们实际上是同一批人、同一种思想的产物，而它们思想的底色就是对正统君主的捍卫。

复辟时期的精神

当拿破仑最终在1815年战败的时候，革命和帝国时期诞生的两种意识形态终于结合在一起，政治上的民族主义和文化上的浪漫主义通过正统君主的复辟实现了合流，它们联合起来反对启蒙思想和理性主义，并通过这种对理性主义的反动来树立复辟王朝的合法性。

浪漫主义者首先要推翻启蒙思想对中世纪的贬低，因为君主制是中世纪和复辟王朝之间的直接纽带。浪漫主义者颂扬中世纪就是在颂扬法国国王，浪漫主义者歌唱中世纪的天鹅骑士就是在颂扬巴伐利亚国王。这对复辟时期的人来说其实是不言而喻的，作为后来者的我们只要考虑到 1793 年判处路易十六死刑的时候，革命者没有叫他公民路易·德·波旁而是叫他路易·卡佩①，就知道中世纪对刚刚经历了革命和恐怖时期的混乱的人们而言，绝不是什么年代久远的浪漫传说。

浪漫主义者在文学上重新发现了中世纪，一方面表现为对中世纪传说故事的重新发现，比如夏多布里昂一直在写但一直也没有写完的熙德的故事。他曾经多次为别人朗诵熙德的故事的片段，有一次给某夫人朗诵“熙德爱上帝、荣誉、光荣、女主人和国王胜过自己的生命”，他读到这里的时候，夫人的女儿问：“熙德还有什么可以爱得胜过自己的生命吗？”引起了哄堂大笑。浪漫派还特别关注对法国宗教战争和三亨利之战的重新诠释，例如梅里美的《查理九世时代逸事》，大仲马的《亨利三世及其宫廷》《玛尔戈王后》，等等，这些故事均直接涉及波旁王朝的起源，而且亨利四世都是其中的重要角色。考虑到亨利四世是“唯一深受人民爱戴的国王”，颂扬他实际就是颂扬波旁王朝的最好选择。

浪漫主义者对中世纪的再发现也没有停留在文字上，浪漫主义运动的另一个重要遗产就是对法国文物古迹的再发现。对启蒙运动和革命者来说，法国的文物古迹，即使不是必须加以摧毁和消灭的愚昧岁月的疤痕，也不是什

① 路易十六出自波旁家族，波旁家族与瓦卢瓦王室都属于古老的卡佩王朝（Capetian Dynasty），他们的祖先都是著名的国王圣路易（路易九世）的儿子。1328 年，卡佩王朝的直系后裔绝嗣，王位由血脉最近的旁支瓦卢瓦家族继承，同时波旁家族的后裔又与纳瓦尔的女王联姻，他们的后代就成为波旁公爵兼纳瓦尔国王。1598 年波旁王朝开创后，历代法国国王的正式头衔中仍保留了纳瓦尔国王的称号。前后相继的三个王朝均属同一个家族——卡佩家族。所以，直到大革命中对路易十六进行审判时，还称其为“公民路易·卡佩”。

么需要善待的东西。法国大革命期间，巴黎革命群众摧毁了圣丹尼斯修道院里历代法国国王的陵墓。古代国王的骨头和波旁王朝历代国王的尸体都被革命群众从棺材里拖出来示众，最后被冲入下水道。复辟王朝所能做的只是尽可能地把被冲入下水道的骸骨收集起来重新安葬。亨利四世的头骨据说就是从下水道里找回来的。但法国革命群众的热情并不仅限于巴黎一地，巴黎有圣丹尼斯修道院这样便利的目标固然便于革命，外省的革命者虽然先天不足却也不甘落后。于是英国金雀花王朝的国王中安葬在法国的那几位就遭了殃。法国外省人民向巴黎人民学习，捣毁了丰特佛洛修道院，把亨利二世、狮心王理查、无地王约翰这些英国国王的遗骨拖出来示众。也正是托了复辟时期重新安葬这些倒霉的英国国王的福，法国医生得以对他们的遗骨进行检查。梅里美就对这些报告充满了兴趣，接连给当时的文化和教育大臣梯也尔写了好几封信。

复辟王朝基于重塑王朝与人民之间血脉相连之关系的目的，对法国的文物古迹进行了登记和保护。历史学家基佐和梯也尔成为这场文物保护运动的旗手，而浪漫派的作家梅里美则成为法国文化教育部的古迹巡视员，在法国各处考察文物古迹。而这场文物保护运动在文学上的体现，不用我说你们也能想到，当然是《巴黎圣母院》。雨果的《巴黎圣母院》同时兼具了重新发现中世纪的美好，重新发现中世纪人民和君主之间的血脉相连，与重新发现中世纪建筑之美的三重含义。所以在当时就被看作法国浪漫主义运动的典范，直到今天还是当之无愧的浪漫主义文学的里程碑。

雨果最初是作为夏多布里昂的追随者登上文坛的，他有一句名言："要么成为夏多布里昂，要么什么都不是！"可见雨果对夏多布里昂的崇拜。在当选演说上猛烈抨击了谢尼耶的夏多布里昂，在整个拿破仑统治时期都被迫小心翼翼。但当拿破仑垮台，波旁王朝归来的时候，夏多布里昂也没有盼到自己的春天，他的地位确实越来越高，但复辟王朝的权力却掌握在革命和拿破仑帝国时期的权贵手中。比如瘸子塔列朗就在整个复辟王朝时期安享荣华富贵。从海外流亡归来的路易十八对从1789年到1815年法国文化和道德风尚的转变实际上一无所知。而跟随他一起回来的那些流亡贵族，比如之后担任首相的黎塞留公爵，在精神和趣味上其实也停留在革命之前。所以，相比于新时代的夏多布里昂，他们跟瘸了塔列朗更容易沟通，也更愿意跟这样的人沟通。如果国王想要愉快地统治法国，忘掉之前所有的苦难，那么保持着旧制度之下的轻松愉快、无可无不可风度的瘸子塔列朗，和一个看着玛丽·安托瓦内特的骸骨和昂古列姆女公爵的脸就泪眼婆娑、多愁善感的夏多布里昂，你会选择谁？所以尽管复辟时期夏多布里昂步步高升，担任宫廷大臣，敕选贵族院议员，甚至一度作为外交大臣前往维也纳替代瘸子塔列朗（夏多布里昂也在回忆录中反复重申自己曾经在维也纳挫败过梅特涅和坎宁），为法国国王争取到独立干涉西班牙革命的权力，但事实上他在复辟王朝时期并不得志。

郁郁不得志的夏多布里昂和声名鹊起的雨果的命运就在这个时刻交汇。雨果因为悼念遇刺的贝里公爵[①]的诗而在法国一炮打响，进而成为法国文坛上的无冕之王。当时的法国文坛真正名利双收的体裁是剧本，只要一部作品能够在法兰西剧院一炮打响，作者不但可以成为名人，甚至可以获得大笔收入。无论作为保王党人的浪漫派在小说里怎么写，只要他们进不了法兰西剧院的大门，他们就不可能真正成为法国的主流文学流派，他们的作品也不可能在巴黎引起轰动性的影响。比如绰号“浪漫主义的孩子”的诗人缪塞，就无数次被法兰西剧院拒之门外，最后干脆写了一批不可能在剧院上演的剧本，起名《扶手椅上的戏剧》出版。但雨果就是要进法兰西剧院，他不但真的做到了这一点，上演了自己的《克伦威尔》，之后仍不满足，还给《克伦威尔》写了一篇序言发表在报纸上，公开宣传法国作家应该抛弃那些戏剧

① 1820年，国王路易十八的侄子贝里公爵（1778—1820）遭人暗杀（这是想绝王室之后），雨果就他的死亡写了一首悼诗，引起强烈反响，甚至打动了年迈的路易十八，赐给雨果500法郎奖金。

上的条条框框，争取真正的创作自由。而所谓的戏剧上的条条框框，矛头所指就是布瓦洛的“三一律”[①]。布瓦洛是法国古典主义戏剧的理论家，他根据古希腊剧作和路易十四时期的法国古典悲剧，总结出了关于戏剧的一整套理论。反对雨果的人就以雨果的作品违背布瓦洛的理论来攻击雨果。其实这些人之所以反对雨果，并不是因为文学理论，而是反对雨果的保王党立场。但波旁王朝此时正统治法国，人们不能公开反对雨果的政治立场，只好转而攻击雨果的文学主张。雨果对此心知肚明，也以同样的热情猛烈抨击反对者的文学立场。这是一场奇妙的借题发挥的战争，正如同时代人讽刺的那样：“在法国，主张民主和自由的人捍卫文学上的清规戒律，而捍卫王权的规则的人却主张砸碎文学上的条条框框。”

这场“战争”的顶峰就是雨果的《欧纳尼》(见彩图7)。雨果的新作《欧纳尼》要在法兰西剧院上演，但反对雨果的人已经通过种种方法，比如偷听演员排练，拿到了《欧纳尼》的全套剧本，然后找人写了一部讽刺挖苦《欧纳尼》的剧本，在同一天上演。同时还有人买票参加《欧纳尼》的首演来搞破坏。为此，剧院经理建议雨果花钱请人捧场，也就是雇用专门的捧场人来保证演出顺利。但雨果表示他雨果要找人捧场不需要花钱，随后他向全巴黎的艺术家发出号召，要他们去支持《欧纳尼》的首演。当首演的日子到来，巴黎雕塑大师把一大张红纸裁成一张张的红纸条，然后用笔写上西班牙语的“铁”别在每一个徒弟的帽子上，像父亲送儿子上战场那样拥抱每一个学生，让他们去勇敢地为雨果战斗。未来凭借《珐琅与雕玉》而成为唯美主

---

① 布瓦洛(Nicolas Boileau-Despréaux，1636—1711)，法国诗人、批评家，被称为古典主义的立法者。他提出作品要遵守严格的“三一律”：“要用一地、一天内完成的一个故事从开头直到末尾维持着舞台充实。”

义先行者的泰奥菲尔·戈蒂耶[①]，去买了亮红色的缎子，然后亲自指点裁缝给自己做成了一件亮红色的马甲作为战袍。他在《欧纳尼》首演当天的亮相给巴黎人留下了深刻的印象，以至于当第二帝国建立，戈蒂耶成为波拿巴家族马蒂尔德公主座上客的时候，很多老妇人听到戈蒂耶这个名字都要吓得魂不守舍，唯恐他穿着当年的衣服登场。

如果说欧洲近代的历史是线性的、一步一步向我们走来的过程，那么从启蒙运动冰冷的理性走向那个我们熟悉的在精神上推崇温柔的浪漫主义，在政治上追求疯狂的民族主义，甚至是以昂扬的博爱精神支撑的社会主义的时代的时候，它在精神和文化上的转折点就是复辟时期。从1815年到1848年，整整一代人活跃在欧洲的舞台上。在法国，它表现为浪漫主义文学和浪漫主义史学；在德意志，它表现为大学生运动、民族体育运动、逐渐抛弃哈布斯堡王朝的浪漫主义文学和政治运动。从拿破仑战争时期天主教的民族主义，到复辟时期重新推崇马丁·路德的民族主义，甚至莱茵河两岸老德意志的天主教民族主义和与之相伴的普鲁士和奥地利之外的第三条道路运动，复辟时期的欧洲群星荟萃，影响我们这个时代的各种思想几乎都已经在这一时期登上历史舞台。当海涅写诗挖苦梅特涅的时候，有一个德国大学生对海涅充满了热情，他就是卡尔·马克思。

---

① 泰奥菲尔·戈蒂耶（Théophile Gautier，1811—1872），法国唯美主义先驱，“为艺术而艺术”的倡导者。1835年发表小说《莫班小姐》，此篇小说序言被公认为唯美主义宣言。他提出“文学可以无视社会道德”的主张，反对用文学艺术反映社会问题，认为艺术的价值在于其完美的形式，艺术家的任务在于表现形式美。1840年发表诗集《西班牙》，力图用诗来表达造型艺术。代表作《珐琅与雕玉》是他美学观点的具体实践，被奉为艺术的典范。戈蒂耶还撰写游记、戏剧、随笔、回忆录及大量评论。

九 马克思社会地位坐标小考

19世纪是一个讲究身份地位的时代。马克思虽然穷，但他的社会地位并不低。他穷是因为他处在流亡状态，他是1848年革命的风云人物，一个德意志大学运动里的名人，他没钱只是因为他不愿意俯就他出身的那个阶层。如果他愿意跟他的朋友们和解，回德国去老老实实教书，弄一个大学教授的教席，甚至当选议员，混成另一个马克斯·韦伯也完全不是难事。

马克思（1818—1883）

很久以来，“伟大导师马克思穷困潦倒”的叙事深入人心。许多人脑子里都浮现过这样一个场景：一个德意志落魄男人带着一家老小在寒冷凄苦的伦敦贫民窟里，靠有钱的朋友接济苟延残喘之余，在廉价纸张上用鹅毛笔奋笔疾书——这个场景极具代表性，可以看作当代小市民的 19 世纪幻想的典范。

马克思真的处在他那个时代的社会底层吗？恩格斯对他的接济是地位较高者的施舍吗？

这里我们分两层来讨论：其一，在 19 世纪的社会金字塔里，马克思究竟处在什么样的位置上？这个位置意味着什么？其二，基于马克思的身份和地位，他和恩格斯之间是一种什么样的关系？

我们知道社会地位必须历史地看，一个人的身份首先取决于他所处的时代。马克思生于 1818 年，1848 年革命爆发的时候正好 30 岁。比较 1848 年欧洲历史舞台上的其他巨星：法国的“社会王子”路易–拿破仑那一年 40 岁，普鲁士的“霰弹王子”威廉[①] 那年 51 岁，“刺刀反革命”俾斯麦 33 岁，奥地利的弗兰茨 · 约瑟夫皇帝 18 岁。在革命者中间，职业革命家米哈伊尔 · 巴枯宁 34 岁，萨克森王国歌剧院的指挥瓦格纳先生 35 岁，瓦格纳的同事、负责舞台布景的戈特弗里德 · 森佩尔[②]45 岁。我们可以发现在这群人中间：威廉一世皇帝无疑是太老了，而瓦格纳、俾斯麦、巴枯宁、马克思，还有 28 岁的恩格斯，刚好是 1848 年那一代人的代表。这是我们理解马克思形象的起点。威廉一世皇帝比弗兰茨 · 约瑟夫皇帝老爹的岁数还大，但是继位却比弗兰茨 · 约瑟夫还晚，他这个人一如他在历史上留给我们的印象一样

---

① 即威廉一世（Wilhelm I，1797—1888），普鲁士国王（1861—1888 年在位），德意志皇帝（1871—1888 年在位）。1848 年革命期间因使用大炮镇压起义被称为“霰弹王子”。1861 年继位后任用俾斯麦为普鲁士首相，直至去世。威廉一世常被描述为传统的、谦恭有礼的绅士，晚年被人们视为“老普鲁士”的化身。

② 戈特弗里德 · 森佩尔（1803—1879），日后维也纳城堡剧院和美术史博物馆的建筑师。

是一个老人。

马克思出生的1818年，此时维也纳最后议定书尚未签署，但是德意志邦联议会已经在1816年召开，这是理解马克思形象的另一个重要参照物。马克思的整个青年时代都在复辟时期度过，对德意志来说，这是梅特涅时期，也是普鲁士和奥地利二元制的时期，更是政治上裹足不前，精神上想要高歌猛进，但却为出版审查所阻，只能在一些出版审查官无法理解的领域里高歌猛进的时代。

同样重要的是，马克思出生在普鲁士王国下属的莱茵省，莱茵地区位于德意志最西端，历来是法国军事或文化入侵德意志的必经之路。莱茵地区的人民先是受法国启蒙运动的影响，后来又受大革命和拿破仑帝国的影响。虽然根据1815年的《维也纳和约》被划归普鲁士王国，但是从文化到社会结构，莱茵地区都跟农业王国普鲁士格格不入。

还有一个更重要的因素是，马克思出生在一个犹太人家庭，这个特点同样不能忽视。法国大革命废除了对犹太人的歧视政策，而进军德意志的法国人在德意志西部同样废除了这样的制度，这让拿破仑时代的另一个小犹太人，一生都无法忘记骑在父亲背上看着拿破仑骑马入城的场面，这个小犹太人就是海因里希·海涅。而且马克思的父亲没有从事德意志犹太人传统的工商业，他选择了律师这个法律职业，这在拿破仑战争以前是难以想象的，而且他还皈依了基督教。一个从事法律职业的犹太人选择皈依基督教，在复辟时期只能说明一点——他打算为自己的政治生涯铺平道路。

综合上述各种事实，我们可以初步得出一个马克思的形象：马克思属于1848年的德意志市民阶级。彼时的市民阶级跟21世纪的市民阶级毫无可比性，因为1840年代的柏林只有30多万人，1890年代是190万人，1910年代是290万人。也就是说，从马克思到我们之间的这一百几十年中，经历了一个剧烈的工业化和城市人口爆发性增长的时代。我们这个时代里市民阶级为数巨大，完全没有特权阶级的色彩，而且随时被地位下滑的焦虑所折磨。

但在1848年的前工业化时代，市民阶级实际上并不比贵族多多少。尤其在工业凋敝的德意志，市民阶级实际上也是一个特权阶级，尤其是市民阶级的上层，实际上是平民和贵族的交汇点。这个阶级的人成为军官、法官或者行政官员的结果就是受封为贵族，与贵族阶级通婚更是寻常之事。马克思的父亲皈依基督教实际上已经迈开了受封贵族的第一步，而马克思出自这样的家庭，娶的是官僚贵族家庭的女儿，也完全符合他作为上层市民的身份。

马克思的早年生涯也是沿着这条社会地位提升的必由之路前进的，他父亲把他送进波恩大学学习法律。作为波恩大学的学生，他跟俾斯麦、日后的威廉二世皇帝是校友，而且在这一时期，他过的也是一个典型的复辟时期大学生的生活，主要精力用来打架、决斗，顺便学习，从没能在波恩大学拿到文凭这一点上他都跟俾斯麦完全一样。

复辟时期的大学生是一个充满使命感的阶层。由于各国君主无限期地搁置了宪法和统一的许诺，青年学生开始通过大学生团体、遍及德意志的大学生联合会组织起来，他们开展的体操运动、火炬游行、民族节日聚会都成了复辟时期鼓吹德意志统一的手段。而且这些大学生即使在毕业之后也没有疏远彼此之间的联系，公开发行的协会期刊、大学生组织的通信和小团体，把这些随着时间推移地位不断提高的人紧密地团结在一起。在1850年代，如果你是一个大学生运动里的风云人物，即使你的校友已经当上了大臣，他在私人场合还是会对你毕恭毕敬。有一位德意志小邦的外交官，在大学期间因为决斗被砍掉了一只手而出名，因而在德意志各邦的外交部畅通无阻，走到哪儿都被学弟们奉若神明。说到砍掉一只手，我们就不得不提一提德意志大学生里的马刀决斗风：大学生们觉得德意志人追求统一的基础是男子气概，而最能体现男子气概的就是战争，没有战争的情况下就用决斗代替。而决斗这件事，法国人用佩剑或者火枪，但德国人对这两种武器的评价是“娘炮”，德国大学生决斗用的是马刀，而俾斯麦和马克思刚好也是决斗的行家，虽然俩人都全须全尾，但均是大学时代出生入死的人物。

由此，我们可以设想一个思想上不叛逆、循规蹈矩的卡尔·马克思，他的生涯会是什么样的？他父亲已经是基督徒了，此时的德意志人把犹太人看作德意志人的一部分，意第绪语被看作德语里的一种方言。马克思是波恩大学的学生，拿到法律文凭，然后在法院实习拿到普鲁士公务员考试资格，紧接着通过了那个毫无技术含量的考试，进入普鲁士政府。因为没什么钱，他肯定进不了外交部（普鲁士外交官需要财产性收入证明）。作为一个官僚贵族的女婿，他比较可能的道路是从事行政管理工作，步步升迁，然后升到省长或者议员，考虑到他不是贵族，即使他思想足够保守，1863 年他还是当不上大臣。然后在漫长的俾斯麦时代里，马克思可能就是一个不太得志的普鲁士公务员。但敕封贵族还是有可能的，毕竟他有一个好岳父。马克思只活到 1883 年，他盼不到霍恩洛厄侯爵[①]当上帝国宰相，这样的一个循规蹈矩的马克思大概会以冯·马克思的名字被历史遗忘。

谈到这里，我们就进入了问题的另一个层面——马克思和恩格斯的友谊。以 21 世纪的标准看，这两个人，尤其是伦敦时期，贫富悬殊，马克思好像完全就是一个倚仗恩格斯生活的清客。很遗憾，这样理解你就错了。19 世纪是一个讲究身份地位的时代。马克思虽然穷，但他的社会地位并不低。他穷是因为他处在流亡状态，他是 1848 年革命的风云人物，一个德意志大学运动里的名人，他没钱只是因为他不愿俯就他出身的那个阶层，而恩格斯虽然有钱，但社会地位并不高，恩格斯只是一个工厂主的儿子，从出身上就比马克思低了一点，属于市民阶级里的中层。恩格斯的父亲也没有供恩格斯去上大学，他没有踏进德意志精英阶层，他不属于那个封闭的小团体。所以在马克思和恩格斯之间，他们的身份并不因为财富的差距而显得悬殊，他们的关系是对等的，马克思如果愿意跟他的朋友们和解，回德国去老老实实教

① 霍恩洛厄-希灵斯菲斯特（Prince of Hohenlohe-Schillingsfürst，1819—1901），德意志帝国宰相、普鲁士首相（1894—1900）。被认为是当时最杰出的自由派政治家之一。1848 年革命期间，他同情自由主义者统一德国的想法。

书，弄一个大学教授的教席，甚至当选议员，混成另一个马克斯·韦伯也完全不是难事。

这种情况在19世纪屡见不鲜，在全世界流亡者和冒险家聚集的两大中心伦敦和巴黎就更是如此。在“19世纪的首都”巴黎，在自家门上贴上奇奇怪怪的招牌，说自己要为全人类而工作并不是什么稀奇之事。匈牙利的民族主义者、茜茜公主的绯闻男友安德拉希伯爵，1848年以后就在巴黎靠给小报写文章和当包打听过活，看起来不起眼的一个人到1867年就成了帝国的外交大臣。罗马尼亚的民族主义者、保加利亚的民族主义者、波兰独立派、德意志民族主义者，俄国的冒险家巴枯宁，法国的暴动爱好者布朗基，天天用德文骂德国、用法文骂法国的毒舌诗人海涅，气死了亲爹跑到巴黎风流快活的英国王子阿尔伯特——未来的爱德华七世，也都聚集在巴黎。而在他们头上还有一个眼下正高踞宝座的最大流亡者——法兰西第二帝国的皇帝拿破仑三世，他在瑞士、意大利度过了青年时代，在伦敦靠女朋友接济才能维持体面的生活，40岁那年成为政坛黑马当选共和国总统，然后发动政变当上帝国皇帝。对流亡者来说，这就是咸鱼翻身的楷模和样本呀！因为住房条件都很糟糕，这些流亡者大部分时间都聚集在咖啡馆或者酒吧。

那是一个何等戏剧性的场面：午夜时分，一个醉酒的波兰人猛砸钢琴演奏肖邦的“军队”或者“革命”，一个匈牙利贵族用标准的法语高喊“自由万岁”，多瑙河民族主义者用斯拉夫味的法语喊“解放万岁”，然后德意志流亡者用德语喊“统一和自由”引发冷场，最后被吵醒的法国社会主义者站起来高呼“全世界万岁”引爆全场！这种场面，只有1910年代没有官方语言的奥地利议会才能比肩。[①]

伦敦也是如此。俄国流亡者赫尔岑和奥加辽夫以及奥加辽夫的老婆一起

① 奥地利议会没有官方语言，所有人都可以用民族语言发言，但议会不提供同步翻译服务，所以成了一个鸡同鸭讲的闹剧舞台。

住在伦敦，七年间，奥加辽夫太太一共生了五个孩子，其中三个是奥加辽夫的，两个是赫尔岑的，然后这个奇妙的大家庭年年给满欧洲转悠的富二代大作家屠格涅夫写信，信的内容也很简单，情真意切之外的内容可以概括为："给我打钱啊哥们儿！"

流亡，意味着一个人脱离了自己的祖国、自己的身份和背景，他将处于困顿之中。但他们的地位并不因此而发生改变，困难只是暂时的，虽然真正咸鱼翻身的情况除了安德拉希伯爵之外微乎其微，但他们的这种可能性，让他们的朋友和敌人都承认他们的地位。屠格涅夫曾经好几次给赫尔岑写信，解释自己最近确实手头紧或者没收到他们让他打钱的那封信，但请他们不要怪他，他会尽快想办法。

同样地，如果流亡者中有个阔佬，那其他人吃他的喝他的也是理所当然。比如拉斐尔前派的诗人兼画家罗塞蒂兄弟，他们俩是一个希腊流亡者的儿子，他们的老爹是一个有钱的流亡者，不但有钱还能够维持收支平衡，在伦敦拥有体面的住宅和生活。他们的家也从来不只属于他们自己，其他运气不好的希腊流亡者吃在他家喝在他家，还要找他爸爸要钱养家，而这种事在流亡者中间寻常可见。

理解了这一点，我们就能完全不用考虑马克思、恩格斯共同生活和战斗的经历，以及同样伟大崇高的理想而去理解二人的伟大友谊。是的，他们俩都是流亡者，流亡者之间互相帮助是应该的，马克思就算不认识恩格斯也能从别人那里拿到钱。而在一个身份地位的观念即使在革命者中间都依然起作用的时代，恩格斯要和那些来自四面八方来形形色色的革命者和冒险家打交道，马克思的理论和威望也是一个重要的帮助。

因此，认为"马克思是一个穷困潦倒的小市民"的想法，属于用当代小市民的认知去简单粗暴地套 19 世纪的欧洲而得出的谬论；把自己朝不保夕、需要依赖别人接济的恐惧，投影到了伦敦的马克思头上，这是一个非常有趣的现象，是我们这个高通胀时代里中产阶级焦虑的缩影。

附　胡子的政治立场

这里我们要讨论一下马克思身上最引人注目的东西！你们一定想到了。是的！就是他的胡子。马克思和恩格斯都以大胡子的形象走入历史，如果今天他们突然用自己没胡子的青春形象复活，一定有很多人根本认不出他们。

如果你觉得“胡子嘛，不就是个个人趣味嘛”，那你就错了。在19世纪，一个体面男人，起床就得穿上长裤和衬衫，即使哪儿都不去待在家里也必须穿上吸烟服。白天出门要穿晨礼服或者常礼服，如果晚上要去赴宴或者去歌剧院，还必须抽时间跑回家换上晚礼服。在那个万事追求秩序、一切整齐划一的年代，军官有军官制服，文官有文官制服，大学生别看还没进入体制内，一样有大学生制服，在某些国家，进校门的时候还必须佩剑。在这样的年代里，一个男人花费大把时间、精力、金钱蓄出来的胡子，绝对不可能单单是为了追求个性。

留胡子有多麻烦、多花钱，这都是我们这个剃须刀大行于世的年代里的男士所难以想象的。收拾胡子要有一整套专门工具，而且这门手艺不能指望专业人士，你只能自己来。如果你看过可以当作 19 世纪体面生活指南的电影《斯万的爱情》，你就会发现每天早晨斯万先生都要把头发交给理发师打理，但是胡子只能他自己来。你也一定会对那个由三面小镜子组成的专用镜留下深刻印象。

胡子要整齐还要有光泽，和我们这个时代一样，这些不能指望老天爷，必须有专门的营养液来养护。如果买不到 19 世纪的沙宣，还要让你的胡子莹润有光泽，怎么办呢？一样有办法，如果你看过大河剧《新选组》的新春特别篇，榎本子爵就给你提供了困守函馆弹尽粮绝的同时还要追求完美胡须的解决方案，也就是鸡蛋清。

但无论是斯万先生还是榎本子爵，留的都是比较近代的小胡子，而不是伟大导师那样的大胡子。他们为胡子付出的艰辛远不能跟马克思比。留了伟大导师那样的胡子，你的鼻子以下基本上全被胡子覆盖了。这就意味着你嘴巴的自由度将非常小，糖葫芦和羊肉串基本告别你了。你不但没法再愉快地撕咬食物，吃东西的姿势也基本就固定了。留了这样的胡子，你剩余的时光里基本上只能正襟危坐，用刀叉和勺子文雅地进食了。

所以，一个男人，尤其是伟大导师这样的男人，为胡子付出了这么多，你觉得他仅仅是为了追求个人美感吗？当然不是！在整齐划一的 19 世纪，留胡子是男性少数可以彰显个性的机会，而个性对政治人物来说，最大的组成部分就是政治立场。

马克思的大胡子真的是他政治立场的体现吗？我们先来举几个例子！

图 1 是普鲁士的“霰弹王子”威廉。1848 年因主张使用榴霰弹轰击示威群众，而且后来真的率领军队武力驱散了法兰克福德意志国民大会，而留下了这个外号。

我们再来看另一个人“刺刀反革命”俾斯麦（图 2）。1848 年的那个春天，这个易北河以东的容克地主，为了说服波茨坦驻军行动起来攻入柏林城，解救被革命者绑架的国王而生平第一次坐了火车。他无疑也是马克思的敌人。

最后是我们很熟悉的梅特涅亲王（图 3）。1848 年被革命群众吓得逃出维也纳，整个复辟时期里德意志的无冕之王。马克思恨他恨得咬牙，也正是马克思在《共产党宣言》里提到他的缘故，梅特涅到今天还保持着相当的人气。

图 1　威廉一世

图 2　1862 年担任普鲁士首相的俾斯麦

图 3　梅特涅亲王

你们看出这三个人和马克思的区别了吗？是的！他们三个人里，梅特涅完全没有留胡子，而另外两个虽然留了胡子，但都不是马克思那样的大胡子。威廉一世留的这种胡子被叫作海豹胡，也就是既有唇上的胡子也有两鬓的胡子，唯独下巴露出来。威廉一世留的这种海豹胡，最著名的代言人却不是他。

海豹胡的形象代言人必须是弗兰茨·约瑟夫皇帝。1848 年 12 月登位的他，一生的大部分时间里都以这种标志性的海豹胡示人，而他刚好也是 1848 年革命的敌人。1848 年 10 月，皇家军队围攻维也纳的时候，他还没有登上皇位，但第二年他亲自率领皇家军队攻入独立的匈牙利，并且以非常凶残的手段血洗了革命的马扎尔自由派。

我们再来看另外几位朋友。霰弹王子威廉的哥哥普鲁士国王腓特烈·威廉四世（图 5），弗兰茨·约瑟夫皇帝的叔叔、奥地利的斐迪南一世（图 6），还有皇弗兰茨·约瑟夫的爷爷奥地利帝国的弗兰茨一世皇帝，我们可以发现这三位君主都没有留胡子。

图 4 弗兰茨·约瑟夫皇帝

图 5 普鲁士国王腓特烈·威廉四世

图 6　奥地利的斐迪南一世

图 7　奥地利帝国的弗兰茨一世皇帝

还有弗兰茨·约瑟夫皇帝的父亲弗兰茨·卡尔大公（图 8）和弟弟卡尔·路德维希大公（图 9），他们留的都是海豹胡。

图 8　弗兰茨·卡尔大公

图 9　卡尔·路德维希大公

这时候你可以发现，在1848年前后，站在伟大导师对立面的那些人在胡须的式样上存在着非常明显的共同点——要么干脆不留胡须，要么只留唇上的胡须；如果一定要留下颌的胡须，那就一定要弄成海豹胡，把下巴露出来。

如果你觉得这只是潜规则或是约定俗成，那你又错了，1850年代作为奥地利帝国开明专制象征的亚历山大·冯·巴赫男爵①，曾经以政府训令的形式要求奥地利帝国的官员必须剃胡子，至少把下巴露出来。而他之所以下达这样的命令，就在于“大胡子包含有太多的革命色彩”。

也就是说，大胡子在革命刚刚过去的1850年代被看作一种太过于“革命”、太不“和谐”的形象。真的是这样吗？我们再来看几个人，这几个人其实都不算是伟大导师的朋友，其中很多人跟马克思斗了一辈子，但在1848年的那个春天，他们都站在革命者的战壕里。

蒲鲁东（图10）、布朗基（图11）都是法国人，没有参加1848年德意志的革命。但伟大的巴枯宁（图12）是参与者，1848年革命的那几个月里，瓦格纳（图13）和他为革命之后还能不能保留交响乐而争得面红耳赤，最后两个人一起被贝多芬《第九交响乐》震撼了，瓦格纳取得了胜利。你们看他的胡子。

还有恩格斯和他的社民党伙伴们，伯恩斯坦（图14）、考茨基（图15）、倍倍尔（图16）、威廉·李卜克内西（图17）。从这些青史留名的“反贼”身上，我们看到了齐刷刷的大胡子。现在你们感受到大胡子的意义了吗？如果还不够，我们再找一位，你们觉得图18这位先生怎么样？

他是茜茜公主的绯闻男友——安德拉希伯爵，1867年的匈牙利首相，之

① 亚历山大·冯·巴赫（Baron Alexander von Bach，1813—1893），奥地利大臣。早年为律师，1849—1859年担任司法与内政大臣。1852年施瓦岑贝格去世后，他在很大程度上决定了奥地利和匈牙利的政策，致力于建立中央集权的、理性、高效而又相对人道的“新绝对主义”行政体系。

图 10 蒲鲁东

图 11 布朗基

图 12 巴枯宁

图 13 瓦格纳

图 14 伯恩斯坦

图 15 考茨基

图 16 倍倍尔

图 17 威廉·李卜克内西

图 18 安德拉希伯爵

后的奥匈帝国外交大臣。为什么这个家伙也留着大胡子？但你们有没有发现，这个家伙的大胡子跟前边那几位的不太一样？身穿匈牙利骑兵制服的伯爵的下巴其实是露出来的！

这是一种特殊的海豹胡，介于体制的海豹胡和“反贼”的大胡子之间，这和安德拉希伯爵的尴尬立场一样。1848 年万国革命之春里的伯爵也是一个“反贼”，当时他是匈牙利国民军的上校。但他是有匈牙利特色的“反贼”。匈牙利跟德意志不同，匈牙利的革命者大部分是地主和贵族，而安德拉希伯爵就是典型。

在国民军战败的时候，他的统帅命令他去君士坦丁堡向土耳其人求援，其实就是命令他赶紧跑。他也不负众望逃到了巴黎，之后的十几年里一直作为一个典型的“反贼”流亡者在巴黎生活，还给巴黎的“反动小报”写文章。但之后他被帝国赦免，恢复了爵位和财产，再次走进体制内，而且还越来越觉得匈牙利根本不可能脱离帝国而保持自己的独立。于是，他成了与哈布斯堡妥协的右派的代表，1867 年促成了奥匈妥协而且成了匈牙利王国的第一任首相。

这个身份介于“反贼”和体制内之间的人，胡子也介于大胡子和海豹胡之间，你们感受到胡子的政治立场了吗？

如果你们觉得一个例子还不够，那么我们再来看一个，图 19 弗兰茨·约瑟夫皇帝一家兄弟的照片，只有一个人留了大胡子——他的弟弟马克西米利安大公（图20）、墨西哥皇帝马克西米利安一世[①]。为什么他留了大胡子？因为他是维也纳宫廷里最公开的自由派。从皇帝 1850 年年底下令废除宪法、开始个人统治起，马克西米利安大公就是皇帝的公开批评者，即使

① 马克西米利安一世（Maximilian I of Mexico，1832—1867），本是奥地利大公，皇帝弗兰茨·约瑟夫一世的弟弟，倾向自由主义。1864 年，在法国皇帝拿破仑三世的怂恿下，前往墨西哥成为一个立宪君主，称墨西哥皇帝马克西米利安一世。他由此被卷入墨西哥内战，最后被共和派杀害。

图 19 弗兰茨·约瑟夫皇帝一家兄弟的照片（1859 年）

图 20 马克西米利安大公

被迎立为墨西哥皇帝，也依然主张同革命者妥协，最后的命运也就尽人皆知了。

这是自由主义者留大胡子的悲惨下场。我们还可以找出一个自由主义者不留大胡子的例子，也就是之前我们提到的瓦格纳大师（图 13）。瓦格纳大师是典型的德意志自由主义者，这一点到 19 世纪末有些褪色，尤其是在德意志帝国。但是在自由主义者依然保持着活力的维也纳，瓦格纳大师的地位几乎是半神人。他的好哥儿们兼御用布景师（你们觉得布景师不拉风的话，也可以说是建筑师）森佩尔在 1848 年曾经亲自带领市民修街垒，而瓦格纳大师做的主要工作是爬上钟楼摇红旗。

但是，你们看瓦格纳大师留给历史的却是一副典型的体制内的造型，下巴干干净净。为什么呢？因为瓦格纳大师归根结底是一个体制内人士，他革命前是萨克森王国歌剧院的指挥家，之后他成了可怕的“反贼”，被警察追得东躲西藏。但是他的这门职业除了在君主国的体制之内干，到别处就没有用武之地。所以瓦格纳大师要想活下去，只有在一个君主国、走进体制内这

图 21 大胡子马克思

一条路可选。而他的这位国王其实是自己送上门的，也就是巴伐利亚的天鹅国王，自从遇上了路德维希二世，瓦格纳算是过上了幸福生活。所以，他留给历史的是一副体制内的造型。尽管如此，对天鹅国王的大臣来说，瓦格纳唯一该去的地方还是“监狱”。

现在你们理解马克思为什么要把胡子（图 21）留成这样了吗？

十 《人间喜剧》的时代

复辟时期的生活方式已经是美好年代的预演，复辟时期的文学作品则把当时的生活完整保存在了文字中。美好年代的人对巴尔扎克推崇备至，乔治·摩尔说巴黎有一群上流社会的人甚至以模仿《人间喜剧》的故事为乐，在他们的日常生活中几乎完整地复制了《人间喜剧》的世界。

巴尔扎克和他创造的那个世界让复辟时期和奥尔良王朝得以不朽

复辟时期不仅在精神上是美好年代的前奏，在物质条件和生活方式上也是一样。1833 年，朗布托伯爵被任命为塞纳省省长，从此开始了他持续 15 年的巴黎改造事业。虽然巴黎成为美好年代舞台的近代化超级大都市还要等到第二帝国，奥斯曼男爵得到朗布托伯爵的职位还要再等上 30 年，但波德莱尔和本雅明眼中的很多“现代生活”的标志性元素都已经在奥尔良王朝统治时期浮出水面。

美好年代的预演

比如林荫大道，它原本是巴黎的城防工事，路易十四把它改造成了巴黎的林荫路，而朗布托伯爵看到了这些林荫大道对城市的重要价值，将它树立为新巴黎的标志之一。再比如煤气灯，国王的“碎石路和煤油灯”曾经是巴黎的象征，波旁复辟王朝和奥尔良王朝为巴黎的煤油灯配备了金属灯杆，并把煤油灯的维护工作分包给了个人。这项生意看起来不起眼，实际上利润颇丰，一个来自多姆山省的锅匠夏布里埃就是靠经营这门生意发了财。当奥尔良王朝决定用煤气灯取代煤油灯的时候，夏布里埃早就功成名就退出了生意，成为一个靠利息生活的布尔乔亚。登记身份为“食利者”的夏布里埃先生，1881 年陪同自己的儿子保罗一起到第九区区政府申报了孙子加斯东的出生，加斯东日后以出版普鲁斯特的《追忆逝水年华》第二部和拒绝了《追忆逝水年华》第一部而名垂史册，夏布里埃先生的姓“伽利玛”也因此成为一个著名出版社的招牌。

朗布托伯爵抛弃的煤油灯留给法国一个伟大的出版社，而朗布托伯爵用来取代煤油灯的煤气灯则成了现代生活的象征之一。波德莱尔就对煤气灯的诗意深有体会，他把工人一盏一盏点亮煤气灯的过程写进了自己的诗集。坐在街边目睹这一过程的诗人眼中，工人的动作与赤日西沉的景象彼此呼应，煤气灯亮起的过程就是扼杀太阳的过程。不过，说到坐在街边，巴黎主要干道上的双排座椅也是朗布托伯爵的贡献。

一个新时代正在来临，近代式的风雅生活此时已经登上舞台。巴尔扎克有一篇没写完的作品叫《风雅生活论》，但风雅生活其实还有一个名字叫作“时髦生活”。而这一时期时髦生活最重要的组成部分就是英国货。英国的经济实力本来就雄厚，而且在革命和拿破仑战争中受到的冲击最小，还通过战时贷款成了欧洲大陆各国的债主，因此在拿破仑战争结束后，英国的经济形势更是蒸蒸日上。当英国国会最终决定以黄金兑换战争期间发行的“纸镑”时，批评这一政策的人，要么认为英国的经济已经超过了黄金所能衡量的规模，恢复黄金支付是削足适履；要么主张纸镑让战争期间的投机商发了财，用黄金兑换会把战争期间的贫富差距用黄金固定下来，但没有哪个人宣称英国无力兑换纸镑。这种经济上的富足让英镑在复辟时期的欧洲变得异常坚挺和受欢迎。而腰包里揣着英镑的英国人也就自带了富豪光环，这种光环让他们的一举手一投足在旁观者眼中都显得赏心悦目。

“英国式的”在复辟时期基本上就意味着好的和优雅的。最初，英国人还比较谦逊，不愿意接受第二重含义。比如小威廉·皮特[①]就对夏多布里昂简朴的家具推崇备至。但随着时间的推移，英国人连这种客气话也逐渐省了。尤其是乔治四世当威尔士亲王时，在伦敦掀起了一场风雅生活大比拼，未来的乔治四世、大诗人拜伦和今天已经被忘记的布吕迈尔[②]三人成了伦敦风雅生活的三朵奇葩，彼此争奇斗艳。而拜伦同时还是风靡全欧洲的诗人，于是英国的生活方式引爆了沉闷的复辟时期，英国货在英镑价格坚挺的时代

---

① 小威廉·皮特（William Pitt the Younger，1759—1806），英国首相。1783 年获任首相时年仅 24 岁，1801 年离职，1804 年再次担任首相，直到 1806 年去世。他是英国最年轻的首相，也是最杰出的首相之一，通过一系列行政、财政、议会改革提升了英国国力，为最终击败拿破仑打下了坚实的基础。

② 布吕迈尔（Beau Brummell，1778—1840），19 世纪早期英国的时尚达人，男士服装的改革者，西装发展史上的重要人物，乔治四世的密友。

倒空了欧洲各国贵族的口袋。

英国式的带弹簧减震的马车在全欧洲流行，时髦程度远超今天的“电磁悬挂”。带弹簧减震的四人马车征服了轿车市场的同时，英国式的双人轻便马车则征服了跑车市场。如果说马车市场已经被英国人拿下，那么马车的发动机自然也就纷纷追求英国原产。英国马是这一时期体面绅士的象征，而且英国高头大马远远就能看见，比靠改排气管才能被注意到的 V8 发动机可要拉风太多了。既然车和发动机都用英国的，那司机如果不会说英语就说不过去了。因此，一个体面绅士（快乐的单身汉）的标准配备就是几匹英国马、一辆双人的四轮轻便马车和一个十二三岁的英国小马童。这样的一个绅士乘着自己的马车出现在布洛涅森林[①]的时候，举着马鞭向遇到的每位夫人点头致意，不知道有多少丈夫要遭殃。这一点连彼得堡也不例外，我们知道叶甫盖尼·奥涅金这样的彼得堡败家子不但马、马车和马童是英国货，连化妆品用的也是英国货，淳朴的俄国农民要卖掉多少木材和鲸鱼油才能替老爷们换回这些好东西？

复辟时期跟你我这个时代差不多，人们关心的东西第一是车子，第二是房子。我们知道大诗人波德莱尔 1840 年前后继承了父亲的财产，然后搬进皮莫当旅馆把自己租下来的那个套间装修成了人工天堂，这个我们后面还会说到。这里提到波德莱尔老师是为了引出复辟时期人们关心的第三件东西“衣服”。英国人的一切都在欧洲流行，衣服自然也不例外。客观地说，英国贵族的生活水平在很多时期并不如欧洲大陆，他们要经常干活，干活时候穿绣花礼服实在不太合适，所以英国贵族逐渐发展出很多兼具实用性、外表

① 巴黎城西边的一片森林，早期属于皇家林苑，是国王的狩猎场。复辟时期是上流社会和体面人物的散步场所。拿破仑三世时，这里按照皇帝所喜欢的伦敦公园的风格建起了林荫道和人工湖，后来又逐步增设了动物园、游乐场、赛马场、足球场等娱乐设施，成为市民们喜爱的休闲游乐之地，曾经出现在大量的文学、绘画作品中，例如小仲马就把《茶花女》幽会偷欢的场地安排在布洛涅森林。近几十年，此处以巴黎流莺聚集地而著名。

又体面的衣服，比如“英国式礼服”（今天西服的前身），穿着这种衣服干活就顺手多了。必要的时候把外套一脱，只穿衬衣长裤和西服坎肩，外表也说得过去。波德莱尔就是在巴黎为“英国式礼服”摇旗呐喊的著名代言人。波德莱尔除了会写之外，身材也始终都还说得过去。相比之下，巴尔扎克虽然也对英国裁缝和英国服装赞不绝口，但这位老兄的身材在他为英式生活方式传道时总是帮倒忙。

复辟时期的生活方式已经是美好年代的预演，复辟时期的文学作品则把当时的生活完整保存在了文字中。美好年代的人对巴尔扎克推崇备至，乔治·摩尔[①]说巴黎有一群上流社会的人甚至以模仿《人间喜剧》的故事为乐，在他们的日常生活中几乎完整地复制了《人间喜剧》的世界。原因也不难理解，文学是那个时代最大的消遣。一部在巴黎一炮打响的小说，相当于1980 年代的话题性电影；而一出在法兰西剧院轰动的话剧，则相当于 90 年代的黄金档电视剧。了解复辟时期生活的最好办法，就是走进这些小说和小说作者们的生活中去。

浪漫派的生意

与我们这个时代的畅销作家不同，19 世纪时写小说不算是赚钱的营生，那时的出版业远没有今天这样的规模，读者也仅限于上流社会，写小说更多是为了名垂史册，而不是为了赚钱，因为想靠小说赚钱实在太难了。如果你看过巴尔扎克的小说《幻灭》，小帅哥兼诗人吕西安拿着他的小说《查理九世的弓箭手》去找巴黎书店的老板，老板就拿“出版小说赚不到钱”来打击

---

① 乔治·摩尔（George Moore，1852—1933），爱尔兰作家、批评家，著有《一个青年人的自由》《埃伯利街谈话录》等。

他，然后压价！

在19世纪，你呕心沥血地写了一部小说（一辈子就写了一本书的人比比皆是），然后卖给有出版权的老板，他是给不了你多少钱的，除非你们有长期的合作。书好卖，销量够高，同时你还能不断地供货，源源不断地写出新书来，你的收入才能稳步提高。但是，高能高到什么地步呢？

雨果流亡比利时的时候，为了给家人留下足够的财产，决定写《悲惨世界》。他要价30万法郎，这笔钱不算多，那时已经是巨资呆滞的第二帝国末期了。而在雨果年轻时，因为悼念贝里公爵的诗一炮打响，成为夏多布里昂力挺的文坛小霸王的时代——他写一本小说能赚多少钱呢？他在熟悉的出版商戈斯兰那儿聊天说："我打算写一本书，故事发生在中世纪，有大教堂、大学生、美女、腐败的贵族和怪人，你觉得这本书怎么样？"戈斯兰立刻爽快地签下了这本书的合同，付给雨果7200法郎。但这7200法郎并不是《巴黎圣母院》一本书的，这笔钱里还有一部分是雨果在这位出版商那里出版的《东方集》《布格·雅嘉尔》《死囚末日记》的余款。这几本书，雨果很可能也采取了和《巴黎圣母院》一样的手段，在出版之前就拿到了一部分钱。所以，《巴黎圣母院》带给雨果的收入应该在5000法郎上下，5000法郎在复辟时期意味着什么呢？巴尔扎克说一个时髦的单身公子哥一年大概需要18000法郎。雨果比他们要简朴，但雨果是一个已婚男人，要挣钱养家，所以他给自己定的目标是"我要一年挣15000法郎，花15000法郎"。考虑到1829年的雨果已经有了两个儿子和一个女儿，这个崭露头角的文豪给自己定的挣钱目标实在是不高。但要实现这个目标，就意味着雨果一年要写三本《巴黎圣母院》！

再看看破产的沃尔特·司各特，他那个倒霉的出版印刷公司倒闭后，背了11.4万英镑的债。为了还债，司各特不断地写小说，一本接一本，然后真的靠写小说还清了债！为此，我们应该感谢有限责任法晚通过了几十年，否则我们就看不到这么多有意思的小说了。

巴尔扎克也是一样，他一开始很穷，穷得嗷嗷叫的巴尔扎克先生和大部分艺术家一样，觉得自己不但能搞艺术还能干别的。比如雨果和拉马丁就投身政治，但巴尔扎克和他们不一样，巴尔扎克一直以铁杆正统派自居，所以不能在波旁王朝垮台之后掉转枪口为自己谋出路。于是，他只好想点别的办法。和大部分嫌稿费低的作家一样，巴尔扎克曾转行做过出版，《幻灭》里那个可怜的书店老板的悲剧基本上就可以看作巴尔扎克自己的经历。这次创业的结果也尽人皆知，巴尔扎克完成了从穷得嗷嗷叫到负债累累被债主逼得嗷嗷叫的华丽转身。除了被债主到处围追堵截，巴尔扎克还坐过债务监狱。为了说服债主不要把自己装入麻袋扔进塞纳河，巴尔扎克先生把他创作上的灵感融入了他的生活，每天想得最多的就是怎么发财。有人说法国人是在交谈中思考的，那么巴尔扎克的交谈无论是跟朋友还是跟债主，最重要的主题都是："我就要发财了！"

在巴尔扎克这个时期的听众当中，债主之外最重要的一位大概就是日后唯美主义的开创者泰奥菲尔·戈蒂耶。彼时的戈蒂耶还年轻气盛，是雨果的浪漫派骑士团里的头号风流人物兼打手，跟日后的唯美主义者形象大相径庭，跟圆圆胖胖其貌不扬的巴尔扎克先生也完全不是一路人。但他最早发现了巴尔扎克的才能，当大家都拿巴尔扎克当通俗写手的年代，戈蒂耶就赞赏巴尔扎克，说他是最好的作家（当然是之一），他自然而然成为巴尔扎克创业时代里的重要人物。

比如有一次，巴尔扎克跟戈蒂耶讲："我有个发财的主意。"戈蒂耶说："你说说。"巴尔扎克说："你看热带水果贵吧，尤其是菠萝超级贵，一个菠萝能卖到一个金路易[①]。菠萝之所以这么贵是法国大部分地区气候寒冷不能大规模种植，而我们只要造一个玻璃温室，让阳光直接照进来，并不需要太多

① 法国金币每个折合20法郎，波旁王朝铸造的版本有路易国王的头像所以叫金路易，波拿巴王朝铸造的版本上用的是拿破仑的头像所以叫金拿破仑。

的暖气就能种菠萝。假如在这样的温室里种上十万个菠萝，即使菠萝的价格跌到一个只卖5法郎，也能给种植者带来一年40万法郎的收益。”客观地说，巴尔扎克的这个菠萝玻璃温室计划其实是相当超前的，比英国人为第一届国际博览会建造的水晶宫早了十几年。于是，戈蒂耶和他的朋友们不但替巴尔扎克选好了代理商，甚至连招牌都设计好了，但巴尔扎克自己却消失了。

还有一次，巴尔扎克非常恳切地告诉戈蒂耶：“哥儿们这次可能真的要发财了。”戈蒂耶表示“你说说”。巴尔扎克说：“我通过研究，已经判断出巴黎附近有一笔财宝，一笔属于海地英雄杜桑·卢维杜尔的财宝。”巴尔扎克越讲越传神，甚至连地点都告诉了戈蒂耶。说完，巴尔扎克又消失了。戈蒂耶躺在床上辗转反侧，最后得出一个深刻的结论：“对啊！”于是，戈蒂耶在一个月黑风高的晚上带着朋友和铲子真的去挖了，结果自然可想而知。

第一届国际博览会建造的水晶宫

巴尔扎克就是这么一个满脑子创业计划书的人，但客观地说，也不是每一个倾听他发财计划的人都跟戈蒂耶一样倒霉。比如有一次他跟一个意大利朋友一起聊天。他说："其实很多时候历史里就蕴含了无数的财富。"那个意大利朋友立刻表示："您给说说。"巴尔扎克说："你们意大利的撒丁岛曾经是罗马人的银矿对吧？"意大利小哥表示："对啊。"巴尔扎克又说："罗马人觉得他们已经把意大利的银矿开采尽了，对吧？但你想想，罗马人的采矿技术何其原始啊！"听到这里，意大利小哥一拍大腿。巴尔扎克又说："罗马人认为银矿早就没了，但其实呢？""其实还能大干一票呢！"意大利小哥满怀崇拜地表示。之后，巴尔扎克就再次消失了。但这次陷入深思辗转反侧的人就是巴尔扎克自己了，而且巴尔扎克经过深思辗转反侧之后和戈蒂耶一样得出一个深刻的结论："对啊！"于是，第二年巴尔扎克亲自去了撒丁岛。一切都如他所想，财富正在向他招手，唯一的变故是当他去申请开矿许可的时候，发现有个人已经捷足先登申请到了开矿许可，不但申请到了，而且靠着这个许可实际上已经转手变现财务自由了，这个人就是他的那个意大利朋友。

经过这一番折腾，巴尔扎克绝望了，转而投入疯狂的写作之中，他跟雨果不一样，在他那个年代，雨果已经是一个帮派的首领了，雨果写小说就像拉斐尔画画，不知道有多少人在旁边簇拥着出主意，而巴尔扎克呢，连个秘书都请不起。他吃在印刷机边上，睡在印刷机边上，其实很少睡，写一段，排字工排一段，巴尔扎克拿到清样之后就在清样上改写，然后再排，他再改，最后印刷——拿写日报的精神写小说。每当巴尔扎克扛不下去的时候，就到他的小伙伴戈蒂耶家里去，把奶酪、沙丁鱼放在一起捣碎成糊状跟面包一起吃，吃完跟戈蒂耶说"一个小时后叫醒我"，然后倒头就睡。戈蒂耶则让他睡到自然醒。醒了的巴尔扎克照例破口大骂，说戈蒂耶背叛了他，让他错过了改变命运的机会，错过了去会有钱的贵妇人或者错过了做大生意的约会，总之戈蒂耶是毒蛇、恶棍、骗子，然后愤怒地离去，过几天再来一次。

就这样，巴尔扎克终于靠稿费还清了外债，而且积攒下一笔相当可观的财富，还抱得美人归。巴尔扎克功成名就，名利双收，然后如雨果所说："结婚了！发财了！差不多死了！"你看着今天中文版的30大本巴尔扎克全集，其中20多本都是小说，你就能明白巴尔扎克为什么会"差不多死了"，为什么会"活在也死在四万杯咖啡上了"。

这时候我们得承认财产是艺术的大敌。浪漫派的另一个大师普洛斯佩·梅里美就是太有钱活得太舒服。在他和雨果以及浪漫派的干将们如胶似漆的年代，他以优雅的文体和出色的做菜手艺闻名。那个年代里酒足饭饱的雨果给了他一个拉丁文尊称"第一流散文先生"。而在雨果流亡比利时开始反思人生，甚至开始考虑家人生计的时候，梅里美依然在巴黎优哉游哉地享受生活，写他优雅的散文，当雨果身边的人赞赏梅里美严谨的风格时，雨果给了他一个新评价："消化不良的严谨。"

梅里美出自巴黎的一个艺术家家庭，本来也不是很有钱，但这个人没什么政治野心，追求优雅精致的生活，而且讲义气又有审美情趣，所以在郁郁不得志阶段的文人艺术家们都跟他有交情。1830年革命以后，那些过去的穷哥们集体咸鱼翻身，基佐、梯也尔、雨果，不是大臣就是贵族院议员，基佐甚至当到首相。梅里美是他们贫贱之交的好哥儿们，就跟着鸡犬升天了，他被招到部里负责勘察法国的文物古迹，工作清闲，地位体面，收入还高，巴尔扎克的小说《公务员》里那个一年来不了部里几次，收入却最高的花花公子秘书，原型十有八九就是梅里美。

1852年帝国建立，梅里美的好哥儿们纷纷倒台，雨果逃往比利时，梯也尔成了官方反对派，天天在立法团吐酸水（但是立法团辩论不公开），梅里美本来也在劫难逃，结果，梅里美惊奇地发现，他过去结识的一个西班牙流亡者好哥儿们的闺女，就是他经常抱在腿上讲故事的那个小欧仁妮，现在是欧仁妮皇后了！于是，伟大的法国浪漫主义文学群体中间，雨果跑了，拉马丁是跟皇帝竞选过总统的人，巴尔扎克死了，缪塞快要死了，只剩下梅里美可以为体制所用了。

小说真正变成捞钱的买卖是在报纸兴起以后。之前的连载小说都发表在刊物上，比如俄国文学的权威杂志《现代人》，上边登短篇、登节选和评论，但是那样的刊物发行量并不大，考虑到传阅和公共场合陈列，阅读量是发行量的十倍，读者也并不多。但到19世纪中叶以后，报纸蓬勃发展，尤其是有了广告收入，报纸价格不断下降，连载小说的稿费就水涨船高，特别是像大仲马这样的红人，报纸按行给钱，即使一些非常简短的句子也算一行，尤其是对话最适合用来凑行：

"真的吗？"

"真的。"

"您确定？"

"确定！"

"就是这么不要脸的骗稿费吗？！"

"是的。"

附 《人间喜剧》的正确打开方式

你要是把《人间喜剧》当成严肃的著作，每天看一本，那你就亏了。相比之下，本世纪初人民文学出版社出的《巴尔扎克全集》就比较接近人间喜剧的真相。虽然巴尔扎克把它郑重其事地分成各种研究、各种场景，但它终究是巴尔扎克的文集，每部作品都是独立写成，甚至独立出版过的。最接近本来面目和巴尔扎克意图的一种打开方式是：一部主角来回串场，但是每集或长或短、剧情彼此独立的电视剧。从某一部小说里找到一个喜欢的人物，然后你会惊奇地发现，原来他还在另一部小说里出现，于是你就走进了《人间喜剧》的世界。

对当时没看过电视剧的读者而言，《人间喜剧》真是太棒了，第二帝国和第三共和国的很多读者为之疯狂，对他们而言，《人间喜剧》是一个世界，但巴尔扎克自己也不是一开始就设计了这么一个世界，他自己也是非常晚才想到这样一个今天被用烂了的梗的。巴尔扎克在写《高老头》的时候跟他妹妹说，他要发财了，要成名了，要不朽了，因为他发现了把他的每个彼此独立的作品串联起来的办法：他决定让他的角色不只出现在一本书里，这是他的小说从一个一个独立的故事走向一个世界的开端，也是《人间喜剧》的开端。而拉斯蒂涅其实也是第一个这样的人物，也是打开这二十几大本书的一把钥匙。

《高老头》里的拉斯蒂涅骑士是一个全家年入 3200 法郎，他花 2800 法郎在巴黎住膳宿公寓读大学的穷学生，但一心想要飞黄腾达。在这本书里，他最终勾搭上高老头的小女儿纽沁根男爵夫人，安葬了高老头之后投入巴黎的城市丛林。《纽沁根银行》里，他已经捞到了第一桶金，成了一个悠游度日却枕戈待旦的猎人。

在《高老头》和《纽沁根银行》之间其实还夹着一个《幻灭》，小帅哥吕西安跟着情妇兼金主来到巴黎，想要在文学上一炮打响，结果不但文学失败还被抛弃，后来被巴黎的一个文人集团接纳，里边提到拉斯蒂涅骑士也是这个文人集团的一员，但他没有出场只是侧面提到而已。

《妇女研究》里他又是主角了，这次没有什么大事发生，就是无聊的拉斯蒂涅骑士把情书递错了人，结果勾搭了另一位夫人，这可算是拉斯蒂涅骑士放浪日子的一个剪影。

在《十三人故事》之后，十三人团里霸气的德·玛塞死了，拉斯蒂涅顶了他的缺，算是正式加入了巴尔扎克给他的世界设置的幕后黑手集团。

《不自知的喜剧演员》已经是 1832 年梅里教堂起义之后的事了，这时候的拉斯蒂涅不再是骑士，而是伯爵，还当上了大臣。出于当年的友谊，他把死在梅里教堂的朋友的尸体给弄了出来。拉斯蒂涅从穷学生野心家，到银行家老婆的情人，到金融大鳄的朋友兼金融大鳄老婆的情人，再到巴黎的花花公子，还不忘给姐姐 20 万法郎做嫁妆，让一家人都鸡犬升天，到加入十三人团成为整个法国社会的幕后黑手，然后平步青云当上奥尔良王朝的大臣，是隐藏在人间喜剧背后一条隐含的线索。因为很多人都是从《高老头》开始的，所以看到这个人会有一种看到老朋友的感觉。

《高老头》里另一个有意思的人是跟拉斯蒂涅一起住膳宿公寓的“鬼上当”，通过他可以把《高老头》《幻灭》《交际花盛衰记》串起来，“鬼上当”很早就看上了拉斯蒂涅，让他去勾引膳宿公寓的泰伊番小姐，然后自己负责干掉排在她前边的继承人，接着让泰伊番小姐继承大笔财产，自己跟拉斯蒂涅分，拉斯蒂涅没有接受。考虑到《幻灭》里的文学集团也有拉斯蒂涅，你可以发现，拉斯蒂涅实际上既没选择以雨果为原型的那个正统派文人集团的路往上爬，也没选择“鬼上当”这种不择手段的方式往上爬。从某种意义上说，拉斯蒂涅跟巴尔扎克有类似之处，他参加了雨果的浪漫主义集团，而且也红了，但是1830年以后他拒绝掉转枪口支持奥尔良王朝，他没能和雨果、拉马丁一样在政治家的道路上前进，他还是作家，还要想办法结婚发财，写小说还债，所以他没有让他偏爱的人物跟雨果走，而是进入了一个更神秘、更强大的组织——十三人团。

有意思的是，拉斯蒂涅没有跟巴尔扎克一样保持正统派的立场，他当上了奥尔良王朝的大臣。从这个意义上说，这个既没有跟着雨果走，也没有跟着巴尔扎克走的拉斯蒂涅伯爵很可能有一个更复杂的原型，巴尔扎克应该从他身上看到自己之外基佐，甚至梯也尔的影子。

《高老头》里那个文人小集团领袖阿泰兹的原型毫无悬念就是雨果，他从《高老头》起步，在《幻灭》里认识小帅哥吕西安的时候依然是穷文人，但始终是一个小文人团体的领袖，《卡迪央王妃的秘密》里告诉我们他也爬上去了，成了高官，而且成了吕西安的前女友卡迪央王妃的情人，巴尔扎克最初给这个人设定的形象是比较纯粹的，但随着他步步高升，巴尔扎克对他的态度也变得越来越冷淡——这便是巴尔扎克和雨果关系降温的表现。

第三章　帝国的时代

◇　拿破仑三世和波拿巴主义

◇　铁血之外的俾斯麦

◇　普鲁士与德意志帝国

◇　最后的德皇威廉二世

十一 拿破仑三世和波拿巴主义

路易－拿破仑·波拿巴是一个浪漫主义时代的普通人，他曾经怀抱理想，也曾野心勃勃，梦想着伟大的事业，但他不是那种专为伟大事业而生的人。当他真的登上法国皇帝的宝座，却发现坐在宝座上的依然是那个脆弱敏感的自己。他以一种复杂矛盾的心态统治着一个更加复杂矛盾的帝国。

拿破仑三世（1808—1873）

1848 年欧洲革命终结了 1815 年以来的复辟时期和神圣同盟，在这场革命的硝烟中，路易–拿破仑亲王拎着箱子走出巴黎火车北站回到了法国的首都。1870 年的普法战争宣告了德意志帝国的建立，1815 年《维也纳合约》所缔造的欧洲版图至此被彻底颠覆。也正是在普法战争中，拿破仑三世皇帝在色当战败投降，战争结束后流亡去了伦敦。

拿破仑三世就是这么奇妙的一个人，他在旧王朝时代终结之时登上历史舞台，而当他谢幕的时候，一个面目一新的世界已经降临。

拿破仑三世皇帝是少数用自己名字命名了一个主义的人。在拥有“波拿巴主义”这一点上他和拥有“约瑟夫主义”的约瑟夫二世差不多。但相比于约瑟夫二世，拿破仑三世的名声可实在谈不上好，从他登上总统宝座那天起，就遭到所有人的攻击。即使在同样遭到夹击的俾斯麦身上我们也没看到如此众口一词的场面。一个多世纪以来，革命的布朗基主义者、马克思主义者，保守的保王党人，无论是正统派还是奥尔良派，甚至普鲁士的十字报集团[①]，都对这位皇帝毫无好感。时至今日，连我们这个时代的流行音乐人[②]都喜欢拿他开玩笑。

“进步的君主制”

流亡者路易–拿破仑很清楚他手里最大的资产就是他伟大的伯父，而他之所以能问心无愧地登上法国皇位，则是因为他成功地把他伟大的伯父从一个人变成了一种思想。拿破仑皇帝有生之年致力推广哲学教育，但他并没有

① “十字报”是对《新普鲁士报》（*Neue Preußische Zeitung*）的称呼，因为这张报的报头有个醒目的黑色十字，人们便称其为“十字报”。《新普鲁士报》于 1848—1849 年革命时期成立，是容克地主集团的喉舌。

② 高晓松：《妄人拿破仑三世与镀金年代》。

提出一种自己的思想，波拿巴主义的诞生完全是路易–拿破仑的贡献。

波拿巴主义今天有两种不同的含义：一种是路易–拿破仑提出来的，如今已经被人遗忘了；另一种则是历史学家和评论家根据路易–拿破仑的统治方式总结出来的——现已成为波拿巴主义的主流解释。

但对 1848 年诞生的亲王总统来说，第一种才是最重要的，因为他为自己创造的波拿巴主义——最基本内容就是“进步的君主制度”。这种“进步的君主制”几乎决定了第二帝国的体制，同时也是路易–拿破仑和陌生的法国人民、法国政坛互相理解的一种方式。法国农民可以为了“波拿巴”这个姓氏给他投票，但不能永远满足于此，尤其是在帝国越来越向工业倾斜的情况下。同时，波拿巴主义还是拿破仑三世个人作为戴上皇冠的革命者，和旧日的烧炭党人[①]路易–拿破仑的良心进行妥协的方式。

传统的君主制推崇君权神授的正统原则，在拿破仑三世登上皇位的年代，只有一个欧洲强国的君主不是通过继承权登上王位的，那就是“人民国王”路易·菲利普[②]，但路易·菲利普依然承认正统原则，他的王权建立在他作为波旁王朝幼枝的血统和人民在 1830 年七月革命[③]中对波旁王朝长枝所表现出的不信任态度的基础上。换言之，路易·菲利普并不是一个革命的国

---

① 意大利的秘密革命团体，19 世纪初在那不勒斯王国成立，因成员最初躲避在烧炭山区而得名（一说沿用中欧烧炭者秘密组织之名）。最初的宗旨是反抗拿破仑，后来成为反对奥地利统治的民族主义组织。马志尼建立青年意大利党后，烧炭党逐渐淡出政治舞台。拿破仑三世于 1831 年在意大利北部参加过烧炭党人的暴动。

② 路易·菲利普（Louis Philippe I，1773—1850），法国奥尔良王朝唯一的君主，远祖为路易十三，其次子受封奥尔良公爵，这一支便世袭奥尔良公爵爵位。1789 年法国大革命爆发，他参加支持革命政府的贵族团体，次年参加雅各宾派俱乐部和国民自卫军，成为军官，曾参加瓦尔密和热马普等战役。在 1830 年七月革命中被众议院选举为王国摄政，进而登上王位。在 1848 年二月革命中退位，流亡英国。在支持波旁王朝长系的正统派眼中，他得位不正。

③ 1830 年 7 月，由于波旁王朝的最后一个国王查理十世发布敕令，封闭自由派报刊，解散议会，限制选举权，引发巴黎市民起义，查理十世逃走。奥尔良公爵路易·菲利普继承王位，成立立宪君主制政府，由此违背了维也纳会议所定下的正统原则。

王，他只是因为革命而得以继承王位的国王。虽然他接受了三色旗，但他依然认为自己是一个符合正统原则的国王，虽然这个符合要打点儿折扣。

而第二帝国的“进步的君主制”，从根本上就不承认正统原则，那是拿破仑帝国覆灭后维也纳会议强调的，在维也纳会议的当局者看来，拿破仑帝国和法国大革命其实是一回事。而作为维也纳会议的敌人，波拿巴家族也认为自己和法国大革命是一回事。拿破仑帝国就是革命，这句话对我们来说显得荒诞，在复辟时期却并不荒诞。而且流亡期间的波拿巴家族和同样流亡在外的法国革命者、共和派的相近处境，也强化了二者对复辟王朝的共同仇恨。

孩童路易-拿破仑在这种气氛中长大，自然会对这种“革命帝国”的理想感同身受。对他来说，波拿巴家族的君主制既不保守也不反动，相反它是革命的化身：拿破仑一世和波拿巴家族对法国的统治权来自 1804 年的公民投票[①]，300 多万法国公民对波拿巴将军和他的家族的选择，是作为拿破仑侄子的他统治法国合法性的真正来源。没有一只鸽子衔着圣油瓶[②]从天堂给波拿巴家族降下合法性，他们也不需要这样的合法性。路易-拿破仑反复宣称波拿巴家族的皇位来自公民投票，也只能被公民投票剥夺，他并不承认拿破仑皇帝 1814 年和 1815 年的两次退位，他认为那只是拿破仑皇帝个人放弃了

---

① 1804 年 5 月，法兰西共和国元老院发布决议案：“共和国政府托付给一名皇帝，他领法兰西人的皇帝这一头衔。”法国就此决议案进行了全民公投，官方统计的投票结果是：350 万张赞成票，2500 张反对票。拿破仑于同年 12 月 2 日登上帝位。

② 法兰克王国墨洛温王朝第一代国王克洛维（King Clovis，465—511）是西欧各蛮族王国中第一位皈依正统基督教的君主。传说他接受洗礼时，圣灵以鸽子的形态出现，送来装满圣油的瓶子。这个瓶子一直保存在兰斯大教堂，每一代法国国王加冕时，瓶子都会自动重新填满，因此每次加冕都是一项奇迹，显示上帝选定了这位国王并给予祝福。这一故事最初流传于民间，9 世纪兰斯大主教安克马尔（Hincmar，806？—882）对其进行了详细论证。到了 13 世纪后期，圣德尼修道院修士普里玛（Primat）又将其纳入《法兰西大编年史》（*Grandes Chroniques de France*），从而使得“圣油瓶”的故事以前所未有的速度在法兰西全境传播开来。自此以后，“圣油瓶”变成了法兰西王权的重要标志之一。

对法国的统治，而法国人民并没有放弃波拿巴家族。1848 年的选举似乎印证了他的观点，人民把他送进爱丽舍宫，1852 年的公民投票[①]再次证明了这一点，人民承认他成为皇帝。于是，“进步的君主制”“革命的君主制”就这样以一个烧炭党人戴上皇冠的形式实现了。

除此以外，拿破仑一世所推动的法国主导欧洲的国际格局是波拿巴主义的另一个重要组成部分。19 世纪初，拿破仑狂风暴雨般席卷欧洲，摧毁欧洲的封建各国，鼓励各民族从自己的君主手中谋求独立。拿破仑自任意大利国王，组织莱茵联邦，建立华沙大公国。这些行为虽然从本质上说依然是法国霸权的体现，但法国军队所到之处不断摧毁当地的传统制度，引入《拿破仑法典》。《拿破仑法典》在德国的莱茵地区甚至被使用到 19 世纪末，直到《德意志帝国民法典》制定之后才被取代。

那些在拿破仑大军到来之前处于被压迫状态的人民尤其视拿破仑为解放者。1797 年出生的海涅终身难忘自己骑在父亲脖子上第一次看到拿破仑入城的场面：拿破仑骑着白马走在城里最宽阔的大街上，小海涅心里想的是：“这样是要罚款的！”但没有人敢罚这个征服者的款，海涅就此成了拿破仑最坚定的崇拜者之一，复辟时期的海涅在诗集里写了法国近卫兵之歌，以法国近卫军士兵的口吻表达了他对那位皇帝的崇拜。其中最煽情的两句是：“谈什么妻子谈什么孩子？皇帝已经被俘。”

一个犹太儿童都能如此崇拜拿破仑，成年人的热情可想而知。在拿破仑

① 路易–拿破仑于拿破仑一世登基 47 周年纪念日，亦即 1851 年 12 月 2 日发动政变，解散议会。为了稳固自己的地位，在 1851 年 12 月 20—21 日就是否延长总统任期、是否赋予总统制定新宪法的权力问题进行公投，结果路易–拿破仑以 750 万票对 64 万票获得绝对多数的支持，在 1852 年 1 月 14 日通过了新宪法，该宪法保留了民选议会，重建了普选权，扩大了总统的权力，全部行政权与立法权授予总统，并将总统任期延长至 10 年，还授予总统指定下任继承人的权力。新宪法通过后不久，路易–拿破仑就准备称帝。为了取得合法性，参议院在 1852 年的 11 月 20—21 日，在全国举行了另一次公投。结果 97% 的人都支持路易–拿破仑称帝。于是，他在政变一周年纪念日、拿破仑一世登基第 48 周年纪念日称帝。

的大军团里，波兰人、意大利人、立陶宛人、德意志人都甘心为帝国流血牺牲。对他们而言，拿破仑不是一个外来的统治者，他是他们的解放者，是他们民族觉醒和自由精神的启蒙者。帝国的霸权主义在这个意义上和革命的普世精神融为一体。

也正是从这个角度，路易–拿破仑提出了“进步的法国和解放的欧洲”。法国的霸权不再是扩张的帝国主义，相反，法国的霸权成了欧洲各民族解放的保护伞。一个建立在法国的霸权和欧洲的民族独立基础上的欧洲秩序，成为波拿巴主义的理想。而波拿巴主义的这两个基本要素几乎决定了第二帝国的内外政策，因为它们是波拿巴主义的众多要素当中与第二帝国的内外局势联系最紧密的部分。

波拿巴主义的实相

拿破仑三世是1848年前后登上历史舞台的最重要的几个政治家之一。1848年当选总统的路易–拿破仑王子，1848年12月在奥尔米茨登上皇位的弗兰茨·约瑟夫皇帝，还有1848年春天作为联合邦议会议员跑到波茨坦联系驻军进攻柏林的俾斯麦，以及第二年率领军队镇压革命的普鲁士的“霰弹王子”威廉，可以看作日后欧洲大陆舞台上最重要的角色。但其中只有路易–拿破仑是个异类，波拿巴家族的皇位从没有得到过欧洲正统王朝的承认，即使拿破仑一世娶了哈布斯堡的公主，却依然被保守派看作“可怕的吃人魔王”，他想以“驯服法国革命的人”的形象融入欧洲君主大家庭，却事与愿违，波拿巴家族依然是革命的代名词。

当路易–拿破仑王子试图当选为总统，进而成为法国皇帝时，他只有一条路可选——继续充当革命的代名词。因为这个形象是1815年的维也纳会议赋予波拿巴家族的，整个欧洲在维也纳结成神圣同盟的目的有两个：一是防止革命再次爆发，二是防止法国再次打破欧洲的均势。这两者说到底是一回事，就是防止波拿巴王朝重新出现，因为在维也纳会议的当局者眼中波拿巴就等于革命。

路易–拿破仑的登场刚好等于他们心中恐惧的应验。1848 年全欧洲都革命了[①]，一个波拿巴家的人当了革命的法兰西共和国的总统。如果说 1848 年欧洲大部分君主的宝座都摇摇欲坠，无暇顾及他们一直惧怕的革命和波拿巴家族的归来，那么到 1852 年革命尘埃落定，欧洲的君主们环顾四周，又惊恐地发现这个波拿巴总统摇身一变成了拿破仑皇帝。还有什么比时隔 37 年，又出现一个伴随革命而登上欧洲舞台的拿破仑皇帝更可怕？还有什么比让这个拿破仑皇帝消失，把时钟拉回 1815 年的局面，更符合欧洲君主们的希望？

所以，拿破仑三世从登上皇位那天起，就面临着欧洲其他君主基于意识形态和国家安全两个角度的深切敌视。意识形态上，他们视拿破仑三世为 1848 年革命的遗物和未来革命的煽动者；国家安全上，拿破仑三世统治下的法国必然会对维也纳会议以来欧洲的均势格局构成威胁。这种看法最典型地体现在普鲁士“宫廷党”领袖格拉赫兄弟[②]身上，俾斯麦此时还只是他们

---

① 1848 年欧洲各国爆发了一系列革命，被称为民族之春（Spring of Nations）或人民之春（Springtime of the Peoples），规模之大，堪称史上之最。1848 年 1 月，革命首先在西西里岛掀起，然后扩展到意大利、法国以及哈布斯堡统治下的各地。革命原因大致是对执政阶层的普遍不满，对更多的参政权利的要求，对新闻自由的要求，以及民族主义的兴起。

② 利奥波德·冯·格拉赫（Ludwig Friedrich Leopold von Gerlach，1790—1861），普鲁士将军、大臣，曾参加反对拿破仑的战争，鼓吹维持政治现状和维护普鲁士在神圣同盟中的伙伴奥地利和俄国的利益。他极力反对德国革命，说服威廉四世国王拒绝法兰克福议会建议的皇位，力图把 1850 年宪法引向更保守的方向。其弟路德维希·冯·格拉赫（Ernst Ludwig von Gerlach，1795—1877），普鲁士法官、议员、报刊编辑，参与创办保守党的喉舌《新普鲁士报》，主张教会不受国家干预，基督教新教徒与天主教徒共同组成一个保守的政治集团。俾斯麦早期受格拉赫兄弟提携，被视为“宫廷党”的干将，羽翼丰满后成了这个集团的叛徒。格拉赫坚决反对俾斯麦以普鲁士称霸为基础的全德统一方案，也反对他对天主教的压制。

在议会里的打手。格拉赫兄弟一生都称拿破仑三世为波拿巴，以此表示不承认他的君主身份。当俾斯麦试图和拿破仑三世接近时，格拉赫兄弟即表示拿破仑三世是正统原则和欧洲安全的威胁。

在法国国内，路易–波拿巴同样面临不亚于外部的敌视。虽然一再重申帝国是“革命的君主制”，但君主制依然是君主制。拿破仑三世周围聚集着一批冒险家、流亡者，以及 1815 年以来失意的拿破仑帝国遗老遗少。而从 1830 年以来就掌握着国家权力、参与了国家统治的法国政治精英则因为帝国的建立而靠边站。拿破仑三世本来希望以君主制满足保守派，以革命色彩满足共和派，其结果却是帝国的革命色彩让保守派拒绝合作，帝国的君主制又让共和派跟帝国反目。

虽然法国的保守派分裂为波旁正统派和奥尔良派，无法采取统一的行动，但无论哪一派都不承认帝国。其中奥尔良派得到了相当一部分金融家、工业家、高级官僚和军事精英的支持。正统派大多是贵族和地主，得到了来自教会的支持，法国教会历来在农村拥有强大的影响力，即使波拿巴家族依靠对革命时期土地产权变化的支持，同样在农村拥有巨大的影响力，但纲领带来的影响力总不如和农民生活在一起的教士的影响力大。

而帝国对保守派的所有打击政策，无论是对哲学教育的推崇，还是对教会的压制，客观上都有利于共和派。当帝国试图打击保守派时，就壮大了共和派，而当帝国反过来压制共和派的时候，保守派又恢复了实力。无论是保守派还是共和派，他们或许在某些特定的时期，因为某个特定的政策而和帝国合作，但从内心深处他们都是帝国的敌人。

帝国的这种尴尬局面诠释了“波拿巴主义”这个词在今天的意义——帝国得不到任何一个阶级、任何一种传统政治势力的无条件支持。

对法国人来说，第二帝国是一个横空出世的帝国，拿破仑三世几乎可以被看作一个外国人[①]。1848年的普选结果吓了法国传统的政治精英一跳，所以他们缩短了路易–波拿巴的任期，希望他早点滚下台。但是1851年的政变和1852年的帝制，宣告了这个外来的体制要在法国长期统治下去，几乎所有的法国传统政治势力都成了帝国的反对派，而帝国赖以维系自己统治的，就是这些反对派的分裂和软弱。一个得不到国内各派政治势力无条件支持，专以利用和维持对手的软弱和分化局面来维系统治的专制体制——就是对拿破仑三世帝国内部困境的最好解释，最终也成了拿破仑三世和一系列以他为楷模的体制的标签，甚至取代了拿破仑三世自己创造的“波拿巴主义”的原有含义。

从这种内部的困境上，法兰西第二帝国在很大程度上可以看作德意志帝国的一个预演。相比于波旁王朝主张君权神授，奥尔良王朝主张既然人民已经不信任波旁王朝长枝，那么就该由波旁王朝幼枝来继承王位，但是本质上依然强调正统原则，而第二帝国在意识形态上向共和派的方向迈出了一大步。在理论上，第二帝国并不承认君权神授，在主张法国的主权属于法国人民这个问题上，第二帝国和它的敌人共和派其实是一样的，只不过第二帝国强调法国人民通过全民公决把法国的统治权授予了波拿巴家族而已。但强调自己的民主色彩的帝国始终无法回避一个尴尬事实——真正缔造了帝国的其实并不是什么全民公决，而是1851年的军事政变。无论帝国怎样重申自己的民主色彩，它的权力基础依然是1851年奉命占领巴黎的那五万军人手里的刺刀。

帝国的这种尴尬处境也体现在它矛盾的体制上，一方面帝国保存了作为民意机构的立法团，而且允许它由法国人民普选产生。但另一方面，皇帝又对立法团选举实行了国家候选人制度，即立法团议员的候选人必须由帝国指

① 拿破仑三世生于巴黎，七岁时伯父拿破仑战败，法兰西第一帝国崩溃，波拿巴家族被迫离开法国。拿破仑三世长期生活在瑞士、意大利及英国，他的法语有轻微但明显的德国口音，所以对法国人来说，他几乎可以被看作一个外国人。

定。即便立法团议员从候选人阶段就被保证由帝国认可的人充当，但皇帝还是剥夺了立法团的立法动议权。这就意味着立法团没有对政府提出不信任案的权力，而只有对政府提交的法案进行辩论和表决的权力。而辩论权在立法团辩论未经政府批准不得公开报道的前提下，其实也毫无意义。通过控制立法团，帝国控制了法国的民意，通过新闻和出版审查，帝国又管制了法国的舆论。但这种控制本身也限制了皇帝对帝国合法性的基础——法国民意的了解。这就让帝国从一开始就建立在一种极度缺乏自信的基础上，仅仅依靠拿破仑三世个人高度的政治敏感性和帝国政府对民意的各种试探来进行决策。

第二帝国的这种试探性的统治被本雅明称为“政变式统治”。而实行这种统治的根本原因就是帝国对民意缺乏了解。当 1869 年的立法团选举中有 40% 的选民把票投给了反对派的时候，拿破仑三世哀叹道：1852 年投票支持建立帝国的法国选民有一半已经进了坟墓。然后开始尝试着进行自由主义改革。但当帝国进行了这样的改革的时候，1870 年 5 月的全民公决中又有将近 70% 的选民投了赞成票，这又鼓励了想要恢复专制帝国体制的保守派。① 法国的识字率和初等教育的成果正如英国人所批评的那样，赋予法国多数人能读会写、可以被报纸煽动的能力，却没能让他们通过进一步的教育获得独立判断的能力。任何一种意识形态都可能在法国引起轩然大波，而帝国却无法准确地判断自己的力量和敌人的力量。

所以，帝国在内政上只能采取一种非常粗放的形式统治。在内政方面，第二帝国实际上是奥尔良王朝的继续。奥尔良王朝以经济繁荣来证明自身合法性的政策，几乎被第二帝国原样照搬。只不过第二帝国似乎对“让所有法

---

① 在 1870 年 5 月就自由化改革进行的全民公决中，拿破仑三世发布声明说：“投一张赞成票，你们将消除革命威胁，你们将把秩序和自由建立在牢固基础上，而且将使我在未来更顺利地把皇位传给我儿子。18 年前，你们几乎一致地赋予我最广泛的权力，希望今天你们同样有这么多人。”投票结果是 735 万票赞成、153.8 万票反对、190 万票弃权。共和派领导人甘必大说：“我们被压垮了，皇帝比以往任何时候都受欢迎。”

国人都发财”失去了信心，所以把金钱更多地花费在组织各种眼花缭乱的庆典、举行各种华丽辉煌的节庆上。基佐那句著名的“公民们发财去吧！”演变成了第二帝国的“帝国欢庆”。而且帝国初年的经济高增长很大程度上是波旁复辟王朝和奥尔良王朝的贡献。经济高增长让帝国得以推动巴黎的城市改造，用一个又一个工业进步、城市花团锦簇的场面来掩盖帝国的虚弱。当帝国轻歌剧般的欢乐场面开始令人民审美疲劳的时候，帝国经济也随之进入停滞阶段，巨资的呆滞让帝国陷入困境，而帝国却无力在内政上真正打开局面。

波拿巴主义的统治最依赖君主个人的激情，比如威廉二世在这方面就比拿破仑三世要强得多。威廉二世是一个充满激情的君主，他可以把虚幻的民意具象化为一个一个的党，甚至某一个人。当他用海军政策来满足资产阶级政党取得成功时，他觉得这是他的臣民对他忠诚的体现，而当他强硬的反社会主义法遭到各派势力反对而不得不撤回时，他并不相信那是人民对他的反对，而是某几个阴谋分子对他统治的背叛。相比之下，拿破仑三世没有威廉二世那样的激情，他能够感受到民意，但没有威廉二世那样强烈的感受力。他更多的时候能预感到民意的离去，而很少能感受到民众的支持。所以当梯也尔在立法团里宣称“你们的体制依赖于经济的高增长，而你们的高增长依赖于你们的和平”时，拿破仑三世固然很厌恶梯也尔，却不会像威廉二世那样暴跳如雷，他感受到更多的是恐惧而不是愤怒。

内外交困的帝国

波拿巴主义体制在法国已经走进了死胡同，皇帝想要捍卫帝国的唯一出路就是在欧洲寻找突破口，用外交甚至战争来转移国内的矛盾，满足国内的反对派。拿破仑三世是这方面的首创者。他为了解决国内的困境转而在欧洲寻找机会，就像俾斯麦1862年被议会视为流氓和无赖时转而在德意志寻找突破口一样。虽然拿破仑三世舞台更大，但是可选择的道路并不多。

维也纳会议所设计的欧洲体系是直接针对法国的。为了保障欧洲的安全，维也纳体系在法国的东北和东南两个出口各设置了一个中等强度的国家——尼德兰王国和撒丁王国，目的是为整个神圣同盟[①]采取统一行动争取时间。其中，部署在法国东北部的尼德兰王国因为1830年革命而分裂为比利时王国和荷兰王国，荷兰王国因此和法国不再接壤，但《伦敦条约》赋予了签字各国以保障比利时中立的义务，这就让欧洲各强国一起分担了保障法国不从这个方向破坏欧洲体系的义务。

拿破仑三世从一开始就在试图打破维也纳体系。他和英国一起在亚洲搞侵略战争，是为了把在奥尔良王朝时期已经和欧洲其他强国逐渐分离的英国拉到法国一边。联合英国政策的顶峰就是克里米亚战争，在这场战争中，应该站在俄国一边的英国，最终和法国一起对俄国发动了战争。到战争最后阶段，连同属神圣同盟的奥地利也对俄开战。神圣同盟于1815年确立的国际格局终于彻底破产，迫切想要利用外交胜利为国内僵局打开出路的拿破仑三世觉得自己找到了机会。

其实维也纳体系当中最重要的组成部分，也是法国霸权一旦再次来袭时最需要保护的部分，就是处于分裂状态的意大利和德意志。1815年制定维也纳体系时，梅特涅知道奥地利帝国无力统一意大利和德意志，就把这两个问题搁置下来留给将来，但此后的几十年间奥地利毫无作为。当拿破仑三世试图在欧洲寻找突破的时候，意大利和德意志几乎依然处于1815年的局面。

---

① 1815年9月26日，在彻底战胜拿破仑之后，俄国、奥地利和普鲁士在巴黎签订《神圣同盟条约》，东正教（俄罗斯）、天主教（奥地利）和新教（普鲁士）的君主承诺，要以基督教信条作为他们行动的唯一准则："根据《圣经》训示，一切人要彼此以兄弟之情相待的教导，三位缔约君主将一致以一种真诚的不可分的手足之情互相联系，并彼此视为一国同胞，无论何时何地，均将互相救援"；"他们将根据同样的友爱精神引导臣民和军队保卫宗教、和平和正义"。

此时的德意志仍维持着德意志邦联，1848 年革命时虽然召开了德意志国民会议，普鲁士甚至提议组织新的德意志联邦，但面对奥地利首相施瓦岑贝格①的威胁，普鲁士选择了妥协，恢复了1815年的局面。只是此时奥地利帝国的国力已经受到了革命和匈牙利大起义的打击，不再是支配德意志邦联的超级大国，普鲁士通过军事改革实力正在提升。德意志邦联从一个超级大国带领一群小国的局面，开始向两强并立的局面发展。

在意大利，1815 年和约授予奥地利帝国在意大利事务上的主导权，以及对伦巴第和威尼托的统治权。1830 年前后意大利爆发革命时，正是奥地利出兵进行了干预。这样在意大利就形成了以超级大国奥地利为主导，三个相对的大国和一群微不足道的小国并立的局面。三个相对的大国中，第一个就是维也纳会议布置在法国东南方通向意大利的道路上的中等强国撒丁王国。撒丁原本应该是神圣同盟抵抗法国再次入侵的前卫，但在 1848 年革命中，撒丁的查理–阿尔伯特国王趁意大利革命之机率领军队进军奥地利统治下的伦巴第，却败于奥地利老将拉德茨基之手，从而断送了撒丁和奥地利之间的友好关系。随着时间的推移，战败的撒丁越来越表现出一副为了争取意大利统一而孤独地对抗庞然大物奥地利的形象。另外两个“大国”是教皇国和两西西里王国。教皇国对统一意大利是缺乏兴趣的，因为很难想象一个由教皇来统治的意大利王国是什么样的。但两西西里王国和撒丁一样也对统一意大利有兴趣，只可惜这个国家在意大利各邦中只和教皇国接壤，教皇国阻断了它向意大利发展的所有通路，而对教皇国开战就意味着激起本国教会和保守派

---

① 施瓦岑贝格（Felix Ludwig Johann Friedrich，1800—1852），奥地利政治家，1848 年革命爆发后接替梅特涅出任首相兼外交大臣，拥立弗兰茨 · 约瑟夫一世为皇帝。以强制方式保全并巩固多民族的统一国家，借助俄国的力量镇压匈牙利起义。1848—1849 年的革命使哈布斯堡帝国几乎崩溃，在他的努力下，帝国重新恢复过来。1850 年，他迫使普鲁士签订《奥尔米茨条约》，放弃没有奥地利的小德意志方案。这一事件被普鲁士称为“奥尔米茨之耻”，视为仅次于耶拿战役的第二个惨败。与此同时，他的政府启动了大量的行政、司法和教育改革。但其击败并肢解普鲁士、加入德意志关税同盟的计划均未能实现。

的愤怒。所以两西西里王国在这些年中也被迫毫无作为。

拿破仑三世要选择自己的外交突破口，他首先考虑的是帝国体制的利益，而不是法国本身的利益。从法国谋求霸权的角度说，法国在意大利的最佳盟友应该是两西西里或者教皇国。因为只有如此，法国才能捞到好处——兼并位于法国东南部的撒丁。但事实上，拿破仑三世既不能选择教皇国也不能选择两西西里，因为选择教皇国或者波旁王朝统治的两西西里王国固然可以让国内的保守派满意，但法国保守派一旦得到教皇或两西西里波旁王朝统治的意大利这样强大的外援，就可能在法国国内威胁到帝国的体制。而且选择这两个国家还会激起国内的反教权和反君主制的共和派的反对。相比于这两个可能的敌手，为法国兼并领土的好处就无足轻重了。

因此，1859年拿破仑三世毫无悬念地站在撒丁王国一边，干预了撒丁和奥地利帝国之间的战争，法国军队为撒丁国王冲锋陷阵。马詹塔和索尔菲利诺的血腥战役[①]完全是法国军队的胜利。撒丁军队却跟在法国军队身后，在意大利各地插上撒丁王国的国旗。虽然拿破仑三世没有公开抛弃教皇国，但撒丁王国实际上已经吞并了意大利各邦，甚至兵临罗马城下，如果拿破仑三世此时坐视教皇国灭亡，固然会让国内反教权的共和派满意，但也会激起保守派的愤怒。所以，拿破仑三世不得不在撒丁试图占领罗马吞并教皇国的时候喊停，派出法国军队占领了罗马，保证教皇国继续存在。结果就是：原本试图在欧洲为内政打开出路的皇帝，发现自己发动的意大利战争激怒了保守派，而为了平息保守派的愤怒而保住教皇国时，又激怒了原本认同皇帝意大

① 1859年5月，法国、撒丁联军对奥地利的战争爆发。法撒联军连续取得马詹塔和索尔菲利诺战役的胜利，迫使奥军退守威尼托的曼图亚等要塞。法军虽然获胜，但损失惨重（亨利·杜南目睹了索尔菲利诺战役的惨状，临时组织救护队救治伤员，这成了他后来发起红十字会的契机）。拿破仑三世被伤亡人数所触动，再加上来自普鲁士的威胁和国内天主教徒的抗议，他于7月11日单独与奥地利签订了《维拉弗兰克停战协定》。根据协定，奥地利放弃伦巴第，由法国转交撒丁王国。撒丁人虽然得到了伦巴第，但未能进一步扩大战果，对拿破仑三世的表现失望透顶。

利政策的共和派。付出了如此庞大的人力物力之后，法国虽然得到了一小块撒丁领土，但帝国依然要面对愤愤不平的共和派和保守派。利用对外战争来为帝国打开国内局面的努力，至少在意大利是失败了。

1859 年帝国在意大利的军事冒险非但没能为帝国打开出路，反而激起了欧洲各国对法国的普遍反感，加剧了国内各派对帝国的不满。于是，皇帝只能投入更多的军事和外交冒险来打开局面。结果帝国的兵力被牵制在从远东到墨西哥到北非的各种殖民战争和军事冒险当中，而帝国内部的政治局面却毫无改观。所有这些军事冒险都没能取得皇帝希望的成果，兵力却被严重消耗，力不从心的皇帝只能面对现实——法国已经无力在欧洲进行第二次 1859 年式的军事冒险。但帝国内部的困境却像一台无法停转的机器，需要帝国不断取得新的外交胜利。

既力不从心，又必须从一个胜利走向下一个胜利，那就只能寄希望于强大的盟友。这样的盟友刚好就摆在拿破仑皇帝面前，它就是普鲁士。

普鲁士是拿破仑战争之后少数保留了义务兵役制的欧洲强国。但几十年间，很少有士兵能服满三年兵役。威廉一世国王即位后，震惊于普鲁士军事组织的陈旧和落后，愤而推动军事改革，他改革政策中的重要一环就是让士兵服满三年兵役，而这样做的结果就是为了节省开支必须裁撤国民自卫军。议会里的议员不愿意放弃国民自卫军，因此拒绝批准国王军事改革所需要的预算。国王的自由派大臣们认为，根据宪法，如果预算得不到批准政府就不能花钱，所以竭力谋求与议会的妥协。但是，陆军大臣罗恩却发现了另一种解决方案，那就是俾斯麦“宪法漏洞理论”[①]。这个理论是一种宪法解释，虽

① 威廉一世于 1861 年开展军事改革，而自由主义者是普鲁士下议院多数派，意图通过预算审查取得对军队的主导权，一再拒绝通过政府总预算案。此时已无人愿意出面组阁，俾斯麦表示愿意充当国王忠实的盾牌，于是被任命为首相。俾斯麦上台后提出“宪法漏洞理论”，表示宪法未明确规定国王、上议院和下议院无法就预算达成共识时应如何处置，但国家机器不可停摆，于是俾斯麦连续四年不再向国会提出预算案，把军事改革进行下去。1866 年普鲁士击败奥地利后，下议院追认了之前的各种违法支出。

然宪法规定预算得不到批准政府就不能花钱，但客观上国家需要政府持续运作，而政府要运作就必须花钱，因此宪法条文本身存在漏洞。既然宪法存在漏洞，那么政府就可以在宪法被修正以前依照客观需要自由支配收来的税金。

罗恩发现俾斯麦这种理论的巨大便利后，立刻推翻了政府与议会达成的妥协，推举俾斯麦为普鲁士首相。俾斯麦组阁后，先试探性地为国王的军事预算发表了一个讲话，就断然抛出了宪法漏洞理论，然后在财政问题上公然越过议会，进行无议会统治。因为公然践踏宪法，俾斯麦被议会视为流氓和无赖，他和拿破仑三世同样在内政问题上一筹莫展，所以也只能在外交上寻找突破口。而当他试图这样做时，奥地利必然成为普鲁士谋求外交突破的牺牲品。对于普鲁士与奥地利之间的矛盾，拿破仑三世认为：一旦爆发普奥战争，战局必将拖延成为长期战争，给法国以干预的机会；法国一旦干预，就可以只消耗最少的力量在莱茵地区和意大利地区，为法国和撒丁王国得到获取领土的机会。所以，拿破仑三世把迫在眉睫的普奥战争看作其外交上的又一个突破口。为了促成普奥开战，拿破仑三世甚至允许法国银行团借款给奥地利。

1866 年的普奥战争，起初最大的赢家是拿破仑三世，因为他已经和奥地利的弗兰茨·约瑟夫皇帝签署密约，只要法国在普奥战争中保持中立，奥地利无论胜败都会把奥地利在意大利的最后领土威尼托割让给法国。这将是法国在意大利问题上的巨大成功，既不会刺激保守派又可以满足共和派。但是弗兰茨·约瑟夫皇帝自认为稳操胜券的对普战争，却在 1866 年一败涂地，奥地利不仅败了，还败得非常快，甚至在法国和俄国进行干预之前，普奥两国就缔结了和约。普奥战争的结局完全违背了拿破仑三世的意图，在法国东北方出现了一个强大的北德意志联邦。而法国虽然得到了威尼托并把它转授予撒丁王国，却因为不能在罗马问题上向撒丁让步（意大利统一只差掌握在法国人手里的罗马了），致使法国成了意大利统一的最后障碍。

1867 年以后，拿破仑三世震惊地发现自己的欧洲政策完全失败了。法国有了一个强大的敌手，而占领罗马的法国军队又被意大利人所仇恨。拿破仑三世试图为自己在德意志谋求领土补偿的消息被俾斯麦泄露给德意志各邦，激起了没有加入北德意志联邦的南德意志各邦的恐惧和仇恨。拿破仑三世要求兼并比利时和卢森堡的要求，又被俾斯麦泄露给英国，从而让英法之间本来已经降温的关系完全落入冰点。

帝国在卢森堡问题上的外交失败，让帝国陷入前所未有的危机。拿破仑三世皇帝对帝国的处境深感焦虑，即使 1869 年的公民投票承认了皇太子的继承权也没有让皇帝重新树立起信心。法国宫廷已经公开谈论自由主义改革。这种消息鼓舞了自由派的斗志，1869 年的立法团选举则向皇帝证明帝国的体制已经走到了尽头。当欧仁妮皇后从苏伊士运河通航典礼上归来的时候，爱弥尔·奥利维埃[①]已经出现在了法国宫廷，“自由帝国”开始了。

爱弥尔·奥利维埃宣布自由帝国能够给皇帝和皇太子带来一段安宁的时光。但留给皇帝和帝国的时间已经不多了。皇后认为自由帝国将威胁到帝国的世袭权力，而围绕在皇后周围的反对自由帝国的保守主义者（他们是帝国体制的保守主义者，不是法国传统的保守派），想出来的重振帝国与自由主义改革对抗的方式还是老一套的军事冒险。当得知霍亨索伦-希格马林根系的王子[②]可能被选举为西班牙国王时，他们要求皇帝以强硬的方式威胁普鲁

---

① 爱弥尔·奥利维埃（Emile Ollivier，1825—1913），法国政治家。早年为律师，1848 年革命爆发后任临时政府驻马赛特派员，不久任省长；1857 年当选为立法大会议员，参加共和主义少数派，激烈反对拿破仑三世的专制主义。1860 年拿破仑三世做出开明让步，他与共和派决裂，成为皇帝的拥护者。1870 年被任命为司法部长（第二帝国首个责任内阁），准备在许多方面进行改革，但 6 个月后便发生了普法战争。法国战败后侨居意大利。1873 年回国，此后从事著述，著有《自由帝国》。

② 1869 年，西班牙王位出现空缺，普鲁士支持霍亨索伦家族的利奥波德亲王成为候选人。这遭到了法国的强烈反对。法国外交大臣格拉蒙公爵说法国绝对不会允许来自霍亨索伦-希格马林根家族的利奥波德成为西班牙国王，不会允许他佩戴“查理五世的皇冠”。16 世纪，哈布斯堡王朝统治下的奥地利和西班牙曾经包围法国，令当时的法国面临战略困境，所以法国人绝不允许这种情况再次发生。

士国王。普鲁士国王面对皇帝的威胁，本来回复了一封措辞比较温和的回电，但俾斯麦却将语句修改得十分蛮横。当回电传到巴黎，立法团里群情激愤，在人们高喊爱国口号的时候，战争爆发了！

1870 年的普法战争，从巴黎方面看，似乎是一场举国一致的战争。但如果我们考虑到那些在立法团里高喊“打到柏林去”的人，前不久还在口若悬河地反对帝国的军事改革，他们的这种沙文主义情绪的本质便暴露出来。拿破仑三世皇帝被那些坚定反对他的人用爱国口号送上了战场，最终在色当被迫投降。当只剩下最后一点生命的皇帝与皇后、皇太子在伦敦重聚的时候，1852 年以来的那个“进步的君主制”的帝国已经落下了帷幕。

革命的炼金术士

第二帝国短暂的 18 年是一段内外交困举步维艰的历史。而帝国的这种尴尬局面也体现了波拿巴家族和拿破仑三世自己的尴尬处境。事实上，赋予国家合法性的理论只有两种——君权神授和主权在民。君权神授理论依照正统原则赋予“合法的国王”正统性和统治的合法性。而主权在民理论则赋予民意基础上的共和国以合法性。一个正统的君主可以承认人民的权利，签署宪章做一个统而不治的立宪君主，但不能承认主权在民，因为世袭的神授王权是君主和人民妥协的基础。在这个问题上并没有第三条道路可走。

波拿巴家族一方面不为正统王朝所承认，一方面又一定要成为法国人的皇帝。依靠军功称帝的拿破仑一世清楚地知道武力是他的统治基础，奥地利的弗兰茨皇帝失败一百次依然是正统的皇帝，他自己只要失败一次就不再是皇帝了。而依靠政变和飘忽不定的民意上台的拿破仑三世处境更为尴尬，波拿巴家族在流亡期间和共和派建立的友好关系本来可以让共和派支持作为“亲王总统”的路易-拿破仑，但是随着 1851 年的政变和帝国的复辟，共和派和王朝之间的友好关系也荡然无存。在整个第二帝国的历史上，皇帝和帝国都在为安抚和分化帝国的敌人而左支右绌，帝国得不到任何有实力的政治党派的支持，而只能把自己的统治建立在敌人不够强大和没有联合起来反对帝国的前提下。

同时，拿破仑三世的性格也完美契合了波拿巴家族的尴尬处境。他生于1808年，在拿破仑帝国的辉煌岁月里度过了人生最初的几年。和生于1802年的雨果、1803年的梅里美一样，他们都被叫作“帝国的孩子”。对他们这一代人的童年，生于1810年的诗人缪塞做出了最准确的描写：这代人是父辈在两次出征之间生下的孩子。当他们最初在课堂里了解这个世界的时候，听到的是父辈的英雄业绩。也正是在这些讲述奥斯特里茨的阳光和俄罗斯的冰雪的课堂上，孩子们听到门外的马蹄声，然后被一个个陌生的骠骑兵抱上马，那些骠骑兵就是他们的父亲。

拿破仑三世的父亲是荷兰国王而不是一个骠骑兵，缪塞的父亲其实是一个文人也不是一个骠骑兵，浪漫主义者当中只有雨果和大仲马的父亲是军人，而且还是拿破仑的将军。但这并不妨碍他们拥有相近的童年记忆。帝国的战鼓声是他们童年记忆的内核，那些穿着华丽制服的骠骑兵只是他们当中某个人的父亲，却也足以让每一个人都把骠骑兵看作自己梦想中的父辈。这代人在帝国军人的两次出征之间受孕，在战火中诞生，在帝国的旗帜、军旗和战鼓声中长大，梦想着像他们的父辈一样经历波澜壮阔的人生，却不得不面对沉闷的复辟王朝。由于苦闷和哀愁，缪塞把他们统称为“世纪儿”。

而拿破仑三世是“世纪儿”里最极端的一个，他从出生起就受到万众瞩目，他父亲是皇帝的兄弟，母亲则是皇帝的继女。他是所有“世纪儿”的父辈为之浴血奋战的波拿巴家族的一员，这段短暂的童年岁月带给他的是远比其他“世纪儿”更宏大的梦想。而帝国的灭亡带给他的也是更加深切的痛苦。其他“世纪儿”在复辟时期感受到的只是精神上的苦闷，而路易-拿破仑王子感受到的是国破家亡和流亡生活的苦楚。只有在瑞士，他才度过了生命中短暂的一段安宁岁月。

在精神上，拿破仑三世是浪漫主义一代，他不是一个古典意义上的英雄，他的精神和性格正如缪塞所描述的“世纪儿”一样是不完美的。他梦想着伟大的事业，但他不是那种专为伟大事业而生的人。拿破仑三世是一个近代式的人，是那种面对人生会感到迷茫，会随波逐流但又想入非非的人。他因为家族受到的不公正对待和个人野心而投身政治冒险，但却不是一个天生的政治动物。在政治之外，拿破仑三世找到了太多的乐趣而且深陷其中，这些爱好和乐趣甚至反过来决定了他统治的风格。拿破仑三世是一个扮演伟大人物的普通人，当他摆出一副严肃的统治者形象，让别人为自己画像的时候，他最关注的是自己的外表是否漂亮，而不是他的形象是否崇高。这把他和他那伟大的伯父区分开来，拿破仑三世在他花团锦簇的宫廷里向女士们寻求爱情，而拿破仑一世则一生只爱约瑟芬，然后向其他女士寻求发泄。

拿破仑三世在流亡者聚集的咖啡馆里学习政治，这使他对政治的看法充满了流亡者的气息。本雅明对这一点认识得非常清楚，在《试论波德莱尔的几个主题》中，本雅明向我们描述了第二帝国时期巴黎咖啡馆里各种各样的密谋者。他们寄希望于每一个飘忽不定的事件，期待着一个轰动巴黎的大新闻，如果没有这样的大新闻就制造一个，如果无法制造，那就造一颗大炸弹。总之，他们把希望寄托在一切耸人听闻的“事实”上，期待着社会的混乱，然后让这不期而至的混乱为己所用。马克思称他们为“革命的炼金术士”。但这些人之所以是“革命”的炼金术士，是因为有一个最大号的密谋者、最大号的炼金术士，在他们的时代已经高踞法国的皇帝宝座。当这些密谋者在咖啡馆期待着、炮制着他们的大新闻的时候，那个杜伊勒里宫的皇帝也在和他身边的人窃窃私语，恐惧着那些咖啡馆里的同类所期待着的东西。

拿破仑三世统治着一个自相矛盾的帝国，这个帝国在意识形态上承认主权在民，但在政治运作上又拒绝给民意一个合法的表达渠道。帝国压制普选的立法团，剥夺了这个机构的立法权，也不允许立法团对帝国的政策指手画脚。最终这个普选的立法团除了杯葛帝国的财政拨款之外毫无作为。而且即使有了官方候选人，立法团选举的结果也总是让帝国不满意。对此，帝国解释说：真正支持帝国的人并不习惯于参加选举。所以，面对总是不尽如人意的立法团选举结果，帝国每每以公民投票来证明自己的合法性。但立法团选举是可以妥协的，公民投票是不可妥协的。立法团选举有很多选择，人民可能只是不满意一个专制主义的帝国，却愿意接受一个开明的自由主义的帝国；人民可能不愿意让波拿巴家族一直作为专制皇帝统治下去，却可能愿意让波拿巴家族作为立宪君主统治下去。立法团选举可以表达政策，可以让人民在多种政治之间选择；而公民投票却只有赞同与反对两句话可以说，所以每一次公民投票其实都是在消耗帝国有限的力量以及法国人对帝国有限的支持与同情。

第二帝国的局面如此困难，第二帝国的权力基础如此脆弱，拿破仑三世真的是在玩历史上最艰难也最危险的游戏，但是他居然玩了这么多年。第二帝国有 18 年的历史，如果再加上作为亲王总统的 3 年多，拿破仑三世统治了法国 20 多年。从 1792 年建立共和国以来，拿破仑三世政权的维持时间在法国的各种政权中排名第三。第一名到 2019 年为止还是法兰西第三共和国，第二名是第五共和国。

拿破仑三世在统治时间上超过了拿破仑一世、波旁复辟王朝和奥尔良王朝，还超过了第四共和国。原因就在于虽然他不是天生的政治动物，性格和天赋让他当不了拿破仑一世那样叱咤风云的英雄，但是他所有的缺点，所有的软弱和敏感都完美地匹配于他作为一个脆弱的专制者、一个波拿巴主义的君主的处境。

拿破仑三世是一个软弱的人，他无时无刻不需要人的支持，很多时候他比他的追随者要软弱得多，软弱来源于异常的敏感，他非常容易感受到别人的情绪和敌意。这让拿破仑三世具备了两种奇妙的能力，在政治上，他对民意有着一种本能的嗅觉。威廉二世会把民意具象化，然后通过自己情绪性的应对对民意产生一种判断。他通过仇恨伯尼舅舅来体会英国人民对德国的敌意，通过咒骂社民党领袖来提醒自己社会主义对帝国的威胁。而拿破仑三世的嗅觉比威廉二世要准确得多，对每一次选举结果体现出来的民意变动，他都能够感同身受。所以当他的大臣和宫廷甚至他的皇后对公民投票结果得意扬扬的时候，他却能够准确地通过立法团选举结果判断出帝国的处境。这种盲人摸象般的游戏只有拿破仑三世才能玩儿。

而在私人方面，这种敏感让他的精神时刻处在被政治压抑的状况，这让他迫切地想要寻欢作乐。但他又不是一个拿破仑一世那样野蛮粗暴的人，他需要的是精神上的安慰和异性对他的承认。这种需求再搭配上他的地位，就决定了他统治时期的法国宫廷被形形色色的风流韵事所充斥。拿破仑三世对女性的需求不能用权势来简单地满足，他不会像拿破仑那样对一个男爵夫人说："脱衣服到床上等！"虽然客观地说，他的风流韵事很大程度上也依赖于他法国皇帝的身份，但他自己并不这么看。一直到帝国灭亡，他和皇后、皇太子在伦敦重逢，他还会为门口向自己献花的女士而激动，骄傲地告诉身边的人："看，我还没老，夫人们还爱我！"

拿破仑三世就是这样一个人，有着近代人的所有优点和缺点，同时又有家族传统所带来的个人野心。他虽然有王子的头衔，但早年生活是作为流亡者度过的，比起日后的其他波拿巴主义的统治者，他的起点要低得多，政治对他来说依然是某种崇高的东西，而不单纯是一种意识形态、一种自欺欺人的口号。

相比于威廉二世，拿破仑三世有着十足传奇的早年生涯。他参加过意大利革命，曾经亲眼看着哥哥死在自己怀里，还曾经把另一个革命者打扮成自己的侍从逃过追捕。革命、自由这些东西对他来说是他青春记忆的一部分，是曾经不惜为之牺牲生命的理想。所以，拿破仑三世真诚地相信自己是一个革命者，只不过他的革命和他身边的那些共和主义者、烧炭党人理解得不太一样，对他来说，波拿巴家族的帝国就是革命。他就这样成了一个坐在皇帝宝座上的革命者。前者让他必须重申专制统治的原则，他不止一次地宣布法兰西帝国的大臣会议绝对不是“责任内阁”，大臣会议主席也不是“首相”，帝国是由皇帝进行专制统治的。但另一方面，作为一个革命者，他不能想象一个不承认民主选举的国家，虽然选举结果往往都是跟他对着干的，但他不愿意也不敢想象自己会在没有立法团的情况下进行统治。

拿破仑三世不是一个大理石像般的英雄，他是一个浪漫主义时代的普通人，他曾经怀抱理想，也曾野心勃勃，他在内心深处甚至把理想和野心奇妙地合二为一。当他真的登上法国皇帝的宝座，却发现坐在宝座上的依然是那个脆弱敏感的自己。他以一种复杂矛盾的心态统治着一个更加复杂矛盾的帝国。1870 年的公民投票似乎宣告这个帝国春秋鼎盛，但随后的战败立刻让帝国土崩瓦解。当他 1871 年来到伦敦时，他又回到了人生的起点，1848 年他从这里出发，踏上了成为法国议员、总统和皇帝的道路。1873 年，他死于膀胱手术。在人生的尽头，他伟大的伯父提到了政治也提到了爱情，拿破仑一世说的是：“法国！军队！约瑟芬！”而这位温柔得多、也风流得多的革命者皇帝的最后一句话里只有政治，在那一刻，他面对了历史中的自己，他说：“在色当，我们不是怕死鬼！”

十二 铁血之外的俾斯麦

如果我们抛开所有的政治口号，单纯地去看待俾斯麦这个人，我想最适合他的标签就像他自己喜欢的那样，依然是一个最简单的词——“容克”。作为普鲁士首相，俾斯麦需要的只是获得国王的支持，为了实现这个目的，他在意识形态上摆出一副“毫不掩饰”的容克形象，以此换取极端保守的威廉一世国王的信任，同时满足那些迫切想要把持权力的同类。

俾斯麦（1815—1898）

拿破仑三世之后跟着俾斯麦，这是一个奇妙的搭配，因为俾斯麦并不是一个君主。但一个首相也完全可以成为一个拿破仑三世式的执政者，普鲁士王国和德意志帝国都没有承认政党内阁，首相和帝国宰相均无须对议会负责，只需要在对君主负责的同时，保证自己的政策在议会里得到通过。俾斯麦不需要组织一个自己的政党，甚至不需要跟某一个政党结成坚定的联盟。他不需要代表任何一个阶级的利益，而只需要采取清醒而明智的政策，调和各个阶级的不同利益，保证他们不要在“反对自己”这个问题上联合起来就可以了。说到这你是不是觉得俾斯麦身上已经有了相当明显的波拿巴主义色彩呢？但这还不算完。

俾斯麦身上的波拿巴主义色彩还不止于此。1862—1867 年，俾斯麦只是一个受宪法和普鲁士传统约束的首相兼外交大臣。但是，随着王朝战争和 1867 年《北德意志联邦宪法》的通过，在普鲁士之外又出现了一个新的国家，即北德意志联邦。这个联邦在 1870 年接纳了美茵河以南各邦的加入，从而成为德意志联邦，当《皇帝宣言》授予联邦主席威廉一世皇帝头衔后，这个联邦又成了德意志帝国。北德意志联邦的体制是俾斯麦和联邦大会的自由主义者们妥协之后制定的，但德意志帝国的体制却是俾斯麦在北德意志联邦体制的基础上，依据普鲁士和他自己的利益进行修改的产物。

帝国建立后，俾斯麦一方面在政治上保证新帝国的体制服务于普鲁士王国，另一方面，则让这个新帝国的政治体制服务于他本人。从 1871 年到 1890 年，俾斯麦事实上成为德意志帝国的共同统治者。一个普通的容克贵族，背靠君主来压制议会，又反过来用议会控制君主；以普鲁士的优势地位来威慑德意志各邦，又用德意志各邦的分离主义来压制普鲁士的保守主义。他从没有得到从革命派到保守派、从国王威廉一世到皇储腓特烈、从普鲁士的大臣到帝国议会议员在内的各种政治势力的坚定支持，却统治了德意志帝国将近 20 年，这时你感受到俾斯麦身上拿破仑三世的气息了吗？很多学者一再强调俾斯麦并不是一个在普鲁士–德意志模仿拿破仑三世的人，因为俾斯麦自己就是一个活跃在普鲁士–德意志舞台上的拿破仑三世。

“不能放过俾斯麦”

德意志帝国很少有哪一个政治人物能够取得俾斯麦这样持久的声望，如果我们把谈论的领域放大到德意志帝国的整个社会，大概也只有卡尔・本茨[①]能像俾斯麦那么有名。俾斯麦的声望固然毁誉参半，但从某种意义上说，也正是这种毁誉参半的局面才保证了俾斯麦的高人气。俾斯麦塑造了近代德国的历史，但以后见之明看，近代德国的浩劫本身就是近代德国历史的结果。捍卫俾斯麦名声的人认为俾斯麦不该为他下野甚至死后的灾难负责，但更多的人强调俾斯麦所建立的体制和世界大战之间的必然联系，如果他不是在 1890 年下台，而是在 1871 年下台，这个体制原本有可能走向民主的立宪政体。但是在俾斯麦掌舵的近 20 年间，德意志帝国的这艘大船虽然航速越来越快，却既没左转也没右转，只是沿着 1871 年的惯性前进。1871 年缔造帝国的那个俾斯麦或许和 1914 年以后的悲剧无关，但从 1871 年到 1890 年统治帝国的那个俾斯麦却和日后的灾难脱不了干系。

俾斯麦一生的事业只有两端：第一是建立德意志帝国，第二是统治德意志帝国。对德意志帝国要不要统一的问题，可能的立场其实就那么几种，无非是坚定的统一派和坚定的各邦分立派。而在德意志帝国的制度方面，则可以分为民主派和捍卫君主权力的保守派。假如你因此就把这些立场代入我们习惯的那种左右派之分，你就会对俾斯麦几乎遭到所有不同立场的人异口同声的攻击而感到困惑。比如王朝战争，这件事在德意志左派眼中是德意志各邦之间的兄弟阋墙之战，发动王朝战争的俾斯麦当然是让德意志同胞血流成

① 卡尔・本茨（Karl Friedrich Benz，1844—1929），汽车发明家，奔驰公司创始人。

河的刽子手，因此一个德意志大学生在这位普鲁士首相步行回家的路上愤怒地向他开枪，而左翼报纸把刺客描述成民族英雄和殉道者。但这并不意味着俾斯麦就因此得到了右派的支持。在俾斯麦赖以飞黄腾达的格拉赫兄弟和他们以“十字报”为阵地的保守派“宫廷党”眼中，1866 年战争同样是一场兄弟阋墙之战。而且比兄弟阋墙之战更糟糕的是本该成为德意志各邦君主制度的捍卫者的普鲁士国王，居然在俾斯麦的煽动下公然废除了汉诺威国王、黑森卡塞尔选帝侯这些德意志邦君的合法王位，还吞并了他们的领土。格拉赫从没有原谅过俾斯麦在 1867 年对“正统原则”的践踏，更没有原谅过俾斯麦对保守主义原则的背叛。

德意志帝国的体制也和帝国的建立一样，为数不多的几个选项也充满了矛盾。对统一派来说，德意志帝国太松散，力量太薄弱，大部分自由派仅仅是把德意志帝国当作德意志统一国家的起点才勉强接受。而对分立派来说，德意志帝国又太强大，太咄咄逼人，虽然 1871 年的宪法还没有剥夺各邦的独立地位，但帝国的存在本身已经威胁到了各邦的存在。德意志帝国在每一个人眼中都是一个妥协，统一派勉强接受它的松散，希望日后加以整合；而分立派勉强接受了它形式上的统一，希望日后通过政治运作来捍卫自己的独立地位。

俾斯麦在这个妥协的体制里统治了将近 20 年，这段统治让他继续成为所有人攻击的焦点。追求民主和统一的自由党人指责俾斯麦把 1867 年与 1870 年的保守态度和对各邦特权的捍卫政策维持到了 1890 年。在德意志统一化和德意志帝国的民主化方面，俾斯麦裹足不前，做出的贡献太少，浪费了德意志民族在近代历史上的宝贵时间。而对保守派来说，俾斯麦又掌握了过于巨大的权力，他从 1862 年开始当了将近 30 年的普鲁士首相，其间，普鲁士大臣传统的集体领导让位于俾斯麦的个人统治。而俾斯麦又让他在普鲁士所掌握的权力服务于他的帝国宰相身份，在他的漫长统治当中，德意志帝国的机构日益庞大臃肿，管辖权不断扩大，也就不可避免地挤占了包括普鲁士在内的德意志各邦的权力空间。自由派指责俾斯麦阻碍了德意志的诞生，保守派则指责俾斯麦让普鲁士消融在德意志帝国之内。

这种左右夹击的局面甚至没有随着俾斯麦的辞职和逝世而宣告终结。随着世界大战的到来，德意志近代的浩劫拉开序幕，对那些两次世界大战之间历史的亲历者来说，俾斯麦和他的帝国都不是遥远的往事。当毁灭性的战争终结，而铁幕又把德意志一分为二，所有对现状感到绝望的人反思过往，很难不把自己目睹的现实和曾经的俾斯麦时代联系在一起。那些曾经耀武扬威叫喊德意志民族主义口号的人，把俾斯麦的帝国看作"第三帝国"的摇篮和预演。而在那些反对纳粹的人看来，俾斯麦和他的帝国也的确和日后的黑暗岁月有着密不可分的关系。

如果说历史的观察者和评论者在与俾斯麦相关的某个问题上能够达成共识的话，那大概就是"不能放过俾斯麦"。虽然所有人基于完全相反的理由站起来指责俾斯麦，但每一个人指责俾斯麦的同时，也都在强调俾斯麦对德意志历史的深远影响。或许这本身也就解释了俾斯麦的特殊地位。

"毫不掩饰的"容克地主

俾斯麦生前与身后遭到的这种夹击也决定了其历史形象的复杂与自相矛盾。俾斯麦的时代距离 20 世纪德国的浩劫太近，而 20 世纪的浩劫给包括德意志在内的整个世界制造的灾难又太深重。虽然 1890 年俾斯麦离开了他的宰相府，1898 年离开了他的世界，但他的阴影依然徘徊不去。

120 年后，俾斯麦依然和政治息息相关，民族主义者颂扬帝国的缔造者俾斯麦，保守主义者颂扬普鲁士的捍卫者俾斯麦；自由主义者颂扬实施了普选权的俾斯麦，君主派则赞扬俾斯麦把普选的帝国议会束之高阁；左派颂扬俾斯麦是"白色革命者"，把真正革命性的变革掩盖在王朝战争和君主制的大旗之下，而右派则颂扬俾斯麦是伟大的战略家，把普鲁士的扩张和王朝的崛起镀上一层德意志民族统一的色彩。但无论是“白色革命者”，还是“刺刀反革命”，这些评价实际上所依据的都是政治而非历史。如果我们抛开所有的政治口号，单纯地去看待俾斯麦这个人，我想最适合他的标签就像他自己喜欢的那样，依然是一个最简单的词——“容克”。

容克，专指易北河以东的地主，很多人喜欢把他们和条顿骑士团的骑士们联系起来，把普鲁士东部领土上的容克庄园和条顿骑士领地联系在一起，而他们自己也喜欢这样做。但事实上，容克地主作为一个阶层真正登上历史舞台还要等到19世纪初施泰因和哈登堡的改革①。1806年对拿破仑的战争把普鲁士王国逼到了灭亡的边缘。在这种局面下，普鲁士国王腓特烈·威廉二世不得不启用自由主义者进行改革。而自由主义改革当中虽然也有废除等级制度、允许自由择业和转让土地这样的内容，但事实上在一代人的时间里，法律上已经被允许的农民购买城里的房屋和城里人购买乡下的土地却并没有成为现实。

这一系列的改革中，最初的受益者是容克地主，通过对封建传统的废

① 19世纪初，普鲁士在拿破仑战争中损失惨重，国际地位下降，到了必须改革的时刻。1807年10月，普鲁士首相施泰因（Heinrich Friedrich Karl vom und zum Stein，1757—1831）颁布《关于放宽土地占有条件和自由使用地产以及农村居民人身关系的敕令》（简称《十月敕令》），废除庄园农奴制，贵族庄园可以自由买卖，同时放宽了国家公职任职资格的限制。此外，施泰因还扩大城市自治的范围，设立城市参议院，由两级的选举制度选出；改组了中央政府，设计国务会议作为国家最高行政管理机构，由内务部、外交部、财政部、教育部和军政部等5个部组成，各部设立一个部长，有权直接向国王报告工作。这使得中央政府的工作常规化，摆脱了国王亲信的无端干涉。1808年底，施泰因屈服于拿破仑的压力被解职。1810年继任首相的哈登堡（Karl August von Hardenberg，1750—1822）继承了施泰因的改革，但对其进行了调整，使其不至于与容克贵族产生根本性的冲突。例如，哈登堡于1811年和1816年分别颁布《调整敕令》和《王家公告》，规定农民必须支付一定的对价才能购买封建义务、获得人身自由。容克贵族虽然失去了大庄园制，但由此获得了一笔丰厚的补偿金。此外，哈登堡政府还限制了行会特权，鼓励自由贸易。施泰因-哈登堡改革解放了普鲁士的自由劳动力，推进了自由市场的建设，为普鲁士工业革命的开展准备了重要条件。

除，他们收回了很多被农民长期租佃的土地，同时还解除了他们对农民的封建义务。拿破仑的大陆封锁为他们挡住了来自英国殖民地的粮食对市场的冲击。而拿破仑战争之后，普鲁士王国主导建立的关税同盟[①]又为他们的粮食打开了整个德意志的市场。随着粮食市场的繁荣，他们开始有钱进一步收买农民的土地，而普鲁士政府还对他们的贷款提供优惠。于是容克地主们依靠贷款建立大地产，而关税同盟和铁路的发展又让他们从农产品销售当中获得更大的利润，容克地主的黄金时代来临了。

从 1830 年代中期到 1880 年代中期，这半个世纪的历史是容克地主的黄金时代。其实这段时间也几乎可以看作整个欧洲地产贵族的最后辉煌。这半个世纪里，欧洲人口持续增长，粮价稳步上升，殖民地的谷物因为关税的限制和运输水平的低下，很难对欧洲贵族们的粮价构成威胁，而殖民地的肉类和乳制品这些高附加值的产品也同样受限于落后的运输水平无法被运到欧洲。贵族们却通过改良种子和农业技术，以及自己对政府的把持而独占欧洲持续高涨的食品市场。

---

① 普鲁士政府于 1818 年在境内废除关卡，取消消费税和国内关税的征收，宣布商品流转自由，对进口工业品仅课征 10% 的从价税，同时允许原料免税输入。在普鲁士带动下，1826 年建立北德六邦的关税同盟。1828 年 2 月，普鲁士与黑森–达姆施塔特建立关税同盟。同年，巴伐利亚与符腾堡组成南德商业同盟；萨克森、汉诺威、库尔黑森、图林根等邦及美因河畔法兰克福、不来梅等城市组成中德商业同盟。1833 年，由普鲁士领导的德意志关税同盟组成，参加的各邦国订立了为期 8 年的关税协定，协定自 1834 年 1 月 1 日起生效。以后每逢协定到期即再行延长。参加同盟的各邦国之间从 1834 年起废除全部关税。在对外贸易方面，倾向自由贸易，但对从英国进口的棉织品和呢绒等则课征保护性关税。关税同盟还致力于统一货币、度量衡制度和商业法规。1837—1844 年，关税同盟先后与荷兰、希腊、土耳其、英国和比利时签订了商业协定，同盟的国际地位很快得到巩固。基于同盟充满保护主义的色彩，它不容许奥地利加入，这令奥普的竞争更为激烈。1866 年，由于南德邦国在普奥战争中支持奥地利，同盟解散。但在 1867 年，这些邦国愿意重返同盟后，它又重新成立。新同盟更具凝聚力，因为任何成员国都没有否决权。1866 年北德意志联邦成立后，德意志关税同盟又与未加入该同盟的德意志西南部诸邦签订关税条约，从而促进了德意志各邦政治上的统一。1871 年德意志帝国建立，德意志关税同盟解体。

在这段黄金岁月里，贵族们越来越积极地投身政治，利用他们传统的优势地位参与到欧洲各国的统治中去。在这段贵族阶级高歌猛进的岁月里，俾斯麦在1847年的联合邦议会里登上历史舞台，在1848年革命中作为一个强硬而且毫不掩饰的保王党人崭露头角。他凭借格拉赫兄弟的支持成为普鲁士驻德意志邦联代表，1862年又被推翻了自由派内阁的陆军大臣罗恩推举为普鲁士首相，随之开始了他对普鲁士长达28年、对德意志帝国长达19年的统治。但俾斯麦在展开他的宏图大略的时候，并没有意识到也正是在这20多年中，他和他所属的容克地主的好时光正在走向尽头。

普鲁士和欧洲地主们的好时光的逝去并不是无声的，相反，带走他们好时光的三个重大因素里至少有两个是经常发声的——铁路和轮船。火车和轮船的汽笛声不断地向每一个俾斯麦式的地主宣告他们的好日子就要终结了，只是当时没有人注意到这一点。

从1880年代开始，持续进步的轮船技术让殖民地粮食大量涌入欧洲，如果说单纯的谷物还不足以威胁贵族的地位，那么因为轮船航速的提升，这个时候连殖民地的肉类也可以被运过大西洋了。而在此前的几十年间，欧洲的地主们花在改良土壤、改良作物和水利建设方面的钱实在微不足道。当他们突然面临汹涌而来的殖民地谷物和肉类冲击的时候，唯一的选择就是转而生产附加值更高的乳制品。但是贵族的转轨速度被技术进步的速度抵消了。欧洲乳制品的高利润催生了船用冷藏库，甚至是专业冷藏船的发明。当殖民地乳制品也汹涌而入的时候，欧洲地产贵族的黄金时代就一去不返了。

俾斯麦登上普鲁士首相宝座之时，整个欧洲几乎还都把持在贵族手中，地主的庄园几乎意味着包括财富、地位、文化上的主导权在内的一切优势。但当俾斯麦离开帝国宰相府时，英格兰和苏格兰的大地主庄园已经纷纷被抵押了。俾斯麦辞世十年后，那些被抵押的庄园只有少数还能继续支付利息。虽然容克贵族偏处中欧东部，受到殖民地商品的冲击没有英国和法国贵族那么大，但也不意味着他们在这场地主阶级的灾难中能够置身事外。因为在普鲁士的东部，崛起了一个巨大的粮食出口国。

随着1861年亚历山大二世废除农奴制，沙皇俄国采取了类似普鲁士施泰因、哈登堡时期的改革，俄国的大地主也在国家政策和银行贷款的扶持下，在俄国建立起外销型的新农业。这种新型农业又与借助法国资本修筑的铁路结合在一起，形成了19世纪末20世纪初俄国粮食出口的一个高潮。而作为俄国的近邻和传统盟友，德意志-普鲁士的地主承受了这次俄国粮食狂潮的直接冲击。

1862年登上首相兼外交大臣宝座的俾斯麦一再强调普鲁士和俄国之间的友好是普鲁士政策的基础之一。建立德意志帝国以后，俾斯麦也依然坚持这一点，他利用俄、普、奥三国通过瓜分波兰建立的共同利益，建立了三皇同盟，1887年又和俄国订立了秘密的《再保险条约》①。尽管俾斯麦和圣彼得堡之间缔结了这么多条约，而且他一再重申德国必须保持与俄国的友谊以免

① 《再保险条约》是德国宰相俾斯麦为孤立法国，拉拢俄国，1887年6月18日同俄国签订的密约。由于1879年德奥同盟已经保证奥国在德、法战争中保持中立，这一条约又保证俄国的中立，德国因而获得了双重保险，故名。该约规定：（1）缔约国一方如与第三大国处于战争状态，另一方则应对该方恪守善意中立并努力使冲突局部化。但此规定不适用于缔约国之一对奥国或对法国进攻的情况；（2）德国承认俄国历史上的巴尔干权利，特别是它在保加利亚和东鲁美尼亚占有决定性优势的合法性，两国约定未经事先协议不得改变巴尔干领土现状；（3）重申封闭海峡是个欧洲原则，禁止土耳其将该地区交外国使用。《秘密补充议定书》中规定：德国将一如既往地支持俄国在保加利亚重建“合法的正规政府”；俄国如果在必要时采取包围黑海门户的措施，德国答应保持友好中立并给予“道义和外交的支持”。俾斯麦借由《再保险条约》，使德国能够继续充任俄奥之间的调停者却不必选择站在哪一边，获取中间人的利益。同时俾斯麦又用这一年秘密唆使英国、奥匈帝国等国签订，但是德国实际上并没有出席参与的两次地中海协定，暗中阻断了俄国的扩张并将法国和俄国隔断，俄国却因为外交上日益孤立而必须更加依靠于“两面三刀”的德国。然而，接替俾斯麦的帝国宰相卡普里维等人愿意选择“简单和清晰的”外交政策，认为《再保险条约》与德国的其他条约相矛盾，内容上相互抵触，并且不利于德国与其他国家的盟约。所以，《再保险条约》到期之后，俄国当局提出了续约的请求，却遭到了德方的拒绝。俄国没有德国的支持而最终不得不转向法国，尽管它之前并不信任这个国家。法国则获取了一个可能的重要盟友，渐渐摆脱了俾斯麦给它精心设计的、孤立的、在外交中处于劣势的地位。

沦入两线作战的困境，但事实上他的对俄友好几乎只是一种姿态。

俾斯麦执政期间从没有放松对俄国农产品的保护关税，因为此时容克地主的处境已经今非昔比。到俾斯麦执政的末期，德意志帝国已经从农民占多数的农业国演变为城市人口占多数的工业国，从粮食出口国变成粮食进口国。容克地主的粮食面对殖民地粮食和俄国粮食毫无竞争优势，他们在施泰因和哈登堡改革中获得的红利已经耗尽，而那些利润并没有被他们投入基础设施建设或者产品升级上，相反，他们把钱花费在追逐政治影响和权势，以及与之相伴的奢侈生活中去了。到 1880 年代末，一个地位远高于青年时代俾斯麦的伯爵夫人，一年中只有在买圣诞礼物时才舍得花钱去一趟柏林，而当她去柏林时也只买得起三等车票。普鲁士容克地主的黄金时代已经一去不返，而容克贵族对国家间接的关税保护和直接经济扶持的依赖则一直持续到 1930 年代，在兴登堡总统生命的最后时期，普鲁士的容克们还在为国家救济而催促他。

俾斯麦一再指责 1890 年继他之后担任德意志帝国宰相的卡普里维错误地抛弃了《再保险条约》，但事实上，《再保险条约》的基础在俾斯麦时期就已经松动了。德意志帝国对俄国农产品征收的高关税触怒了俄国的地主贵族，而沙皇俄国的权力实际上也和普鲁士一样把持在这些地主贵族手中。沙皇对德意志帝国关税的报复之一，就是下令禁止外国人在俄国持有土地，结果很多在波罗的海地区通过继承持有土地的德国贵族深受其害，其中最著名的受害者就是卡普里维的继任者霍恩洛厄侯爵[①]。1890 年的卡普里维面对一个重大选择，要么放弃对俄国农产品的关税以维持《再保险条约》，要么放弃《再保险条约》来捍卫普鲁士贵族的利益。卡普里维做了一个看起来自相矛盾的选择，他宣称其目标是通过放弃保护关税为德俄两国关系打开新的局

① 帝国宰相霍恩洛厄的夫人是俄罗斯人，曾拥有大量地产，当她嫁给霍恩洛厄时，由于嫁的是外国人，被迫卖掉了她的大多数地产。

面，但在降低俄国农产品关税、触怒了普鲁士的容克地主的同时，他又放弃了在他看来已经毫无基础的《再保险条约》。于是，俾斯麦加入汹涌的批评卡普里维的运动中，猛烈攻击卡普里维对《再保险条约》的抛弃，同时也为他那些因为失去保护关税而收入受损的邻居们站脚助威。

在这场抗议活动中，容克地主的代表们毫不犹豫地和议会里的天主教党团合作。在一次抗议活动当中，容克们更是直接宣称，如果国家继续无视他们"正当的要求"，他们不但要把斗争坚持下去，还要跟议会里的社会民主党党团联合起来斗争，直到国王兼皇帝听到他们的呼声为止。虽然王朝战争期间和帝国建立之后，威廉一世国王所给予俾斯麦的一系列从现金到地产的慷慨赏赐，已经让1890年的俾斯麦变得不再是一个普通的普鲁士地主。但当他投身对卡普里维的新关税政策的攻击时，却依然保持着1848年他最初登上历史舞台时那种"毫不掩饰的"容克地主本色。

俾斯麦在典型的容克庄园里度过了少年时期，又被送往城市度过了一个中产阶级知识分子式的青年时代。在源自父亲的贵族乡村生活和母亲的城市中产阶级生活的不同体验里，他形成了自己的政治立场，在容克贵族的黄金时代登上历史舞台。"毫不掩饰的"容克地主是对俾斯麦历史形象的最好概括，但他和拿破仑三世之间又有什么关系呢?

宰相宝座上的拿破仑三世

波拿巴主义，如第二章所述，按照它最典型的含义，指的是那种得不到任何一个阶级无条件的支持，而只能利用反对者的分化和不团结来维持存在的制度。

波拿巴主义在拿破仑三世身上体现得再明显不过了，法国农民的多数跟着天主教会支持波旁王朝，法国的资产阶级、官僚、军官、大金融家多数支持奥尔良王朝，而市民阶级普遍支持共和国，真正支持波拿巴王朝和帝国的人寥寥无几。所以，拿破仑三世只能依靠分化所有这些拥有社会某个阶级的无条件支持的派别，使他们不能联合起来威胁自己的统治。但俾斯麦是一个地主，他和大部分普鲁士地主一样看起来得无条件地支持霍亨索伦王室，至少在他们的利益受到王室政策触动以前是这样。作为普鲁士首相，俾斯麦需要的只是获得国王的支持，为了实现这个目的，他在意识形态上摆出一副“毫不掩饰”的容克形象，以此换取极端保守的威廉一世国王的信任，同时满足那些迫切想要把持权力的同类。

虽然普鲁士在1849年颁布了钦定宪法，但1850年对宪法修改时导入的三级选举制，决定了普鲁士议会里容克阶级至少能够掌握三分之一的席位。而即使如此，俾斯麦也完全可以抛开普鲁士的议会来统治，他在1862年到1866年实际上也是这么做的，“宪法漏洞理论”剥夺了议会对普鲁士王国国家预算的审核权：议会批准俾斯麦的财政预算，他可以花钱；议会不批准他的预算，他还可以花钱；甚至当议会下议院压缩了他的预算时，他让国王或者贵族院否决下议院的预算案，他又可以继续花钱。他唯一不能做的只是开征新税而已。作为一个几乎不受约束的普鲁士首相，俾斯麦根本不需要成为一个波拿巴主义者。那他的名字又为什么会紧跟在拿破仑三世后边呢?

因为俾斯麦身上有两个角色：一个是只要保住国王的信任几乎就可以为所欲为的普鲁士首相；另一个是虽然也不对议会负责，但是每一项法令都要得到帝国议会通过，花的每一分钱都要得到帝国议会批准的德意志帝国宰相。在普鲁士，他只是代表国王利益的大臣之一，而在德意志帝国，按照宪法，俾斯麦这位帝国宰相实际上分享了霍亨索伦王朝通过王朝战争所获得的桂冠——对德意志帝国的统治权。

在1870年的宪法草案中，俾斯麦设计了一个非常复杂的体制。他只给包括威廉一世皇帝在内的所有人以非常短的时间来审议宪法草案；又利用与南德意志各邦的谈判以及南德意志各邦保持自身独立的情绪，来压制普鲁士国王和议会；转手又用普鲁士的优势和法国的复仇情绪来压迫南德意志各邦君主的分离主义；然后用“皇帝”的头衔和古老帝国的记忆来满足南德意志各邦议会里的统一派，最终说服所有人接受了作为折中和妥协方案的《德意志帝国宪法》。

在这部宪法里，真正的胜利者并不是俾斯麦的老主人威廉一世。他虽然得到了皇帝的头衔，但他依然不是德意志帝国的君主，他在德意志帝国的身份依然是联邦主席，只是为了让他在联邦成员国君主面前拥有外交和礼仪上的优先权，所以给他加了一个皇帝的头衔而已。威廉一世皇帝在立法问题上毫无发言权，帝国宪法中明确规定联邦会议和帝国议会通过的法案即成为法律，宪法虽然也保留了皇帝对法律的签署和颁布的权力，但这种权力是仪式性的。俾斯麦自己也承认皇帝想要在立法问题上发挥作用的唯一方式就是“撤换帝国宰相”。

皇帝在军事指挥权方面拥有毫无争议的权力，按照帝国宪法，整个德意志帝国的军队在组织、装备、训练方面都应该遵循普鲁士的制度。宪法还强调皇帝对军队的指挥权是绝对的，保留了自己陆军部和军队指挥权的三个邦[①]是受皇帝委托，来行使军队组织和指挥权力的。皇帝在行使指挥权时甚至不需要任何官员的辅弼和附署，就这一点来看，1871 年的帝国宪法赋予皇帝的权力甚至高于 1850 年普鲁士宪法。

但是皇帝得到如此巨大权力的结果就是帝国议会始终没有通过与《德意志帝国陆军法》配套的军事拨款案。德意志帝国军队的统帅、组织、装备都得到了批准，但是维持这支军队所需要的相应费用却始终没有得以制度化。正因为俾斯麦让皇帝得到了不受约束的统帅权，所以俾斯麦对“陆军预算”采取了一种听其自然、任其自生自灭的态度。从 1867 年的北德意志联邦军队到 1871 年的德意志帝国军队，军队的预算就是用有年数限制的临时

---

① 巴伐利亚、萨克森和符腾堡。

法案拨付的。最初是七年审议一次，所以叫“七年法案”。后来根据帝国议会的要求将年限缩短为五年，以便与帝国议会的任期相一致，因而改称“五年法案”。这样的临时法案一直持续到 1918 年帝国灭亡。

相比于仅仅拥有礼仪性权势的帝国皇帝，德意志帝国真正的最高权力机关是联邦会议。德意志帝国的国家主权属于联邦会议，而不是帝国皇帝。立法提案权也属于联邦会议，皇帝和各邦君主均不能出席联邦会议，联邦会议由各邦所任命的代表组成，而联邦会议的主席由俾斯麦自己担任。这部帝国宪法里真正的胜利者也就不言自明了。

如果说普鲁士的宪制是简单的君主和人民二元制，双方通过宪法和议会的机制博弈来分享国家权力，那么德意志帝国的宪制结构更加错综复杂，皇帝、联邦会议、帝国议会，还有俾斯麦为自己量身定制的帝国宰相，这四个重要的权力部门分享了德意志帝国的权力。其中，皇帝和各邦君主的影响是间接的，俾斯麦作为帝国宰相和联邦会议主席的影响是直接的，同时他让自己所担任的帝国宰相这个职位在德意志帝国的体制中是不可或缺的，而且几乎没人能够把他从这个职位上拿掉。帝国议会不能对他投不信任案，联邦会议也不能罢免主席——因为俾斯麦自己还是普鲁士外交大臣，攥着足以在任何重大事件上行使一票否决权的普鲁士王国的 17 票。

由此我们就能认识到，当俾斯麦从普鲁士首相摇身一变为帝国宰相时，他真正做的是什么？那就是把 1862 年上台执政以来所积累的威廉一世对他的信任，以及他在王朝战争当中取得的崇高威望，在普鲁士王国的体制内为自己赢得的地位，在德意志帝国层面以宪法的形式固定下来。至于威廉一世为什么接受了这种安排，我们要放在后面威廉二世的章节里，从君主的角度讨论这个制度时再谈。

在普鲁士王国层面，俾斯麦是威廉一世顺从的工具；但在德意志帝国层面，俾斯麦是威廉一世的共同统治者。他在帝国的统治虽然是对威廉一世负责的，事实上却比威廉一世更直接，影响也更大。这一点威廉一世也很清楚，他曾经开玩笑说，自己“在这样一位宰相手下当皇帝并不是一件容易的事”。而俾斯麦也说，虽然威廉一世多年来对他保持了一贯的信任，但他统治时期最大的艰难困苦，都是在与自己的这位老主子对抗时遇到的。

作为帝国宪法所规定的统治者之一，事实上的副皇帝，俾斯麦的处境就跟拿破仑三世有了可比性。

在帝国层面，俾斯麦要面对威廉一世对其权势的挑战，德意志帝国各邦君主对他统治的不信任，还有德意志帝国全体成年男子普选出来的帝国议会以及各邦君主任命的联邦会议。俾斯麦的宪法把立法提案权完全授予联邦会议，但同时他又承认了帝国议会对联邦会议提交的法案进行审议和修改的权力，因为法案想要成为法律，帝国议会的批准是宪法明确宣布的前提。同时，帝国议会还拥有毫无争议的预算审议权，也就是说，让俾斯麦在普鲁士可以为所欲为的“宪法漏洞理论”在德意志帝国层面是行不通的，因此，俾斯麦不得不面对帝国议会。

这套皇帝和宰相、各邦君主与联邦会议、联邦会议与帝国议会互相牵制的复杂制度中，唯一可以让俾斯麦下台的人是他的皇帝兼国王威廉一世。但威廉一世已经老了，他时常给俾斯麦制造麻烦来维持自己的权威，但他不愿意冒风险把俾斯麦换掉。

所以，俾斯麦在他的帝国宰相宝座上一坐就是 19 年。这 19 年中，俾斯麦把对农产品的高关税和对工业的保护政策捆绑在一起，成为德意志帝国的保护关税政策。前者可以用农产品关税来保护普鲁士的容克地主，后者则用贸易保护政策来保护德国的工业免受外国产品的冲击。容克和资产阶级的票数一起支撑起了德意志的关税法。

唯一利益受损的是德意志帝国的城市无产阶级，他们必须承担高关税导致的食品价格高昂，但俾斯麦告诉他们：保护关税是他们能够保住工作的原因。我们知道 1880 年代末德意志帝国的工业化和城市化让城市无产阶级的人数骤增，造成社会民主党在帝国议会影响力的扩大。对此，俾斯麦的手段依然是胡萝卜加大棒的组合拳，一方面颁布了严厉的《反社会党人法》，威胁要送每一个组织罢工和宣传社会主义的人去服苦役；另一方面又通过了《社会保险法》，来为他统治的汤里增加一勺社会主义的油。

当俾斯麦满足于依靠帝国议会各党派的分裂和不团结，利用他们各自的利益矛盾，来操纵帝国议会的票数推动自己的统治时，他就成了一个帝国宰相府里的拿破仑三世。虽然在内心深处依然是一个毫不掩饰的容克地主，但在他津津有味地操控着帝国这盘棋的时候，俾斯麦其实并没有站在任何一个阶级的阵营里，他甚至对自己一再表达忠诚的霍亨索伦王朝也不是无条件地效忠：1862 年，当时的普鲁士王太子腓特烈在参加宴会的时候公开反对俾斯麦的政策，那时候俾斯麦还是普鲁士国王的忠诚首相，所以他马上向国王抗议，要求国王禁止王太子的类似行动。但是到 1888 年，当年的腓特烈王太子成了德意志帝国的腓特烈皇帝，尽管他身患癌症，却依然表现出想要亲自统治，并着手推动帝国的自由主义改革时，帝国宰相俾斯麦立刻转而鼓动帝国的皇储威廉站出来反对他的父亲。

俾斯麦利用他为自己量身打造的俾斯麦式体制，成为帝国事实上的统治者。这一点，1888 年继因癌症病逝的腓特烈皇帝之后登上皇位的威廉二世皇帝也看得非常清楚。但这位皇帝年轻气盛，他和他的父亲跟祖父不一样，不愿意扮演一个泥塑木雕般的皇帝。他就要登上舞台挑战俾斯麦，并在战胜俾斯麦之后被迫去面对俾斯麦为自己设计的体制。最后在这个体制当中，变成本书里的第三个拿破仑三世式的统治者。

十三 普鲁士与德意志帝国

普鲁士是德意志史无法回避的一页，它是德意志历史上最重要的几个邦之一，同时也是近代最深刻地影响甚至决定了德意志命运的邦。普鲁士贵族政治家在1871年宪法中所采取的暧昧态度和德意志帝国政治制度的畸形，窒息了原本主张民主和统一的德意志民族主义，使1848年那个充满崇高理想的德意志民族主义不断腐烂堕落，最终变成纳粹的种族主义思想。

1871 年 1 月 18 日，德意志帝国在凡尔赛宫镜厅宣布成立

1888年，威廉二世登上了属于他的宝座，准备成为一个名副其实的皇帝，在他急于想要施展拳脚的日子里，有人问他戴上的究竟是普鲁士王国的王冠，还是德意志帝国的皇冠。对于这个问题，威廉主要是觉得好笑，而完全没有意识到这个问题背后的深刻含义——普鲁士王国和德意志帝国之间究竟是什么关系？对当时的威廉来说，那根本就不是一个问题，对今天的我们来说，似乎也不是一个问题。但假如真的因此而忽略它，那我们就错过了一个理解德意志帝国体制的最好切入点——普鲁士与德意志的二元性。

在传统观念里，人们往往把普鲁士史看作德国史的一个阶段，把普鲁士看作德国的一个组成部分，就好像他们把奥地利看作一个与德国关系密切的邻邦，把奥地利史看作一个类似捷克那样深刻地卷入了德国历史的邻国的历史一样。但事实是，地理上的普鲁士今天和奥地利一样处于德意志联邦共和国的国界之外。如果在1866年前后争夺德意志主导权的斗争中，胜利的是奥地利而不是普鲁士，那么今天人们观念中的奥地利和普鲁士的形象很可能会互换。如果柯尼希格雷兹会战里的腓特烈·威廉王太子姗姗来迟，而奥地利萨克森联军突破了普鲁士的阵线，那么普鲁士留给今天的读者的很可能是一个和奥地利别无二致的形象——曾经一度深深地卷入德国历史的一个关系非常密切的“邻邦”！

德意志自身的独特性决定了这片土地上特殊的发展道路，在德意志历史上，随着中世纪等级合作制国家的涣散，内忧外患之中形成了一系列以领主权为核心的“邦国”。这些大大小小的邦国在作为整体的神圣罗马帝国的涣散中，建立了自身的传统和国家认同。其中大部分邦国的领地和影响都是地区性的，虽然它们在谋求自身的国家权威与独立方面和大邦国别无二致，但最终随着德意志的统一和革命而归于消融，成为地区史的一部分。在这些最终湮灭的邦国之上，存在着两个非常强大的德意志邦，也就是德意志邦联时期的两强：奥地利和普鲁士。它们同样缔造了自身的国家认同感和文化，作为德意志的一分子，直到1866年它们还保持着相同的德意志色彩，但由于战争和革命而走上了完全不同的道路。

时至今日，奥地利已经成为德国之外的独立国家，一本关于奥地利的历史著作往往要追溯到罗马帝国甚至更早的时期，而完全不考虑奥地利这个名称就来自巴伐利亚公国的东边疆区。而普鲁士则随着1947年盟军的一纸命令而被彻底铲除，1866年曾经和普鲁士兵戎相见的很多德意志邦今天依然是德国的联邦州，如巴伐利亚、巴登、符腾堡、1866年被普鲁士占领的萨克森，甚至1815年普鲁士在维也纳会议上得到的威斯特法伦也依然是联邦州，但普鲁士却已经荡然无存，其原因何在？

凭空而来的国家

普鲁士是德意志史无法回避的一页，它是德意志历史上最重要的几个邦之一，同时也是近代最深刻地影响甚至决定了德意志命运的邦，1867年以后，普鲁士仍是当之无愧的德意志第一大邦。因此，从德意志的角度看普鲁士，很容易形成我们对普鲁士的很多传统观念。比如，普鲁士是从条顿骑士团国家世俗化而来的；普鲁士王国是世俗化的骑士团国家发展的产物，同时也是1871年的德意志帝国的基础和预备。从这些传统的看法出发，自然就形成了常见的普鲁士神话：英武好战的条顿骑士团的遗风，随着宗教改革被普鲁士公国继承，普鲁士公国发展为普鲁士王国，普鲁士王国统一德意志建立了德意志帝国。这种对历史的线形描述，几乎占据了德国历史读物的主流，以至于今天已经难得看见一篇谈论德国历史不从条顿骑士团说起的文章了。德意志眼中的普鲁士我们都很熟悉了，那么普鲁士眼中的德意志又如何呢？

如果我们站在普鲁士邦国自己的角度看它的历史，那么前述的那种线形的历史描述的每一个组成部分都是成立的，普鲁士公国显然是条顿骑士团国家世俗化的产物，普鲁士王国在法理上也是普鲁士公国发展的结果，1870年的德意志帝国显然也是普鲁士王国主导的三次王朝战争的产物。但是，它们彼此之间真的存在直接的递进关系吗？条顿骑士团国家世俗化而产生的普鲁士公国是波兰王国的一部分；勃兰登堡选帝侯登上普鲁士公爵的宝座是通过联姻和继承实现的。普鲁士是选帝侯最重要的产业，但同时也是德意志之外的产业，这和汉诺威选侯乔治登上英国王位并没有什么两样。当选帝侯终于迫使波兰国王放弃对普鲁士的全部封建主权的时候，普鲁士并没有被并入神圣罗马帝国，它在主权上是一个拥有独立君主权的独立国家，虽然头衔依然是公爵。这个公国的公爵通过1701年的加冕成为“在普鲁士的国王”，这意味着一个全新国家的诞生，而不是一个全新的德意志国家的诞生。

普鲁士王国是一个凭空制造的全新国家，它以普鲁士命名，但它的核心并不在普鲁士。普鲁士王国只在封建法意义上是由普鲁士公国发展而来的，它的权力核心在勃兰登堡选侯邦，虽然勃兰登堡选帝侯获得了君主权，但选侯邦依然是神圣罗马帝国的组成部分。只有波兰国王放弃了全部宗主权的普鲁士，才适合用来命名这个新生的国家而不会招致任何主权意义上的纠纷。这个国家利用了普鲁士的独立主权地位，普鲁士与这个新国家的关系更接近借壳上市。

普鲁士的塑造——军人的国家

在普鲁士王国从1701年建立到1918年灭亡的200多年的历史上，普鲁士人小心翼翼地捍卫着自己的国家，无论是面对外敌入侵，还是民族统一的热潮，普鲁士从制度上都保持了连贯性。普鲁士也许讲德语，也许在文化上深深地根植于德意志的土壤，在历史上深刻地卷入了德意志整体的发展进程，但普鲁士至少在普鲁士君主和围绕在这些君主周围的容克贵族眼中，是一个崭新的国家。

如果我们承认了这个前提，把普鲁士的历史当作一个全新的讲德语的国家的历史，而不是德国之内一时一地的历史来看待，那么这个国家在近代德意志历史上从无到有，从有又归于无的兴衰史，就为我们提供了一个完全不同于以往的考察德意志近代史的非常有趣的视角。

霍亨索伦王朝统治的勃兰登堡选侯邦是三十年战争中受破坏最严重的地区之一，但也正是在这段兵连祸结的日子里，这个王朝成功地通过联姻继承了普鲁士领地。在三十年战争的破坏中，这个王朝的选帝侯通过与其他强大君主的妥协和联盟，保住了自己的领地。而大选帝侯威廉则成功依靠为强大的君主充当领取补助金的盟友甚至雇佣军，建立起一支和他的领地不相称的强大武装力量。这支武装力量既维护了其领地的和平与安全，又让这个家族成为一个待价而沽的有价值的实力集团。在付给霍亨索伦人的报酬里，不但有金钱也有主权和头衔。普鲁士公国脱离波兰获得完全的独立和国王头衔，都是通过战争或者提供军事服务以及充当盟友实现的。

霍亨索伦王朝通过在欧洲扮演这种高级雇佣军首领的角色，不但成功地缔造了一支效忠于他们的军队，同时也通过这支军队把他们通过联姻、继承、武力征服获得的一系列拥有各自不同的封建特权的领地缔造成一个国家。在欧洲的其他君主国里，这一加强王权、废除封建特权的过程往往意味着地方贵族的激烈反抗，但普鲁士的特殊性让它得以通过战争来疏解贵族的不满。霍亨索伦王朝初期和中期的历史中，君主所发动的战争很多时候更像是一桩生意。通过战争，君主们得以扩张领土或是从其他国家得到金钱，或者两者兼而有之。而这些土地和金钱又供养了军队，尤其是为在军队里当军官的贵族提供了地产之外的收入。于是，勃兰登堡-普鲁士的贵族往往乐于通过为国王的军队充当军官，而参与到国王的军事行动中去。久而久之，通过这种从传统的君主、贵族、平民到统帅、军官、士兵的身份转变，形成了普鲁士自己独特的身份认同。一个没有历史和传统的国家在军旗、战鼓和战场上的号令中形成了。从大选侯威廉到腓特烈大帝，霍亨索伦王朝的君主们扮演着战场上伟大统帅的形象，而通过站在他们周围，普鲁士的贵族也形成了自己对君主和君主所缔造的国家的认同。在这种认同感和共同利益的基础上，君主也乐于在地方问题上对这些效忠于自己的贵族让步。于是，普鲁士的王权和贵族的封建特权实现了一种共存的关系。普鲁士贵族让自己的形象朝着军事精英的角色转化，以一种军人的服从态度在战时和平日服从君主的命令。而君主则以自己的权力保障这些贵族在地方上的特权，让他们的经济利益不受触动，并在这些人为自己提供军事服务的时候付给相应的报酬。其他国家是“国家拥有一支军队”，而普鲁士是“军队拥有一个国家”，这句话如果从普鲁士的这种特殊性的角度上衡量是完全成立的。

普鲁士通过军事扩张，逐渐从勃兰登堡–普鲁士的基础上崛起，一步一步扩大自己的领土。在腓特烈大帝治下，通过投入奥地利王位继承战争和参与瓜分波兰而夺取了西里西亚，并且把勃兰登堡和普鲁士在陆地上连接在一起。在普鲁士王国的鼎盛时期，华沙也成为普鲁士王国的城市。此时的普鲁士拥有大片波兰领土，在宗教上新教和天主教并存，在文化和社会生活上和波兰的关系更密切。如果沿着这条道路发展，普鲁士和德意志的关系将更加淡漠，作为新国家的色彩也会更加明显。

但是，拿破仑战争的爆发改变了普鲁士的道路，拿破仑剥夺了大部分普鲁士夺取的波兰领土，建立了华沙大公国。而当拿破仑在1812年战败的时候，普鲁士虽然倒戈加入沙皇阵营，但华沙大公国却已经被俄国占领。1815年的维也纳会议上，除了普鲁士和勃兰登堡之间的陆上交通线之外的绝大部分波兰领土都成为沙皇统治的波兰王国或者“条约波兰”或“会议波兰”的领土。作为补偿，普鲁士得到了莱茵领土和一部分萨克森王国。于是，普鲁士的波兰色彩迅速衰退，德意志色彩重新抬头。从1815年到1867年，为了把在文化、信仰，甚至民法上都完全不同，而且政治上不接壤的东西两部分领土团结在一起，普鲁士不得不卷入德意志事务，成为德意志统一运动的推动者。之所以如此，是因为大普鲁士的事业和统一德意志的事业在这些问题上具有一致性。

当普鲁士通过普奥战争吞并了横亘在东西两部分领土之间的几个德意志邦国之后，随着北德意志联邦的成立，普鲁士扩张的脚步停滞了。在1867年的北德意志联邦中，普鲁士拥有绝大多数的领土和人口，并且毫不犹豫地要求没有被吞并的小邦的士兵也必须按照普鲁士的兵役法服役，遵照普鲁士制度接受训练并服从普鲁士总参谋部的指挥。如果沿着这条道路前进，普鲁士的扩张无疑将实现德意志的统一。

德意志帝国真的统一德意志了吗？

德意志帝国无疑是普鲁士王朝战争的产物，但是德意志帝国统一德意志了吗？如果仔细观察，就会发现德意志帝国本身是一个妥协的产物。1867年的《北德意志联邦宪法》所规定的其实是一个联邦性质的国家。俾斯麦在对宪法草案提出的指示里明确指出，北德意志联邦应该在形式上更接近邦联，然后通过实际的政治运作尽可能地赋予它联邦国家的性质。所以俾斯麦提出的宪法草案里甚至没有设置一个由普鲁士国王担任的联邦主席，而是由普鲁士王国来担任联邦的主席国。这样，北德意志联邦在制度上将更类似梅特涅在1815年建立的德意志邦联，邦联的主席就是奥地利帝国，而不是奥地利皇帝。

但这样的宪法遭到了北德意志联盟大会的反对，不得不进行修改，最终普鲁士国王威廉一世成了北德意志联邦主席，而俾斯麦自己成为联邦宰相。1870年的《德意志帝国宪法》可以简单地看作《北德意志联邦宪法》依据俾斯麦和南德意志各邦谈判的协定进行修改之后的产物，所以它的主体依然是《北德意志联邦宪法》。而且，为了争取南德意志各邦的支持，俾斯麦甚至还在《北德意志联邦宪法》的基础上做出了很多让步。北德意志联邦本来就带有浓厚的邦联色彩，俾斯麦做出更多让步之后，它在形式上更加接近邦联。

1871年通过《德意志帝国宪法》的时候，制宪的各党派中，除了天主教党，没有任何其他党派提出应该依据国家的宪法对德意志帝国所属各邦的邦法做出调整。德意志帝国无疑是建立了，但德意志帝国更像一个独立的机构，和帝国之内的所有各邦的邦机构平行存在。一个生活在1871—1918年的普鲁士农民，当他投票选举帝国议会议员时，他是一人一票的普选制议会的选民，而当他投票选举普鲁士王国议会时，却是一个三级选举制议会的选民。对帝国议会来说，每个选民的选票都是等价的，但对普鲁士邦议会来说，一个根据纳税金额被划入第三等级的选民的选票可能只是另外两个等级的选民的几分之一，甚至几十分之一。

同样地，帝国宪法把国家法意义的国家主权留给了德意志联邦会议，把外交权留给了帝国整体，但没有取消各邦的国家地位。帝国和邦国之间这种平行发展的情况比比皆是，各邦之间在1871年以后依然继续互派外交使节。德意志帝国无疑是建立了，帝国各邦之间的外交关系却没有断绝。在帝国议会已经设立了联邦院的情况下，这种各邦之间互派使节的制度已经毫无意义，但却没有受到任何触动，不但没有触动，甚至在符腾堡王国威胁要断绝与普鲁士王国的外交关系、几乎酿成宪法危机的情况下，帝国也更愿意用私下妥协的方式解决——而不是依照帝国宪法，从制度上做出任何改变。更神奇的是，除了各邦之间内部的外交关系，德意志帝国的大邦依然保留了自己的驻外使馆，根据俾斯麦和普鲁士第二大邦巴伐利亚的约定，巴伐利亚甚至有权在和平时期保留自己的驻外使馆，一旦战争爆发，巴伐利亚王国还有权派遣独立的媾和代表。巴伐利亚驻罗马、彼得堡、巴黎和维也纳的使馆甚至维持到了20世纪。

普鲁士的国王兼任了帝国的皇帝，普鲁士首相在几个极少数的个别情况之外也都兼任了帝国的宰相，普鲁士的大臣也经常兼任帝国的国务秘书。1870 年在巴黎和德意志各邦代表讨论宪法草案的时候，俾斯麦表现得异常慷慨，各邦所有利己主义的要求几乎都得到了俾斯麦的认可，其原因也很简单，因为当时的俾斯麦并不把自己看作北德意志联邦的首相，而是把自己看作普鲁士王国的首相，以此来保证普鲁士自己也得到同等的准独立地位。在依照历史传统建立的德意志帝国之内，一个完全出于霍亨索伦王朝利益而缔造的普鲁士君主国被小心翼翼地保持到了最后一刻。

更加讽刺的是，1918 年的十一月革命虽然废除了君主制度，却没有废除普鲁士这个君主国。在制定《魏玛宪法》的过程中，虽然起草者持坚定的中央集权主张，但新德国中普鲁士这个大得离谱的州却得到了保留。虽然它的权力和力量已经无法与普鲁士王国相提并论，但作为一个拥有 4000 万人口的超级大州，它超越了缔造它的霍亨索伦王朝的历史而得以继续存在。

1919 年的普鲁士，在追求中央集权的人眼中，拥有魏玛共和国（7000 万人口）过半的人口和领土，还有训练有素的行政官员，密集的铁路网、发达的工业和庞大的首都柏林，是实现中央集权、压倒任何地方分离主义的最好工具。而在试图捍卫州权的分权派看来，普鲁士这样的大州的存在，就是德意志各小邦几乎原封不动作为魏玛共和国的州的最好保证，只要普鲁士还存在，其他各邦就不会被取消。而在那些热切希望复辟君主制的贵族和贵族把持的军官团眼中，普鲁士的存在就是霍亨索伦王朝复辟的一个良好起点。

普鲁士的最后命运

普鲁士度过了 1918 年革命的艰难岁月，步履蹒跚地走进了魏玛共和国时期，虽然纳粹政府取消了普鲁士议会和政府，但普鲁士州依然存在，它的灭亡缘于1947年的盟军命令。为了铲除普鲁士的军国主义传统，盟军用这道命令让普鲁士的历史得以终结。从1701年腓特烈一世加冕到1947年普鲁士被废除，这个国家的历史持续了200多年。当时间跨过漫长的20世纪，曾经竞争德意志主导权的奥地利和普鲁士这两个强国，如今一个是独立的奥地利联邦共和国，另一个则已成为历史。

比较普鲁士和奥地利是一个非常有趣的话题。它们同样是为了王朝利益而被凭空制造出来的国家。但在缔造国家的过程中，霍亨索伦人的领地比哈布斯堡人小，领地上贵族的独立性也比较小，语言、文化、风俗的差异也小得多。所以霍亨索伦人得以利用一种对专制主义时期的君主最有利的方式来打造自己的国家，即通过军国主义的路线把国家、领地、贵族和人民的全部力量直接转化为军队的战斗力。普鲁士国家的真正主体是军队，这支军队的统帅和首脑当然是国王，但军队的基干和灵魂则是普鲁士贵族。他们出于传统和利益两个方面的考量而投身军队。这种情势在普鲁士国家的早期就已经奠定，相比于贫瘠的勃兰登堡–普鲁士庄园的收益，国王提供的优厚俸禄显得更有吸引力。到了近代，随着外国农产品对普鲁士农产品价格的冲击，普鲁士贵族更加依赖军官薪俸的收入来补贴自己入不敷出的庄园。

相比之下，奥地利或者哈布斯堡君主国的贵族从军，很大程度上是基于传统或者荣誉感。哈布斯堡君主国的体量比普鲁士大得多，贵族的力量也比普鲁士贵族强大得多。因此，这个王朝不可能通过单纯的领土扩张或者战争获得的战利品和别国提供的补助金，来弥补加强王权的过程中所激起的贵族的愤怒。哈布斯堡君主国走的实际上是一条比较传统的加强王权、打击封建特权的道路。其结果就是哈布斯堡君主国比普鲁士更接近传统的君主国，军国主义的色彩较为淡漠。贵族并不把从军视作自己的唯一天职，尤其是1867年普奥战争之后，由于贵族在军队里免试和优先晋升的特权被废除，除了少数大贵族依然保持着从军的传统外，很多小贵族和新册封的贵族纷纷退出了军队。第一次世界大战爆发的时候，奥匈帝国的军官更多地来自贪图军官学校提供的免费教育而成为军官的中下层阶级，与德意志帝国几乎清一色的贵族军官团形成了鲜明的对比。

奥地利得以保持至今和普鲁士的灭亡都取决于盟国的决定，当 1918 年奥匈帝国崩溃之时，新建立的德意志奥地利共和国国会同意并入德意志国家，却遭到了协约国的禁止。因为协约国的政治家无法向自己的选民解释，为什么经过漫长的战争，战败的德国的领土反而扩大了。当二战后盟军再次决定保障奥地利的独立时，奥地利的命运就已经注定。

按照盟国的观点，普鲁士军国主义应该为纳粹的战争暴行负责，普鲁士需要被彻底抹掉。那么，普鲁士的军国主义是否应该为纳粹的战争暴行负责呢？考察近代德国的历史，我们不难发现，虽然普鲁士的军国主义和纳粹的种族主义始终捆绑在一起，几乎是一体的两面，但在这两者之间还是存在某些区别的。"七二〇事件"就是一个很好的例子。1944 年 7 月 20 日参与刺杀希特勒运动的人中，从组织者贝克大将到内定的元首维茨勒本元帅，再到亲自下手行刺希特勒的斯陶芬贝格上校，都是典型的普鲁士贵族军人。而且即使在短暂的政变期间，这些军人除了下令逮捕纳粹、盖世太保之外，他们热烈争论的问题当中也少不了恢复君主制。实际上，纳粹德国时期，贵族军官团的反纳粹运动多少都带有一些恢复君主制的色彩。

这些事实是否可以把普鲁士的军国主义和纳粹的暴行撇清关系呢？很遗憾，依然不能。即使完全不考虑德国国防军对纳粹的效忠态度，我们依然无法把普鲁士的军国主义和纳粹的战争暴行撇清关系。普鲁士的贵族军官团对纳粹的幻想和亲近感是纳粹上台的重要原因。同时，普鲁士军国主义所塑造的那种对国家统治者的效忠和服从精神，军官对自身誓言和荣誉感的尊重，就是纳粹德国军队在战争期间大量战争罪行发生的根本原因。

普鲁士贵族政治家在 1871 年宪法中所采取的暧昧态度和德意志帝国政治制度的畸形，窒息了原本主张民主和统一的德意志民族主义，使 1848 年那个充满崇高理想的德意志民族主义不断腐烂堕落，最终变成纳粹的种族主义思想。而当魏玛共和国走到左翼和纳粹的二选一的十字路口的时候，普鲁士贵族军官团又选择了纳粹政府，造成了欧洲和世界，当然也包括德国自己的空前灾难。而作为战后追究责任的一环，普鲁士被盟军从制度和地图上双双抹掉，也正是普鲁士贵族给自己选择的命运。

附 德意志何所在？

德意志不能简单地等同于普鲁士，更不能等同于奥地利，但德意志的历史又不能抛开普鲁士，同样也不能抛开奥地利。那么“德意志何所在？”就成了一个很有意思的问题。同样很有意思的问题是：“贝多芬是一个德国音乐家吗？”可能很多人的反应是：“这算是一个问题吗？”但在这个看起来理所当然的问题背后，却掩盖着一段漫长的、惨痛的历史——从德意志到德国的历史。

贝多芬、莫扎特、康德、卡夫卡都属于德意志，这一点毋庸置疑。即使是再坚定的捷克民族主义者也很难宣称卡夫卡是一个捷克作家，卡夫卡懂捷克语，但他毕竟用德语写作，他是德语文学的一部分，是德意志文化的一部分。贝多芬虽然是一个佛莱芒人，但他是科隆选侯邦的音乐家，也是维也纳古典乐派的一分子，他是一个德意志音乐家。那么，德意志是否可以等同于德国呢？

康德生活在柯尼斯堡，是普鲁士王国的学者，但在他有生之年，普鲁士并不是神圣罗马帝国的一部分。如同休谟的君主英国国王兼任了神圣罗马帝国的汉诺威选帝侯一样，康德的君主普鲁士国王兼任了神圣罗马帝国的勃兰登堡边疆伯爵，如果康德生活在勃兰登堡，那他就是神圣罗马帝国的臣民，但他生活在加冕城柯尼斯堡，他就只是普鲁士国王的臣民。这是德意志与德国的第一差异。

如果说这个差别随着 1867 年普鲁士王国加入北德意志联邦，1871 年又加入德意志帝国而被消弭了，那么另一个始终没能被消弭的差异则体现在莫扎特身上。莫扎特出生在邦君大主教统治的萨尔茨堡邦，他有生之年都是一个神圣罗马帝国的臣民。他死后，萨尔茨堡邦在 1803 年随着帝国境内强制的教产还俗而变成了一个世俗的大公国，又通过 1815 年的维也纳会议被并入奥地利帝国，所以莫扎特今天有了德国音乐家和奥地利音乐家的双重身份。“奥地利人最大的成就就是让大家觉得贝多芬是奥地利人，而希特勒是德国人。”这个到处被引用的笑话完美地体现了奥地利和德意志的这种尴尬关系。

从 1809 年的德意志民族大起义到 1848 年，人民就在不断地追问：“德意志何所在？”德意志是一个文化概念，它的基础是语言，讲德语的人们在中欧和东欧所形成的一个文化区域就是德意志。它的起源带有国家和血统民族的色彩，随着德语的形成和传播，以及德意志民族的东进运动，同时作为中世纪普世帝国的神圣罗马帝国以及哈布斯堡、霍亨索伦这样的君主国塑造自身国家认同的努力，它们统治下的中欧的各民族用德语建立了一个伟大的德语文化区，而这个文化地区就是德意志。

从这个意义上说，历史上从未存在过一个包括了整个德意志的国家。即使是神圣罗马帝国也没能做到这一点。如前所述，普鲁士王国所属的东西普鲁士在文化上已经高度德意志化了，但它们和神圣罗马帝国的关系，与英国、丹麦和神圣罗马帝国的关系并没有什么差别。

1848年万国革命之年，法兰克福保罗教堂的德意志民族大会所宣示的德意志的范围，比较接近“德意志国家”或者“大德意志”的理想。因为保罗教堂的议员中有来自奥地利的代表，虽然没有波希米亚的代表，但是大会要求波希米亚必须选举代表出席，反对波希米亚自己召开捷克民族会议；如果波希米亚抗拒议会的要求，议会就要求维也纳政府强制捷克人选举代表出席，而作为对捷克民族的补偿，保罗教堂的议员们通过了德意志国家之内各民族平等的法令。换言之，1848年的德意志革命者追求的不是一个单纯的德意志民族的国家，而是民主的、统一整个德意志地区的多民族国家。

但这个德意志国家的理想随着保罗教堂的会议被驱散，以及随着会议被驱散而在全德意志掀起的武装斗争被镇压而告一段落。正是在1849年的武装斗争中，萨克森王国歌剧院的布景师森佩尔用自己的建筑学知识指导市民修筑街垒，而乐队指挥瓦格纳虽然没有办法帮助市民作战，却爬上了教堂的钟楼努力地挥舞红旗，那是理想中的德意志国家的最后时刻。当大炮的硝烟淹没了最后的街垒，德意志国家从此变成灰烬。1871年，普鲁士人建立了一个小德意志帝国，这个帝国被看作德意志民族的国家，然而理想中的德意志与德国的差别也随之展现出来。

1871年的德意志帝国是不是德意志民族国家？其实只要考察两个问题就清楚了：首先，这个帝国有没有少数民族？这个帝国是否承认少数民族的权利？是否为了挽留这些少数民族而在政治上对他们做出倾斜？德意志帝国同样有民族问题，而且它和一切君主国一样，在民族问题上“按闹分配”，各民族的权利不是按照它们为帝国做出的贡献决定的，而是按照它们给帝国带来的麻烦分配的。

在德意志帝国西部的阿尔萨斯–洛林，虽然当地人大多讲德语，但他们坚定地认为自己是法国人，而且这些信奉天主教的阿尔萨斯–洛林人、波兰人与同样觉得自己受到不公正对待的德意志天主教徒组成了天主教同盟。德意志帝国之内文官收入最高的不是帝国宰相，而是阿尔萨斯–洛林帝国直辖地长官，不仅薪俸最高，帝国还给报销大笔交际费，其用途不言自明，就是用奢华的宴会和招待会来拉拢阿尔萨斯–洛林的政治家。当威廉二世要让时任阿尔萨斯–洛林地区长官的霍恩洛厄侯爵出任帝国宰相的时候，侯爵甚至要求皇帝补偿升迁导致的财务损失。阿尔萨斯–洛林在帝国短暂的历史上成了帝国的“爱尔兰”，尤其是随着按照宪法赋予当地人选举权之后，阿尔萨斯–洛林民族党给帝国政府带来了不亚于爱尔兰党给英国内阁造成的压力，以至于柏林宫廷的权贵经常公开谈论“如何在不损害帝国的体面的情况下，抛弃阿尔萨斯–洛林”。

与之相比，帝国之内犹太人的表现要驯服得多，他们主要是中产阶级，职业和财富都依赖于帝国本身，因此也就没有得到什么特权，不但没有得到什么优待，整个德意志帝国中还弥漫着排犹的气息。这种气息在帝国时期还没有导致什么实质性的迫害，但文化上的排犹风气已经形成。

其次，德意志帝国是否真心想要团结统一整个德意志？哪怕不按照文化这个宽泛的角度去理解，单纯以血统民族的标准去看待，德意志帝国是否打算让自己成为整个或者绝大多数德意志民族的家园呢？回答也是否定的！德意志帝国从来没有统一国境以外的德意志民族的打算。

1867 年以前，俾斯麦煽动奥地利帝国内部的德意志民族主义者，1870 年战争中维也纳的德意志民族主义团体热烈地支持普鲁士，但是 1871 年德意志帝国建立后，柏林立刻就对这些“德意志同胞”不闻不问了。1881 年，德意志民族党通过了《林茨纲领》，要求彻底肢解奥匈帝国，让帝国的马扎尔和斯拉夫部分独立，而德意志部分加入德意志帝国，但俾斯麦对此毫无兴趣。俾斯麦不但对奥地利、苏台德、西里西亚和蒂罗尔的德意志人没有兴趣，他甚至连巴伐利亚、萨克森、符腾堡、巴登的德意志人都没有兴趣。直到 20 世纪，巴伐利亚王国依然保持着自己驻罗马、彼得堡、巴黎和维也纳的外交使节，符腾堡王国一度威胁要断绝与普鲁士的外交关系，但俾斯麦都不为所动。俾斯麦是一个普鲁士人而不是一个德意志民族主义者。

近代以来的历史著作希望赋予俾斯麦“白色革命者”的形象，认为俾斯麦所做的是掩盖在王朝战争之下的德意志革命，但这种说法是有待商榷的。1848年，俾斯麦为了联络军队镇压革命才生平第一次坐火车，他的理想是大普鲁士理想，而不是德意志理想，虽然他也是一个1848年革命时期的人，却完全没什么革命性。他设计的德意志帝国也绝不是一个德意志民族国家，相反它是一个普鲁士保卫自身国防安全和君主制度的工具，就像壁虎的尾巴，必要的时候可以抛弃。1918年，当最后的帝国宰相马克斯·冯·巴登要求威廉二世退位的时候，俾斯麦已经去世很久了，但他的声音仍在威廉耳边回荡，威廉从斯帕大本营给巴登王子打电话说：“我可以放弃皇位，但不会放弃普鲁士王位！”这就是德意志帝国的本质。

奥匈帝国在德意志帝国之外，领土上也有1000多万德意志人，这是德意志的开放性决定的。布拉格直到19世纪末还是一个德意志城市，你在19世纪初的布拉格街头用捷克语向一个德意志人问路，他会愉快地回答你，但如果你用捷克语向一个捷克人问路，他会愤怒，认为你看不起他。直到奥匈帝国的工业化让越来越多的捷克人涌入布拉格，人口从不足20万骤增至60万，它才从一个德意志城市变成一个捷克人占多数的城市。但奥匈帝国的工业化是不均衡的，例如上匈牙利的普雷斯堡，即使到帝国灭亡的时候，依然是一个德意志人占多数的城市。但帝国灭亡以后它有了一个斯洛伐克语的新名字：“布拉迪斯拉发”。

德意志何所在？答案就是德意志文化。

德意志是被讲德语的人们所创造的文化决定的，是讲德语的各民族的共同创造。在罗特的小说《拉德茨基进行曲》中，特罗塔家第一代在意大利立功受封贵族时，这个斯洛文尼亚人军官最后一次去见了自己的父亲，一个退伍中士，两父子即使在拥抱流泪的时候，讲的都是德语，老父亲只在喝醉的时候讲了一句斯洛文尼亚语。

雨果·沃尔夫出生在斯洛文尼亚，但他是德意志音乐家和音乐评论家。

古斯塔夫·马勒是德意志音乐的骄傲，但他来自摩拉维亚。海顿生在奥地利和匈牙利交界处，如果他生在边界的另一边，他就不属于德意志音乐家了吗？仅仅因为他生在边界的这一侧，他才是一个德国音乐家吗？

在德意志帝国之内有讲德语的犹太人亨利希·曼和托马斯·曼，谁能想象没有这两个人的德语文学？在奥匈帝国之内有讲德语的犹太人卡夫卡，他一生大部分时间都生活在布拉格，但他用德语写作。在布拉格还有另一个讲德语的犹太人，艾贡·埃尔温·基施[①]，1913 年他因第一个写文章揭露“雷德尔间谍丑闻案”而一炮打响，帝国灭亡之后他成为德共的重要作家，死后在《国际歌》声中被葬在布拉格，如同在南美洲自杀的犹太人茨威格，他们都属于德语文学。

这个高踞在整个中欧之上的，文明的、宽容的、自由的德意志，在 1848 年革命的春天一度仿佛要从空中降下，从梦中走来，却在喷射的榴霰弹中消散了。之后就是不断的战争、流血和暴力，一直到纳粹统治和种族灭绝。历史最讽刺的地方就是纳粹德国其实是在地理上最接近大德意志理想的一次，虽然它在精神上不折不扣地亵渎了德意志理想。1945 年以后，通过强制的人口迁徙，东欧各国公开驱逐本国的德意志人，甚至以对德意志少数民族的迫害实现了东欧的去德意志化。德意志这个文化圈迅速地缩小了，到 21 世纪已经显得越来越像是德意志联邦共和国，这是 1848 年以来一系列悲剧导致的灾难性后果。

如果一定要给贝多芬配一个祖国，那么 1848 年理想中的大德意志国家是唯一配得上他的，实际存在过的“德国”里没有能配得上贝多芬的，在贝

---

① 艾贡·埃尔温·基施（Egon Erwin Kisch，1885—1948），新闻记者、作家，出生于布拉格一个犹太商人家庭。他早期以揭露“雷德尔间谍丑闻”出名。1918 年参加过维也纳罢工和赤卫队，1919 年加入奥地利共产党，1933 年国会纵火案当夜在柏林被捕，由于捷克斯洛伐克政府的抗议而获释。1936 年西班牙内战时期参加了国际纵队。二战后回到布拉格，在布拉格逝世。他于 20 世纪二三十年代创作了大量报告文学，记录他在苏联、美国、中亚和中国等地的见闻。

多芬的《第九交响乐》响起的土地上，他们制造了如此多的灾难。中欧没有哪一个国家配得上贝多芬，如果贝多芬的灵魂能够在哪个地方安眠，那也许只能是“唯一的帝国之都，唯一的维也纳”了。

十四 最后的德皇威廉二世

威廉二世实际上是另一个拿破仑三世式的统治者，他的摇摆不定固然有个人情绪化的一面，但本质上还是拿破仑三世“政变式统治”的一个变体。威廉二世统治的底色是德意志帝国的制度所决定的机会主义，而他个人的情绪化、冲动和易怒只是把这种机会主义变成一种反复无常的机会主义而已。

威廉二世（1859—1941）

现在我们终于谈到了威廉二世，这一章里的第三个波拿巴主义者。对今天的读者来说，威廉二世是一个亲自引燃第一次世界大战，并葬送老欧洲的统治者，但是对这位皇帝的评价却往往集中在他飘忽不定的主张、冲动易怒的个性和若有若无的精神分裂倾向上。丘吉尔说威廉二世是一个在军火库里抽烟的人，这句话几乎给威廉二世的评价定下了基调。人们强调他曾经拍过保加利亚国王的屁股，用元帅杖去砸俄国大公的后背；人们强调他的先天残疾，成长过程中的缺乏母爱，和父亲的紧张关系，认为这些就可以解释他统治时期的种种作为。但事实上我们知道，一个近代君主的性格缺陷、童年阴影或者精神问题，都不可能持久地影响他的政策。随着近代国家的形成和发展，君主个人的色彩往往只能起次要的作用。

威廉二世实际上是另一个拿破仑三世式的统治者，他的摇摆不定固然有个人情绪化的一面，但本质上还是拿破仑三世“政变式统治”的一个变体。威廉二世统治的底色是德意志帝国的制度所决定的机会主义，而他个人的情绪化、冲动和易怒只是把这种机会主义变成一种反复无常的机会主义而已。

十字路口的帝国

拿破仑三世统治的是一个畸形的第二帝国，承认人民的普选权，甚至把人民的授权作为帝国皇权的基础，但同时又限制民选的立法团的权威，强调皇帝的绝对统治权。如果我们把这种政治上的畸形或者自相矛盾看作法兰西第二帝国的一个基本特色，那么德意志帝国和它其实有很多共同点，从某种程度上说，畸形的程度甚至更高。如果说法兰西第二帝国是自相矛盾的，那么德意志帝国就几乎到了精神分裂的地步。

对 20 世纪初的欧洲君主大家庭而言，最“人为的”和“凭空制造”出来的两个头衔大概就是德意志皇帝和奥地利皇帝了。奥匈二元君主的弗兰茨·约瑟夫一世，作为皇帝是奥地利皇帝——这个尴尬的职位是1804年被人为发明出来的，但他通过1867年的加冕戴上了圣斯蒂芬王冠，成为匈牙利圣徒国王的继承者——费伦茨·约瑟夫一世，他的神圣性就回来了，画成带光圈的君主就不那么尴尬了。

但德意志皇帝不行，德意志帝国原本叫德意志联邦，更尴尬的是，在德文里联邦和邦联都是一个词。所以它什么时候翻译成联邦，什么时候翻译成邦联，完全是我国学者的心情或者一厢情愿。而这个联邦的首脑原本是联邦主席，联邦主席就太不君权神授了，所以当时腓特烈·威廉王太子主张这个世袭的主席应该成为君主，他提出一个非常德意志的方案——德意志国王。如果这个方案通过，那么巴伐利亚、萨克森、符腾堡以及最重要的普鲁士国王就应该放弃王位成为公爵。俾斯麦直接否决了他的方案，理由是：你不可能让人失去王位而不动用刺刀，也不可能动用刺刀而不留下仇恨。所以，俾斯麦援引了神圣罗马帝国和1848年的双重传统，通过《皇帝宣言》把联邦主席这个听起来像戴套袖的公务员的头衔，换成了酷炫的德意志皇帝。

虽然自称德意志皇帝，但威廉二世的父亲腓特烈·威廉王太子继位时，想要按照神圣罗马帝国的传统称自己为腓特烈四世，却遭到了俾斯麦的无情拒绝。于是，他又想按照这个被凭空制造出来的帝国的传统称自己为腓特烈一世，却又遭到了普鲁士贵族的抗拒，于是他就不明不白地作为腓特烈三世被载入史册。普鲁士的王位顺序压倒了神圣罗马帝国和德意志帝国。

1888年，威廉二世登上了两个不同的宝座：一个是君权神授的普鲁士国王的王位，另一个是依照宪法被授予统治权的毫无传统和神秘色彩的德意志帝国皇位。而他自己通过一个简单粗暴的方式将两者合二为一，直接宣布他戴上的普鲁士王冠为德意志皇冠，以他自己的方式解决了德意志–普鲁士的二元性这个巨大的帝国宪制难题。

但国王–皇帝这个职位本身就很尴尬。除了人造、依靠宪法、毫无传统和神秘色彩即正统性之外，这个职位还有一个大问题：虽然它是一个人为发明的制造物，却不是专为将要头戴皇冠的威廉二世发明出来的，相反，帝国的整体体制实际是为它的创造者也就是帝国宰相俾斯麦量身设计的。这里我们再言简意赅地复述一下这个体制。

如果不把联邦会议和帝国议会看作帝国的两个不同的权力部门，而是看作一个完整的帝国议会的上下两院（威廉二世自己就是这么看待它们的），那么帝国的体制就可以看作由皇帝、宰相和议会这三个部分组成。换言之，帝国体制的大厦实际上是一个竞技场，皇帝、宰相和议会是三个赛跑和博弈的对手。根据这三者的不同搭配，帝国有着两种截然不同的前途。帝国宰相把持着和帝国议会打交道的权力，如果宰相紧靠议会，皇帝就可能被架空，帝国就会走向英国式的君主立宪制。而假如皇帝能够把宰相置于自己的控制之下，并降伏议会，帝国就会走向法兰西第二帝国式的略受约束的君主制。但皇帝并没有什么体制上的机制去控制宰相和降伏帝国议会，因为普鲁士王国虽然捍卫了自己的三级选举制，但德意志帝国议会是普选的。

连续两代弱势君主和他们的强势宰相维持了19年的统治之后，随着威廉二世的继位，长期被搁置的帝国体制进入了一个微妙的阶段。对威廉来说，他的帝国已经在十字路口徘徊了19年，是到了由他来决定帝国前进方向的时候了。而这个十字路口，正如日后霍尔施泰因所批评的那样："向左是共和国，向右是拜占庭！"

皇帝的两种身体

被帝国宪法制度化了的皇帝与宰相的二元体制，在威廉一世剩余的十几年岁月中得到了平稳地运行，这本身是一件不可思议的事。因为任何一个君主都不会允许自己身边存在一个制度化的共同统治者，一个副皇帝。但是威廉一世容忍了俾斯麦，这不能仅仅用威廉一世已经来日无多来解释——因为

1888 年继位的腓特烈三世皇帝继位时就已经身患癌症，但还是曾经尝试着对帝国的体制进行改革。

威廉一世对俾斯麦的容忍，建立在三个不同的因素上：第一，1862 年以来俾斯麦所创造的眼花缭乱的功绩，让这位皇帝对俾斯麦非常信任。第二，威廉一世确实年事已高，既不想也不愿意花费时间和精力去扮演一个积极统治的皇帝。第三，也是最重要的一点，此时的威廉一世身上有两个截然不同的角色——1870 年的胜利和《皇帝宣言》带给他的德意志皇帝头衔和建立在世袭王权基础上的普鲁士国王的头衔。

两个角色的地位是完全不同的，对威廉一世来说，德意志皇帝这个头衔甚至是无足轻重的。因为 1871 年建立的这个帝国，本质上就是一个无足轻重的联邦，事实上只是掩盖普鲁士扩张的障眼法。威廉一世曾经还担心因为这个帝国的建立而丧失自己世袭的普鲁士王权，当他确信自己还是世袭的普鲁士国王、掌握着国王的全权时，对帝国是否存在一个共同责任者，就不那么在乎了。虽然俾斯麦成了帝国的共同执政者，但他依然是普鲁士首相，要受到普鲁士传统和宪法的约束。

皇帝的这种二元性，在威廉一世身上体现为他首先是普鲁士国王，然后才是皇帝。于他而言，德意志帝国就像普鲁士的一个皮包公司，俾斯麦是帮他经营皮包公司的重要帮手。

但时间在流逝，在帝国建立的前 20 年中，德意志帝国经历了剧烈的工业化。1873 年股市崩盘危机后，德意志帝国和奥匈帝国都转入贸易保护政策，之后整个中欧进入了一个经济持续高增长和工业飞速发展的阶段，其中进步最明显的还是德意志帝国。工业规模的扩大导致城市化，城市的扩大让市民阶级得以扩充，但德意志帝国的市民阶级在文化和意识形态上依然保持着 1848 年以来的传统，自由和统一依然是他们追求的目标。这些上层市民阶级，对君主和王室依旧不以为然，他们喜欢教育、商业成功带来的诸如“博士、教授、市政委员、市议会议员或者市长”的头衔胜过皇家赐封的封号和爵位。

但是工业的持续扩大，尤其是生意上对帝国贸易保护政策的依赖，让他们渐渐意识到：虽然这个帝国既不够民主也不够统一，但依然是不可或缺的。于是，他们开始放弃1848年以来市民理想中的民主原则，转而和帝国合作。

同时，城市化也导致新市民，尤其是下层无产阶级的崛起。工人运动的发展和劳资纠纷的频繁，让德意志资产阶级更加依赖帝国的保护。1848年的温和左翼的自由党人现在成了有条件的支持帝国的党派。工业化还带来教育的发展和识字率的上升，这让在帝国建立后出生和长大的一代人产生了对帝国的认同，对德意志帝国的认同开始压倒对德意志各邦的认同。

与此同时，帝国主义时代来临了。

世界走入帝国主义时代和德意志帝国的建立几乎是同步的。1870年，普鲁士战胜法国，不但导致了德意志帝国的建立，也导致了意大利王国占领罗马。19世纪下半叶，欧洲最重要的主题——德意志和意大利的统一运动至此趋于终结。欧洲的领土被少数几个大国所分割，而这些大国中只有法国是共和国，意大利和英国是王国，剩下的德国、俄国和奥匈帝国都是帝国。为了让本国君主能够与其他强国君主并驾齐驱，皇帝头衔开始变得必不可少。这是一个英国女王自称印度大皇帝、保加利亚国王自称保加利亚沙皇的时代。皇帝和帝国几乎被看作强国的代名词，甚至是国家平等、不受外国干预和统治的象征。比如，日本为了确保自己对朝鲜的统治权不受其他国家干预，就给朝鲜的李王送上了一个皇帝的尊号。

在这样的时代里，威廉一世已经风烛残年，即使感受到时代的改变，也没有兴趣跟上时代的脚步了。1888年，威廉一世逝世，继位的腓特烈皇帝和威廉一世不同，对他来说，身上的两个角色里，排在第一位的是皇帝，其次才是普鲁士国王。但腓特烈皇帝也已经来日无多，登基之后90多天就因为咽喉癌撒手人寰，威廉二世继位，1888年因此被称为三皇之年。腓特烈皇帝没有机会和俾斯麦爆发冲突，年轻的威廉皇帝可就不同了。

威廉二世身上的两个角色，已经不是一和二的关系，而是外在的意识和内在的潜意识的关系。在威廉二世的观念里，他的身份天生就是皇帝，这首先是当时欧洲君主大家庭的礼仪制度决定的，皇帝如果不比其他国王高贵，那么他的外祖母[①]为什么还要自称印度大皇帝？其次是帝国主义时期的游戏规则。随着德意志帝国的建立，普鲁士国王已经和组成德意志帝国的其他各邦君主一样退居次要的地位，虽然德意志还保留着大大小小的宫廷，但它们已经无法成为帝国主义时期欧洲列强中的一员了。威廉要成为欧洲权力格局中举足轻重的一分子，受到其他强国的尊重，甚至为自己争取某种至高无上的地位，只能依靠作为皇帝对蒸蒸日上的德意志帝国的统治权，而不能依靠自己世袭的普鲁士国王身份。

这个登上宝座的年轻皇帝，是一个从小就憎恨母亲，周旋于父亲、祖父和伟大的帝国宰相之间的残疾人。威廉在出生时因为胎位不正而难产，在维多利亚时代，一个孩子如果超过 8 小时还没有出生并自主呼吸，就基本上没有生还的可能性了，而威廉二世的出生经历了漫长的 10 小时。助产士在情急之下用力蛮干，导致威廉左臂萎缩，右耳在长期的治疗后也失去了听力。皇太孙威廉成了一个残疾儿童这一事实，让维多利亚长公主幻想破灭，视自己的儿子为耻辱。

这种局面不仅破坏了威廉和母亲之间的亲情，而且让威廉在维多利亚时代宫廷里常见的棍棒教育之外还忍受了更多非人的痛苦，为了防止他的残疾进一步扩大，他不得不忍受当时医生通常采用的捆绑矫正疗法，来缓解左臂萎缩导致的身体扭曲，还有刚刚兴起的被认为能治百病的电疗。维多利亚长

---

① 威廉二世的母亲是英国维多利亚女王和阿尔伯特亲王的长女维多利亚长公主（Victoria Adelaide Mary Louisa，1840—1901），他是维多利亚女王的第一个外孙。1876 年 3 月，英国首相迪斯累利在议会中提出修改头衔法案，颁行新的《女皇称号法案》（*The Royal Titles Bill*），促成维多利亚女王得到“印度女皇”头衔。

公主千方百计地要把残疾儿子训练成一个健康强壮的男子汉。威廉被母亲绑在马上学会了骑马，学会了用健康的胳膊开枪打猎。但童年的残疾和成年时期因为意外或者战争导致的残疾之间最大的区别就是，前者给一个人带来的伤害既有生理上也有心理上的，而后者则主要是生理上的。拿破仑的外交大臣瘸子塔列朗有一句名言，那天他看着一位战场上的英雄拄着拐杖大踏步走向拿破仑皇帝，于是对身边的人说："他只是生理上瘸，而我则是心理和生理上都瘸。"这一点在威廉二世身上也体现得非常明显，虽然威廉一直试图掩盖自己的残疾，但他越是炫耀自己的马术、枪法和右臂的臂力，他残废的左臂所留下的阴影就越明显。尤其是他那个著名的恶习：握手前，把自己右手上的戒指嵌宝石的一面转向内侧，然后用力抓紧对方的右手。当看着对方痛苦万分，甚至流泪而感到心满意足时，他看到的其实是他自己因为左臂萎缩而流下的眼泪。

除了生理上的残疾和对母亲的仇恨，他年轻时代的个人形象还取决于另外三人——父亲普鲁士的腓特烈·威廉王太子、祖父威廉一世、祖父的亲密战友和忠诚臣仆俾斯麦。腓特烈·威廉王太子是普鲁士宫廷里最公开的自由派，也是最坚定的亲英派。在他看来，他的儿子、未来的国王威廉应该跟上时代的脚步成为一个自由主义者，接受完备的教育尤其是新兴的近代化的大学教育，成为一个知识分子。而在他的祖父威廉一世看来，普鲁士王权的基础在于军队和统帅军队的贵族的支持，所以皇孙威廉应该和他一样，接受传统的普鲁士军事教育，成为一个典型的军人。亲俄又保守的俾斯麦坚定地站在威廉一世一边。

对皇孙威廉而言，无论是大学教育，还是军事训练，都不是什么愉快的事。他更希望利用三人之间的矛盾为自己的懒散和无所用心创造空间。在这个过程中，他发现自己的父亲在经济上受制于自己的祖父，在政治上被笼罩在俾斯麦的阴影之下。没有什么比一个孩子利用对自己父亲的背叛来逃脱教育和约束更能破坏他性格的完善了。而威廉就是如此，他用自己的保守主义

德皇威廉二世（左）和表兄英皇乔治五世（右）并骑

威廉二世（右）与俾斯麦

倾向去取悦于自己的祖父和俾斯麦，以此逃脱波恩大学的教育。俾斯麦指着柏林大学对自己的妻子说："我就没进去过。"这句话，威廉如果照搬过来可能有点夸张，但也不算太离谱。在威廉一世和俾斯麦的支持下，威廉并没有真正接受什么系统的教育。又因为腓特烈·威廉王太子的抗议和阻挠，威廉也没有接受什么系统的军事训练。相比作为一个传统的军人而且深谙 19 世纪晚期军事技术进步的威廉一世，威廉二世对军队的了解主要集中在军服、羽饰、马术和闪亮的勋章和绶带。在这一点上，他和那些举着观剧镜欣赏阅兵式的贵妇人们是差不多的。

就是这个内心焦虑、缺乏安全感的残疾人，在沙文主义情绪最浓厚的 19 世纪末，登上了全欧洲最热衷于耀武扬威的国家的宝座。

老欧洲的葬送者

理解了威廉二世的皇帝身份在制度性上的缺陷，和他身上两种截然相反的权力——被宪法授予的皇权和君权神授的普鲁士王权，再加上威廉个人对皇权的渴望，我们就可以对威廉二世看起来纷乱复杂，甚至自相矛盾的统治有一个更加清晰的认识。

当威廉想要作为一个皇帝，在欧洲为自己谋求理所当然的尊崇地位时，他首先感受到的，是他在德意志帝国制度上的尴尬处境。他容忍不了自己这种模棱两可的地位，更不能容忍在帝国层面还存在着一个制度化的共同统治者，即使这个人是伟大的俾斯麦。所以他势必要和俾斯麦爆发冲突，威廉二世和俾斯麦以及俾斯麦制度的斗争几乎贯穿了他的整个统治时期。

威廉曾经为了反对帝国宰相而和普选产生的帝国议会合作，利用人民来反对试图制衡自己权力的宰相，最终在 1890 年把俾斯麦踢下了台。最初，他认为只要赶走了俾斯麦，就可以建立起自己的君主统治。但俾斯麦真的下台后，威廉发现继任的帝国宰相实际上扮演的还是俾斯麦的角色。俾斯麦之后的卡普里维和霍恩洛厄都希望成为一个拥有独立性的帝国宰相，霍恩洛厄甚至直接向皇帝抗议，他不是负责把皇帝的法令递交帝国议会的秘书，“他是帝国宰相”。于是，威廉意识到真正阻碍他的是俾斯麦所设计的那套制度。他想方设法赶走了卡普里维和霍恩洛厄，找到了他的“忠实臣仆”伯恩哈德・冯・比洛①，终于把帝国宰相贬低到皇帝的助手和秘书的角色上。有了对自己俯首帖耳的宰相后，他又和宰相联合起来对抗议会，以便实现他 20 世纪君主政制的理想，开始他的皇帝统治时期。威廉通过演说来唤起民意，通过直接外交来凸显自己在欧洲乃至世界权力格局中的重要作用。他试探着自

① 伯恩哈德・冯・比洛（Bernhard Heinrich Karl Martin von Bülow，1849—1929），德国政治家。普法战争期间曾服役于德军，之后于各个欧洲国家首都的德国领事馆任职。1900—1909 年，担任德意志帝国第四任宰相，兼普鲁士首相。

己的权力能够在帝国的体制里起到多大的作用，他在此过程中表现出的是一种典型的拿破仑三世式的机会主义。

但威廉二世又不完全是一个拿破仑三世式的君主，拿破仑三世的地位是政变和全民公决赋予的，一旦在权力游戏中失败，波拿巴家族在政治上将万劫不复，甚至连个人安全都得不到保障。而威廉二世不同，他身上还有君权神授作为普鲁士国王的那一面，尽管这个角色其实已经被威廉二世忽略掉了。虽然普鲁士国王也要受到1851年宪法的约束，但国王权力的界限是清晰的，而且没有任何人可以挑战。作为普鲁士国王，威廉可以随意召见他的大臣，可以自由地召开御前会议，可以向议会提交法案，甚至可以鼓励自己的大臣互相争斗，然后再扮演最后的仲裁者。

这个统治时期大体上维持到1908年的"每日电讯报危机"[①]。这一危机和之前的奥伊伦堡丑闻[②]令威廉皇帝的自信心遭到沉重打击。他对自己的"皇帝亲政"受到如此激烈的反对而感到震惊，于是采取了一种退缩政策。

这种政策让比洛的继任者贝特曼-霍尔维格[③]得以在一定程度上恢复了帝国宰相和皇帝的共同统治关系，他甚至试图利用帝国议会在德意志帝国建立起一种接近虚君立宪的立宪政体。

---

① 1908年10月，威廉接受英国《每日电讯报》的采访，他认为这是一个平息与英国紧张局势的机会，但他的讲话却起了反作用。他说"你们这些英国人，疯得就像三月的野兔"，指责英国人嫉妒心重且缺乏信任，说他们回绝了他的友谊，"深深伤害了我的耐心"。他指出，大多数德国人都是反英分子。法国和俄国人怂恿他与布尔人一起反对英国。他说，德国的海军扩张是针对日本，而非英国。他的一席话接连冒犯英国、法国、俄国以及日本。而宰相比洛由于疏忽，没能阻止访谈的发表，访谈发表后引发舆论哗然。这也成为比洛下台的一个原因。

② 1907年，威廉二世的密友奥伊伦堡（Philipp Friedrich Alexander，Prince of Eulenburg and Hertefeld, Count von Sandels，1847—1921）被记者揭发是同性恋，而且在皇帝周围制造了一个同性恋圈子。各种影射最后指向皇帝本人。当时，《德意志刑法》第175条规定同性恋属于犯罪。

③ 贝特曼-霍尔维格（Theobald von Bethmann-Hollweg，1856—1921），德国政治家。原为法律学者，曾任普鲁士内政部长，1909年，比洛辞职后接任帝国宰相，直至1917年。

威廉的退缩态度，让他逐渐退却到对他无条件效忠的普鲁士军人中间。作为普鲁士国王，威廉对普鲁士军队拥有几乎毫无争议的权力，军队效忠于他，军队的管理机关几乎不受议会约束，即使是德意志帝国的宪法，也强调了皇帝对帝国军队的绝对的统治权。而制度上的德意志帝国军队长期以来都是一支临时军队，所以普鲁士王国的战争部和总参谋部，客观上扮演了德意志帝国战争部和总参谋部的角色。

他身边其他小集团的衰退，让他在一战前的岁月里，实际上只处在两个集团中间：一个是强势的、想要建立立宪制度的帝国宰相和帝国议会的集团；另一个则是支持威廉的个人统治、态度上要顺从得多的军人集团。威廉自然而然地倒向军人，并把外交危机的处理和对军队的统率视为自己最后的毫无争议的君主权力。

这就给七月危机[①]和德意志帝国迈向世界大战做好了准备。随着世界大战的爆发，威廉的个人影响力日益衰退，军人们最终抛弃了皇帝和王朝。德意志帝国的历史即随之终结。

但事情并不是“他积极追求权力，最后失败了”这么简单。威廉二世确实急切地想要夺取权力，但当他觉得自己夺取了权力，或者夺取了统治的主导地位时，就不再积极地行使自己手中的权力了。在他统治的大部分时间里，他其实是一个被动的统治者。他会慷慨激昂、满腔热忱地支持各种政策，并把这些政策都算到自己名下，即使它们彼此之间互相矛盾。这也是很多人觉得威廉二世精神不稳定的原因。

威廉这种自相矛盾的行为，仍然可以从他身上的两种角色来理解。为什么他掌握了权力就变得被动和懒惰？因为他身上虽然有宪法赋予的脆弱的皇权，但他还有一个世袭的正统君主的角色。作为普鲁士国王，他没有任何敌

---

① 从 1914 年 6 月 28 日的萨拉热窝事件至 7 月 28 日奥匈向塞尔维亚宣战启动第一次世界大战的 31 天，史称“七月危机”。在“七月危机”中，威廉二世表示支持奥匈立即对塞尔维亚开战。

人或者共治者，他的地位非常稳固。所以一旦他为皇帝的统治打开了局面，他就觉得自己已经掌握了主导地位，接下来只要找到符合他心意的政策并加以支持就可以了，而他自己对政策并没有内在的意图。

比洛意识到皇帝的统治欲，但也看到了皇帝的懒惰和散漫。威廉二世有太多的主张，却没有一一监督这些主张被落实所需要的耐性。

作为皇帝，他迫切地想要对统治指手画脚，但他不是一个朴实的普鲁士军人或单调的普鲁士文官，能够把自己的每一个想法都一一做成备忘录和时间表，然后督促大臣去逐个完成。威廉实际上仅仅是在心理上，或者说在宫廷的气氛上实现了皇帝亲政。对此时的大臣来说，他们唯一和过去不同的地方，就在于他们需要向皇帝解释为什么他们制定的计划是皇帝意志的体现，即使它们和皇帝过去所支持的计划完全相反，但却依然是皇帝意志的体现。

玩弄这种手段的大师无疑是“皇帝的忠实臣仆”比洛和德意志帝国海军的缔造者提尔皮茨。提尔皮茨深切仇恨英国，试图打造一支超过英国的战列舰舰队，但事实上德意志帝国并不需要，德意志帝国没有英国那样广阔的海外殖民地和海外利益。同时，德意志帝国的预算已经被陆军花掉了一大半，而陆军对德意志帝国的整个社会制度有着举足轻重的影响。

随着时代的进步，普鲁士容克贵族的经济利益受到了巨大冲击，俄国的廉价农产品冲击着普鲁士贵族的农产品价格，这在俾斯麦一节中已有详述。此时的容克贵族们必须依靠国家的扶持（即农产品保护关税）和在普鲁士的政府或军队里任职赚取的薪金来补贴家用。但政府官员的总数是有限的，真正可以养活这些贵族的地方无疑是陆军。普鲁士和德意志帝国的陆军不仅在制度上是国家统一的重要标志，也是君主政体和被君主政体视为基础的传统生活方式的象征，威廉二世一生的大部分时间都以军服形象示人，围绕在他身边的德意志各邦君主、帝国高级官员也都以穿军服的形象示人，甚至帝国宰相也不例外，从俾斯麦到贝特曼-霍尔维格，德意志帝国的宰相大多都领有后备军的军衔并且穿军服。

因为普鲁士的社会制度和君主政体近乎天然地决定了德意志帝国的陆权国家性质，俾斯麦时期的德意志帝国海军形同虚设。可随着工业化的发展，德国的资本家也开始支持帝国海军的扩张，威廉虽然也想扩张海军，却没有明确的方案。提尔皮茨上台以前，帝国海军部的扩军计划是以装甲巡洋舰为基础的，威廉曾对此给予热烈的支持。但提尔皮茨利用1900年前后的英德矛盾，成功地向威廉证明他一直以来所热烈追求的就是一支强大的可以和英国并驾齐驱的战列舰舰队。于是，威廉从此就发自内心地相信战列舰舰队是他一直以来的海军梦想，继续充当海军扩张计划的积极推动者。

提尔皮茨在海军事务上牵着威廉的鼻子走，而比洛几乎在整个帝国内政外交事务上对威廉虚与委蛇。比洛成功地把自己塑造成威廉亦步亦趋的追随者、忠诚的臣仆。但事实上，比洛对威廉的大部分指示毫不在意，甚至建议其他人也不要把皇帝的指示看得太重。他只选择皇帝指示中符合自己计划的部分加以渲染，让威廉相信比洛正在按照指示前进。而比洛的这种作为，实际是俾斯麦式帝国宰相执政的一种变体，也就是把俾斯麦的制度性的共同统治，变成一种带有宫廷小集团色彩的共同统治，比洛只是用一种巧妙的手法掩盖了自己的独立性罢了。

威廉非常容易被人感染和带动，他有一种基于自身的残疾而产生的强烈的自卑感，这种自卑感的副作用是他一生中大部分时间里都在追求一个更加崇高、更加伟大的自己。对这种追求形容得最准确的还是那些挖苦威廉的话，比如，威廉是一个“天天都想过生日的人”；如果这句话还无法准确描述威廉那种渴望成为主角的心情的话，那么另一句话说威廉渴望“在每一个婚礼上成为新郎，在每一个葬礼上成为尸体”，就再准确不过了。这种心态让威廉极度需要周围人的认可和崇拜，结果就是他永远无法和周围的人建立起稳定而正常的关系。

当他觉得自己被忽视被冷落时，会变得非常愤怒，身上骄横粗野的富家子弟的一面就会暴露出来，甚至会毫不犹豫地使用从暴力到政治威胁的种种手段加以报复。但假如这些都无法奏效，或者威廉一开始已经觉得这些都无济于事，那他又会表现出一个极度渴望得到夸奖的孩子的一面——会无所不用其极地讨好别人。

在战争爆发这一问题上，威廉的这种个性都或多或少地起了作用。1914年7月，在波罗的海上玩游艇的威廉得知斐迪南大公遇刺的消息后，回到柏林会见了奥匈帝国大使。大使向他递交了奥皇的亲笔信、奥匈帝国外交部的备忘录，以及说明斐迪南大公遇刺对备忘录所提及的巴尔干外交政策的影响的文件。威廉只用几分钟就弄清楚了奥匈帝国文件的全部含义：奥匈帝国想要对塞尔维亚动武。他一开始非常明智地表示：在与帝国宰相贝特曼-霍尔维格磋商以前，他无法对这些文件给予任何正式的回答。而深刻了解威廉个性的奥匈帝国大使，完全没有因为这样冷淡的回答而感到气馁。他继续和皇帝一起吃午饭，并没有继续他们之前的谈话。于是这顿饭让威廉吃得非常不愉快，因为他发表的意见没有得到对方的任何回应。对方既没有表示抗议，给他发怒、威胁的机会；也没有哀求他，给他网开一面的机会。相反，这位匈牙利伯爵在整个午餐过程中沉默了，对他的观点完全不为所动。威廉内心的开关瞬间倒向了另外一边。当他们饭后一起喝咖啡时，奥匈帝国大使给了威廉第二次成为整个舞台中心人物的机会，他再次对皇帝谈起神圣的君主原则、奥匈帝国的大国地位等大而化之的话题。威廉立刻配合了他，口径为之一变，直接告诉大使，在巴尔干问题上，奥匈帝国可以得到德国无条件的支持和保证。直到这时，他还没有忘记他之前提到的帝国宰相，所以他顺便替帝国宰相一起打了保票，告诉奥匈帝国大使："虽然帝国宰相不在"，但他相信贝特曼-霍尔维格在这个问题上会跟他有"完全一致的意见"。

这就是导致第一次世界大战的"空头支票"。然而当时的威廉并不认为他和奥匈帝国大使的谈话会让德意志帝国背负上什么军事责任，若无其事地回到波罗的海继续驾驶他的游艇。而此时距离奥匈帝国对塞尔维亚宣战还有22天，距离德国对俄国宣战还有27天，距离英国参战还有30天。

威廉二世是一个痛苦焦灼地坐在德意志帝国铁王座上的残疾人。从个人形象上说，他的内心深处有一个被他幻想出来的伟大而崇高的威廉皇帝，但他能够展示给世界的却只是那个左臂残疾的自己；从身份上说，他有一个建立在君权神授基础上的普鲁士国王头衔，和一个仅仅为了“体现帝国的统一”和“赋予联邦主席与各邦君主在礼仪上的优先权”而设立的德意志皇帝的头衔；从意识形态上说，他既不是一个保守主义者，也不是一个自由主义者；从生活方式上说，他既不是一个普鲁士军人，也不是现代资产阶级。他一生都在他的不同形象、不同身份、不同立场之间摇摆不定。

当皇位变得岌岌可危时，他会想起自己还是普鲁士国王，但当他自信满满的时候，他又觉得自己可以成为一个伟大的德意志皇帝。即使到 1918 年 11 月，当帝国宰相马克斯·冯·巴登已经宣布了皇帝退位的消息的时候，威廉二世在其统治生涯的最后时刻，依然试图回到那个对他来说是安宁的、家园般的普鲁士王位上去。他派人打电话给帝国宰相，宣布虽然皇帝已经退位，但威廉并没有放弃普鲁士王位。对威廉的这个声明，马克斯·冯·巴登只能无奈地回答：“已经太晚了！”

威廉二世是一个少有的采取波拿巴主义手段进行统治的正统君主，也正因为如此，他身上波拿巴主义的色彩往往被人忽视。人们把他政策上的矛盾和摇摆归咎于他个人的性格，而不是他的处境和他所面对的制度。但事实上，只有从他统治的德意志帝国的体制和处境出发，我们才能真正理解这个生活在世纪之交的皇帝、这个亲手埋葬了老欧洲的人的内心世界。

附 假如德皇是俄皇：俄罗斯之心沙皇瓦西里·费奥多罗维奇

第一次世界大战悲剧的重要一环，就是充满个性和表演欲的威廉二世坐在一个完全人造的、毫无传统和神秘色彩的德意志皇帝宝座上，而个性非常软弱、缺乏积极性的尼古拉二世却坐在一个完全基于传统、充满神秘色彩的全俄专制君主的宝座上，虽然脖子上系了一条宪章和杜马的锁链。

我们并不打算从理性的角度去分析一战悲剧的这个侧面，我们准备带你们开心地去开个脑洞，想象如果这两个人交换处境，全俄专制君主瓦西里·费奥多罗维奇[①]和德意志皇帝尼古拉会是怎样的两个人。这里我们先来谈谈“傻瓜威廉”。

① 一战期间，俄国报纸给威廉二世起的名字。

傻瓜威廉

傻瓜威廉这个名号完全原创，没有任何历史出处，是作者高林给威廉二世皇帝起的外号，最初是充满了敌意的一个辱骂性的外号，用久了反而变成了昵称。高林这个人亲切地把威廉皇帝叫作“傻子”，把塔列朗叫作“瘸子”，体现了他从来不拿历史人物当外人的特点。另一方面也体现了高林从一开始把威廉看成毁灭整个旧世界的罪魁祸首，到逐渐对这个四处煽风点火的人给予理解之同情的过程。

威廉坐在一个非常尴尬的宝座上，掌握着一部分牢不可破，而另一部分却几乎儿戏的权力。他是个世袭君主，却用一种现代政客，甚至基础脆弱的军事独裁者的风格来统治。他曾经告诉沙皇尼古拉二世“统治的诀窍就是多阅兵、多讲话”。这句话如果被概括为“追求曝光率”，其实就可以成为21世纪民选政治家的座右铭。

威廉二世皇帝如果成了俄国沙皇会是什么样？这个问题有两个方面：第一是威廉是一个什么样的人？另一个是，他这种个性在德意志帝国的体制和社会现实下，怎样磨合？这两点我们在第二章里已经谈了不少，那么现在我们就试试把德意志帝国的体制和社会现实，代换成沙皇俄国的体制和社会现实，来看看作为沙皇的瓦西里可能具备的特点和政策。

一个没有发自内心的信仰和“主的受膏者”的自信的人，坐在一个尴尬的宝座上，希望被所有人敬畏，但一条胳膊又是畸形，他没有目睹过普鲁士的专制王权，不知道没有议会的普鲁士国王是怎么统治的，只能到历史上去寻求榜样，这种心态导致威廉二世成了一个著名的Cosplay（扮演）爱好者，他有一组扮演各种历史上伟大英雄的照片，当然还有他的大爱好：穿军服戴勋章，这方面他是勃列日涅夫之前的勃列日涅夫。他留下的挂勋佩剑的照片不但涵盖了英、俄、奥匈这些沾亲或者结盟国家的军服和最高荣誉，甚至连奥斯曼帝国都没落下。

试想一下，这个内心迷茫，不得不靠表演进行人格弥补的人，登上圣彼得堡那个充满君权神授色彩的全俄专制君主的宝座，他会怎么做呢？

俄罗斯的第二个彼得大帝

20世纪初的俄国是一个高速工业化的国家，但工业化主要分布在大城市和铁路沿线，俄国的农民沿着铁路来到彼得堡、莫斯科，但是他们并不把这些地方当成家，他们在这些地方忍饥挨冻，每天长时间劳动几乎没有休息时间，只能挣到一份微薄的工资，他们把大部分收入汇回家或者存起来，用剩下的钱维持自己的基本生存，期待着有一天回到老家过上祖祖辈辈的理想生活：耕种自己的土地，用木柴打自己的老婆。

这样的俄国和欧洲一样，分化成了两个完全不同的世界。一个是日出而作、日落而息的阶级，无论在城市还是在农村都一样处境艰难，生活贫困，绝大多数是文盲，虽然他们根本不了解东正教的教义，却有着本能的东正教信仰，以及基于东正教信仰的朴素的帝国观念和忠君之心。

沙皇是人民的“小父亲”，当然，如果他被老婆勒死了，那他老婆就是人民的“小母亲”。他是爱人民的，尤其爱农民，不会看着自己的孩子们吃苦受累，一切都是因为小父亲被身边的奸臣蒙蔽了，看不到人民的苦难，只要大家到沙皇面前，让他看到人民对他的爱，上帝就会降下恩典，人民会得救，俄罗斯也能得救。这种朴素的帝国观，是罗曼诺夫王朝300年统治的基础，也是1905年革命的根源。

生活在俄国的另一个阶级，是一群在早晨才上床睡觉的人，他们又可以分为两类：一类是传统的帝国贵族，从小跟着法国家庭教师长大，很多人终身只讲法语，如无必要勿讲俄语，如果非要讲俄语也一定要讲得有法国口音——这些人是大庄园主和大贵族，他们构成了帝国的高级官员、高级军官以及近卫军军官；另一类则是小贵族，他们很多人的财产都不多，而且随着欧洲农产品市场受到殖民地农产品的冲击而越来越陷于困境，只能靠官职和参与经营来增加收入，他们当中很多人成了官员、企业主、技术性股东和董事、工程师、中低级军官。这些人中很多人在德国受教育，但他们和大贵族一样构成了西欧派。

西欧派眼中的俄国，愚昧落后，制度野蛮粗暴，必须加以改革。这些人实际上是在解构沙皇俄国，并提供了这个帝国全部的近代化因素：铁路（俄国改革派的基础）、现代化兵工厂、造船厂、参谋体系、大学，所有这些改革实际上对罗曼诺夫王朝都利害参半，但帝国无法不依赖他们，因为农民和沙皇的美好时代已经一去不返了。

所以，俄国的政治势力几乎可以被简单粗暴地分为两类：东正教的愚昧的斯拉夫主义者和非东正教的文明开化的泛欧洲的西欧派。威廉突然穿越到这个帝国也只有这两条路可走——文明的瓦西里和俄罗斯之心的瓦西里。我们先来设想一下西欧的瓦西里，因为这个比较没意思。

威廉的表演型人格在俄罗斯应该受到了巨大的矫正，他几乎没有任何不自信的地方。当你站在宫殿的阳台上，看到整个广场上的人纷纷划着十字跪倒在地时，别说你一条胳膊残疾，即使高位截瘫你都觉得自己高大无比，真想再活 500 年。

但假如威廉依然保持了他的性格，登上皇位的，甚至他只是跟尼古拉二世交换了地位，他还是伯尼舅舅的小朋友，俄罗斯的西欧式道路对他无疑是最有吸引力的。威廉这个人喜欢热闹喜欢玩儿，喜欢漂亮衣服，有着一个正常的富二代的一切兴趣，他其实一点都不疯，他对 Fashion（风尚）是非常敏感的。在这方面，他跟伯尼舅舅非常一致，抽雪茄、玩游艇、开汽车、打猎，还对身材完美的北德意志渔夫有兴趣（这一点未经证实，尽管跟着皇帝去的人里有好几个都被坐实了，但皇帝陛下很可能是无辜的）。在这方面，德意志人跟不上他的节奏。威廉皇帝在考斯帆船赛里从来都没赢过，所以他让帝国宰相发表了一个公告，宣布德意志皇帝因为考斯帆船赛不公平、不客观，决定退出考斯帆船赛，在基尔港另外设立真正客观、真正公正的基尔帆船赛，欢迎有良知的朋友们踊跃报名。亨利王子借机组织了德意志的游艇运动协会，然后威廉皇帝发现一大票别说玩游艇，连游泳都不会的德意志土鳖纷纷咬牙跺脚买船陪他玩儿，得意之余也是很崩溃的。在他的欢乐的皇帝生涯里，能跟他玩到一起的大部分是犹太暴发户或者美国暴发户，而他到了俄国，你让他每天在圣像和小蜡烛前边祈祷，然后拿着《圣经》眼含热泪，实在有点难为他。所以做第二个彼得大帝是最符合其个性的人设。

全俄专制君主站在敞篷车上接见东正教教务会议代表，并且表示迟早把你们的胡子剪了，就像彼得大帝剪掉其他人的胡子一样。全俄专制君主拆除一座东正教堂为地铁让道；树上的圣人和他神圣的树被砍了，因为帝国要修铁路。沙皇瓦西里拿马鞭抽打圣像，问圣人疼不疼。沙皇说他很欣赏那些日本的黄皮猴子，他们只用了 20 年就把猴子都套上衣服了，还拥有了战列舰。沙皇每年都在波罗的海上航行，还去巴黎看歌剧，沙皇对马林斯基剧院很满意，并且鼓励演员说法语。沙皇喜欢陆军也喜欢海军，要求建造更多的大炮厂和罐头厂，还鼓励民营军火厂，沙皇在伦敦宣布自己要访问美国。

这种激进的工业化肯定不能依赖德国资本，因为德国自己也在进行激烈的工业化，所以法俄同盟会更坚定，而且瓦西里喜欢专制君主访问革命的巴黎这种轰动效应。他甚至可能会骑着白马在近卫骑兵的簇拥下进入巴黎，成为亚历山大一世以来第二位率军进入巴黎的沙皇。

而他和英国的矛盾也无法避免，日俄战争也无法避免，激进的工业化会使社会矛盾加剧，1905 年革命也就无可避免。从这个意义上说，瓦西里很可能会加速俄国矛盾的聚集和爆发，但是瓦西里不是尼古拉，他看到圣彼得堡的雪被血迹染红的第一反应应该是暴跳如雷。他没有尼古拉那种强烈的宿命论色彩，没有那种殉道和受难的预感。他是表演型政客，他对 1905 年革命的回答肯定是血洗彼得堡，也不一定会接受改革的要求，相反他会把人民的呼号看作对他文明进步的反动。他会用非常凶残的手段进一步打击反对派，而针对他的袭击会更多，他不需要斯托雷平，他自己就是斯托雷平，然后他可能在1910年就被炸弹炸上天，或者被刺客用手枪打死，因而避免遇到世界大战。他很可能会把表演型人格保持到最后一刻，高喊："你们杀死的是俄罗斯的文明！"然后这句话让他在几十年后成为俄国西欧化和进步的楷模——第二个彼得大帝、宝座上的斯托雷平。

圣徒沙皇瓦西里

但假如他选择了另一条道路呢？我们知道俄国的既得利益阶层同时也往往是专制制度的反对者，作为沙皇的他，威胁也主要来自这些上层反对派，而他的基础和权威来自愚昧的人民——他作为人民小父亲的形象。

假如在1888年发动了政变，毒死了沙皇瓦西里的父亲沙皇弗奥多尔四世，然后宣布拥护新沙皇瓦西里一世和宪法，进行立宪统治。那么我们的沙皇瓦西里·费奥多罗维奇，只能依靠斯拉夫派和人民来夺回自己的皇权进行专制统治，他会是什么样子呢？

这时候，瓦西里因为处境不利，会深深陷入焦虑和不安，他的表演型人格会更明显，而且因为被架空和控制，他身上时尚教主的一面自然会被窒息，他会追求另一种Fashion——一种东正教的殉道圣徒的Fashion。沙皇瓦西里在高度工业化已经开始用电灯取代煤气灯，甚至有了电车的彼得堡，光着脚走过大街小巷，这个留着长发和大胡子的青年手里抓着一个双头鹰的徽章，呵斥粗暴的警察，要求商店把面包卖给买不起的老太太，当商店老板拒绝时，沙皇流着眼泪跪倒在地——沙皇跪下了！人民愤怒了，砸烂了商店，人民在呼喊，人民用肩膀抬着圣像和人民的小父亲走过彼得堡的每一个街区，人民在唱赞美诗，人民哭得唱不出声了。彼得堡大主教吓得躲进宫殿，不敢露面，但修道士、神父走上了街头，下层市民把自己的套袖和西服撕掉铺在沙皇的脚下。政府派来的军队阻挡在人群的前边，沙皇走到他们面前大声祈祷，祈祷上帝不要让他的军人屠杀他的人民，他的士兵摘掉帽子跪下，军官被从马上拖下来打倒在地，沙皇回到宫殿，告诉人民：全俄罗斯都得救了！

这样的沙皇统治下的俄国将是一个非常疯狂的斯拉夫主义国家，这个国家在欧洲人眼中陷入了内乱，首都也迁回莫斯科。一个完全反文明的专制君主废除了宪法，国家的铁路陷入瘫痪，各部分马上分崩离析，但是一群衣衫褴褛的暴徒，在一个年轻将军的统率下血腥镇压了芬兰和波兰的起义，一个提前了几十年的图哈切夫斯基远征。

这样的一个全俄专制君主，对一切问题的解决方法就是带着大家一起祈祷。罗曼诺夫王朝 300 年的时钟倒退回去了，这是一个彼得大帝以前的俄国沙皇、人民的小父亲。俄国全面倒退，德国、奥匈帝国立刻对波兰虎视眈眈，法国欲哭无泪。

如果东欧三个君主国之间爆发战争，法国很可能作壁上观，俄国必然在德奥的进攻下崩溃，而且俄国幸存的上层阶级将和德奥合作，一起进军莫斯科。其结果就是芬兰、波兰、乌克兰的分离，德国主导下的波兰和奥匈的乌克兰，外加一个依赖德奥武装力量为后盾的新俄国的成立。

这个俄国很可能依然是君主国，瓦西里·费奥多罗维奇的名字被从沙皇的名单里删掉了，却从此常存于东正教教徒心中，就像普加乔夫，从此变成失落的沙皇、人民的救星，人们也不会承认他死了，他只是去了某个地方，总有一天会站出来再次拯救他的人民。俄罗斯之心、圣徒沙皇！瓦西里·费奥多罗维奇会消灭人间一切的罪恶和不公！

下一章中，我们将幻想一下如果是殉道圣徒、罗曼诺夫王朝的末代沙皇尼古拉二世坐在柏林的宝座上会怎么样？

第四章　王朝的时运

十五　哈布斯堡人七百年

当渡过大洋成为墨西哥皇帝的马克西米利安大公即将被革命者处死时，他面对行刑队高喊：“我这个阶层和血统的人为上帝所造，是为了造福万国或是为万国牺牲。”话里透露出哈布斯堡人对自己使命的信念，而这种信念所代表的是世袭君主制中最动人和最闪光的一面。

神圣罗马帝国皇帝查理五世（1500—1558）

上一章，我们谈论了德意志帝国的波拿巴主义色彩，以及这种波拿巴主义色彩实际上是这个新生的“德意志国家”中和而不同的普鲁士王国与德意志帝国之间尴尬关系的必然结果。既然谈到了普鲁士和德意志帝国，那就不可避免地要谈谈奥地利。因为奥地利与普鲁士在19世纪的大部分时间里是德意志最大的两个邦，而哈布斯堡王朝和霍亨索伦王朝也分别代表着缔造德意志国家过程中的两种不同道路和方向。

1901年，霍亨索伦人庆祝自己加冕称王200周年的时候，哈布斯堡王朝仅仅以1905年的玛利亚·特蕾莎骑士团150周年庆典作为回应，庆典只给美泉宫留下两幅尺寸巨大的油画（见彩图8），规模上完全不能跟他们的普鲁士同行相提并论。1913年是德意志民族大会战100周年，德国民众捐款修筑的莱比锡纪念柱正式揭幕，这是德意志帝国权势和辉煌的巅峰，为了记录这一天，帝国还动用了刚刚成熟的电影拍摄技术。和高调的霍亨索伦人相比，统治奥匈帝国的哈布斯堡王朝显得非常低调。

如果我们考虑到，这个王朝早在1882年就已经举行过自己统治奥地利600周年的纪念活动，若要从这个王朝第一次登上神圣罗马帝国皇位开始算，还能追溯到更遥远的1273年——哈布斯堡人也许很低调，却从不谦逊，因为谦逊并不是一种帝王的美德。

上帝不掷骰子

1814年的维也纳会议上，法国复辟王朝的外交大臣塔列朗一再重申“正统原则”，他主张正统性是君主制的基础，正统性赋予君王合法性。这种观点得到了奥地利外交大臣梅特涅的赞同。但梅特涅的赞同是策略性的，因为塔列朗的原则支持了奥地利帝国保住萨克森王国的主张。如果让梅特涅从精神上回答这个问题，或者表态的不是他，而是他的弗兰茨皇帝，那么作为一个哈布斯堡人，皇帝很可能有完全不同的看法。正统原则或许是法国、普鲁士、巴伐利亚王国或者领土正被联军占领的萨克森王国王权的基础，但哈布斯堡王朝统治的合法性却不依赖于“正统原则”，它只需要捍卫它自己。在这个家族漫长的历史上，哈布斯堡人可以和各种新生事物妥协甚至合作，向任何心怀不满的阶层让步，而不需要被正统原则束手束脚。其他王朝需要正统性，而哈布斯堡王朝已经超越了正统性。这是这个家族在几个世纪里对自身形象的持续塑造所决定的，哈布斯堡人已经和正统性合二为一了。

哈布斯堡王朝统治过很多国家，但它的根在高地德意志，一个“德意志君王”是这个家族的第一代皇帝，被后人敬仰的王朝开创者鲁道夫一世曾经着意塑造过的形象。也正是“德意志君王”这一身份使这个家族走上了和其他王朝完全不同的发展道路。

中世纪欧洲的主要君主国中，除了英格兰通过武力征服建立了毫无争议的世袭君主制之外，法兰西和德意志都或多或少地保留了日耳曼人君主选举制度的遗风。在法国，加罗林王朝原本已经实现了王位世袭，但卡佩王朝为了夺取王位重新强调了君主选举制的传统。从巴黎伯爵厄德到于格·卡佩[①]，

---

① 建立法兰西王国第一个王朝——卡佩王朝的卡佩家族，其前身罗贝尔家族是法兰克贵族。其家族源于东法兰克王国（后来变成神圣罗马帝国）的 Haspengau，后来先后迁移到法国的 Neustria 和德国的 Worms、Rheingau 以及今比利时 Hesbaye 担任伯爵。强者罗贝尔是这个家族的第一个名人，从东法兰克国王路德维希（绰号日耳曼人）处投奔西法兰克国王查理二世（绰号秃头），受封巴黎伯爵。秃头查理让他管理西北海岸的安茹曼恩和屠棱等地。866 年，罗贝尔在抵御诺曼人的战斗中阵亡。之后，他的儿子厄德继承了巴黎伯爵，继续服务于秃头查理以及他的子孙。秃头查理二世死后，儿子路易二世、孙子路易三世和卡罗曼相继执政，但时间都很短。卡罗曼死后，加罗林主支绝嗣，于是请东法兰克的胖子查理前来摄政。但是胖子查理没法击退诺曼人，只好以重贿换来诺曼人的撤退。于是，西法兰克人赶走了胖子查理。在部分贵族的支持和选举下，颇有作为的巴黎伯爵厄德（Eudes de Paris，860—898）被选为西法兰克国王，虽然他没有任何加罗林血统。部分不满贵族推出路易二世的私生子憨直者查理与之对抗。在国王厄德死后的 896 年，憨直者查理登上王位，被称为查理三世。厄德的弟弟罗贝尔选择了蛰伏待机，没有要求王位。作为报答，他得以保留自己的爵位和财产。922 年，憨直者查理的统治终于引起了贵族们的厌倦，罗贝尔被推举为对立国王（转下页）

卡佩王朝的国王们以贵族领袖和习惯法捍卫者的形象出现，通过王位选举赋予自己不同于加罗林王朝的血统所赋予的合法性。但随着加罗林王朝的衰退，它对卡佩王朝统治的威胁消失，君主选举制对卡佩王朝的意义迅速下降。卡佩王朝的最初几代君主通过生前选举保证了王位在家族内部的传承，这种传承很快被赋予了加罗林式的世袭君主制色彩。原本作为贵族领袖的卡佩王朝，抛弃了自己的“革命形象”，转而以加罗林王朝的继承者自居。这种传统在中世纪的体现就是圣丹尼斯修道院里的国王陵墓。在这个陵墓里，卡佩王朝的国王通过彩绘玻璃和塑像，将自己塑造成加罗林王朝的直接继承者，他们作为王位竞争者，甚至革命者的一面完全被抹去。正统性通过这种手法被塑造成自卡佩王朝以来历代法国君主合法性的基础。

但在德意志，君主的选举制被顽强地保持了下来，从 911 年选举康拉德一世[①]，到 1806 年弗兰茨二世皇帝退位，虽然很多王朝通过一系列的生前选举客观上实现了王位在家族内部的延续，但德意志君主每一次试图建立世袭君主制的尝试都遭到了失败。例如，1196 年，斯陶芬王朝的亨利六世皇帝试图建立世袭制，德意志诸侯仅仅同意选举他的儿子为罗马人的国王，选举为国王就意味着一旦神圣罗马帝国皇帝去世就可以直接加冕为皇帝，这就是用生前选举满足了皇帝家族世袭的意图，但不肯在制度上放弃选举权，君主选

（接上页）（罗贝尔一世）。在苏瓦松一战中，对立国王罗贝尔一世被杀，但憨直者查理也被俘。贵族推选罗贝尔一世的女婿勃艮第公爵鲁道夫为新任国王。老王憨直者查理被囚禁至死。查理的遗孀是英国公主，带着儿子路易逃到了英国。936 年，国王鲁道夫死去，鲁道夫的内弟、国王罗贝尔唯一的儿子大于格主张立一个弱国王，于是把流亡英国的路易请了回来。路易（路易四世）因此获得了一个称号“海外归来者”。在路易四世统治期间，大于格是国内最有权势的贵族和摄政。956 年，大于格死后，于格 · 卡佩（又译雨果 · 卡佩、休 · 卡佩）继承了最大贵族和摄政的地位。987 年，路易四世的孙子路易五世死去，加罗林王朝绝嗣。随后，于格 · 卡佩被推举加冕为王。此后，卡佩家族及其分支一直统治法国。

① 康拉德一世（Konrad，约 890—918）被认为是第一个由日耳曼各公国统治者选举出来的国王，以继承最后一任加罗林王朝统治者童子路易。他的德意志王国之后在 962 年奥托一世加冕时演变成神圣罗马帝国。

举的制度仍然得到了坚定的捍卫。随着斯陶芬王朝的崩溃，德意志君主的自由选举制度取得了决定性胜利，崛起的选侯等级在独霸君主选举权的同时，也在相当程度上取得了独霸帝国的优势地位。与强势的选侯相比，当选的皇帝很多时候显得软弱无力。这种君主的弱势状态，很大程度上正是选侯们所追求的效果。

哈布斯堡的鲁道夫一世[①]（见彩图9）就是这样的一个弱势君主。鲁道夫在他的邻居，尤其是苏黎世主教或者斯特拉斯堡主教眼中，是一个凶猛强横的强盗伯爵。但在选举他为君王的选侯们眼中，他只是一个高地德意志的小小领主。在欧洲的统治者家族中间，哈布斯堡人在19世纪以自己门第的悠久和高贵而自豪。但在鲁道夫一世的时代，他们的门第实在无足轻重，在13世纪能够高傲地俯视或者足以俯视哈布斯堡人的家族还有很多，这些家族延续到21世纪的也大有人在。

哈布斯堡人的崛起和他们早期的历史很容易给旁观者留下“好运气”的印象。1273年，鲁道夫一世由于实力薄弱无法对选侯们的权势构成威胁，侥幸当选为皇帝；5年后又是基于运气，他战胜并杀死了强大的对手波希米亚国王奥托卡二世[②]，为自己的家族赢得了奥地利这片广阔的领土；此后的800年中，奥地利一直是这个家族的核心领土。从1273年鲁道夫一世当选，到1438年哈布斯堡的阿尔布雷希特二世[③]当选，160年里，这个王朝只有两人当选，统治时间总共不到30年。相比哈布斯堡，这一个多世纪里的真正赢

---

① 鲁道夫·冯·哈布斯堡（Rudolf von Habsburg，1218—1291），奥地利哈布斯堡王朝奠基人。阿尔萨斯南部和瑞士北部的领主，在1273年的国王选举中获胜，当选为罗马人的国王，但未去罗马加冕为神圣罗马帝国皇帝。

② 1278年8月26日，普热米斯尔·奥托卡二世（Přemysl Otakar II，1230—1278）在摩拉维亚与鲁道夫一世发生决战（杜恩克鲁特战役），奥托卡二世在战斗中阵亡。他的领地除捷克本土外几乎全部落入哈布斯堡家族手中。

③ 阿尔布雷希特二世（Albrecht II，1397—1439），哈布斯堡王朝的奥地利大公，1438年他被选为罗马人的国王，但未去罗马加冕为神圣罗马帝国皇帝。

家是卢森堡王朝[①]，这个下洛林的伯爵家族和哈布斯堡没什么两样，同样是意外地当选皇帝，同样在皇帝任期内为自己夺取了东部的广阔领土，但是这个家族却成功地让皇位在自己的家族内传承。在其事业的顶峰，波希米亚、匈牙利两个王国的王位和勃兰登堡选侯的头衔都被他们夺取。如果不是哈布斯堡人和这个家族联姻，尤其是这个家族的阿尔布雷希特公爵成了卢森堡王朝最后的皇帝希格斯蒙德[②]的女婿，哈布斯堡王朝是根本没有机会东山再起的。1437 年，希格斯蒙德皇帝的死让阿尔布雷希特登上匈牙利和波希米亚两个王国的王位，并当选为罗马人的国王，从此开始了哈布斯堡王朝长期独霸皇位的历史。从旁观者的角度看，联姻和运气是这个王朝的典型形象，哈布斯堡人却不这么认为。

哈布斯堡人不承认运气，这是他们一再塑造自身形象神圣性的根本原因，他们认为自己的崛起是必然的，是自身使命的体现，正如这个家族所信奉的格言“没有命运，只有上帝的意志”所体现的，哈布斯堡人认为鲁道夫一世的当选是上帝意志的体现，而不是什么运气，更不是人世间选侯的抉择。这个王朝几百年来所追求的就是让所有人都接受哈布斯堡人这种天选之人的形象。虽然神圣罗马帝国是选举制君主国，但皇帝是上帝选择的，上帝已经选择了这个家族，所以选举一个哈布斯堡人是选侯们唯一正确的选择。这种信念在这个王朝无缘皇位的 100 多年里也没有丝毫懈怠。他们诉诸一切可以利用的手段，从建筑到雕塑，从油画到彩绘玻璃，从祭坛画到祈祷书上的密写画像，从在罗马兵营遗迹上修建家族墓地修道院，到维也纳、因斯布鲁克、马德里郊外的宏大教堂和宫殿，这个家族在时间和空间上的每个角

---

① 卢森堡王朝是中世纪德意志地区的一个王朝，其王室成员在 1308—1437 年三度成为神圣罗马帝国皇帝。

② 希格斯蒙德（Sigismund von Luxemburg，1368—1437），卢森堡王朝的神圣罗马帝国皇帝，1411 年被选举为罗马人的国王，1433 年加冕为神圣罗马帝国皇帝。1437 年希格斯蒙德过世，只留下一个女儿。在他生前的安排下，王位由女婿哈布斯堡的阿尔布雷希特二世继承。

落、每个细节留下印记，一以贯之地宣传自己的神圣性。

塑造自身的神圣性并以此证明自己的合法性是欧洲各国君主共同的目标。在法国，人们赞扬“虔诚者罗贝尔”对教会的热忱，路易九世以一种义无反顾的热忱大踏步走上“圣徒国王”的道路；几个世纪之后，波旁王朝的亨利四世被颂扬为“唯一被人民爱戴的国王”；路易十四把自己打造成威严、强大、开明的专制君主的典范。在法兰西君主国里，国王支配一切、评价一切，国王是国家的统治者和保护者。在普鲁士，腓特烈大帝把自己塑造成第一公务员、国家的领导者和服务者、战场上的伟大统帅、宫殿里的哲人王。欧洲的每一个王朝都有人竭力塑造自己的君王形象，但在这些世袭君主国里，没有哪一个王朝把这种对自身“神圣化”的政策持之以恒，甚至坚持几个世纪。

神圣罗马帝国是选举制君主国，虽然哈布斯堡王朝通过一系列的生前选举，在几个世纪里实现了对皇位的垄断，但这个王朝却不能在塑造自身神圣性方面表现出丝毫懈怠，留下的一切事物都是在为这个目标服务，而最大的宣传者就是哈布斯堡人自己。

1308年，被侄子刺死的阿尔布雷希特一世皇帝①被塑造为殉道者；1386年，利奥波德三世公爵②率领着压倒性优势的军队去镇压反抗的瑞士山民，却选择站在阵线的最前方英勇战死，死后马上被塑造为一个殉道者。如果说前者的死是无意中的怒气决定的，那么后者就是挺身犯险，为了追求“征服或死亡”的形象而付出了生命的代价。这种在生命与崇高之间毫不犹豫的选

① 阿尔布雷希特一世（Albrecht I，1255—1308）剥夺了鲁道夫二世的儿子约翰的继承权，因而被侄子刺杀。

② 利奥波德三世（Leopold III, 1351—1386），哈布斯堡王朝的奥地利大公。利奥波德三世统治期间不断扩展自己的领地。1386年，利奥波德三世为了取得瑞士及施瓦本两地，在森帕赫与旧瑞士邦联大战。根据一些叙述，战斗中冲在前方的利奥波德身穿金色盔甲，头戴高耸的孔雀羽冠，立即被敌方认了出来，最终在此战役中战死。

择成了哈布斯堡人的传统。15 世纪的马克西米利安皇帝[①]（见彩图 10）一生追逐骑士的浪漫和历险，甚至亲自撰写《珍贵的恩赐》和《白色的国王》这样的文学作品，就是为了把自己塑造成 15 世纪骑士理想的化身。18 世纪的玛利亚·特蕾莎女王在国家被入侵之际，策马登上普雷斯堡的加冕山丘，向四方挥舞宝剑的形象被广泛传播，她有生之年都在扮演着各民族的慈母、捍卫祖国的英雄的形象（这在第一章里已经有所涉及），而她的儿子约瑟夫二世则破除陋习与迷信，成为伟大的改革者、呼吁宽容与和解的宝座上的人类之友，这母子俩留给历史的与其说是他们自己的形象，不如说是理性时代和启蒙理想中开明君主的形象。

这种用生命去追求血统所赋予的理想的一个副作用，就是这些哈布斯堡人的个人形象都被他们时代的理想所覆盖，因而显得千差万别。马克西米利安是一个文艺复兴的皇帝、一个游侠骑士，追求帝王的辉煌和华丽。他的孙子查理五世在这条道路上沿着他的足迹前进，追求无远弗届的普世帝国理想。查理五世的儿子菲利普二世统治着黄金时代的西班牙，他是日不落帝国的君主，却只穿黑色的外衣。这些千差万别的君王形象之下，哈布斯堡人的个人形象仿佛永远被掩盖在一层帝王的薄纱之下，模糊不清。近代的典型事例就是弗兰茨·约瑟夫。这位英俊的皇帝是一个哈布斯堡的皇帝，是他治下十几个民族人民的皇帝，这一身份和所要承担的责任压倒并窒息了弗兰茨·约瑟夫的个人形象，甚至在某种程度上，皇帝的人生已经和他的帝国融为一体，正如库恩·海德瓦里伯爵说的，“如果你想研究这位皇帝，你必须研究最后这 60 年的帝国历史”。

欧洲其他王朝依靠宗教所赋予的正统性进行统治，当路易十四说“朕即

---

① 马克西米利安一世（Maximilian I，1459—1519），神圣罗马皇帝查理五世的祖父，亦是哈布斯堡王朝鼎盛时期的奠基者。马克西米利安通过自己和子女的婚姻，使得孙子成功地取得西班牙这个殖民帝国的王位，再加上自己的神圣罗马帝国皇位，使查理五世成为欧洲的霸主。

国家”的时候，他是说他已经通过正统性掌握了整个国家。而当哈布斯堡人说类似的话的时候，正确的理解是他们通过对自身血统神圣性的追求已经和他们的国家结合在一起。每一个登上皇位的哈布斯堡人都背负着这种血统所赋予的历史性重担。当渡过大洋成为墨西哥皇帝的马克西米利安大公即将被革命者处死时，他面对行刑队高喊：“我这个阶层和血统的人为上帝所造，是为了造福万国或是为万国牺牲。”这句话透露出哈布斯堡人对自己使命的信念，而这种信念所代表的是世袭君主制中最动人和最闪光的一面。

哈布斯堡理想

塔列朗的正统原则主张世袭君主制的合法性来自上帝。正如迈斯特所说，“凡其源头消失在历史的丛林中的，我们就认为它来自上帝”。但这种解释只能从形式和历史的角度回答这个问题，正统原则的精神实质是什么则完全没有触及。而这正是哈布斯堡人不同于其他世袭王朝的另一个特点。其他王朝从形式和历史的角度理解君主制，只有哈布斯堡人把握住了君主制的精神主体，即中世纪以来的基督教罗马帝国的普世理想。

约瑟夫·罗特[①]说“德意志的二元性就体现在拥抱普世主义的哈布斯堡和被民族主义束缚的普鲁士”，这种二元性的根本就在于：普鲁士的王权虽然是世袭的，却是属于某些特定阶层的。这些人对普鲁士国王的支持是普鲁士王权的基础，比如容克贵族。他们把持了军队，而且视之为效忠国王的基

① 约瑟夫·罗特（Moses Joseph Roth，1894—1939），奥地利犹太裔作家。出生在今乌克兰利沃夫附近的一个小镇，曾就读于维也纳大学。1916 年参军，战后靠为报社撰稿为生。初为左翼色彩明显的作家，1926 年访苏后逐渐转向，成熟期的作品以追思哈布斯堡王朝，“缅怀失去的过去，忧虑无家可归的未来”为主题。代表作有《拉德茨基进行曲》《皇帝的陵墓》等。

础。普鲁士王国随着《维也纳和约》的签署而大幅扩张，但支配着这个王国的贵族阶级却没有接纳西部莱茵领土上的贵族，更不用说那些新领土上的人民。即使在德意志帝国建立之后，容克贵族依然不愿放弃自己对国家和军队的独霸。但哈布斯堡对人民的统治，却不是依赖于某个具体的阶级的支持。他们有时并不能赢得地主阶级的支持，甚至连哈布斯堡册封的波希米亚王国的德意志贵族，很多时候也试图通过鼓吹波希米亚王国的封建特权来捍卫自己的地位。约瑟夫二世推动反对徭役和强制农民劳动的改革后，东部匈牙利和加利西亚的波兰贵族普遍对君主不满，但这些地方的人民却往往站在王朝一边。东加利西亚的乌克兰农民在波兰起义期间，坚定地拿起武器反对自己的波兰主人，以至于哈布斯堡王朝的官员不得不禁止这些乌克兰农民继续逮捕和杀戮那些反对王朝的波兰贵族。

几个世纪中，哈布斯堡王朝统治着在种族、语言、信仰和利益上千差万别的各个民族，传统的君主制度（建立在贵族或者少数强有力势力支持下的君主制）并不适合这个大君主国。在这个王朝的历史上，你看不到波拿巴主义的踪影，正如哈布斯堡人自己所标榜的那样，“普遍的公正和仁慈”才是唯一行之有效的手段。

这个家族拥有的国王、大公、伯爵、王子的头衔可以写上满满一页纸，这些头衔赋予他们实施统治和追求理想的权势与力量，而那个理想则来自他们最珍贵的头衔——皇帝！始终不渝的奥古斯都！这个头衔把哈布斯堡融入了伟大的罗马帝国的传统。

1848 年革命以后，从维也纳流亡伦敦的帝国宰相梅特涅在和英国人谈到他的理想时，赞美了那正在熄灭的罗马人的拉丁文明之火。这火焰的光芒，就是哈布斯堡王朝理想的光芒：普世帝国和普世皇权的理想的光芒，用有力的、公正的统治，把整个世界都照耀在帝国的光明之下。这种罗马人的理想在中世纪以基督教为桥梁传入日耳曼民族。日耳曼人的君主继承了这一理想，斯陶芬王朝腓特烈一世皇帝的宫廷神父证明了日耳曼人与罗马人同源，而哈布斯堡人将自己视为斯陶芬王朝的继承者。

在这种哈布斯堡式的帝国理想中，来自上帝的帝国的皇权并不是为了给某个民族或某个阶级的少数人谋福祉，而应该造福于整个帝国。所有人民都应该效忠于皇帝，而皇帝则效忠于上帝。为了追求这样的理想，哈布斯堡人试图缔造一个统一的中央集权的大君主国。

在缔造普世皇权的过程中，查理五世为这个家族缔造了欧洲历史上第一个日不落帝国。但也是在这位皇帝的手中，家族的世界皇权之梦遭受了最惨痛的失败。随着查理五世的退位，哈布斯堡王朝分割为德意志和西班牙两系，并且在18世纪初相继绝嗣，但哈布斯堡人的历史并未因此终结。在哈布斯堡–洛林王朝的历史上，神圣传统得以延续，这个家族传统的神秘莫测的帝王般的微笑被保留下来，并一直持续至今。

在玛利亚·特蕾莎继位之前，哈布斯堡人已经把德意志各领地和波希米亚置于维也纳的直接统治之下，匈牙利则依然保持着独立性。前文我们已经提到，在王位继承战争中，匈牙利人是哈布斯堡人的英雄。所以玛利亚·特蕾莎不愿去触动匈牙利人的特权。但这种特权本身并不能造福于整个匈牙利人，相反它成了匈牙利贵族谋取权势和财富的工具。玛利亚·特蕾莎死后，她的儿子约瑟夫二世皇帝不愿接受“斯蒂芬王冠”的加冕，以免受到加冕誓言的约束，并采取断然措施对匈牙利的弊端加以改革。这样的改革虽然失败了，但哈布斯堡人并没有停下脚步。把匈牙利纳入统一的大君主国的最后尝试发生在1848年，年轻的弗兰茨·约瑟夫皇帝镇压了匈牙利人的起义，废除了匈牙利王国的议会和宪法，把整个匈牙利置于维也纳的直接统治之下。虽然匈牙利贵族痛恨这样的直接统治，但匈牙利王国土地上人民的负担却变轻了，1848年的革命者所试图实现的平等纳税，被“专制的帝国”实现了。

正统性源自所坚持的普世理想，普世理想又赋予他们充分的合法性，让他们可以在近代的惊涛骇浪中和所有追求正义的人实现妥协。这种超越民族、语言和文化的界限，缔造一个团结、统一的帝国的理想，在1867年以后的帝国历史上部分得到了实现。

虽然奥匈妥协本身是违背这种普世理想的，但在二元君主国的奥地利部分，哈布斯堡人承认了各民族在文化、信仰，甚至选举权上的平等。1907年，内莱塔尼亚举行了奥匈帝国第一次成年男子的普选。在帝国议会，各民族的议员都有权用本民族的语言发言，虽然帝国议会不提供同步翻译服务，导致会场经常变成乱糟糟的马戏场，甚至很多维也纳人以到议会看热闹为消遣，但是帝国议会依然在很多重大问题上形成了稳定的多数。随着普选权的实施，新时代崛起的各党派中，代表劳动者阶级的社会民主党和同样关注社会公平的基督教社会党已经分化了传统的民族矛盾。

1911年举行的第二次普选中，超过450万的人民参加了选举。在遥远的加利西亚，明明知道试图操纵选举的人会采取一切手段阻挠少数民族投票，但人民仍然聚集在投票站前，很多人甚至为此付出了生命。在帝国崩溃前的最后一次选举中，加利西亚人依然寄希望于选举，希望代表们能够在帝国议会里为自己呐喊。虽然这种呐喊在维也纳观众，比如一个常客阿道夫·希特勒的眼中只是一场闹剧。

奥匈帝国的文化空前发达，帝国的教育在不断进步，大学的增设和扩大让大学毕业生激增，为了安排这些大学生就业，帝国不得不设立越来越多的公务员岗位，很多地方的公务员人数超过了军人。这些被看作帝国行政机构臃肿无力的象征——公务员中，就有伟大的作家卡夫卡，在帝国最后的年代，他供职于波希米亚王国社会保险机关。

奥地利发行的纸币均以八种文字标明币值，在很多忧心忡忡的民族主义者看来，这是哈布斯堡王朝分而治之的传统政策的延续。但那些在帝国体制下出生、长大，在自己的中年时期失去了帝国的年轻人看来，帝国的这种温和与开明同两次世界大战之间中欧和东欧的民族矛盾、种族压迫形成了鲜明的对比。也正是在这一代人心中诞生了“哈布斯堡理想”。

哈布斯堡理想是中世纪普世皇权几经流转，并与哈布斯堡人对自身血统所赋予的崇高使命的观念相结合的产物。这种理想最坚定的鼓吹者之一就是作家约瑟夫·罗特，在他的小说《拉德茨基进行曲》以及续作《帝王的陵墓》中，这个来自遥远的帝国边陲的犹太人热烈地赞颂着哈布斯堡王朝，并把它视为自己心灵的寄托。（1938 年，他曾经自告奋勇手持奥托大公[①]的亲笔信去会见奥地利的许士尼格[②]，劝说其放弃自己的职位，让位给奥托大公，从而避免奥地利被纳粹德国吞并。当然，这番努力以失败告终。）而哈布斯堡人对这一理想说得却不多，对罗特这位忠诚却酗酒的犹太人，奥托大公做的最著名的一件事，就是非常严厉地斥责罗特："罗特！我作为你的皇帝，命令你停止喝酒！"因为在这个王朝的人眼中，这样的语言是唯一符合君王形象的，哈布斯堡人从来都不缺乏别人的忠诚，因为他们觉得人们效忠他们，就像他们自己效忠哈布斯堡理想一样，是理所当然的。

90 多岁的奥托大公，一个致力于欧洲一体化运动的哈布斯堡人，穿着朴素的外衣戴着大眼镜微笑着向人们致意，领子上别着金羊毛骑士团的勋章，这个形象本身就是对哈布斯堡理想的极好诠释。总有一天，束缚着人们的民族的、血统的、语言的和文化的界限都会被突破，只不过人们认为这个理想来自每个人的内心，而哈布斯堡人认为人内心深处的声音来自上帝。

---

① 奥托·冯·哈布斯堡（Otto von Habsburg，1912—2011），奥匈帝国末代皇帝卡尔一世的长子。1916 年成为皇储，1918 年奥匈帝国瓦解，随父流亡海外。1922 年，父亲在葡属马德拉群岛逝世，他以未满 10 岁稚龄成为哈布斯堡家族族长与奥地利皇位继承人。1961 年，他宣布放弃一切寻求复辟的行动，1966 年回到奥地利。曾于 1979—1999 年任欧洲议会议员，亦是国际泛欧联盟的主席。

② 库尔特·许士尼格（Kurt von Schuschnigg，1897—1977），奥地利共和国政治家，1934 年成为总理，1938 年未能成功维持奥地利独立，奥地利被纳粹德国合并，之后被囚禁，1945 年被美军解救。

十六　弗兰茨·约瑟夫和他的帝国

就趣味和个性而言，弗兰茨·约瑟夫本质上是一个轻松愉快的人，直到生命的最后一刻依然保持着斗志，这是那些容易抑郁和本性忧愁之人无法做到的。他的生活历经磨难，兄弟被革命者枪杀，儿子跟人殉情，妻子被无政府主义者杀死，侄子夫妻俩被塞尔维亚的刺客杀死。他经历了漫长的人生，始终没能或者说不愿认清他的时代。

弗兰茨·约瑟夫皇帝和茜茜公主

弗兰茨·约瑟夫（见彩图 11）是谁？这是一个很多人都会问的问题，而这个问题的标准回答也一直都是“茜茜公主的老公”。托了这部红极一时的电影的福，很多人都记住了那个年轻英俊的皇帝。在电影里，茜茜的弗兰茨青春潇洒，而弗兰茨·约瑟夫皇帝在后世历史中留下的形象则是发须花白的耄耋老者。

要将这两个形象联系起来确实有点困难。之所以产生这样的问题，还得从皇帝自己身上找原因。弗兰茨·约瑟夫生于 1830 年，1848 年 12 月 3 日登上皇位，一直统治到 1916 年 11 月 21 日在美泉宫逝世。第一次世界大战前，维也纳刻薄的记者兼文人卡尔·克劳斯[①]就曾说过，“我们皇帝的年龄已经远超帝国臣民的平均寿命”。如果单纯从 1867 年建立的奥匈二元君主国的历史来看，这位皇帝的寿命以及在位时间也已经超过了他 1867 年建立的这个帝国的历史。

如果我们以年轻时代皇帝的形象而论，《茜茜公主》里的皇帝形象其实并没有被过多的美化，这位因苍老、疲倦甚至绝望被铭记的皇帝，其实也年轻过、英俊潇洒过，几乎可以和扮演他的海因茨·伯姆相提并论。

漫长的统治

皇帝的生命和他的统治时期可以分为以下几个阶段。

预备阶段：1830—1848 年是他的童年和青年时代，同时也是学习时代。

---

① 卡尔·克劳斯（Karl Kraus，1874—1936），奥地利犹太裔作家。生于一个离布拉格不远的波希米亚小城。曾就读于维也纳大学，因为半途辍学去学习戏剧表演，故而未获得学位。后来又转向了新闻和文学。1892 年起，开始为各种报刊撰写戏剧评论、书评和其他形式的文章，以讽刺和格言著称。他常被视为 20 世纪前期重要的德语作家和语言大师之一，但在德语国家之外几乎鲜为人知。

在这一阶段，他作为天资最正常的一位皇室成员而成为宫廷瞩目的焦点。这句话可能有点刻薄，但必须考虑到神圣罗马帝国皇帝弗兰茨二世（他同时也是奥地利帝国皇帝弗兰茨一世）和他的妻子的血缘过近，导致他们的长子奥地利帝国的斐迪南一世皇帝是公认的智力迟钝而且身体虚弱，难以承担皇帝的重任。而斐迪南一世的弟弟，即弗兰茨·约瑟夫的父亲——弗兰茨·卡尔大公也以“头脑迟钝”著称，这就更加突出了这位客观地说天资只能算平庸的弗兰茨·约瑟夫大公的珍贵。这个阶段同时也是宰相梅特涅漫长统治时期的后半部分。梅特涅对弗兰茨·约瑟夫大公非常看重，经常对他进行言传身教，而且说服皇帝一旦大公成年，就把皇位让给他。

但是在弗兰茨·约瑟夫 18 岁那年，他却以一种意想不到的方式登上了奥地利帝国的皇位。1848 年革命爆发后，梅特涅被皇室抛弃，皇室随即也被卷入革命的浪潮，在维也纳、布拉格都爆发了起义，大学生组成的学院团掌控了首都，人民要求宪法和议会。在意大利，撒丁王国攻入米兰；在匈牙利，匈牙利王国的等级议会宣布颁布匈牙利宪法，如果哈布斯堡王朝不接受就切断与哈布斯堡王朝的联系；在德意志，德意志人民选举的国民会议在法兰克福召开[①]。哈布斯堡大君主国到了最紧急时刻。于是，在新宰相施瓦岑贝格大公的支持下，斐迪南皇帝退位，弗兰茨·约瑟夫大公成为皇帝弗兰茨·约瑟夫一世，开始了他半个多世纪的统治。

1848—1861 年可以算作这位皇帝的专制统治时期。

其中，1848—1852 年实际是施瓦岑贝格大公的专制统治时期，皇帝在这一阶段依然是旁观者和学习者。这位帝国宰相在各方面都很像倒台的梅特涅公爵，而且更加冷酷无情。在这个阶段，拉德茨基元帅在意大利战胜了撒丁人，这几乎是帝国历史上最后一次战争胜利。在波希米亚，温迪施格雷茨

① 法兰克福国民会议要求建立一个包括哈布斯堡的奥地利部分和波希米亚部分的、民主的大德意志国家。

侯爵[①]镇压了捷克人的起义，而且与克罗地亚总督耶拉季奇[②]共同进军匈牙利，遗憾的是这位布拉格征服者的军事指挥水平并不高，继他之后指挥作战的冯·韦尔登男爵[③]在匈牙利国民军面前遭受了损失惨重的失败。之后，依靠沙皇尼古拉提供的武器援助，以及20万俄国军队的协助，匈牙利起义才被镇压。战后，弗兰茨·约瑟夫违背了他对沙皇许下的诺言，对投降的匈牙利国民军军官和国民政府官员大肆杀戮。虽然此时的皇帝还没有真正掌权，我们并不能说皇帝的脆弱性和容易动摇的特点已经表现出来，但至少已经有了某种踪迹。

从1852年费利克斯·冯·施瓦岑贝格大公死后到1860年签署《十月文告》，是这位皇帝个人的专制统治阶段。

在这一阶段，“钦赐宪法”取代了1848年制宪会议的宪法。匈牙利的议会和政府，甚至传统的行政区划均被取消，匈牙利被置于军事占领般的总

---

① 温迪施格雷茨（Alfred Candidus Ferdinand, Prince of Windisch-Grätz，1787—1862），奥地利陆军元帅，出身波希米亚贵族，是1848年革命期间拯救奥地利帝国的军政三巨头之一（另外两位是拉德茨基元帅和克罗地亚总督约西普·耶拉季奇）。1848年6月，铁腕镇压布拉格起义，同年10月率军攻克爆发起义的帝都维也纳，建立特别军事法庭，将共和派领袖R.布鲁姆和起义领袖W.C.迈森豪尔等人判处死刑，并参与促使奥皇斐迪南一世（1835—1848年在位）退位，拥立弗兰茨·约瑟夫一世为帝（1848—1916年在位）的活动。1849年被任命为首席指挥官，镇压匈牙利革命家拉约什·科苏特领导的匈牙利起义军，取得了一些成功，并重新占领了布达佩斯，拒绝了匈牙利的和解要求，后来战局逆转，匈牙利军重新占领佩斯，他被其小舅子、帝国宰相费利克斯·施瓦岑贝格解除了军职。此后退隐。

② 耶拉季奇（Josip Jelačić，1801—1859），克罗地亚总督、陆军元帅，生于奥地利帝国属下的匈牙利王国的克罗地亚边疆区，父亲是克罗地亚军人，帝国男爵，母亲是奥地利人。1848年革命期间在克罗地亚废除农奴制，要求克罗地亚议会宣布脱离匈牙利政府而成为帝国的一个单独的自治区。他的要求被帝国政府所谴责，被解除职务，但不久帝国政府转变了态度，宰相施瓦岑贝格重新启用他，他率领4万克罗地亚军队与温迪施格雷茨一道镇压匈牙利革命。1849年1月攻占布达佩斯，但4月被匈牙利的反攻所打败。他回到克罗地亚，1855年封伯爵，任克罗地亚省总督直到去世。

③ 韦尔登（Franz Ludwig Baron von Welden，1780—1853），早年参加过反法战争，1838年被提拔为陆军元帅，1848年9月担任达尔马提亚总督，1849年4月奉命接管在匈牙利的奥地利军队指挥权，5月被解职。1851年退休。

督统治之下。而在这将近十年的统治中，弗兰茨·约瑟夫皇帝却未能利用1848年已经暴露出的匈牙利大贵族和小贵族以及平民之间的矛盾，来争取匈牙利人民对皇室的支持。虽然他的大臣巴赫男爵[①]成功地把平民知识分子出身的官僚渗透进匈牙利各地（这些人被称作“巴赫的轻骑兵”），甚至实行了1848年匈牙利平民派所要求的取消贵族免税特权之类的改革，但是不得人心的军事占领、对平民的军法审判、沉重的谈判，依然使匈牙利人民憎恨哈布斯堡王朝。

在内政方面，这一阶段的奥地利被叫作“马刀与祭坛的统治”，皇帝的统治虽然号称开明专制，但实际上是依赖武力和教会支持下的传统君主专制。随着蒸汽动力的引入和铁路的兴起，奥地利经济取得了一定程度的发展。1850年代前期，维也纳的城市发展以皇室大规模修筑兵营、要塞和教堂为主，而到1857年，皇帝终于签署特许令拆除了维也纳的城防工事和城墙，开启了维也纳的环城大道阶段。

在外交方面，施瓦岑贝格时代的奥地利是全面反扑的时代。在俄国的支持下，奥地利挫败了普鲁士国王腓特烈·威廉四世[②]革新德意志邦联的努力，恢复了旧德意志邦联。施瓦岑贝格死后，皇帝背离了哈布斯堡王朝传统的俄奥同盟道路。1854年的克里米亚战争中，皇帝在长期犹豫不决之后倒向英法，背离了俄国盟友，出兵占领了多瑙河公国。此举在俄国眼中无异于背叛。拿破仑三世虽然许诺奥地利获得多瑙河公国，战后却要求奥地利以威尼托交换，面对俄国的敌意，奥地利不得不放弃了多瑙河公国。结果奥地利帝

---

① 即奥地利司法与内政大臣亚历山大·冯·巴赫（Baron Alexander von Bach，1813—1893）。参见第二章中《胡子的政治立场》。

② 腓特烈·威廉四世（Frederick William IV，1795—1861），普鲁士王国国王（1840—1861），腓特烈·威廉三世之子。1848年在柏林三月革命的压力下，被迫召开立宪会议，但随后予以解散，并颁布了保守的《钦定宪法》。1849年拒绝法兰克福国民议会所制定的帝国宪法和授予他的德意志皇帝称号。1858年因患精神病，由其弟威廉亲王（1861年即位后称威廉一世）摄政。

国一无所获。

在1858年瑞士的诺恩堡事件中，面对这个在政治上属于瑞士，在封建秩序中却属于霍亨索伦王朝领地的起义，腓特烈·威廉四世国王提议和奥地利一起干预，而皇帝却表示拒绝，于是俄、普、奥三国的君主同盟，到此时趋于涣散。其结果就是当1859年撒丁王国在法国的支持下向奥地利发起挑衅时，俄国和普鲁士都对意大利战争作壁上观。而奥地利因为匈牙利的抗税斗争和首都的大兴土木，财政上异常困难，以至无法承担长期动员的费用，在草率地发出最后通牒后即对撒丁宣战。此举被欧洲国家视为侵略，给了法国干预的机会。

所有这些不利局面再加上奥地利贵族军官的举棋不定和行动迟缓，导致马詹塔和索尔菲利诺两次损失惨重的失败。近代战争的杀戮给皇帝留下了深刻的印象，最终只得求和收场。奥地利失去伦巴第，而撒丁军队跟在法军和加里波第起义军之后，占领了意大利的绝大部分领土。哈布斯堡王朝就此被赶出意大利事务。

1859年的战败宣布了弗兰茨·约瑟夫专制统治的失败，进而导致了1860年开始的帝国自由主义改革，这一过程持续到1867年的奥匈妥协和1867年年底维也纳和布达佩斯议会批准的宪法。

1860年10月，来自波兰的内政大臣戈卢霍夫斯基伯爵[①]发布《十月文告》。《十月文告》被皇帝宣布具有不可撤销的宪法地位。这部宪法虽然宣告了帝国的联邦化改革和民主化改革，但依然保持着中央集权色彩，因此立刻遭到各方的攻击，而戈卢霍夫斯基伯爵在皇帝那里也得不到坚定的支持，不

① 戈卢霍夫斯基（Agenor Romuald Gołuchowski，1812—1875），奥地利的波兰贵族，弗兰茨·约瑟夫一世的顾问、内务大臣，受命拟定新宪法，发布《十月文告》。不久即被撤职。

得不在12月宣布辞职。取而代之的新内政大臣安东·冯·施莫林[①]在1861年发布了《二月特许令》，从形式上看，特许令是对文告的解释或者最终文本，但实际上，在帝国的联邦化改革中，对匈牙利的让步被扩大了，布达佩斯的议会被允许重新召开，奥匈妥协的路线开始启动。

在自由主义改革时期，为了争取匈牙利的支持，1848年的流亡者被赦免，财产爵位和官职被恢复。十年来坚定地对抗帝国的匈牙利在帝国改革中被许以更多的特权，而从1848年温迪施格雷茨时代以来就支持皇室的波希米亚，却渐渐被皇帝置之脑后。

1864年，弗兰茨·约瑟夫皇帝又被俾斯麦诱入丹麦战争，进而导致1866年普奥战争。为了换取拿破仑三世的中立，皇帝割让了威尼托，换言之，当奥地利军队在威尼托奋勇抵抗撒丁军队之时，无论战争胜败，威尼托都已经被皇帝抛弃了。

在这场战争中，匈牙利人积极地支持帝国，但帝国依然战败。这时候以德阿克[②]和英俊的死刑犯安德拉希伯爵为首的匈牙利自由主义者表示：即使

① 施莫林（Anton Ritter von Schmerling，1805—1893），奥地利大臣。生于维也纳一个官僚家庭。早年在维也纳大学学习法律，获法学博士学位。1829—1847年在奥地利政府任职。1848—1849年参加奥地利革命，当选为法兰克福国民议会议员。1848年7—9月，任奥地利国务大臣。12月，改任驻法兰克福中央权力机构全权代表。1849年任司法大臣。任内参与实施宪政改革。1851年政府实行新专制路线后被免职。1860年12月—1865年6月，在民族矛盾尖锐的情况下重任国务大臣。1861年领导制定《二月特许令》，企图以扩大代议制权限缓和民族矛盾。1865年因匈牙利人和斯拉夫人反抗情绪增长而被迫辞职。1867年当选为贵族院议员。1891年任高级法院院长。

② 德阿克（Ferenc Deák de Kehida，1803—1876），匈牙利政治家，人称“智者”。生于匈牙利西部的舍伊特尔（今属斯洛文尼亚）一个贵族家庭。1848年3月，奥皇批准成立独立的匈牙利内阁后，他出任司法大臣，上任后主持草拟了《四月法案》，并得到了奥皇的批准。此后一直担任匈牙利政府的谈判代表。1849年1月，又应邀参加了与奥地利的布达占领军司令的谈判。1861年复出，继续在议会中坚持《四月法案》的原则，奥皇弗兰茨·约瑟夫一世最终接受了他一再提出的匈牙利方面的条件，于1867年达成了建立二元制奥匈帝国的《奥匈协约》。此后辞去全部官职。

在帝国战败的今天，匈牙利的要价也没有变高。于是，皇帝在战后的黑暗时期，犯下了他人生中最大的错误——“奥匈妥协”。

1867 年奥匈妥协后，对“斯蒂芬王冠”领土上的人而言，可以看作一个完整的马扎尔自由主义时期，虽然 1867 年以后布达佩斯实际上存在过三个党派，但其中比较温和的两个党派组成了匈牙利自由党，该党尽管日后被改革为民族工党，但因为他们誓死捍卫民族歧视的选举法，使得斯蒂芬王冠领土上有选举权的人始终不足总人口的 8%。即使在第一次世界大战的黑暗年代，内阁试图对选举权进行修改时，也仅仅准备扩大到总人口的 12%。马扎尔自由主义者始终把持着国家的权力。

在奥地利，则可以划分成几个不同的阶段：1867—1879 年是德意志自由主义者执政时期。在这一阶段，通过 1871 年的选举法，帝国议会从《二月特许令》的由各邦议会选派，改为由“地主、商会、城市和市镇”四个选举人团选举。又因为对选民采取了纳税数额限制，以及资产阶级在商会、城市和市镇的优势地位，实际上保证了城市资产阶级等自由主义者的优势地位。

1879 年，塔菲伯爵[①]就任首相，持续到 1894 年的长达 15 年的“铁圈内阁”时期，是皇帝和他的朋友塔菲伯爵的共同统治时期。在这一阶段，德意志自由主义者反对皇帝夺取波斯尼亚–黑塞哥维那，而皇帝本人却不愿意放弃继位以来仅有的开疆拓土的机会，塔菲伯爵以扩大选举权的改革，轻松打破了自由主义者的优势地位。1882 年的选举法把选举权的纳税额度门槛从十盾下调为五盾，把原本没有选举权的下层市民阶级纳入了选民群体。此举固

① 塔菲（Eduard Franz Joseph Graf von Taaffe，1833—1895），奥地利政治家。早年即与未来的弗兰茨·约瑟夫一世熟识。1867 年进入内阁，1868—1870 年、1879—1893 年两次领导内阁。依靠波兰、捷克的保守势力与霍亨瓦尔特集团的教权派，形成所谓“铁圈内阁”。外交上采取结盟政策，1879 年与德国签订秘密军事同盟条约。1882 年缔结德、奥、意三国同盟条约，以对抗法俄协定。在今天，他往往因 1882 年的选举改革而被人们记住。

然打破了自由主义者对议会的把持，但也打开了帝国末期的混乱之门。

1894年以后，帝国进入混乱的末期，从1894年的选举权不断扩大，到1907年冯·贝克[①]内阁颁布成年男子普选的选举法。帝国议会逐渐呈现出一种碎片化的局面，十几个民族的不同意识形态所产生的几十个不同的政党彼此争斗不休，同时帝国议会不设置官方语言，每个议员都有权用本民族的语言发言，议会又不提供翻译服务，导致环城大道上宏伟的希腊式建筑里的帝国议会吵闹不休，讲话声、歌声、叫骂声此起彼伏，墨水瓶横飞，成了上演政治闹剧的马戏团。

在议会无法表达民意，确切地说是民意碎片化的局面下，依靠宪法授予皇帝的“非常立法权”统治就成为必然。但是，面对一个可能让拿破仑三世或者俾斯麦乐在其中的局面，已经进入晚年的皇帝却显得力不从心。1897年，皇帝第一次解散议会。1907年和1913年帝国进行了历史上仅有的两次普选。但到了1914年又不得不再次解散议会，开始无议会统治。

从1906年开始，皇储弗兰茨·斐迪南大公强势推动帝国政策，皇帝则渐渐退居幕后，仅仅以掣肘和干预皇储政策的方式来保证自己不至于完全失去影响力。这种退居幕后的局面在1914年的萨拉热窝事件后被打破，新的皇储卡尔大公还年轻，皇帝只能回到帝国决策集团的核心，其结果就是1914年的最后通牒和宣战。

在战争中，皇帝又继续统治了两年，并依然勤奋工作，但他既无法恢复和平也无法避免帝国遭受沉重的打击和失败。1916年，皇帝在美泉宫逝世。

---

① 冯·贝克（Baron Max Wladimir von Beck，1854—1943），奥地利政治家，生于维也纳一个贵族家庭，早年学习法律。1880—1906年在农业部任职。1906年7月—1908年11月任帝国首相。任内在帝国范围内实行“普遍、平等”的选举。1906年12月，他起草一项法案，其中规定男子有普选权，帝国议会实行各民族比例代表制。这一法案于1907年1月成为法律。他被公认为最干练的奥地利首相之一。2007年1月10日发行的奥地利公民普选权100周年纪念币即以他为主题。

沉默与疲倦

就趣味和个性而言，弗兰茨·约瑟夫本质上是一个轻松愉快的人，虽然遭受了如此之多的打击，但直到生命的最后一刻依然保持着斗志，这是那些容易抑郁和本性忧愁之人所做不到的。

在趣味上，正如皇帝传记第一章“毕德迈尔式的童年”所说的那样，他是 1848 年那一代德意志市民阶级的一分子。他爱看戏，喜欢跳华尔兹舞，喜欢轻飘飘的、辉煌的音乐，喜欢宏伟壮观、装饰华丽的建筑。他讨厌自己霍夫堡宫办公室对面的现代建筑“卢斯馆”（见彩图 12），命令从此不再打开面向卢斯馆的窗帘。

在皇帝的个人爱好中，市民的一面是华尔兹舞和戏剧，而贵族的、君王的一面无疑是狩猎，他和斐迪南大公都是著名的杀戮动物爱好者。

就个人才能而言，无论是政治还是军事，他都没什么过人之处，他唯一的优势在于勤奋和惊人的克己精神。这位皇帝终生都保持着高度的自律，保持着严格的作息时间，夏天四点、冬天五点即起床办公。即使到 80 多岁都保持着完美的仪表和身材。这跟维多利亚女王的宝贝儿子、1901 年继位时体重已经突破 270 磅的爱德华七世形成了鲜明对比。

他的这种自律精神实际上表现了内心深处的高度自恋，或者说对自己作为哈布斯堡世袭君主的昭昭天命的深信不疑。虽然在生活方式和趣味上中产阶级化，但在个人意识上，他是字面意义上的保守主义者，一个真诚地相信君权神授和君主责任感的人，所以，他把哈布斯堡西班牙系的宫廷礼仪捍卫到了最后。

他本人除了晚年在巴德-伊舍尔之外，永远在公开场合穿军服，而觐见他的人，即使是平民着装也必须符合宫廷礼仪，未经君主提问，任何人不得开口说话。而且他手边永远备有一份名单，上面开列了所有可以在与他交谈时不使用尊称的人。

他对任何改革和进步都是本能地抗拒，包括生活便利设施在内。霍夫堡宫的卫生间和浴缸是茜茜的贡献，现代化的盥洗室是皇储鲁道夫大公的妻子——来自比利时的斯蒂芬妮大公妃的贡献，美泉宫的盥洗室则要等到末代皇帝卡尔和泽塔皇后了。除电灯以外，这位皇帝不喜欢任何新事物，直到晚年他才勉强批准在准备某些不重要的文件时使用打字机。唯一有趣的例外是，在皇帝的世外桃源巴德–伊舍尔行宫的办公桌上，配备了现代化的打火机，这可能是皇帝最摩登的设备了。

这位皇帝的统治总的来说是失败的。其原因当中最重要的一点无疑是他身处一个动荡的、日新月异的时代，而自身的才能却比较平庸。在他出生的时代，德意志还是小邦林立的农业地区，他成长的年代里梅特涅还掌握着对德意志的惊人权力。但是在接下来的漫长生涯中，煤气灯照亮了德意志，电灯又取代了煤气灯；铁路连通了欧洲，轮船把世界带进帝国主义时代。1866年，他在书信中对普鲁士装备的后膛枪的威力震惊不已，但在他亲自出席的最后几次军事演习中，机关枪、电报，甚至装甲汽车都已经出现在战场上了。

同样重要的是，这位皇帝虽然感情丰富，但是意志薄弱，人们指责斐迪南一世皇帝往往会接受最后一个和他交谈的人的意见，这方面弗兰茨·约瑟夫虽然和他的伯父不同，但也有很多相似之处。作为一个相信君权神授的世袭君主，在政治上他实际上没有真正的朋友和同盟者，出于骄傲，他始终和他的大臣之间保持着距离，从未给予任何一位大臣以威廉一世皇帝对俾斯麦那样无条件的支持。

他会支持他的大臣，也会出于自身的判断而采取某些政策，但一旦他的大臣搞砸了——这主要通过“舆论”，尤其是以抗议呼声的大小来判断，即使是正确的决定，一旦反对呼声激起了这位皇帝的不安，他会毫不犹豫地抛弃他的大臣，甚至抛弃他自己的政策。这一点从他年轻时代到晚年都没有变化，他对反对呼声有一种恐惧感，为了恢复安宁，他可以抛弃任何人，甚至他自己。塔菲伯爵就是因为激起了太过猛烈的抨击而被他抛弃的。而他自己在坚定地拒绝了两次对卡尔·鲁格[①]的任命之后，也不得不屈从于维也纳的民意，在 1897 年让“英俊卡尔”昂首走进维也纳市政厅。对此，罗伯特·穆齐尔[②]评论说：“每当人们刚要觉得专制也能干点好事的时候，皇帝立刻表示要尊重民意了。”梅特涅和施瓦岑贝格以英雄气概所采取的那种策略的机会主义，在这位皇帝身上变成了“政治上的神经衰弱”。

这位皇帝的权力在晚年随着政治的混乱而有所加强，但这一时期的皇帝却愿意不惜一切代价息事宁人。从 1970 年代开始，他日渐陷入一种深切的沉默状态，积极而勤奋地履行作为君主的各种责任，却不发表自己的任何意见。当维多利亚女王从意大利乘火车前往波茨坦时，她在因斯布鲁克的月台上震惊地看到了这位皇帝，而当他离去的时候，女王更加震惊地发现，这位皇帝从维也纳坐了一天一夜的火车来见自己，就是为了说几句毫无内容的客气话。

一个性格上如此软弱，对自己又如此压抑的人，同时又重感情，在事业上没有朋友，也没有同盟者，对大部分人保持着距离。他显然只能靠私人感情弥补，他对伊丽莎白皇后的依恋到了不像一个皇帝的程度，却终生没有得到皇后对等的爱，中年以后的皇后热衷于在帝国内外漫游，给皇帝留下了大段的孤独时光。而他虽然有几位“皇帝的女朋友”，比如持续最久的女演员卡特琳·施拉特，但据说皇帝终生都没有允许她以“你”来称呼自己。

---

① 卡尔·鲁格（Karl Lueger，1844—1910），奥地利政治家，维也纳市长，奥地利基督教社会党的领袖。出身平民家庭，靠个人奋斗成为维也纳大学博士。长期不被皇帝接受，直到 1897 年才被皇帝任命为维也纳市长。

② 穆齐尔（Robert Musil，1880—1942），奥地利作家。父亲是一名得到贵族头衔的工程师。曾在柏林大学攻读哲学、心理学、数学和物理学，1908 年获哲学博士学位。1906 年出版成名作《学生特尔莱斯的困惑》。穆齐尔的主要著作是未完成的长篇小说《没有个性的人》。他身后得到了越来越高的评价，被视为 20 世纪最杰出的德语作家之一。

巴德－伊舍尔行宫皇帝办公室窗外的风景（高林 摄）

巴德－伊舍尔铭记了弗兰茨·约瑟夫皇帝的一生：青春、爱情、追悔，人生的悲剧、国家的赤日西沉和越来越令人不耐烦的生命。1914 年 7 月 29 日，签署宣战书的第二天，弗兰茨·约瑟夫皇帝乘特别列车离开巴德－伊舍尔到维也纳，从此再也没能回来

弗兰茨·约瑟夫皇帝的一生可以看作一个精神传统——感情充沛同时又非常自律克己的世袭君主，在近代化的浪潮中漂泊的标本。他的生活历经磨难，被革命的大潮推上伯父的皇位。而宝座上的漫长岁月中，兄弟被革命者枪杀，儿子跟人殉情，妻子被无政府主义者杀死，侄子夫妻俩被塞尔维亚的刺客杀死。他经历了一个漫长的人生，始终没能或者说不愿认清他的时代。（见彩图 13）他把帝国带进战争，而他和他的帝国都没能从这场战争里走出来，他的帝国在他死后土崩瓦解。

十七 半途而废的联邦制——二元君主国的诞生

奥匈二元君主国实际上是帝国联邦制改革半途而废的产物。狡猾的马扎尔贵族利用他们的先天优势、务实冷静的妥协政策，为自己争取到其他各民族无法取得的优势地位；而波希米亚人如果采取类似的政策，也有可能得到相似的地位，从而把帝国变成三元君主国。

弗兰茨 · 约瑟夫皇帝和伊丽莎白皇后加冕为匈牙利国王和王后

我们都知道奥匈帝国是哈布斯堡君主国各种形式里的最后一环。1867年的奥匈妥协、1867年5月的《匈牙利宪法》和12月的《十二月法令》宣告了这个帝国的诞生。但是，这种看法其实是100多年后的我们回看那段历史时产生的错觉。

实际上，1867年的奥匈妥协，以及莱塔河两边的两部宪法，在当时被看作帝国联邦化改革的第一步和试点：匈牙利是第一个，波希米亚原本是第二个。也就是说，按照首相博伊斯特[①]的主张，奥匈妥协之后，接着是对波希米亚的妥协，弗兰茨·约瑟夫皇帝应该再到布拉格加冕为波希米亚国王。这样，历史上哈布斯堡君主国的最后形态将是一个类似多瑙河联邦式的联邦制国家。或者退一步说，即使改革到波希米亚这一步就停止，出现的也不会是奥匈二元君主国，而是奥、匈、波三元君主国。为什么波希米亚没能成为第三元呢?

不情愿的自由帝国

事情要从奥匈妥协的由来讲起。

对奥匈帝国的一个常见误解，是把导致二元君主国建立的1867年奥匈妥协视为1866年普奥战争的产物。实际上，奥匈妥协的外部原因是1859年的意大利战争，这次战争的失败，以及战争中匈牙利人对维也纳政府的反

---

① 博伊斯特（Friedrich Ferdinand Freiherr von Beust，1809—1886），早年在哥廷根大学和莱比锡大学学习法律，倾向自由主义。1849年出任萨克森王国的外交大臣，1853年起成为内政大臣。1866年，普鲁士战胜奥地利及其盟国萨克森之后，博伊斯特在俾斯麦的压力下辞职。1866年10月被弗兰茨·约瑟夫一世皇帝任命为奥地利外交大臣，1867年2月任首相。1867年与匈牙利谈判，达成建立二元制帝国的协议。普法战争期间，主张奥地利站在法国一方对普鲁士进行报复战争，被皇帝否决，遂辞职。1871—1878年任驻伦敦大使。1878—1882年任驻巴黎大使。

抗，让弗兰茨·约瑟夫皇帝不得不在战争失败之后的 1860 年开始寻求与他统治下的人民和解，放弃他自 1849 年以来进行了十年的开明专制统治。

1860 年是失败的哈布斯堡王朝谋求妥协和立宪制改革的一年，从此开始的一系列制度尝试的最高峰是 1867 年的奥匈妥协以及 1867 年的《十二月法令》。从这个意义上，普奥战争只是加速了 1860 年开始的帝国立宪改革，而不是改革过程中具有决定性意义的一环。再夸张一点说，奥匈帝国的国父和德意志帝国的国父同样都是拿破仑三世，1859 年拿破仑三世在索尔菲利诺的胜利推开了奥匈帝国的大门，就像 1870 年拿破仑三世在色当的失败创造了德意志帝国。

1849 年，弗兰茨·约瑟夫皇帝和他的皇家军队压服了帝国之内反抗君主制的各派势力，但在这个过程中产生的战败者却各不相同。比如，维也纳的起义者是纯然的革命者，他们的愤怒是政治性的，不带有民族主义色彩。布拉格的起义者兼具政治性和民族性，波希米亚的土地和权力都掌握在哈布斯堡王朝册封的德意志贵族手中，所以 1848 年布拉格起义中，政治性的德意志革命者和民族性的斯拉夫主义者实际上一起反对他们的君主，但是波希米亚的德意志贵族成功地镇压了布拉格的起义，并且支撑起 1848 年 12 月登位的弗兰茨·约瑟夫皇帝的早期统治，作为首相的施瓦岑贝格大公就是典型的波希米亚德意志贵族。

而匈牙利的起义则主要是民族性的，这种民族性实际上也是 19 世纪的特色，甚至是 19 世纪哈布斯堡君主国的特色。1848 年起来反抗哈布斯堡王朝的马扎尔民族主义者中，很大一部分人，尤其是掌握了权力的人其实是马扎尔贵族，他们的民族主义是要争取匈牙利王国的特权，而不是马扎尔民族的权力，因为王国实际上把持在他们手里，他们对左翼的平等纳税这样的要求是不以为然的。这些人利用匈牙利传统的特权和自身的力量，成功地向维也纳宫廷进行抗争，甚至多次取得胜利，但是当皇家军队最终征服匈牙利时，他们中很多人要么被处死，要么被没收财产流亡国外。在皇帝的十年专制统治时期，他们是匈牙利反对皇室的主要力量，当帝国被迫对反对者做出妥协时，他们也最先得到好处，被发还财产、爵位甚至官职。所以1859年以后，他们在维也纳宫廷里形成了一股争取地方特权的强大势力，与原本盘踞在宫廷中的波希米亚党（主要由波希米亚的德意志贵族组成）逐渐形成分庭抗礼的局面。而帝国的宪政改革正是在这种局面下推动的。

1860年《十月文告》颁布，这一文告被皇帝赋予不可撤销的宪法地位，它依然包含了强烈的中央集权色彩，只允许召开帝国各地的地方议会。

匈牙利的议会在性质上和福拉尔贝格的议会没什么两样，这当然不可能让匈牙利人感到满意，也不可能让波希米亚党满意。所以制定文告的戈卢霍夫斯基在1860年12月被迫辞职。接替他的就是俾斯麦非常看不起的施莫林。施莫林虽然不能推翻《十月文告》，但他发布了1861年的《二月特许令》。《特许令》是对《十月文告》的官方解读，但经过这次解读，戈卢霍夫斯基的宪法就没剩下多少东西了，如果要问其中有什么是非常重要的，那就是文告宣布的“帝国统一的法律基础是《国事诏书》”。

按照施莫林的《特许令》，帝国议会将设置343个席位，其中匈牙利王国整体拥有120席。当法令涉及包括匈牙利在内的帝国整体时，将召集343人议会开会；当法令不涉及匈牙利的其他部分事务时，由剩下的223名议员组成的议会讨论。这其实已经透露出未来奥匈妥协的先声。但也不能简单说《特许令》就是奥匈妥协的预演，因为按照《特许令》，虽然匈牙利王国整体拥有120席，但其中真正掌握在马扎尔贵族手中的只有85席，还有35席掌握在匈牙利王国的少数民族手中，而在非匈牙利部分的223席中，波希米亚占有54席，也就是说，波希米亚派和马扎尔派在1861年的票数比是85比54，而且波希米亚的票数始终有效，而匈牙利的票数只在涉及匈牙利问题时有效。这两个派系暂时还处于伯仲之间。

1861年宪政改革的另一个结果是恢复了布达佩斯的议会。1849年时，很多马扎尔贵族和马扎尔自由主义者已经重新在这个议会里产生了影响。对于1861年的《特许令》，布达佩斯议会里的马扎尔自由派都是反对的，围绕反对的方式分裂为两派：一派人主张弗兰茨·约瑟夫不是合法的匈牙利国王，他们主张向世界呼吁，不承认弗兰茨·约瑟夫的王位，这一派是所谓的“决议派”；而另一派则承认《国事诏书》，承认弗兰茨·约瑟夫的王位，并主张以向君主递交陈情书的形式进行抗议，这就是所谓的“上书派”。

最终，上书派以155对152的票数勉强通过了上书，并在1861年7月和8月两次向维也纳递交抗议书。在上书中，布达佩斯议会要求恢复1848年宪法，结果弗兰茨·约瑟夫皇帝被迫在8月22日宣布暂时解散布达佩斯议会，10月底又解散了匈牙利各州的议会，但1861年的帝国已经不是1849年的帝国，虽然解散了议会，但11月5日皇帝又发布文告宣布，解散议会只是开始了一个为期5年的预备期，并不等于恢复个人统治。

1861年的《特许令》开启了帝国的体制改革，但改革的方向依然没有确定。而且1861年11月的文告又宣布匈牙利从此进入5年预备期，也就是说，匈牙利，乃至帝国的体制的去向必须在5年之内做出决定。

从《十月文告》到《二月特许令》的转变，标志着帝国从中央集权倒向联邦制，但联邦制并不等于奥匈妥协。联邦派把匈牙利的自主权，尤其是作为标志的弗兰茨·约瑟夫在布达佩斯的加冕和匈牙利宪法，视为帝国一系列类似改革的开端。弗兰茨·约瑟夫应该加冕为匈牙利国王，而在纸面上至少他也应该加冕为波希米亚国王。那么，联邦制改革是如何变成奥匈妥协的呢？

奥匈妥协的实现

1862年，弗兰茨·约瑟夫皇帝要求奥博尼·杰尔吉[①]提出一个匈牙利改革方案，而这个方案里实际上已经具备了二元君主国的全部特点，比如，设立两个国家共同的财政部、国防部和外交部。但这个方案在1862年被皇帝否决，说明直到1862年，皇帝并不认为帝国必须进行二元制改革。

如前所述，按照《特许令》，议会里的波希米亚党和马扎尔党是势力相当的。但维也纳宫廷里也有一个传统的波希米亚党，他们是1848年革命中捍卫王朝的功臣，主要围绕在皇帝的母亲索菲大公妃周围。而1859年以来，又逐渐出现了一个马扎尔党，该党围绕在伊丽莎白皇后周围。基于亘古不变的婆媳矛盾，茜茜公主是索菲大公妃的坚定敌人，也是波希米亚党毫不掩饰的反对者。波希米亚贵族不喜欢皇后，皇后也不喜欢他们。

这时候马扎尔贵族中的帅哥代言人——安德拉希伯爵闪亮登场，理所当然地成为长期处在苦闷中的皇后的挚友。于是，马扎尔党在宫廷里得到了一个不亚于索菲大公妃的代言人和旗手。

同时，匈牙利的国内舆论也开始对奥匈妥协有利。1861年的匈牙利议会里几乎所有人都是反对帝国的，决议派和上书派只存在反抗方式上的分歧，而没有立场上的分歧，他们都要求匈牙利独立，恢复1848年宪法。但随着议会被解散，马扎尔人开始分化，其中德阿克及其支持者代表了贵族中的温和派，他们开始对二元君主国的体制表示赞许，这些大贵族原先就想以匈牙利王国作为后盾谋求自己的特权地位，如果这种特权地位以匈牙利独立国家的形式实现，他们反而要背上更多的经济和军事负担；而留在帝国之内，便可以把农产品卖到奥地利，还可以到维也纳享受宫廷生活。

---

① 奥博尼·杰尔吉（György Apponyi de Nagyappony，1808—1899），匈牙利保守派政治家，1846—1848年担任匈牙利大法官。1858年起担任匈牙利科学院院士。1861年被弗兰茨·约瑟夫一世任命为匈牙利国会议长。1862年，他制订了一个奥匈妥协方案。

而原本激烈的反对派，即 1861 年的决议派（大多数是左翼贵族），随着俄国和普鲁士的兴起，他们越来越担心独立的匈牙利无法在强国环伺的欧洲保持独立，同时因为不愿意对国内的下层阶级和少数民族做出让步（担心自己被国内的阶级矛盾和民族矛盾吞没），他们也逐渐乐于与哈布斯堡合作。只不过他们依然坚定地要求匈牙利必须有自己的军队自主性，因此，1861 年后，继续捍卫 1848 年宪法的极左翼已经成了少数。当皇室渐渐倒向奥匈妥协方案时，匈牙利的舆论也日渐倾向奥匈妥协。

1865 年，德阿克在《佩斯报》上发表文章，阐述了匈牙利人和王朝妥协的主张。皇帝和马扎尔贵族的关系已经今非昔比。这篇文章引起关注后，皇帝让施莫林辞职，虽然继任者贝尔克雷迪[①]一样不同情二元制度，但皇帝支持他终止了匈牙利以外帝国各部分的宪法——帝国开始了无宪法统治的非正常状态，帝国整体的体制必须在短期内做出决定。

此时刚好爆发了普奥战争，这一次马扎尔人一改 1859 年不合作的对抗态度，转而与帝国合作。因为波希米亚成了普法战争的主战场，遭到蹂躏，所以这时波希米亚人无法像马扎尔人那样为王朝贡献力量。于是，皇帝的天平倾斜了。当普鲁士军队逼近维也纳时，波希米亚党和索菲大公妃主张去巴德–伊舍尔避难，而皇后却主张去布达佩斯，最终皇后战胜了婆婆，宫廷退往布达佩斯。马扎尔党胜利了。

1867 年，抗拒奥匈妥协的贝尔克雷迪辞职，博伊斯特男爵继任。博伊斯特同样不认为奥匈妥协意味着二元君主国，相反他更倾向于联邦路线，他只把奥匈妥协视为联邦改革的第一步，所以在他主导下，奥匈妥协于 1867

---

① 贝尔克雷迪（György Richard Graf von Belcredi，1823—1902），奥地利首相。生于马伦的因格罗维茨。早年学习法律和历史。1863 年起，历任县长、西里西亚州长、波希米亚总督和布拉格市长等职。1865 年 5 月—1867 年 2 月任奥地利首相。政治上属君主派保守集团。任内停止召开帝国代表会议，实行专制统治。在民族问题上极力主张协调与斯拉夫人的矛盾，反对与匈牙利人改善关系。由于外交政策的失误导致普奥战争的失败，加之反对建立二元制的奥匈帝国，遂于 1867 年 2 月引咎辞职。1881—1895 年任宪法委员会主席。

年年初迅速达成，弗兰茨·约瑟夫承认匈牙利宪法，之后加冕为匈牙利国王。

匈牙利王国与奥地利共戴一君，拥有自己的宪法、议会和政府。同样的，作为二元君主国的另一方“奥地利”（之所以加引号是因为并不存在一个奥地利君主国，虽然在简称里经常见，但事实上并不存在。奥地利部分的官方称呼是“在帝国议会中拥有代表的王国和邦”。罗伯特·穆齐尔在小说中讥笑“奥匈帝国是世界上仅有的因为没有名字而日薄西山的国家”）也应该拥有自己的宪法、议会和政府，只在涉及共同事务的问题上，设置共同的外交部、财政部、国防部和下属大臣，这三个大臣组成一个大臣会议，向维也纳和布达佩斯的议会选出来的共同委员会负责。但是，因为维也纳的议会长期处于解散状态，致使应该由两个议会选举产生的共同委员会在大部分时间里并不存在。这三个共同大臣更多的是接受以皇帝为首的国务会议的指导，也就在事实上承认了皇帝对军事、外交问题的管理权。

奥匈妥协规定了共同关税、共同货币，二元君主国的直接税和间接税，双方对共同财政的负担比例，对国债的分担比例，并且把军队分为共同武装力量和双方各自的本土防卫军。但是，所有这些归为奥匈妥协条款的修正权都不属于公共委员会，它们被授予每十年举行一次的奥匈会谈。换言之，关税税率、共同武装力量的军事预算，每十年才有一次机会加以修正，这也解释了为什么一到逢七的年份，奥匈帝国的政局会陡然紧张起来。

1867 年 2 月，奥地利国会批准奥匈妥协，5 月，布达佩斯议会批准奥匈妥协，弗兰茨·约瑟夫于 6 月批准了匈牙利宪法，在向宪法宣誓之后加冕为匈牙利国王，成为费伦茨·约瑟夫一世国王。12 月，奥地利国会通过并经皇帝批准了奥地利宪法，即《十二月法令》。

波希米亚错失机会

奥匈妥协以后，博伊斯特认为其联邦制改革取得了第一步胜利，接下来便要着手解决波希米亚，但他的努力却被内部和外部的矛盾所牵扯。博伊斯特除了是帝国大臣会议主席，还是联合外交大臣。1867 年以前他是奥地利帝国外交大臣，1867 年他是奥匈帝国的共同外交大臣，所以他在主持帝国整体改革之外的首要权限是帝国外交。博伊斯特在担任奥地利外交大臣以前曾是萨克森王国外交大臣，萨克森和奥地利一样，都是普鲁士手下的战败者，因而他是坚定的反普鲁士派。1866—1870 年，他在忙于帝国改革之余，也没有忘记推动奥匈和法国的接近。1870 年普法战争期间，奥匈帝国内部对普鲁士的复仇情绪空前高涨，仅仅是因为法国意想不到的脆败才没有让奥匈帝国对普鲁士宣战。这必然会导致俾斯麦的憎恨，而俾斯麦在奥匈帝国的匈牙利部分有一伙坚定的盟友——马扎尔自由党。

马扎尔自由党对普鲁士的亲近感由来已久。匈牙利国内有一票传统的新教贵族，其中很多人甚至是清教徒，这些生活在天主教海洋里的清教徒贵族对东欧最大的新教国家普鲁士自然有好感，而且在反对哈布斯堡王朝的事业中，普鲁士也长期是他们的天然盟友。这种传统直到 20 世纪还在发挥作用。1914 年的匈牙利首相蒂萨・伊斯特万伯爵就是一个清教徒，而且曾在柏林留学，还亲自写过一本关于俾斯麦的书。马扎尔自由党秉承着一种传统的亲普鲁士情绪，自然会反对博伊斯特的外交政策。而当他们把矛头对准博伊斯特时，发现他正处于内外交困的境地。

博伊斯特试图推动波希米亚改革并让皇帝到布拉格接受温塞斯劳斯王冠加冕。但波希米亚党认为他们被匈牙利人甩在了身后，匈牙利人已经取得了帝国之内的优势地位。他们不愿屈居人后，不仅要求得到匈牙利人得到的所有特权（这原本就是帝国联邦制改革计划之内的），还提出了一项马扎尔人未曾要求的新特权——不承认《国事诏书》，要求获得在必要的情况下另选一位非哈布斯堡王室的波希米亚国王的权利，这显然触碰了帝国的底线。而且波希米亚人在征兵问题上提出的要求也激怒了弗兰茨·约瑟夫皇帝。但波希米亚人觉得自己胜券在握，认为皇室已经对匈牙利妥协了，它别无选择，只能吞下波希米亚人给他们准备的这杯苦酒。

当维也纳内阁试图与波希米亚人达成妥协时，认为自己胜利在望的摩拉维亚和西里西亚议会都直接表示拒绝，而波希米亚议会则在1871年10月10日通过了《基本条款》，要求对整个帝国的剩余部分采取彻底的联邦改革，为波希米亚争取匈牙利式的地位。在这种情况下，马扎尔自由党人站了出来。匈牙利首相安德拉希伯爵从奥匈妥协产生的帝国二元体制的角度对《基本条款》提出了抗议，理由是：这样的改革将改变二元体制，因其涉及奥匈妥协必须得到匈牙利的批准。而他代表的匈牙利不可能批准这样的改革。走投无路的博伊斯特只能与安德拉希伯爵联合，拒绝了《基本条款》。于是，试图和波希米亚人妥协的霍亨瓦尔特内阁[①]只好辞职，皇帝也解除了博伊斯特的职务，让安德拉希伯爵继任。

于是，到1871年10月，奥地利帝国的联邦制改革宣告终结，可以说奥匈帝国此时才正式诞生。同时，奥匈帝国的反普鲁士派也被驱逐出帝国外交部，亲普鲁士的马扎尔自由党人主持了帝国的外交，德奥同盟由此诞生。而匈牙利人以支持皇室的方式获得了在财政、国防、外交上与奥地利类似的权力，获得了帝国40%的人口、50%以上的领土，甚至获得了内外重大事务上的一票否决权。这些特权都被授予了只占帝国总人口19%的马扎尔人。当时的人不会想到，匈牙利人拥有的这种一票否决权后来成了帝国的一道致命伤口。

回顾1860—1871年帝国宪政改革的历史，我们可以发现，奥匈二元君

---

① 霍亨瓦尔特（Karl Sigmund von Hohenwart，1824—1899），奥地利政治家，1871年2月被任命为首相，其内阁试图使波希米亚与奥匈帝国达成联邦协议，引起了大规模的批评，导致霍亨瓦尔特内阁上台仅几个月即垮台。

主国实际上是帝国联邦制改革半途而废的产物。狡猾的马扎尔贵族利用他们的先天优势、务实冷静的妥协政策，为自己争取到了其他各民族无法取得的优势地位；而波希米亚人如果采取类似的政策，也有可能得到相似的地位，从而把帝国变成三元君主国。很多人没有注意到——奥匈帝国这个提法，本身就是波希米亚在帝国联邦制改革过程中斗争失败的结果。

附 奥匈帝国的语言

奥匈帝国为什么不使用统一的语言？其实，哈布斯堡君主国是存在统一的官方语言的，那就是拉丁语。

拉丁语在君主国的大部分时间里都是政府的官方语言，只是到约瑟夫二世皇帝治下，为了推动政府的现代化，才主张废除拉丁语转而使用德语。在第一章我们已提到，约瑟夫二世统治时期帝国开始推动官方语言的德语化和普遍的德语教育。“约瑟夫主义”中蕴含的强制的德意志化这层含义，也是从这种德语化的政策中诞生的。

但是，约瑟夫改革遭到了匈牙利人的坚决抵制，最终失败。虽然官方的德语教育依然被保持下来，但帝国随后卷入法国革命和拿破仑战争长达 20 年，损失非常惨重。当战争终于结束时，巨额的外债，以及拿破仑“大陆封锁令”的消失所导致的中欧经济衰退，把帝国推到了财政破产的地步。

1815—1848 年，奥地利帝国疲于自保，几乎没有能力采取积极的政策，教育上的投入更是无从谈起。没有钱支持官方德语教育的帝国，只能转而鼓励各民族的民族语言教育。因此，在这几十年当中，帝国的大部分地区，初等教育都是由教会组织的。帝国给教师提供的微薄薪金甚至无法维持基本的生存水平，根本不可能招募到专职的初等学校教师，唯一现实的方法就是让本堂神父兼任。很多非德意志人的神父不懂德语，他们一出生学习的就是本民族语言，而成为教士需要学拉丁语，所以他们只懂也只能教这两门语言。帝国既然出不起钱，也就无法让他们去学德语。

于是，在这个阶段，近代意义上的语言民族主义开始形成。匈牙利议会要求制定自己只讲匈牙利语的法令，在这项法令制定的过程中，匈牙利议会里的克罗地亚代表又呼吁克罗地亚议员讲克罗地亚语，这说明此时帝国的各民族已经开始捍卫使用本民族语言的权利。

而当 1867 年奥匈帝国建立时，在帝国的奥地利和匈牙利两部分，奥地利自由党和马扎尔自由党分别执政，但这两个自由党却在民族语言问题上采取了截然不同的政策。

在奥地利部分，奥地利自由党虽然不愿意开放选举权，但他们希望用民族语言作为选举权的替代物：先为他们眼中没有资格行使选举权的少数民族提供本民族语言的教育，提高他们的“素质”作为选举权扩大的基础。所以 1867 年《十二月法令》颁布以后，奥地利部分不设官方语言，不但不设官方语言，帝国还每十年进行一次人口普查，只要某一区域讲某一种语言的人口达到一定人数，就为这种语言建立学校。在 1873 年股市崩盘、经济陷入萧条以后，人们热衷于从事公务员和教师职业，而每十年一次的人口普查直接决定教师职位的设置数量。

1873 年的股市崩盘还导致奥地利自由党的衰退，奥地利部分的选举权开始不断扩大，1907 年终于实现了普选，选举权扩大的结果就是让原本围绕教师职业进行的民族之争，现在也渗透进了决定公务员职位设置的官方语言领域。奥地利部分虽然不设官方语言，却有政府提供行政服务的语言。原本都是德语，但随着选举权扩大，各民族开始要求提供本民族语言的服务。

这种要求在很多地方取得了成功，却在捷克引发了激烈矛盾，因为捷克的三个组成部分——波希米亚、摩拉维亚和西里西亚的民族成分各不相同。西里西亚是德意志人占多数的地区，如果要求公务员必须同时提供德语和捷克语服务，会被当地德意志人认为是不公平的；在波希米亚，捷克人占多数，若不提供双语服务，捷克人会觉得不公平；波希米亚的德意志知识分子表示他们都只懂德语，而捷克知识分子则往往懂德语，所以对德意志知识分子也不公平。于是，捷克的语言之争造成了巨大混乱，内阁因此辞职，布拉格大学的大学生甚至发生激烈武斗，造成严重死伤。

与多语言政策的奥地利部分相反，奥匈帝国的匈牙利部分采取的是坚定的一元化政策。

马扎尔自由党继承了哈布斯堡的“约瑟夫主义”政策，只是把其中的德语替换成了匈牙利语。在匈牙利，只有一种官方语言——匈牙利语。奥地利的纸币用 8 种语言标注币值，而匈牙利纸币虽然理论上是由同一家银行发行的，却只有匈牙利语一种文字，连德语也不用。

而且马扎尔自由党和奥地利自由党不同，马扎尔自由党是一群地主，1873 年股市崩盘对他们几乎没有影响，从 1867 年到 1918 年，他们持续不断地把持着布达佩斯的议会和政府，选举权也始终没有扩大过。匈牙利的强制的马扎尔化贯穿了整个奥匈帝国的历史。

如此，我们就可以清楚地看出为什么奥匈帝国没有使用统一的语言。因为奥匈帝国本身是哈布斯堡的中央集权和德意志化的“约瑟夫主义”失败的产物。而随着“约瑟夫主义”的失败，奥匈帝国的两部分各自走上了承认各民族权利和“匈牙利的约瑟夫主义”的不同路线，结果就是在奥地利部分语言完全走向了多元化，而匈牙利则走上了强制的马扎尔化的道路。

奥匈二元君主国已经失去了任何统一语言的可能性。

十八 奥地利三头政治溯源

奥地利的民族主义情绪，实际是德意志民族主义的一部分，更准确的名称应该是奥地利的德意志民族主义。随着奥匈帝国民主化的推进，最先登上历史舞台的群众政治家，就是这样一个堂吉诃德式的人物。作为1870年代最叱咤风云的民粹政治家，舍内雷尔基本上被看作希特勒的预演。

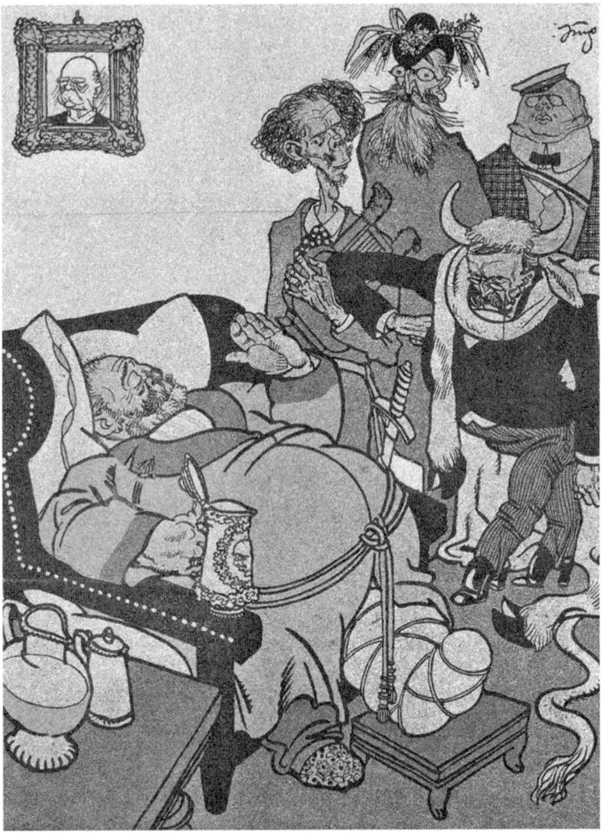

讽刺舍内雷尔的漫画

假如你把2017年10月16日奥地利的大选结果和选票分布图，拿给一个1907年和1911年奥匈帝国议会大选的见证者看，除了地图上坚挺的“赤色维也纳”和红色所代表的社会民主党，他可能什么都认不出来。但如果你告诉他那几乎布满了全国的黑色所代表的“奥地利人民党”过去的名字叫“基督教社会党”，这人可能就恍然大悟了。如果你再告诉他那个得票率第三的自由党，虽然经历了改头换面，但基本上可以看作旧帝国的德意志民族党的继承者，我想这个人最想问的一句话大概是：“这真的是2017年的大选，而不是1917年的？”

“元首”舍内雷尔

奥地利的民族主义情绪，实际是德意志民族主义的一部分，更准确的名称应该是奥地利的德意志民族主义。

1848年，匈牙利人起来反抗哈布斯堡王朝争取独立，维也纳的德意志民族主义者用武装起义来响应匈牙利国民军。奥地利的革命者视哈布斯堡君主国为统一德意志的绊脚石，1848年的口号“自由和统一”意味着推翻君主制，建立德意志国家。具体到奥地利就意味着摧毁帝国，允许帝国各民族独立，而帝国的德意志部分加入德意志国家。

这种民族主义运动随着1871年德意志帝国的建立而发生了分流。在德意志帝国内部，自由主义者需要对现实做出抉择：是否承认这个“既不统一也不自由”的德意志国家。其中，极少数左派坚持了自己的原则，继续反对德意志帝国，而大多数民族主义者承认了德意志帝国，试图在帝国的框架内推进德意志的统一和民主化。这些向现实妥协的民族主义者作为民族自由派或者国家主义者成为帝国的重要合作者。

被排斥在德意志帝国以外的德意志民族主义者也同样面临一个抉择：在

乔治·舍内雷尔（1842—1921）

这个新生的德意志国家里，没有他们的一席之地，承认哈布斯堡君主国意味着完全抛弃1848年的理想，但不承认它则意味着他们要追求一个异常艰巨的目标——独自去摧毁奥匈帝国，而这一点甚至还会遭到德意志帝国的反对。自德奥同盟缔结以来，俾斯麦一直将奥匈帝国视为维持中欧乃至欧洲局势必不可少的力量，因此对奥地利的德意志民族主义者态度冷淡。

而随着奥匈帝国民主化的推进，最先登上历史舞台的群众政治家，就是这样一个堂吉诃德式的人物——乔治·舍内雷尔，他生于1842年，是奥地利最重要的铁路工程师马蒂亚斯·舍内雷尔①的儿子。作为1870年代最叱咤风云的民粹政治家，舍内雷尔在历史上基本被看作希特勒的预演。希特勒在很多地方模仿这个人，比如他精致的打扮、贵族化的举止和风度，对街头斗殴和群众暴力的推崇，最臭名昭著的排犹举动，以及追随者送给他的尊号"元首"！

① 马蒂亚斯·舍内雷尔（Mathias Ritter von Schönerer，1807—1881），奥地利铁路先驱，罗斯柴尔德银行董事会成员，由于其在铁路建设上的贡献获封为贵族。

这个人喜欢把自己的大学生追随者组织得像军队，给他们配发棍棒、制服还有玩具喇叭，每当他在追随者的欢呼声和玩具喇叭的轰鸣声中走上讲台时，一个冷漠的旁观者也很难弄清他是真诚地在搞政治鼓动还是在开玩笑。但假如仔细观察这个人的政治主张，会发现除了疯狂地宣传反犹之外，他主张帝国的匈牙利和斯拉夫部分应该独立，以此摧毁奥匈帝国。而帝国的德意志部分——奥地利、苏台德地区应该并入德意志国家。这种主张依然是1848年德意志民族主义的继续。

舍内雷尔作为罗斯柴尔德银行董事会成员的儿子，于1873年被选入帝国议会，他最初的政治呼喊，就是坚决反对罗斯柴尔德家族延长由他父亲修建的北方铁路的经营权。这种反对商业垄断和腐败的主张被包裹在浓厚的反犹色彩之下，让他一举成名。1881年马蒂亚斯·舍内雷尔去世，他继承财产时已经俨然成为德意志民族主义者的旗手。在他眼中，传统的奥地利保守主义者是一群地主，而反对这些保守主义者的自由主义者是一群犹太人或者犹太人的帮凶和掮客，能够为德意志人民发声的只有他自己。

1882年，他和一大批支持他的青年政治家发布了《林茨纲领》[①]，很多日后的伟大人物都参与了这个纲领的制定，例如后文的维克托·阿德勒[②]和基督教社会党未来的领袖罗伯特·帕特伊，还有自由主义历史学家弗雷德荣[③]。由于这些人的参与，舍内雷尔的民族主义和排犹思想在纲领里表现得并不充分，因为包括阿德勒在内的很多人本身就是犹太人。反对奥匈帝国的色彩也

---

① 1882年，乔治·舍内雷尔和他的支持者公布了共同纲领《林茨纲领》，主张肢解奥匈帝国，奥地利、捷克和摩拉维亚加入“统一的德意志国家”。

② 阿德勒（Victor Adler，1852—1918），奥地利政治家，生于布拉格。曾从业医生。在恩格斯和倍倍尔的影响下成为奥地利的马克思主义宣传者。1885年加入奥地利社会民主工党，1889年参加创立第二国际，1900年社会党国际局成立后一直是成员。1918年奥匈帝国崩溃后，曾任奥地利政府外交部长。

③ 弗雷德荣（Heinrich Friedjung，1851—1920），奥地利历史学家，出身于摩拉维亚一个犹太家庭。在布拉格和柏林学习历史，因积极参与政治活动而被解除教职。

被淡化了，与之相比，追求社会公平的色彩被强化了，所以舍内雷尔对这个纲领和纲领下的政治同盟并不感兴趣，对鼓吹个人崇拜的学生组织则更有兴趣。1882 年是他政治生涯的巅峰，但也是转折点，虽然正兴高采烈地在议会里吹喇叭的舍内雷尔自己并没意识到这一点。

英俊卡尔

1882 年，帝国首相塔菲伯爵修改了选举法，把选举人的纳税要求从十盾下调到五盾。“五盾族”从此登上政治舞台。“盾”有时也被翻译为“古尔登”，是哈布斯堡君主国传统的货币单位，1892 年才被克朗取代，纳税五盾以上、十盾以下的人被叫作“五盾族”。五盾族基本上就意味着城市中下层阶级，他们中有城市的小店主、靠出租房屋自己当女仆兼厨娘的寡妇（例如伟大的建筑师奥托·瓦格纳[①]的母亲或《福尔摩斯》里的哈德逊太太）。而相比 1867 年以来的城市中产阶级，这些人的生活处境在 19 世纪七八十年代的经济高增长中没有得到明显的改善，相反 1873 年股市崩盘带来的经济危机对他们的生活冲击更大。而自由派在遭到经济危机打击后，依靠裙带关系把持权力、收受贿赂弥补损失的行为，让他们更加愤怒。随着俄国的排犹，大量犹太人涌入维也纳，尤其是这些犹太人从事街头零售的小生意，更让他们不满。这些 1882 年的新选民已经不在乎 1848 年的理想，对加入德意志大家庭也没有兴趣，他们更关心社会本身的公平，或者说他们自身处境的改善。

---

① 奥托·瓦格纳（Otto Koloman Wagner，1841—1918），奥地利建筑师、设计师，现代建筑和设计史上影响极大的人物。他改进了建筑的建造方式，不再像 19 世纪的前辈那样沿用过去的建筑方式，而是经常把各个年代的建筑样式综合起来，有意识地形成一种新的风格。他设计的维也纳邮政储蓄银行被称为现代建筑史上的里程碑。

卡尔 · 鲁格（1844—1910）

卡尔·鲁格——一个贫苦的“学霸”在此时登上舞台，他因为长得帅被维也纳人叫作“英俊卡尔”。卡尔·鲁格比舍内雷尔小两岁，两个人政治生涯的轨迹有很多共同点：他们最初都是自由主义者，都有排犹倾向。但除了反对罗斯柴尔德家族继续经营北方铁路的问题，大部分时间里卡尔·鲁格都对舍内雷尔保持着距离。

舍内雷尔是一个富二代，由于父亲受封贵族，更准确地说应该是贵二代，父亲给他设计的人生路线也是贵族化的，他很早就被送去施瓦岑贝格家族学习庄园管理。而卡尔·鲁格是维也纳综合理工学院看门人的儿子，典型的穷二代，除了好好学习别无选择，而且他的天赋还让他凭借学习成绩成了培养帝国精英的特蕾莎中学的走读生，之后成为罗马法学博士，考取律师资格，作为自由党的新星进入维也纳市议会。从各方面说，他走的都是一条典型的自由主义政治家路线。

他和舍内雷尔不同，作为贵族学校的走读生，他早就意识到和同学的身份差异，但他并没被这种差异压倒，相反却因自己的贫寒出身而骄傲，他一生都没有离开维也纳的下层市民社会。1897年他被皇帝任命为市长，在搬进维也纳市政厅的市长公寓前，他一直都和母亲住在共用卫生间的简陋公寓里。他会讲也坚持讲维也纳下层阶级口音的德语。这些让他成为维也纳中下层市民的偶像。

依靠奖学金读书提升社会地位的他，感受到的是帝国的温暖，而不是抽象的德意志大家庭。所以，卡尔·鲁格对皇帝和哈布斯堡王朝怀有一种舍内雷尔所没有的敬意和爱戴。他常说："如果你们把我的脑袋切开，看到的只能是帝国的金黑两色。"这种对君主国的认同感，让他走上了把面对现实的民族主义和帝国的保守主义相结合的道路。

保守社会改革的主张在最初承认选举权和召开帝国会议的时期已经出现，霍亨瓦尔特男爵的内阁里便有人鼓吹社会改革。但这种社会改革还没能引起群众的兴趣。随着1869年第一届梵蒂冈公会议[①]的召开，遍及欧洲的文化斗争才开始加剧。整个欧洲自由主义者都反对天主教会，奥地利的自由主义者也一样，但奥地利自由主义的衰退，让他们的这种反对起到了唤醒沉睡

---

① 第一届梵蒂冈公会议是罗马天主教会第20次大公会议，共有744位教会领袖出席。会议于1869年12月8日在圣伯多禄大殿举行，其后被多次中断，1870年10月20日结束。当时欧洲政局动荡，意大利面临革命，普法战争迫在眉睫。天主教中出现对立的两派：以沃德、曼宁等为代表的教权派，主张加强教皇权威，教皇永无谬误；以法国奥尔良主教杜潘洛普，德国教会史家赫斐勒、窦林格尔，奥地利枢机主教劳歇尔以及英国的纽曼等为代表的民主派，自称继承康斯坦茨公会议传统，主张公会议高于教皇，否认教皇的绝对权威。会议因"教皇首席性"与"教皇在信仰和伦理问题上永无谬误"问题发生激烈论战。高卢派等少数派反对关于教皇权力的定义，主张"教皇无误"与"教会无误"不可分离。1870年7月会议终止辩论，经过两轮投票表决，通过了载有教皇"永无谬误"条款的《永恒牧人宪章》。宪章的颁定引起高卢派等的强烈反对。教廷随即将窦林格尔革除出教，终于使反对会议结论的法国和奥地利一些主教和神职人员脱离罗马教廷，另组老公教会。

的天主教会的作用。1875年，改宗天主教的贵族福格尔桑[①]开始以《祖国日报》为基地，鼓吹建立在天主教精神基础上的社会改革。

这一运动在保守的天主教会内部遭到压制，但随着驻维也纳教皇使节和列支敦士登王子[②]的加入，开始蓬勃发展。1887年，在列支敦士登王子的推动下，卡尔·鲁格在梅特涅公主的别墅里与神学家申德勒[③]、列支敦士登王子举行了长时间会谈，最终结果就是基督教社会党的前身天主教社会运动。

卡尔·鲁格的舞台在维也纳，他鼓吹城市改造，尤其是改善公共交通、供水和照明。奥托·瓦格纳的维也纳改造背后很大程度上就依靠卡尔·鲁格和他的基督教社会党的支持。他积极地参加维也纳市民的婚礼、孩子的洗礼和逝者的葬礼。他嘴里的“维也纳腔”和维也纳引入的洁净水源、修建的公园带来的新鲜空气一起让他深受维也纳人的爱戴。

而更重要的是，舍内雷尔自己犯了一个重大错误。1888年，他率领他的玩具军队，闯进新维也纳日报社，捣毁了这家报纸的编辑部。而这家报纸的背后，站着曾经冷漠地打量他儿戏般的群众聚会的众多大人物之一的皇储鲁道夫大公。舍内雷尔马上遭逮捕，被判入狱，被禁止从事政治活动五年，他的贵族头衔和议会议席也被剥夺。德意志民族党人失去了领袖。于是，大部分乐于与帝国和解的人都加入了卡尔·鲁格的基督教社会党。

卡尔·鲁格在排犹问题上的态度也是机会主义的。和法国的排犹分子巴雷斯说的“谁是犹太人我说了算”相对照，卡尔·鲁格每次发表排犹言论都

---

① 福格尔桑（Karl Freiherr von Vogelsang，1818—1890），天主教社会改革家，出生于普鲁士统治下的西里西亚，1850年皈依天主教，通过主办刊物成为奥匈帝国天主教社会运动的重要人物。

② 列支敦士登王子（Prince Aloys Franz de Paula Maria，1846—1920），奥地利政治家和社会改革家，人称红色王子。他是自由主义的反对者、天主教社会运动的支持者，加入了卡尔·鲁格的基督教社会党。

③ 申德勒（Franz Martin Schindler，1847—1922），奥地利天主教神父，道德神学家，著有《从基督教的角度看现在的社会问题》等。

喜欢补充一句“维也纳没有犹太人”。他的党代表着奥地利国家认同与德意志民族主义的妥协、天主教传统与社会主义的妥协，很快成为奥地利保守派和群众运动结合的典范，而这个党在2017年依然是第一大党，虽然名字已经改成了人民党。

赤色维也纳

相比传统的中产阶级自由主义者和维也纳中下层市民，最晚登上历史舞台的是奥地利的工人阶级。1882年的选举赋予“五盾族”投票权，但此时的工人阶级连五盾族都够不上。1880年的劳动法宣布奥地利工人的劳动时间为每周7天每天11小时，直到1910年才缩短到每周7天每天10小时。这样的限制日后并没有公开地放宽，但是工人每周都会以集体旷工一天的方式来加以修正，而雇主也不加处罚。

基督教社会党虽然追求社会公平，但他们不愿意去冒犯自己的主要支持者——维也纳的小店主和小房产主，所以市政改造没有缓解维也纳的住房紧张局面，相反他们改善公共照明、改善供水、改善公共交通甚至改善了维也纳的空气，这一切进步在房屋本身没有大规模增长的情况下只能导致房价上涨、房租高昂。维也纳的工人甚至开始露宿街头。

工人的声音其实从1869年就已经出现，德意志社会主义者的埃森纳赫大会[①]上就有奥地利社会主义代表出席，1870年奥地利工人甚至通过示威取

① 1869年8月7日，奥古斯特·倍倍尔和威廉·李卜克内西缔造的德国社会民主工党第一次大会在埃森纳赫召开，这一党派的成员在国际工人运动历史上也被称为埃森纳赫派。

得了结社权。此时的奥地利社会主义运动主要是拉萨尔主义[①]的，而且因为组织涣散，分裂为激进派和温和派而显得无足轻重。但是，随着工业化的加剧和社会矛盾的积聚，一个天才的工人鼓动家随之登上舞台。

维克托·阿德勒（1852—1918）

维克托·阿德勒生于1852年，比舍内雷尔小10岁，比卡尔·鲁格小8岁。1882年制定《林茨纲领》时，他和另一个皈依基督教的犹太人弗雷德荣都是当事人。但他很快便和舍内雷尔分道扬镳，舍内雷尔更在乎反犹，而维克托·阿德勒敏锐地意识到站在台下的大众并不在乎排犹问题，他们感兴趣的是更实际的遏制资本和社会公平。1885年，阿德勒加入奥地利社会民主党，然后发挥了他奇迹般的组织能力。彼得·德鲁克说1873年以前的中欧根本没有多少人知道什么是马克思主义，但到了19世纪末，阿德勒这个神经科大夫成功地把多数信奉拉萨尔主义、内部纷争不断的奥地利社会民主党

① 拉萨尔（Ferdinand Lassalle，1825—1864），出身德国犹太富商家庭，曾担任当时最大的工人组织——全德工人联合会的主席。他支持普遍的男性选举权，认为国家是实现社会主义纲领所必需的工具，只有在国家的帮助下，工人经济的状况才能得到真正的改善。

改造成了一个强大、统一、充满战斗力和群众基础，尤其是在维也纳的群众中间广受爱戴的中欧马克思主义政党。

1904 年，基督教社会党决定在维也纳环城大道上举行游行，庆祝英俊卡尔的 60 岁生日。对此，奥地利社会民主党号召维也纳的无产阶级走上街头举行抗议卡尔·鲁格的群众游行。维也纳的左翼工人终于要在环城大道上正面对阵维也纳的房东、小酒馆老板或者杂货店主了！皇帝担心局势会失控，因而严令卡尔·鲁格取消他的生日游行，但警察机构却批准了社会民主党的游行。于是，1904 年卡尔·鲁格生日当天，维也纳的工人走上环城大道，高喊“打倒卡尔·鲁格”，赤色维也纳的基调形成了！

三头政治的形成

19 世纪的最后 20 年，是奥地利选举权不断扩大的 20 年。1882 年，塔菲伯爵把五盾族的代表放进帝国议会。1897 年，巴德尼伯爵[①]推出新选举法，在传统的地主、城市、市镇和村庄四个选举人团之外增加了一个由全体成年男性普选产生的“总代表团”，帝国议会里的 72 个席位被分配给这第五个选举人团。在依据这一选举法举行的选举中，社民党第一次进入帝国议会获得 15 席，基督教社会党获得 26 席，德意志民族党获得 47 席，而传统的自由党依然有 77 席，保持着第一大党的地位。

但是，自由党的衰退已经不可避免。1897 年，卡尔·鲁格终于被皇帝任命为维也纳市长，自由主义者对维也纳持续 20 年的统治宣告终结。1906 年，克贝尔内阁颁布新的选举法，五个选举人团被废除，奥地利帝国境内成

---

① 巴德尼（Kasimir Felix Badeni，1846—1909），奥地利政治家，波兰贵族出身，1895—1897 年任首相。因推行语言改革法令造成局势失控而下台。

年男性的普选权被承认。1907 年举行的第一次也是帝国的倒数第二次普选中，基督教社会党得票第一，获得 96 席，德意志民族联盟获得 90 席，社民党获得 87 席，而自由党和保守党已经无足轻重。此后一百年，奥地利民族党、宗教党和阶级党三头政治的格局已经形成。

1907 年大选产生的议会勉强维持到任期结束，1911 年举行了君主国历史上第二次也是最后一次成年男性普选。在这次普选中，基督教社会党因为卡尔·鲁格死后的内部分裂而失去了第一大党的地位，只获得 74 席；德意志民族联盟获得 90 席，成为第一大党；社民党依然维持在第三位，但席位只有 44 席。这届议会在 1914 年被弗兰茨·约瑟夫皇帝解散，进入了前文提到的两年多的无议会统治时期。1917 年，新皇帝卡尔没有下令举行新的大选，而是重新召开了 1914 年被解散的议会，“三驾马车”再次回到环城大道上宏伟的国会大厦里，但属于帝国的时间已经不多了。

十九　环城大道：帝国历史的博物馆

奥匈帝国优雅的、轻松愉快的风气，懒散的、无可无不可的风尚，躁动着的人心、悸动着的艺术的灵魂，绝望而耽于享乐的的绝望情绪，构成了一个隐喻——维也纳不单单是毁灭世界的试验场，它也是每一个正在走向巨大变革的社会的永恒象征。环城大道就是奥匈帝国全部历史的具象化。从文化上说，它象征着一代奥地利人的自由主义理想——文明与进步。从辉煌的外观上说，它象征欧洲最古老高贵的王朝努力自救的最后挣扎。

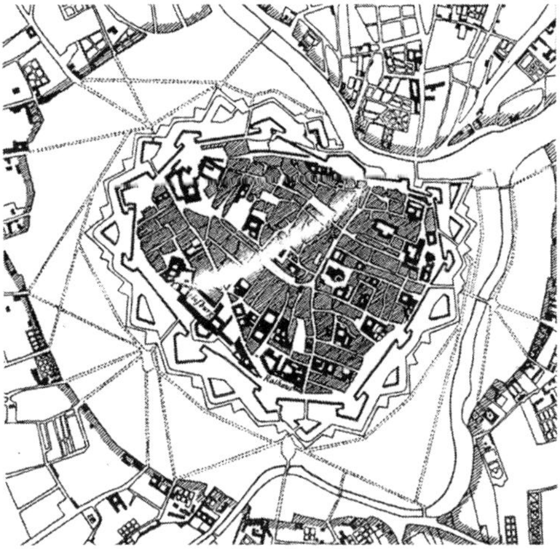

城墙时代的维也纳

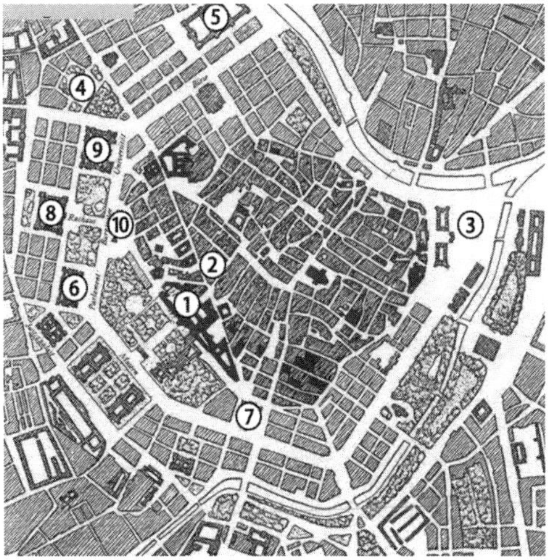

环城大道时代的维也纳：1. 霍夫堡宫；2. 卢斯馆；3. 弗兰茨 · 约瑟夫军营（1898 年拆除后兴建了战争部大楼和国民邮政储蓄银行）；4. 感恩教堂；5. 兵营；6. 国会大厦；7. 维也纳国家歌剧院；8. 维也纳市政厅；9. 维也纳大学；10. 城堡剧院

奥匈帝国历时短暂，从建立到灭亡总共不过51年。奥匈帝国的历史还和美好年代的起止时间高度重合，奥匈妥协发生在1867年，而第三共和国宪法在1875年通过；1914年战争爆发终结了美好年代，1918年战争结束的前夕，奥匈帝国也随着皇帝的离去而落下帷幕。

奥匈帝国半个世纪的历史涵盖了三代人的生命：

第一代是1848年革命的那代人，当帝国的自由主义改革终于降临时，1848年风华正茂的他们迎来了自己人生的巅峰。他们在旧帝国的领土上实现了自己青年时代的梦想，在被拆除的维也纳城墙和壕沟的旧址上，修建起象征他们梦想的宏伟建筑和纪念碑。

之后是他们的儿子那一代，这代人因为19世纪有产阶级普遍晚婚，所以大多是在已经建成的环城大道上成长起来的。但他们在承载着父辈梦想和功绩的纪念碑下并不觉得愉快；而且他们厌恶环城大道象征的东西，为父辈的伦理和趣味创造了一个贬低性的术语："环城大道般的"。

在世纪之交，环城大道的最后一代人诞生了，他们作为婴儿、孩童体验了环城大道最后的时光。他们目睹了社会撕裂和帝国的日薄西山，还有战争、配给与饥饿。但他们的灾难并没有随着战争的结束而终结，他们还要经历更加黑暗的战后时期，并走向下一场战争的深渊。

当新的一场战争到来时，环城大道的父辈早已走进坟墓。那些苦闷不安的子辈也只有少数人得以幸存。1938年，第二代人当中的幸存者和第三代人一起迎来了他们世界的末日。之后的日子里，他们当中很多人死在集中营或者战场上，幸运的人则离开了自己的故乡散落在全世界。很多人去了英国，更多人去了美国。

和1933年德国的流亡者不同，这些在30年代离开祖国的人从此没能归来。1948年一下飞机就跑进汉堡剧院看戏的阿尔弗雷德·克尔[①]和1951年为

---

① 阿尔弗雷德·克尔（Alfred Kerr，1867—1948），德国作家、批评家，生于犹太商人家庭。1933年，其著作被纳粹列入焚毁名单，后流亡英国。

自己的欧洲之行打点行装之际死于心脏病的赫尔曼·布洛赫[①]，分别代表着德意志流亡者的两种不同命运。前者最终回到了祖国，而后者则一如既往地在尘世无所依凭。

老维也纳随着这些人的离去消亡了，对那些离去的人而言，维也纳在他们的心中长存。时时浮现在他们的梦中和笔下，浮现在他们眼中日渐昏黄的灯光和那些被轻轻哼唱的曲调里的，是他们曾无数次凝望、怀念、仇恨或依恋的帝国之都——维也纳。拿破仑曾说灵魂比剑更强，如果曾经的三代维也纳人一起在天上俯瞰他们的故乡，曾经彼此不能理解，甚至互相厌恶的三代人，可能会一致认为：砂岩[②]其实比文化来得持久。因为当他们的生命和形象一起远去，他们至少还在这座城市留下了属于自己的印记——环城大道。

环城大道的诞生

环城大道并不具体属于他们当中的任何一代人。环城大道的开端属于另一个时代：1851—1859 年的开明专制时期。环城大道最初的规划也是为了服务这段时期里实行个人统治的弗兰茨·约瑟夫皇帝，皇帝在 1851 年以一纸皇家法令终结了宪法，开始其个人“马刀与祭坛的统治”。而环城大道上的最初建筑也是服务于帝国的这两个机构——教会和军队。

1850 年代的维也纳依然是一座小城市，它保留着古老的城防设施（见彩图 14），内城里是贵族的宅邸，由于奥地利贵族在财富上的优越地位，内城实际上没有出现巴黎式的穷街陋巷。因此，1848 年以来的维也纳城市规

① 赫尔曼·布洛赫（Hermann Broch，1886—1951），奥地利作家，生于维也纳一个富裕家庭。与维特根斯坦、弗洛伊德、穆齐尔等人相识。1938 年被纳粹关入监狱，获释后流亡美国。

② 砂岩是常用建筑材料，这里代指维也纳的城市建筑遗迹。

划，没有像巴黎那样切割旧城区——为镇压革命的部队快速突入提供通道。相反，因为内城不是进攻对象，而是防守目标，军方的首要要求就是分割内外城并为镇压部队保卫内城提供便利。

1840 年代的奥地利已经进入铁路时代。1846 年，伟大的铁路工程师马蒂亚斯·舍内雷尔主持修建了东方铁路，这条铁路在革命期间向军方证明了自身的价值。所以当 1849 年皇家军队计划为镇压新的革命做好准备时，他们决定在东方铁路的起点维也纳东站附近修建一座现代化兵营。这座兵营由维也纳风头正盛的一对建筑师合伙人设计，军营的设计用途是在维也纳局势失控，甚至像 1848 年那样已经失守的情况下，让通过铁路轻装快速赶赴维也纳的部队在这里集结、休整、补充轻重武器。因此，兵营需要拥有坚固的堡垒、宽敞的营房，可以容纳大量武器的军火库，以及办公大楼、火炮和维修车间，也可以作为围攻维也纳时的军事指挥部。整个工程耗时 6 年，耗资超过 8 亿克朗。但由于其设计用途的特殊性，导致军营的位置离维也纳过远，无法胜任快速反应、镇压突发事件的作用。

于是 1854 年，在维也纳城东北部城防工事的空地上，皇家军队开始修建"弗兰茨·约瑟夫军营"。它的设计用途和东站的军营完全不同，它平时是皇家军队的军营，一旦维也纳发生突发事件，这里的军队可以快速出动镇压，如果镇压失败，维也纳整体局势失控，这里就是城内部队的最后据点，这一军营设计得异常坚固，拥有可以抵挡近代化火力轰击的防御工事。以"弗兰茨·约瑟夫军营"和东郊的军营为首，皇家军队设计了一个完备的镇压维也纳的军事据点网络，而教会也不甘落后。

1853 年 2 月 18 日，22 岁的皇帝弗兰茨·约瑟夫像往常一样在城墙上散步，虽然他和维也纳人民的关系十分紧张，但陪伴他的只有少数几个随从。一个手持匕首的行刺者从他身后悄然接近，当刺客举刀行凶时，他的行为吓坏了吃瓜群众，一位女士发出惊呼，惊动了皇帝和皇帝的随从，行刺因此失败。皇帝的弟弟马克西米利安大公因此发起募捐，号召全国人民为皇帝幸免于难建造一座教堂。

这座教堂就是今天环城大道上的“感恩教堂”（见彩图 15），修建教堂的资金名义上由全国人民的捐款筹集，实际上主要来自贵族和教会。在用途方面，感恩教堂将成为超越帝国各邦，甚至各主教管区之上的国家大教堂，成为新的帝国统一和国家认同的象征——“一座象征爱国主义和忠君之心的纪念堂”。同时，通过安葬帝国的伟大人物，使它成为奥地利的“威斯敏斯特大教堂”。而在这些抽象的功能之外，感恩教堂还是为维也纳驻军服务的教堂，以此彰显军队和教会牢不可破的同盟关系。

感恩教堂的设计方案通过招标决定，在招标中脱颖而出的是 28 岁的青年设计师海因里希 · 费斯特尔[①]。讽刺的是，作为银行家之子的费斯特尔在 1848 年也是大学生预备军军官之一，曾经勇敢抵抗过皇家军队。但是此刻的他收起了 8 年前的革命热忱，设计出一座哥特式风格的、由两座高耸的尖塔装饰的优美建筑。感恩教堂由白色砂岩建造，1856 年动工，1879 年落成，德意志历史的浪漫幻想如今服务于教会和军队的权威，留下了专制主义时期最伟大的建筑纪念碑。

这些建筑只是位置恰好处在维也纳内城与外城之间的空地上，所以才成为日后的环城大道以及环城大道两侧的环区的一部分，因为环城大道的规划要比它们的修建晚很多。

进入 1850 年代，维也纳经济发展、人口增长，横亘在内城与外城之间的城墙和防御工事所占用的土地的经济价值终于引起了帝国政府的注意，大臣们开始主张拆除城墙和防御工事，但遭到了以格吕内将军[②]为首的军方的坚决反对。不过经济利益最终战胜了军事需要，在接受了军方的众多具体要

---

① 海因里希 · 费斯特尔（Heinrich Freiherr von Ferstel，1828—1883），奥地利建筑师，主持过许多教堂、博物馆、学校的修复或设计工作。

② 卡尔 · 格吕内（Karl Grüner，1808—?），奥地利皇帝弗兰茨 · 约瑟夫一世的首席御前副官，最信任的幕僚之一。1859 年被撤掉军事职位和宫廷职位。

求之后，1857 年 12 月 20 日，皇帝签署皇家命令，允许拆除维也纳内城与外城之间的“城墙、壕沟与斜坡”。环城大道的历史拉开了序幕。

环城大道的规划者是路德维希·福斯特尔[①]，他日后被封为贵族，成为冯·福斯特尔。在拆除旧城墙的问题上，军方提出了具体的要求，即用一条宽度不少于 90 英尺的大道，围绕维也纳内城；减少进出这条大道的干道，以避免群众迅速通过大道涌入维也纳内城；同时在霍夫堡宫等重要位置上，保持宽敞不受阻挡的视野，以保证“突发事件”中军方的火力不受阻碍。

福斯特尔根据这些要求，设计了环城大道。环城大道在旧城墙和防御工事被拆除后形成的“环城地带”上展开，宽度没有达到军方的要求，但也超过了 80 英尺，在这种宽度的道路上修筑街垒是不可能的。根据规划，旧城区的不规则地带被系统地加以填补，使整个维也纳内城形成一个规则的被环城大道围绕的七边形。同时以公共建筑、林荫路、广场、公园把进出环城大道的城市干道的出入口掩盖起来，没有明显的可以横穿环城地带的道路。而在环城大道两侧，接近皇宫和其他重要机构的地方都保留了大片空地，作为军队的射击阵地。换言之，环城大道是用一条宽敞的大道为军队提供快速进军的行动通道，同时也通过这条大道为保卫内城的部队提供不受遮挡的射击场，把过去立体的城防工事，变成适合现代化火力覆盖的射击场。

环城大道时期

环城大道的设计充满了开明专制时期帝国对维也纳市民的怀疑与敌视。军方始终没有忘记 1848 年他们怎样被维也纳人赶出首都，又是经历了何等激烈的围城战，才得以重新攻陷维也纳。因此，在环城大道的设计中，军事

---

① 路德维希·福斯特尔（Ludwig Christian Friedrich von Förster，1797—1863），奥地利建筑师，曾在维也纳美术学院任教，奥托·瓦格纳曾是其工作室的成员。

防御的需求被排在第一位，而不是市政规划或者经济利益。在环城大道面向多瑙河运河一面的彼此呼应的两座大型兵营，赋予环城大道一种剑拔弩张的紧张姿态；而被故意放在交通干道汇入口的大型建筑，则让环城大道的整体氛围显得封闭而且压抑。环城大道无论是其设计初衷还是实际效果，都显然不是一条沟通维也纳内城与外城的交通干道，相反，它是一条分割内城与外城、贵族与市民、皇室与人民的无形却毫不遮掩的鸿沟。

但有趣的是，在环城大道从设计到完工的过程中，发生了一件可以扭转其命运的大事——1859 年的意大利战争。帝国在这场战争中失败，宣告了弗兰茨·约瑟夫皇帝个人统治的终结，帝国的自由主义改革开始了。而自由主义改革就意味着皇帝要和 1848 年革命以来跟自己势同水火的市民阶级妥协，并且分享帝国的权力。福斯特尔设计中被视为环城大道假想敌的维也纳市民，现在成了皇帝的同盟者，而环城大道的工程才刚刚开始，他们势必要对设计提出自己的意见。

1849 年颁布的《市政条例》已经承认了维也纳市议会的选举权，但开明专制时期的大部分时间里，维也纳市政府依然掌握在帝国手中。1857 年，为了推动城防设施的拆除和环城大道的建设而设立的“城市改造委员会”也是如此。但随着帝国的自由主义改革逐步推进，民选的市议会渐渐掌握了“城市改造委员会”的主导权，并推动城市改造委员会，而不是市政府成为环城大道时期城市规划的主要机构。如果维也纳市民和他们所拥护的自由主义者们想要修改环城大道的设计，甚至彻底改变环城大道的面貌，也是办得到的。

但这些既受人民爱戴又得到皇帝分享的权力的自由主义者，却没有对环城大道设计中对他们体现出来的敌意和仇恨提出任何抗议，反而欣然接受了这样的设计，这是为何？

因为随着时间的推移，奥地利和维也纳的资产阶级自由主义者，那些被皇帝和帝国接受加入政府分享权力的人——工业家、金融家、法官、律师、学者、记者和编辑，渐渐发现自己无论是趣味还是利益都在渐渐接近 1848

年抵抗过的皇帝和贵族。经济的发展拉开了他们和 1848 年的市民盟友之间的距离。大量“新维也纳人”的涌入，让维也纳的人口从 1853 年的 43 万骤增至接近 60 万。贫富差距拉大的同时，伴随着近代式生活方式的引入和中上层阶级生活水平的提高，这些人同时受惠于政府的自由主义政策以及选举权的扩大，新的身份认同感正在取代传统的“人民”。

拆除城墙形成的环城大道，以及环城大道两侧“环区”的开发被这些人主导，于是环城大道被他们赋予了新的形象。19 世纪的黄昏，奥地利资产阶级的理想被他们用大理石投射在环城大道上，皇帝和贵族的军事隔离带变成了资产阶级的纪念碑和阶级分割线。环城大道时期开始了。

环城大道进入自由主义时期的第一个结果是，维也纳东站的巨大兵营失去了意义，皇帝和人民之间的矛盾随着皇帝的让步而结束，兵营的意义立刻淡化了，一起淡化的还有感恩教堂，于是，东站兵营的一部分被改造为维也纳军事历史博物馆。这个地方今天依然保持着 1850 年代的原状，是哈布斯堡王朝维也纳兵营里硕果仅存的几个。设计者是环城大道的设计师路德维希·福斯特尔的女婿、丹麦人泰奥多尔·汉森①。他在维也纳的另一个贡献是国会大厦，但那是 1873 年的事了。

自由主义时期留给环城大道的第一座建筑是维也纳国家歌剧院（见彩图 16），在当时是作为皇室与维也纳人民和解的一种姿态而动工建造的。设计者是皇室欣赏的建筑师冯·西卡德斯堡和范·德·努尔②。他们也是维也纳东站兵营的设计者。按照 1859 年的维也纳规划，环城大道上的建筑应该按照

① 泰奥多尔·汉森（Theophil Edvard von Hansen，1813—1891），丹麦建筑师，后来成为奥地利公民。他是新古典主义建筑的杰出代表，最著名的作品是奥地利国会大厦。

② 奥古斯特·冯·西卡德斯堡（August Sicard von Sicardsburg，1813—1868）和爱德华·范·德·努尔（Eduard van der Nüll，1812—1868）均为奥地利设计师。二人曾在维也纳美术学院指导奥托·瓦格纳，瓦格纳终生都非常赞赏西卡德斯堡提出的“艺术灵魂”中的“实用原则”，以及范·德·努尔“无可匹敌的草图员”的能力。两人最重要的作品就是共同设计的国家歌剧院。

统一的帝国风格，也就是官方的“新文艺复兴”或者“新巴洛克”风格建设。维也纳歌剧院由皇室承担经费，自然也必须遵循这一规定。

这座歌剧院于1861年动工，耗时8年，1869年落成，中间发生了1866年的普奥战争和1867年的奥匈妥协。奥地利帝国已经被奥匈二元君主国所替代。对哈布斯堡皇室不满的德意志自由主义者和市民阶级，把对皇室的不满发泄到这两位建筑师身上，于是，这座帝国风格的歌剧院还在建造过程中就遭到了前所未有的猛烈抨击。在抨击声最猛烈的时候，一向喜欢参与维也纳城市建设的弗兰茨·约瑟夫皇帝随口发表了自己的看法，他说：“歌剧院让我联想到柯尼希-格雷茨的失败。”[①]这句话成了压倒设计师的最后一根稻草。1868年4月4日，设计者范·德·努尔撇下怀孕8个月的妻子上吊自杀，而他的搭档西卡德斯堡则于6月11日因结核病去世。此事严重地刺激了弗兰茨·约瑟夫皇帝，从此以后他对一切公共建筑都不再发表具体看法，只说：“非常漂亮！我非常满意！”

皇帝的沉默意味着市民阶级的兴起。而这一代市民的丰碑就是1868年由民政部向皇帝申请的环城大道上最大的一项公共建筑计划。这项计划要在旧皇家御兵场用地上同时修建三座大型公共建筑，这是今天维也纳环城大道的地标性景观。

在最常见的环城大道景观照片上，这三座建筑往往次第排开，由近及远依次是：帝国国会大厦（见彩图17）、维也纳市政厅（见彩图18）和维也纳大学。在远景里还可以看到感恩教堂，而由皇室兴建的、深受维也纳人喜爱的城堡剧院则与这一组第三等级的纪念碑隔街相对。虽然这个计划立刻遭到了帝国军队的反对，但在维也纳市长卡耶坦·费德尔[②]和维也纳议会的坚定支持下，1870年4月皇帝批准了开发计划。

---

① 1866年7月3日，普鲁士军在柯尼希-格雷茨战役中重创奥地利军。

② 卡耶坦·费德尔（Baron Cajetan von Felder，1814—1894），奥地利律师、昆虫学家、自由派政治家。于1868—1878年担任维也纳市长。

由近及远依次是帝国国会大厦、维也纳市政厅、维也纳大学，远景里可以看到感恩教堂

国会大厦的设计者是军事博物馆的设计者泰奥多尔·汉森，随着帝国的自由主义改革，帝国已经有了一个议会，但这个议会的组织形式在几年当中一直被反复修改，他们办公的地点也是临时的，虽然早就宣布要修建一座国会大厦，但从选址到设计风格也都一改再改。按照汉森最初的设计，帝国的贵族院和下议院将各自建造一座独立的建筑，其中贵族院将采取希腊式的贵族风格，而下议院则采取罗马式的新古典主义风格来突出平民共和色彩。但随着 1866 年的战败和 1867 年更加自由主义的宪法的颁布，这种独立的贵族院和下议院的设计已经和帝国议会的体制不再相符。

于是，1869 年，根据新的帝国宪政体制，泰奥多尔·汉森推翻了原有的设计，原本在两座建筑物里彼此独立的贵族院和下议院，被改为各自占据国会大厦的两个侧翼，并共用国会大厦宏伟的中央大厅，以此强调帝国的民主色彩。而在大厦的整体风格上，古希腊风格已不再被看作“贵族风格”的象征，而是被看作“民主制度的源头”。国会大厦的外观整体模仿希腊神庙，主出入口被设置在一个高高的平台上。平台的两侧则是为了方便车辆出入的斜坡。斜坡、平台、柱廊和神殿般的浮雕装饰的三角墙，形成了一个宏大的背景。在这个背景之前是古希腊女神“雅典娜”的巨大石像。从雅典娜的金色铠甲和头盔背后望去，是神殿三角墙上身穿罗马服装、正向帝国的十几个民族颁布宪法的弗兰茨·约瑟夫皇帝。国会大厦的设计者在自己的设计中，巧妙地调和了皇帝和他的人民的关系。但他无法回避这样一个事实：披甲的雅典娜女神隔着环城大道和英雄广场遥遥相对的就是皇帝居住的霍夫堡宫，汉森的岳父福斯特尔昔日设计的“死亡地带”上，汉森设计的国会大厦正以自由主义者的方式向皇帝炫耀着自己的力量。

相比于希腊神庙风格的国会大厦，维也纳市政厅选择了哥特式风格。这种风格让维也纳市政厅独具一种童话般的美感，当夜幕降临，市政厅和市政厅门前树立的一系列古代英雄的塑像，在灯光的映衬下显得优美而梦幻。但也只有在这时，市政厅的最大问题才会被夜幕掩盖，那就是这座优美的建筑物在它周围的环境中显得非常不协调。无论是比邻的希腊神庙般的国会大厦，还是环城大道对面的巴洛克风格的“城堡剧院”，每一个个体都是完美的，但放在一起却显得突兀而拥挤。但维也纳市议会之所以坚持以这样的风格来修建市政厅，也有他们自己的理由：以充满中世纪情调的哥特式风格，提醒每一个维也纳人不要忘记“维也纳中世纪的自由”。维也纳曾经是帝国的一座自由城市，如果要强调这一点确实也没有比哥特式风格再合适的了。于是，帝国议会用希腊神庙的风格强调民主，而市政厅以哥特式风格强调自由，而与它们隔着环城大道相对的城堡剧院（见彩图 19）则以巴洛克风格强调哈布斯堡王朝的文化成就和与维也纳人民生息相通的审美趣味。环城大道上的建筑物像是一首嘈杂的奏鸣曲，但始终保持着自己的逻辑。

相比国会大厦和市政厅，维也纳大学的命运更加曲折。1848 年，接受过后备军军官军事训练的维也纳大学的学生们，率领维也纳市民把皇家军队赶出了维也纳城。当革命被镇压之后，军队占领了维也纳大学的校舍。无法收回老城区的大学校舍的教育大臣曾经在 1849 年提出过一个效法英国的学院制形式，把整个维也纳大学拆散为一系列学院的重建模式，并计划以哥特式风格来修建这个新大学，但没有成功。当自由主义的胜利降临的时候，旧有的拆散维也纳大学的计划立刻被抛弃，取而代之的是在皇家阅兵场旧址上重建宏伟的新维也纳大学。1848 年以来的斗争以军队的败退和市民的胜利而告终。

大学的设计者是感恩教堂的设计师海因里希·费斯特尔。这位参加 1848 年革命的大学生，因在开明专制时期修建了哥特式的感恩教堂而声名鹊起。但在设计大学时，他拒绝了图恩时代的哥特式风格，转而选择了意大利文艺复兴风格，以便让大学展示出“中世纪的迷信长夜之后，现代理性文化与世俗学术复兴之间的紧密关系”。尽管其人文主义的设计遭到了很多理科教师的反对，他们主张新时代的大学应该以自然科学的发展为主，而自然科学的大学的典范在柏林、慕尼黑和伦敦，而不是罗马、帕多瓦、博洛尼亚，但是他们也承认“如果我们能够超越意大利人，无疑将倍感荣耀”，于是 1873 年维也纳大学拔地而起。

环区

环城大道在最初设计时是用来分割内城与外城的一条宽阔道路，功能兼具进攻路线与火力场。但在自由主义时期，环城大道变成了胜利的城市资产阶级把自己和其他人分隔开来的象征和界线。维也纳旧城的狭窄状况，决定了城市资产阶级不可能以躲进维也纳内城的方式来把自己和贵族结合在一起。所以他们只能通过开发环城大道两侧的土地，来为自己建立一个华丽舒适的居住区。这个居住区就是“环区”。

德意志的很多城市都有这种环区，比如柏林的“威廉环”，但威廉环没有构成一个统一的整体。在柏林，城市资产阶级基本上聚集在威廉环的西南部，并且沿着西南方向向波茨坦伸展；城市劳动者则聚集在威廉环的东北部，那是一个随着每天早晨七点上工的钟声而醒来，随着每天晚上七点工厂放工而逐渐睡去的柏林。而在维也纳，环区完全被资产阶级占据，环城大道两侧除了他们修建的公共建筑，就是豪华公寓。环城大道上的第二代人就在这样的环境里诞生、长大，也正是在他们的童年，父辈的梦想和丰碑以清晰可辨的速度被新时代的风潮席卷而去。

对今天的游人来说，环区体现着一种千篇一律的静谧和安详，在游人稀少的季节尤其如此，但今天那些无声矗立在环城大道上的建筑从落成的那一天起，就被卷入了前所未有的纷扰和斗争之中。

环区的规划建筑是持续的繁荣和工业进步所带来的日益强大和自信的市民阶级的精神象征，但它们没有在物质上跟上时代的脚步。规划的过程中从没考虑过 20 年的持续繁荣和工业化将给城市带来怎样的变化。1754 年到 1857 年的 100 多年里，维也纳人口仅从 17 万增长到 43 万，但在 1857 年到 1910 年的 50 多年里，维也纳人口会从 43 万骤增到 203 万，其后随着世界大战的爆发，战区的人纷纷涌入帝都，维也纳人口一度突破 300 万。如此之多的人聚集到维也纳，但维也纳没有做好相应的准备。

进入 1890 年代，当环区的建设渐渐尘埃落定，维也纳日渐严重的城市病也显现出来。与环城大道地区公寓楼里的高房产自有比例相对应的，是维也纳的每处公寓要住 4 人，平均每个房间要住 1.24 人，这个统计数据里的房间是包含公寓的厨房和厕所的，不过好在迟至 1910 年，也只有 22% 的房屋配备了室内厕所，拥有浴室的更是只有 7%。

与环城大道上宽敞明亮、通风良好的“贵族套间”相比，更多的维也纳人和柏林的威廉环里的工人一样，选择共住一间。因为维也纳的房租可以占据普通市民收入的四分之一以上，所以即使是租得起单间的人，也很愿意把房间的一部分作为“床位”租给其他人。这样的床位很多时候还不止在房间里，地下室、阁楼、楼梯拐角都可以放置床位来住人。而对那些连这样的位置也负担不起的人来说，多瑙河上的驳船、河堤上的背风处、铁路桥洞，甚至花坛也被他们当作栖身之地。这些维也纳的流浪汉中，就包括1905年从林茨来到维也纳的阿道夫·希特勒。

新维也纳人收入微薄，工作时间却几乎毫无限制，即使1880年帝国议会终于通过了《劳动法》，但它规定的劳动时间也长达每周7天每天11小时。

与漫长的劳动时间相对的是维也纳供水紧张、公共交通效率低下、垃圾清理困难、空气污浊，因为“英国王家大陆煤气协会”垄断了维也纳的煤气供应，致使由煤气灯提供的公共照明系统费用高昂，而且时断时续。维也纳曾经引以为豪的公共喷泉大多已经干涸。维也纳市政府直到1893年才迫于新选举法带来的反对派的压力，起来应对维也纳高速膨胀带来的种种社会问题。

在这一年举行的招标中，一个典型的环城大道上的建筑师奥托·瓦格纳，凭借一个彻底背离了环城大道趣味的方案一举中标。对市议会的自由主义者而言，奥托·瓦格纳这样的“自己人”的这种离经叛道的方案不啻为背叛。但市议会的自由主义者们忽略了一个非常明显的事实：奥托·瓦格纳尽管作为维也纳美术学院的毕业生，是范·德·努尔和西卡德斯堡的学生，而且在此前的职业生涯中他也已经功成名就，成了一个典型的城市资产阶级；但奥托·瓦格纳并不是他们的“自己人”，作为一个靠母亲出租房屋兼做厨娘养大的建筑师，瓦格纳很清楚此时的维也纳需要什么。所以，他提出了一个完全没有历史和浪漫色彩的方案，功能性压倒了一切。用他自己的话说，“需求是艺术的唯一伙伴！”一个20世纪大都市的各种需求，尤其是交通和卫生在这个方案里占据了压倒性优势，相对于这些具体的需求，艺术、风格、历史和文化都被排挤到无足轻重的地步。

但维也纳市议会的自由主义者已经没有机会报复这个变节者了，紧跟着 1893 年的市政规划招标之后，就是 1895 年的市议会选举。这次选举让前文提到的卡尔・鲁格成为市长候选人，卡尔・鲁格也是一个自由主义的变节者。从职业和社会地位上说，作为律师和议员的卡尔・鲁格是一个典型的城市资产阶级，但和奥托・瓦格纳一样，卡尔・鲁格出身低微，他的城市资产阶级身份完全是自己努力拼搏的结果。与守寡的妈妈一起住在维也纳的狭小单间里、排队用公共盥洗室的经验，让他了解维也纳市民的呼声，也了解什么最能打动他们。所以，他一方面高举基督教社会主义的旗帜，另一方面却声色俱厉地反对犹太人。

正是他的这种排犹主张激怒了勃拉姆斯和弗洛伊德这些传统的自由主义者，同时也让皇帝感到不快。卡尔・鲁格攻击犹太人，而帝国还要倚仗犹太人，毕竟在帝国的各民族里，只有犹太人在帝国灭亡以后没有新的祖国。因此，皇帝拒绝任命卡尔・鲁格为市长。作为妥协，卡尔・鲁格做了副市长，但这个副市长是掌握主导权的副市长。维也纳的新时代开始了。

奥托・瓦格纳的规划为维也纳带来四条环路，环城大道是其中之一，同时还有四条地下和地上铁路，放射状大道也被引入，甚至汇入环城大道。而他本人在这一阶段留给环城大道的主要纪念物，就是他设计的那些地铁站和铁路桥。直接暴露在外的钢铁、铆钉这种不加装饰的风格被叫作“亚当风格”，在自由主义时代只能被用在郊区，绝对不能用在城市，更不要说会出现在环城大道上，但奥托・瓦格纳这么做了，而且维也纳市议会也对此加以支持。

卡尔・鲁格时代的维也纳，煤气垄断随着新的市立煤气公司的建立而被打破。随着城市铁路的推动，传统的公共马车被承包给更有效率、价格更低廉的承包商。维也纳修筑了新的引水渠，改善了城市供水。在卡尔・鲁格 1910 年逝世以前，市政府甚至完成了维也纳公共照明的电灯化。

环城大道上属于卡尔·鲁格和奥托·瓦格纳的共同纪念碑则非国民邮政储蓄银行莫属。这项计划直接体现了卡尔·鲁格和他的基督教社会党的理想：通过邮政储蓄的方式，团结社会中下层储户的资金，组成一个足以与“犹太金融寡头”抗衡的“小市民的金融帝国”。

1897年，卡尔·鲁格终于被弗兰茨·约瑟夫皇帝任命为市长。第二年，帝国军队决定拆除已经失去意义的弗兰茨·约瑟夫兵营，在腾出的土地上修建新的奥匈帝国战争部大楼，奥托·瓦格纳原本希望成为战争部大楼的设计者，但军方拒绝了他过于现代的方案，选择了更传统的巴洛克风格的方案。幸运的是，在剩余的被出售的土地上，卡尔·鲁格为他的“小市民的金融帝国”找到了位置，这一次奥托·瓦格纳胜利了。

在邮政储蓄银行（见彩图20）的设计中，银行的功能压倒了一切，基本与墙面平行的窗户决定了窗口几乎不会有什么装饰。大量使用钢筋混凝土，压缩了大楼的造价，整座大楼只在外立面用大理石嵌板装饰。在大理石嵌板之外，那些用来固定嵌板的铆钉被直接暴露在外，这令人想到奥托·瓦格纳设计的地铁站。大楼宽敞的大门朴实无华，散热板、遮雨棚以及大厅的壁柱和装饰都使用廉价的铝材。虽然在大楼的顶部保留了雕塑和花环装饰，但和环城大道上的传统建筑物，甚至比邻的战争部大楼相比，国民邮政储蓄银行的风格无异于一场革命。

与此同时，邮政储蓄银行还在政治上引发了一场革命，乔治·柯赫①作为邮政储蓄银行原本的发起者，同时也是公开的排犹主义者，遭到大部分维也纳自由主义者和正在兴起的社会主义运动参与者的仇恨。当卡尔·鲁格准备把乔治·柯赫的塑像放在邮政储蓄银行的大厅时，他不出所料地遭到了前所未有的抨击。作为回应，他把银行门口的广场命名为乔治·柯赫广场，并在奥托·瓦格纳同意的情况下，把乔治·柯赫的半身像树立在了广场上。

---

① 乔治·柯赫（Georg Coch），邮政储蓄银行的创始人兼第一任董事长。

如果说环城大道一端的感恩教堂、市政厅、国会大厦和大学，代表着开明专制和自由主义时期的维也纳，那么环城大道另一端的战争部、邮政储蓄银行和乔治·柯赫广场则代表着世纪末的维也纳——一个民粹的、排犹的、沙文主义的维也纳。与这个维也纳相比，世纪末的另外两个维也纳要显得低调和苍白得多，它们都没能在环城大道上留下自己的印记。

首先是前文里提到的那个“赤色维也纳”，它曾经在很多情况下改变了环城大道的面貌，在那些时刻，高举红旗的人们走上环城大道，把环城大道变成革命和社会主义的海洋。这里我们又要提到 1904 年卡尔·鲁格的 60 岁生日，支持者想要用火炬游行为他庆生，奥地利社会民主党人和工会就在帝国政府的默许下以红旗战胜了排犹的火炬。但当人群散去，环城大道依然是环城大道。跟他们一样被寒风席卷而去的是那些在环区的豪华公寓里，透过窗口惊恐地看着街上的人们。他们代表着环区中那个自由主义的维也纳，他们是环区缔造者们的儿女，是环城大道的第二代。他们不曾走上环城大道去高举旗帜，但他们生活在环区里。他们曾经厌恶自己的父辈，也对自己的世界感到绝望，当新世纪的大幕拉开，他们的绝望正随着窗外的现实变成恐惧。

1918 年，奥托·瓦格纳因为拒绝吃黑市食品而导致长期营养不良，最终死在帝国灭亡的前夜。而从来不会在乎这种小节的画家克利姆特，虽然吃了黑市食品却因为流感死在了奥托·瓦格纳前边。在他死后，维也纳法院在受理的诉讼当中，为这位画家认定了十几个“法律意义上的”孩子，这些孩子是环城大道上第三代人的一个写照。他们出生在环城大道的日落时分，在纠纷、混乱和衰败中开始自己的人生，然后随着他们的成长不可避免地走入 20 世纪的黑暗。

1913 年，世界大战爆发的前一年，在雷德尔上校自杀的那个春天，那个曾经参加过英俊卡尔的葬礼的林茨流浪汉离开了维也纳。当 1938 年

环城大道街景

他再回来的时候，那个多元的帝国将随之走入历史，变成一个被人遗忘的梦。

奥匈帝国优雅的、轻松愉快的风气，懒散的、无可无不可的风尚，躁动着的人心、悸动着的艺术的灵魂，绝望而耽于享乐的绝望情绪，构成了一个隐喻——维也纳不单单是毁灭世界的试验场，它也是每一个正在走向巨大变革的社会的永恒象征。环城大道就是奥匈帝国全部历史的具象化。从文化上说，它象征着一代奥地利人的自由主义理想——文明与进步。从辉煌的外观上说，它象征欧洲最古老高贵的王朝努力自救的最后挣扎。这个帝国的衰退，它内部各民族、各阶级的四分五裂，和它一度陷于疯狂的群众运动，同样以建筑的形式凝结在环城大道上。维也纳并不大，如果你沿着这条道路散步，就像100多年前的维也纳作家施尼茨勒那样，用不了一天时间就可以把它走遍，你所看到的其实是属于一个帝国和它的三代人共同的历史。

二十 远方的沙皇

罗曼诺夫家族统治下的沙皇俄国是一个身首分离的社会，对俄国人民来说，“上帝在天堂，沙皇在远方”是生活的基础，人民不理解他们的皇帝，也不理解他们供养的那个宫廷、贵族、官员的社会。罗曼诺夫王朝的全部统治史都被这个主题所贯穿：一个欧化的，甚至本身就是欧洲人的皇室，试图理解甚至融入他统治的国家和人民。

末代沙皇尼古拉二世一家

如果一本书用了两章的篇幅去谈论 19 世纪的德国和奥地利，那么大部分读者一定可以想到，作者接下来要谈论的必然是沙皇俄国，即使没有为这个帝国专设一章，也肯定要在这一章的结尾象征性地来上一节。

在今天的读者眼中，俄国和德、奥这两个中欧君主国的差异已经超过了共性，这在很大程度上是受了第一次世界大战的影响。这场战争中，在陆地上不断扩张领土、占有殖民地的庞然大物俄国，与在海外不断扩张、在亚洲和非洲甚至大洋洲都占有广阔殖民地的英国和法国，一东一西夹击处在中欧、几乎没有海外领地的德国和奥匈帝国。这种态势让我们遗忘了在过去的一个多世纪中这三个国家通过瓜分波兰而建立的坚固的同盟关系。

德、奥、俄三国之间的同盟并不仅仅是基于国家利益的三国同盟，它还是基于共同的君主制度和意识形态的“三皇同盟”，也是亚历山大一世在 1815 年所倡导的捍卫信仰和君主制的“神圣同盟”的最后余响。在缔结三皇同盟的三位君主中，德意志皇帝这个头衔是 1871 年《德意志帝国宪法》所授予普鲁士国王的一项安慰奖，奥地利皇帝则是 1804 年哈布斯堡王朝通过枢密院令凭空制造出来的一个头衔，唯有沙皇的头衔来自历史和传统，深深地根植于俄罗斯人的信仰和民族性。与另外两位君主相比，头戴莫诺马赫皇冠[①]的全俄专制君主拥有毫无争议的神圣性和正统地位。

但这位毫无争议的正统君主，却在第一次世界大战当中第一个从宝座上跌落下来，而且跌得最惨。当世界大战尘埃落定，窝在荷兰的多伦城堡里一边砍木头一边咒骂叛徒的威廉二世，如果在某个时候想起他那个一家子都走进圣像的尼基表弟，可能也会因为自己头上戴的不是莫诺马赫皇冠而暗自庆

---

① 莫诺马赫皇冠（Monomakh's Cap）是俄国沙皇传统的皇冠之一，毛皮镶边，装饰着红宝石和祖母绿，名字源自拜占庭皇帝君士坦丁九世莫诺马赫（约 1000—1055）。传说，君士坦丁九世将这顶冠冕送给他的外孙基辅罗斯大公弗拉基米尔二世莫诺马赫（1053—1125），而弗拉基米尔二世就是莫斯科大公伊凡三世（留里克王朝）的父系祖先。莫诺马赫冠冕实际上是蒙古人的王冠头盔，14 世纪被俄国君主改造和采用。

幸吧。虽然我们可以拿他开脑洞，俄国的报纸也把他叫作“瓦西里·费奥多罗维奇”，但威廉在内心深处和尼古拉二世一样是一个欧洲人，他和尼基都不理解那个东方的广阔国家。

俄罗斯的二重性

罗曼诺夫家族统治下的沙皇俄国是一个身首分离的社会，对俄国人民来说，“上帝在天堂，沙皇在远方”是生活的基础，人民不理解他们的皇帝，也不理解他们供养的那个宫廷、贵族、官员的社会。彼得堡是遥远的，莫斯科要近一些。人民的莫斯科是圣地莫斯科，上流社会的莫斯科是贵族社交场所和优雅生活的莫斯科。两个莫斯科实际上也少有交集。

俄国的上下两个阶层发生分化，发轫于彼得一世，这是一个强硬的沙皇着力推行欧化，让他的国家和人民能够从制度到生活都变得像欧洲的时代。彼得一世是罗曼诺夫的第一个伟大沙皇，但他本人依然是一个俄罗斯人。他的身高是俄罗斯式的，普希金说彼得一世的房子看起来像童话中的巨人之家。他娶了一个被他霸占来当情人兼厨娘的女俘虏，并让她日后成为摄政女皇叶卡捷琳娜一世，这也是一种俄国君主的气派。但是，从彼得三世[①]开始，这个荷尔施泰因公爵的儿子，一个讲德语比讲俄语流利的人出现在彼得堡的宫殿里，一个新时代开始了。虽然罗曼诺夫王朝的名字没有被改为荷尔施泰因王朝，但这个王朝的本质已经发生了变化，王朝的沙皇从一个千方百计想要成为欧洲人的俄罗斯君主，变成了戴上莫诺马赫冠冕的欧洲人，他们感受

① 彼得三世（1761—1762年在位），原名卡尔·彼得·乌尔里希，出生于荷尔施泰因公国，是彼得大帝长女安娜·彼得罗芙娜公主和瑞典荷尔施泰因–戈托普公爵卡尔·腓特烈所生。按照父系家谱，彼得是瑞典国王卡尔十二世的侄孙。因为伊丽莎白一世女皇未婚无嗣，而将这个外甥挑选为继承人。

到自己手中的权力，却对这权力的来源感到陌生。

俄国贵族和知识分子中同样弥漫着这种陌生感，这一点在俄罗斯文学中尤其明显——俄国文学家中的西欧派与斯拉夫派之争[①]。普希金说自己是彼得大帝的小黑人的子孙[②]，经常怀念他阳光灿烂的非洲故乡。相比之下，莱蒙托夫的故乡要近一些，从母系说，他是斯托雷平[③]家族的亲戚，但莱蒙托夫更愿意谈论他来自苏格兰的父系血统，经常怀念他雾气缭绕的高地故乡。屠格涅夫虽然是一个近卫军上校和一个有钱的女地主的儿子，但他的趣味和教养都是西欧化的，在巴黎和梅里美在一起、在莫斯科和托尔斯泰或陀思妥耶夫斯基在一起，对他来说没什么两样。在倒数第二本长篇小说《烟》里，屠格涅夫甚至让他的主人公站在西欧派的立场上参与辩论。作为西欧派，屠格涅夫爱俄罗斯，但并不愿意去理解它。跟屠格涅夫反目的陀思妥耶夫斯基，在小说《白痴》中崇拜俄罗斯，崇拜虔诚地信仰东正教的俄罗斯人民，但他并不理解他们。介于这两者之间的冈察洛夫[④]，在他的小说《悬崖》的结尾，主人公连斯基最终从欧洲回到俄国的时候，看着一望无际的俄罗斯平原，发自内心地说道："这就是我们的俄罗斯啊！"

俄罗斯是难以理解的，无论爱还是崇拜，抑或遥望大地的感慨，实际上

---

① 19世纪40年代以后，俄国思想界形成了两军对垒的局面。斯拉夫派基本肯定俄国自身的历史经验，否认斯拉夫文明劣于西方文明，强调要从纯正的东正教传统和俄国特殊国情中寻找俄国发展的动力，而不是追随西方的道路。西欧派则批判俄国的落后，主张俄国走西欧的道路。作家之中，恰达耶夫、屠格涅夫都是西欧派，陀思妥耶夫斯基曾属于斯拉夫派。

② 普希金的曾外祖父阿布拉姆·彼得罗维奇·汉尼拔（Abram Petrovich Gannibal，1696–1781）是一名黑人，可能出生于喀麦隆的乍得湖沿岸，被绑架后卖到君士坦丁堡，又被驻君士坦丁堡的俄国使馆人员在奴隶市场买下，成为彼得大帝的侍从。他后来在法国陆军学习军事工程学，返回俄国后成为欧洲的第一位黑人将军。普希金曾为自己的外曾祖父写下传记《彼得大帝的黑人》。

③ 斯托雷平（Pyotr Stolypin，1862—1911），俄罗斯政治家，沙皇俄国最后的铁腕权臣。担任首相期间，摧毁传统俄国公社，将俄国经济转变为农场经济与市场经济。

④ 冈察洛夫（Ivan Alexandrovich Goncharov，1812—1891），俄国作家，在公务员的生涯中度过了一生，代表作有《奥勃洛莫夫》《悬崖》。

都是一种距离感的体现、一种“他者”的视角，这是18世纪同样眺望着俄罗斯大地，却因为被“抛弃在亚洲腹地”而感到绝望的老俄罗斯贵族的心态的折射。沙皇从想要欧化的俄国人，变成了登上俄国皇位的欧洲人，那些跟随着欧洲君主来俄罗斯碰运气的贵族，或是跟随欧化的君主真正欧洲化了的俄国贵族，在心态上也随着他们的君主发生了这种转变——他们已经成了“神圣的俄罗斯祖国”的“他者”，俄罗斯广阔的国土和众多人民在他们心中变得遥远，在他们眼中变得陌生。他们的国家成了一个谜，而这个国家的多数人则仿佛和几个世纪以前没什么两样，对他们来说——“上帝在天堂！沙皇在远方！”

远方的沙皇

俄罗斯兼具欧洲与亚洲、东方与西方、东正教与基督教、传统和文明的二重性，这种二重性所带来的隔阂与距离感反映在文学和艺术中是一种美，甚至是俄罗斯文学中最引人入胜的特质。但对沙皇俄国的统治者而言，这种距离和隔阂直接损害了其权威的合法性，罗曼诺夫王朝的全部统治史都被这个主题所贯穿：一个欧化的，甚至本身就是欧洲人的皇室，试图理解甚至融入他统治的国家和人民。

沙皇不理解他的人民。当沙皇还住在莫斯科时，人民就觉得他在远方，彼得大帝又把首都从圣城“第三罗马”莫斯科迁徙到了“北方寒冷的大城”。彼得堡这个会有极昼和极夜的城市更遥远，而且这种遥远是双向的：对欧洲人而言，彼得堡是欧洲最遥远的都城；对俄罗斯的人民而言，彼得堡是一个远在欧洲的都城。寒冷和遥远是彼得堡的两个标签，也是沙皇身上的两个标签。

对他们的欧洲亲戚来说，彼得堡太遥远了。虽然罗曼诺夫王朝总是和欧洲的君主联姻，沙皇身上的俄罗斯血统已经稀薄到可以忽略不计。虽然亚历山大三世沙皇娶了丹麦公主，他因此与英国国王爱德华七世以及被普鲁士吞并的汉诺威王国的国王恩斯特·奥古斯特二世成了连襟，夏天在丹麦度假的沙皇一家和丹麦国王、英国国王、汉诺威国王亲密无间；在伦敦，俄国皇储尼古拉和德皇威廉是爱德华七世的小跟班，他们的生活方式、趣味都是他们的伯尼舅舅①或者伯尼姨父教的。但很少有哪个欧洲君主亲自访问过彼得堡，三皇同盟是在沙皇位于波兰的行宫里达成的；1914 年法国总统访问了彼得堡，在他回法国的船上，奥匈帝国向塞尔维亚递交了最后通牒。

沙皇对他的人民来说也很遥远。如果说在彼得堡曾经有过一个日子，俄罗斯的人民觉得他们和他们的沙皇近在咫尺，只要把自己的苦难原原本本地讲给他们的沙皇——“人民的小父亲”听，沙皇就会流泪，就会站出来拯救他们，那就是 1905 年 1 月的那个星期日。彼得堡的人民在加蓬神父的带领下，穿着他们最好的衣服，高举着圣像和旗帜，唱着圣歌走向冬宫。他们相信沙皇在那里，他们要把真相讲给沙皇听。也正是在那个雪后的上午，正处在事业上升期的谢尔盖·维特②，在他的豪华公寓里听到枪声。那枪声是射向人群的，走在最前方的加蓬神父看到了血肉模糊的尸体，但自己却奇迹般地幸免于难，倒地之前他喊出了最后一句话：“这世上没有上帝！没有沙皇！”这句话预言了 1918 年的枪声。

1905 年的枪声割断了远方的沙皇和他们的人民之间的纽带，而这条无形的纽带是沙皇全部力量的源泉。在 1812 年的冬天，拿破仑的大军被“冬将军”摧毁，而沙皇亚历山大自己的军队也被寒冬和可怕的传染病折磨得奄奄

---

① 即英王爱德华七世。威廉二世将对母亲爱恨交加的感情完全投射到了英国，与舅舅关系不睦。

② 维特（Sergei Yulyevich Witte，1849—1915），俄国最后两任沙皇（亚历山大三世和尼古拉二世）的重臣，温和的改革家，受封为萨哈林伯爵。早年在铁路部门任职，后来担任交通大臣、财政大臣、大臣会议主席等职位。19 世纪 90 年代，在维特的领导下，俄国开始通过外国投资和征收关税实施国家主导的工业化。

一息。但俄罗斯挺过了那个冬天，然后无情地追逐入侵者。1814 年，亚历山大一世和他的军队出现在巴黎，在处死路易十六的广场举行了东正教的安魂弥撒。法国的贵族争相亲吻东正教的十字架，那是伟大卫国战争的奇迹，是和俄罗斯人民在一起的亚历山大一世人生的巅峰。

但 1905 年的枪声让这条赋予沙皇奇迹般力量的纽带断裂了！ 1914 年，尼古拉二世皇帝号召俄国人民拿起武器，人民在这个召唤下进行了三年血腥的战争。1916 年，这个帝国甚至离胜利只有一步之遥。在布鲁西洛夫攻势的打击下，奥匈帝国看来即将土崩瓦解，然后尼古拉二世会像亚历山大一世一样，在付出惨重代价后跨马进入敌人的首都，成为俄罗斯人民的英雄。但奇迹没有发生，压垮帝国的最后一根稻草却悄然落下。1917 年，德国和奥匈帝国还活着，但沙皇已经在他的专列车厢里签署了退位诏书。

沙皇和他的人民

罗曼诺夫王朝的沙皇们试图理解他们的人民，并且融入他们统治的这个国家，不仅仅是为了更好的统治，也因为沙皇是欧洲各国君主中风险最高的一个——最后 12 个沙皇中，有 6 个死于非命，其中两个被掐死、两个被枪杀、一个被炸死、一个被匕首刺死。沙皇们的全部力量都来自他们眼中陌生而费解的俄罗斯人民，只有理解这些人民，融入这个巨大的充满神秘色彩的国家，才能让他们感受到自己的力量，免于恐惧和焦虑。虽然他们的这种理解和融入，更多的是事与愿违甚至自欺欺人。

亚历山大一世相信他的统治权来自东正教，他在西欧也留给人们一个东正教信徒，甚至是一个东正教疯子的印象。1812 年，亚历山大在莫斯科号召人民参与卫国战争，人民用震天动地的欢呼回答他。用伊丽莎白皇后的话就是：“从拿破仑跨过我们边境的那一刻起，仿佛有电火花在整个俄国上空迸射！”这奇迹般的电火花是亚历山大一世带来的吗？恐怕他自己也不会这么认为，只能说一个更强大的力量，在那一瞬间迸发出来征服了他，也征服了整个俄罗斯，他体验到了那个神圣的瞬间，感受到了和人民同呼吸共命运的感觉。

但他的弟弟尼古拉一世没有感受到这种力量，在继位的第一天就不得不用榴霰弹去对付近卫军士兵。他体验不到宗教的奇迹，觉得沙皇的力量就来自军队和官员的服从，来自沙皇的钢铁意志，俄罗斯是他勇气的战利品。在他人生的末端，他在克里米亚被打败了，英国舰队甚至出现在他的眼前——彼得堡的外海。

他死后，新沙皇亚历山大二世认为问题的关键在于人民希望被解放，只要解放人民，就能赢得人民对他的爱。于是他着手废除农奴制，他因此成为“解放者亚历山大”。他赢得了人民的爱，也成为最后一位伟大的沙皇。但革命的火种也被他点燃。1881 年 3 月 1 日，当这位皇帝即将实行改革的最后一环“立宪”时，一个革命者向他投掷了一颗炸弹，但沙皇奇迹般地毫发无损。当一个没认出亚历山大二世的军官向他喊“沙皇怎么样”时，沙皇回答：“感谢上帝我没事。”这时，被捕的刺客喊道：“别急着感谢上帝！”混在人群里的另一个刺客向他们扔出了第二颗炸弹。沙皇说出的最后一句话是：“送我回宫……去……死！”

亚历山大二世临死前没有让他的儿子抓住一切，但新沙皇自己做出了判断，他要抓住一切。他认为问题就出在改革上，是改革让国家失控，让皇权失色，让俄罗斯失去了秩序。他相信人民需要他这个巨人般的沙皇恢复秩序。在他的统治下，俄国一方面追赶欧洲，修筑铁路建造工厂，一方面严厉地迫害任何可能威胁到君主和神圣俄罗斯的人，无论是革命者还是犹太人。沙皇可以统治人民自然也可以统治科学和文明，但他自己却吃到了被置于神圣皇权之下的科学的苦头。1888 年 10 月 17 日，在乘专列从克里米亚返回彼得堡的路上，亚历山大三世在专列上接见了西南铁路公司的总经理，后者警告说沙皇的专列速度过快，不符合安全规章。沙皇对此不以为然，依然命令列车加速。第二天上午，刚刚吃完早餐的沙皇一家被出轨的列车甩到了车外。这件事让亚历山大三世的统治进入末期，却让公然顶撞沙皇的铁路公司经理谢尔盖·维特的事业进入了快车道。

1896年继位的新沙皇尼古拉二世不到30岁，他对俄罗斯并没有自己的见解，经历了十多年盲目的统治之后，他在远东的军事冒险导致了1905年革命，革命成了沙皇生命的转折点，也成就了维特的事业最高峰。从1888年的维特经理到1906年的萨哈林伯爵——《十月宣言》[①]的起草者，维特告诉沙皇问题的关键在于"没有宪法和杜马"，而不是亚历山大三世皇帝所认为的"有人试图制造宪法和杜马"。

1906年以后，已经不再拥有绝对君主权的尼古拉被带有强烈的忠君色彩的斯拉夫主义吸引了，这些人公开反对《十月宣言》、鼓吹沙皇的专制君主权，颂扬神圣的东正教和大俄罗斯，甚至主张沙皇是全世界斯拉夫人的保护者。这些主张让尼古拉皇帝想起他巨人般的父亲。他觉得这是在杜马与宪法之外和他的人民、他的俄罗斯建立起一种直接的联系的道路。成为一个人民的、东正教的沙皇！而他的首相、伟大的斯托雷平并不反对这种主张。

斯托雷平看到的是一个正在急剧工业化的俄国，这个国家的工业发展、铁路建设甚至军事行动都要依赖外资，而政府唯一的财源就是对外销售农产品。这个国家的农产品外销、工业原料进口都要途经黑海，黑海只有一个出口，就是博斯普鲁斯海峡，海峡成了俄国的经济命脉。斯托雷平死后，其改革事业的继承者农业大臣克里沃舍因成了夺取海峡通行权和在巴尔干扩张的最坚定鼓吹者，正是这个强硬的农业大臣推动沙皇投入战争。

在尼古拉二世看来，1914年的战争是一个正义的选择，上帝和人民都站

---

① 1905年10月30日，沙皇尼古拉二世在维特的压力之下，颁布《十月宣言》，承诺基本民权，确认杜马作为立法机关。

在他的一边，虽然可能付出沉重的代价，但此时在他眼中已经变得神圣的俄罗斯能够承担这样的损失。本来希望挽回王朝的威信，结果却导致了王朝灭亡。经过三年的战争，德军跨过了俄罗斯的边界，彼得堡爆发了革命，1917年3月2日被扣留的沙皇签署了退位诏书，罗曼诺夫王朝304年的大戏落下帷幕。

1917年以后的尼古拉以一种殉道者般的姿态面对了自己的命运，这个本质上是欧洲人的皇帝，这个曾经和乔治五世偷着互换制服，并且成功地骗过两国的大臣，完全可以成为一个英国国王的人，终于成了一个真正的东正教徒。1918年的枪声给他的生命画上了句号，也给这个王朝对它的国家和人民的漫长探索画上了句号。当最后一个全俄专制君主和他的家人一起被封为圣人，被画在圣像上，头上描绘着金色的光环时（见彩图21），罗曼诺夫王朝的沙皇们终于和他们心中陌生的俄罗斯融为一体了。

附 假如俄皇是德皇：皇帝尼古拉一世

尼古拉·亚历山德罗维奇是一个没有什么自卑感，但也没有什么主动性的人。这样的人在历史上很常见，在世袭君主国就更常见。他们是天生的统治者，这个天生的意思是如果不是生在皇家寝宫，他们既不会也不想成为统治者，是命运把他们推上了宝座。统治，在后人眼中就像玩SLG游戏[①]，面对着一张地图和一大串数字，但在真实的君王面前则意味着一种生活——化国为家的生活。

皇帝就像那面鹰旗，
永远只有一面纹章，
占据他的心房。

① 即Simulation Game，即模拟游戏，这类游戏提供给玩家一个较复杂的环境，允许玩家自由控制、管理和使用游戏中的人或事物，对抗敌人达到目标。比如，扮演一位统治者，来管理国家、击败敌人。

1905 年尼古拉二世（右）与德皇威廉二世，摄于德国

雨果在《欧那尼》里，让查理五世从浪漫主义的角度赞颂了这种生活。但对很多并不希望腰部以上只有一面纹章的皇帝而言，这种生活其实非常痛苦，尼古拉二世刚好就是这样一个人。宫廷生活意味着他失去了个人生活，他的梦想其实是非常中产阶级的，想要一个独立的小家庭——妻子和孩子，如果孩子能健康，他就再满意不过了。但他有一个严厉的母亲、一个同样有强烈权力欲的妻子、一大群野心勃勃的叔叔，还有两票总也满足不了的娘家

亲戚——母亲那边的，还有妻子那边的。《维特伯爵回忆录》就经常抱怨皇室的那些大公和可怕的娘家人。

结果就是尼古拉的整个统治时期一直都摇摆不定，既不能坚定地支持他选择的大臣，也不能坚定地反对想要反对的人。一个被体制赋予了全权的人，却被各种潜规则、体制之外的力量搅得六神无主，最后因为不愿意让任何人不高兴，而做出一系列互相矛盾的决定。在俄国矛盾趋于爆发的时代，他坐在宝座上，焦虑不安却无所作为，最终眼睁睁地看着革命爆发，不喜欢立宪、总希望把父亲留下的权力传给自己的儿子，却又无力反抗 1905 年的新制度。

1917 年革命爆发时，他派出军队去镇压，而他自己为了见家人却迫不及待地离开了还保持着忠诚的大本营，最终被人截停在铁轨上，除了电报他没有任何沟通的渠道。他在车厢里签署退位诏书，只是为了赶快见到妻子儿女，当帝国崩溃，他和他的家人都随之陪葬。

这是一个没有统治的愿望，也没有统治的意识，却身不由己地成为君主，最终被其帝国的矛盾吞噬的典型。假如——是的，我们这篇文章的目的就是假设，假设他不是全俄专制君主而是德意志皇帝，又会怎么样呢？

恺撒尼古拉·亚历山德罗维奇的帝国

如果尼古拉一觉醒来，发现自己住在波茨坦新宫，他应该很快就能习惯。首先，他母亲对德意志帝国的强烈仇恨烟消云散了，他的叔叔们说什么也可以充耳不闻了。因为他是普鲁士国王–德意志皇帝，他的意愿将不能直接作用于帝国，他的身边有了一个最好的挡箭牌——奥托·冯·俾斯麦。

1888 年，这个挡箭牌比 1862 年又大了一圈儿，作为三皇之年里笑到最后的那个人，尼古拉发现，不管他妈妈再怎么叫喊，他叔叔们再怎么拍桌子，都有一个比他凶猛得多的人站在前边。这个威廉街上的老宰相已经用一种毫不留情的专制主义统治了 20 多年，而且成功地窒息了普鲁士政界的一切反对派，曾经作为政策摇篮的普鲁士贵族社会，现在只有一种声音，就是俾斯麦的声音，谁反对他，他就毫不留情地反对谁。从皇后到皇储，从皇太子妃到其他大臣，即使尼古拉他爸（现实中的威廉他爸）从皇储短暂地成为皇帝，俾斯麦也没有丝毫退让。

这对尼古拉来说真是天赐良机！他可以把所有人的矛头都引向俾斯麦，自己则表示无力反抗，毕竟俾斯麦的威望在 1888 年是不可挑战的。

此时的德意志帝国正处在十字路口，三种势力在互相博弈，并试图把 1871 年停留在十字路口的帝国体制推向自己理想的方向。在真实的历史中，威廉二世追求专制君主的权力，他把俾斯麦一脚踢开，并连续赶走了两个帝国宰相，最终在比洛时代迎来了他个人统治的时代。如果换成野心和意志薄弱的尼古拉坐在这个宝座上，他很可能会让事态向另一个方向发展。

俾斯麦替他战胜了所有宫廷层面的敌人，但这些人终究是帝国的皇室成员，只能被挫败，不可能被消灭。尼古拉自己也还年轻，他的妻子不可能被像维多利亚长公主那样对待①，所以这些人形成的压力集团，在遭到俾斯麦为首的保守派势力抵抗以后，只能另寻盟友。

此时德意志帝国之内的政治势力大体上分为这么几种：最大的两个党——社会民主党和中央党，一个是马克思主义无产阶级党，不可能和皇室合作；另一个是天主教党，也不太可能跟皇室合作。剩下的民族自由党实际

---

① 维多利亚长公主就是维多利亚女王的长女，腓特烈三世的皇后，威廉二世的妈妈。她在政治上是亲英反战的自由主义者，如果腓特烈三世继位时间较早，她很有可能对丈夫、进而对德国政局施加自由主义的影响，并制约俾斯麦。但腓特烈即位太晚，而且已经病入膏肓，很快就去世了，成为皇太后的维多利亚长公主被俾斯麦和威廉采取了政治隔离措施，未能发挥政治影响力。尼古拉二世的妻子也有强烈的干政欲望，而且尼古拉年轻，注定会长期在位，如果他坐在德国皇位上，俾斯麦不可能像对待维多利亚长公主这位已经失去丈夫、与儿子关系也不好的太后那样，对待在位皇帝的皇后。

上是 1848 年的革命派，但由于帝国建立，至少实现了“自由和统一”两大纲领里的一个，他们才跟帝国妥协。资产阶级党则是因为 1873 年股市崩盘后，迫切需要帝国的贸易保护和补贴才和帝国妥协，他们和俾斯麦是坚定的盟友，但俾斯麦不愿在海军和殖民地问题上向他们妥协，所以也不能完全地满足他们。于是，最不引人瞩目的一个党派就在这个奇妙的时刻登上了历史舞台，那就是普鲁士–德意志的贵族辉格党。

普鲁士的自由主义原本是开明贵族和市民结合的产物，1848 年革命以后曾经一度掌握国家，普鲁士被视为反动的三级选举制在 19 世纪五六十年代，反而是自由派在议会里长期稳定多数的保证。但随着俾斯麦成为首相，连续发动王朝战争，这个自由主义同盟逐渐瓦解，1873 年的经济萧条，又让其中的市民开始对国家干预寄予希望，而贵族的自由主义实际上一直得以保存。卡普里维之后的霍恩洛厄原本是巴伐利亚首相，他虽然年老，却是 1848 年那一代德意志贵族自由主义者的代表，1918 年的巴登王子马克西米利安[①]也是德意志辉格党贵族的一员。

当俾斯麦战胜了让尼古拉烦恼的那些亲戚，继续他在威廉街的保守统治时，这些人无疑成了对俾斯麦不满的皇室成员的天然同盟者，他们原本就是皇帝的亲戚，威廉皇帝跟霍恩洛厄就是亲戚，曾经亲切地在书信里叫他叔叔。现在尼古拉身边的愤愤不平的亲戚们显然也会把目光投向这些贵族反对派。

所以，尼古拉坐在宝座上为俾斯麦当皇帝的这些岁月里，很可能会出现一个皇室与德意志辉格党贵族的同盟。这些迫切希望分享权力，至少得到帝国好处的人通过霍恩洛厄这样的大贵族和其他的反对派联合起来，最可能跟

---

① 马克西米利安（Prinz Maximilian von Baden，1867—1929），巴登大公弗里德里希二世的堂弟和继承人。1928 年，弗里德里希二世去世后成为巴登大公家族族长。由于其温和派名望而在 1918 年 10 月 3 日被任命为德意志帝国第八任，也是最后一任宰相。但他对于拯救帝国无能为力，11 月 9 日将权力移交给社会民主党党首艾伯特后辞职。

他们联合的就是中央党，虽然中央党是天主教党，但他们当中也有很多贵族，跟皇室反对派更接近。

于是，我们可以假设一个以霍恩洛厄为桥梁的皇室、辉格党贵族、天主教贵族的温和保守主义贵族大同盟。而他们对俾斯麦发难的时间也不会太晚，很可能在1890年代初，也就是续签《再保险条约》的时候。

我们别忘了本文的另一个前提：这时威廉坐在尼古拉的宝座上，如果不考虑那个神棍版的威廉沙皇，那么威廉正在以一种比尼古拉二世急剧得多的方式推动俄国工业化，俄国最大的财源在于粮食出口，如果俾斯麦继续对俄国粮食征收高关税，《再保险条约》肯定无以为继。如果俾斯麦在粮食问题上放松关税、对俄国妥协，普鲁士地主会马上跳出来反对俾斯麦，这是真实的时间线上卡普里维倒台的原因。而反对俾斯麦的这一次，因为背后有一个贵族大同盟当后盾，肯定比卡普里维那一次更加凶猛。

辉格党、中央党、普鲁士地主、国家党一起站出来反对俾斯麦，而社民党肯定只会推波助澜。俾斯麦除了解散议会或者干脆发动政变废除帝国宪法，没有第三道路可走。

但这时候俾斯麦震惊地发现：他的皇帝是靠不住的。是的，尼古拉传统的意志薄弱病发作了。俾斯麦对付威廉一世采取的手段是“一哭二闹三上吊”，而且亲自盯、关、跟，寸步不离威廉一世以阻止他参加德意志君主大会。但是，尼古拉皇帝此时三十出头，亚历山德拉皇后才二十出头，俾斯麦一个七十多岁的老头，想要故技重施，实在是心有余而力不足。

于是，在明确地表示会支持俾斯麦的第二天，皇帝甚至没有允许老宰相进宫，俾斯麦知道一切都完了，他递交了辞职书，一个时代落幕了。

尼古拉皇帝的保守自由帝国

因为推翻俾斯麦使用的是这样一种手段，那么，帝国的体制必然向另一个方向摇摆，威廉把帝国的体制推向专制君主，而尼古拉则被家人、朋友拖向立宪君主制，他在这个问题上甚至不会有什么心理负担。作为沙皇，他是神授皇权的统治者，是一旦出现在阳台上就有无数人划十字下跪的人，他希望这种统治能够传给自己的继承者。而在德意志帝国，他的权力本来就来自宪法，他没有什么可以失去的。所以，他可能很乐于见到这个局面，于是放任霍恩洛厄把帝国体制推向责任政府的方向。

普鲁士和德意志的关系也会发生变动，贝特曼–霍尔维格这样的开明派所鼓吹的废除三级选举制也会得以实施。普鲁士消融于帝国的趋势本来就不可逆转，现在随着三级选举制的废除无疑会愈演愈烈。于是，1890 年代的帝国会表现出一种高度自由主义的趋势，向着英国式的立宪制度前进。那么，这个帝国遇到的国际环境如何呢？

威廉现在是全俄专制君主，正在推动俄国的工业化，他需要的大笔资金只能从法国获得，因为除了法国有大笔“呆滞”的巨资之外，全欧洲谁也没有这样规模的资本可以输出到俄国。德意志帝国自己也在进行工业化，奥匈帝国也是，英国资本雄厚但它有广阔的海外帝国。所以，法俄关系肯定会越来越紧密。既然是通过反对关税改革而推翻了俾斯麦，那么新宰相肯定也无法修改对俄国的农产品的高关税，德俄关系会迅速冷却，《再保险条约》和三皇同盟都将成为过去。同时，不满的威廉肯定不会容忍海峡通行权的丧失和德国对俄国的不公平关税制度，而大肆煽动斯拉夫主义运动，并迷醉于斯拉夫民族保守者的光环之中。一个高度表演型人格的沙皇和一个非常软弱的德皇，将主导此后 20 年的局势。

而此时奥匈帝国的弗兰茨·斐迪南大公如期登场，开始向爱琴海挺进。奥匈和俄国矛盾上升，而德意志帝国的自由同盟，不愿意冒失去奥匈帝国这最后一个盟友的风险，只能跟在奥匈后边为它提供武力保证。但如果 1912 年的局面重演，威廉是不会退缩的，历史的时间线几乎还会维持原状，只是东线战争提早爆发。

但是，自由帝国时期的帝国宰相所掌握的权力，不是现实世界里的贝特曼-霍尔维格能够相提并论的。普鲁士军队的独立性，随着三级选举制被废和帝国法律反噬普鲁士王国，应该已经在既往的 20 多年里被消除了，普鲁士军队已经帝国化，并受到帝国政府的监督，虽然《施里芬计划》还会诞生，但是当东线战争爆发时，德意志帝国很可能不会在西线挑战法国，更不会破坏比利时中立。如果战争只局限在东线，很可能是一场一边倒的战争。俄国一败涂地，奥匈原本也一败涂地，但幸存的奥匈帝国跟在德国军队后边，反而成了胜利者。

然后，德国建立了波兰王国，奥匈帝国建立了乌克兰王国，两国还能得到奥属加利西亚，它们在政治上都倒向了德国。作为补偿，这两个国家的君主都可能是哈布斯堡王朝的大公。沙皇威廉可能被革命推翻。因为战败来得太迅速，俄国的社会矛盾并没有被引爆，杜马得以在缔结体面和平的基础上，实现进一步的民主制改革。威廉退位之后去了丹麦或者英国，然后在回忆录中咒骂：德、奥两国断送了一个伟大的俄罗斯。而尼古拉皇帝作为战胜俄国的英雄，昂然骑马跨过勃兰登堡门，被称赞为腓特烈大帝和威廉一世以来最伟大的德国君主。

这个时间线上的中欧和东欧，将是一个温和的保守主义的君主制世界，威廉退位以后的俄国还是一个立宪的帝国，波兰、乌克兰是两个哈布斯堡王朝君主统治的立宪王国，德国和奥匈帝国也是自由的立宪帝国。

而且，一战从世界大战变成了三皇战争，时间从四年多变成了一年多。因为俄国的迅速失败，造成的伤亡和损失都不能跟一战相提并论。因为法国和英国的中立，贸易没有断绝，粮食管制和饥饿也没有出现，所以 1920 年代爆发民族主义狂潮的社会基础也不存在了，第二次世界大战也因此不会发生。

从某种意义上说，欧洲的悲剧刚好是一个没有野心和意志力的沙皇统治着一个急需铁腕人物的俄国，和一个充满了野心和激情的皇帝统治着一个宪法所塑造的德意志帝国造成的，如果这两个人易地而处，对欧洲而言，可能是天赐良机。

第五章　美好年代

二十一　生活在美好年代

1914年的战争之后还有1939年的战争，两次战争之间还有遍及欧洲的民族撕裂与社会崩溃。所有这些可怕的场面才让美好年代的所有纷争、动荡与焦虑，在身处之后黑暗时期的人眼中变得无伤大雅，而它的优点也变得光彩夺目。这个时代仅仅是因为被20世纪的悲剧反衬，才真正当得起“美好年代”这个头衔。

1900 年巴黎万国博览会上的热气球竞赛

如果按照字面意义理解，“美好年代”指的是从法兰西第三共和国建立[①]到第一次世界大战爆发之间的那段岁月。如果我们把视角放大到整个欧洲，这段岁月在英国涵盖了大半个维多利亚时代，在中欧涵盖了德意志帝国和奥匈帝国的大部分历史，在东欧则意味着沙皇俄国急起直追的近半个世纪。在之前的两章中我们讨论了这个舞台上的统治者和政治家，还谈论了这个舞台本身（虽然是以维也纳为代表的）。现在我们想谈谈这个舞台上的人和他们所构成的那个社会。

坚如磐石的欧洲？

从历史年表上看，美好年代刚好夹在19世纪的欧洲地理大变动和20世纪的第一次世界大战之间。

1870年的战争最终完成了19世纪的欧洲地理大变动，法国的战败让德意志各邦最终团结在一个帝国之下；同时也让意大利人得以在法军撤出后占领了罗马城，完成意大利的统一。之后的40多年间，此时形成的欧洲六强格局始终没有被打破。虽然普鲁士的政治家对德意志帝国的解体忧心忡忡，人们在各种不同场合谈论着巴伐利亚在南德意志的霸权、慕尼黑–维也纳天主教阴谋的威胁，但新生的德意志帝国确实以一个完整的姿态投入了之后的世界大战，甚至以一个相对完整的姿态挺过了失败的大战，走进战间期。

同样的，1875年才最终诞生的法兰西第三共和国在政治上摇摆不定、纷争不断，波旁王朝在法国复辟，并且领导一场全欧范围内的天主教保守主

---

① 1870年9月4日，法兰西第三共和国成立。该共和国在第二帝国因普法战争的失败倒台、巴黎公社被成功镇压后建立，直到1940年纳粹德国入侵而垮台。

义运动的威胁，成为德国爆发信仰斗争[①]以及德、奥、意建立三国同盟的重要原因。在新生的意大利王国看来，一旦波旁王朝的亨利五世[②]登上法国王位，就有可能率领法国军队跨过阿尔卑斯山，肢解意大利王国，重建教皇国和两西西里波旁王朝。但亨利五世最终没能登上法国王位，先天不足的第三共和国战胜了波旁王朝，这个脆弱的国家挺过了19世纪末的动荡，又挺过了世界大战，甚至挺过了整个战间期，历史比德意志帝国和魏玛共和国加在一起还要长。

从1871年普法战争结束到1914年世界大战爆发的将近半个世纪中，虽然欧洲始终笼罩在对战争的恐惧里，但除了遥远的巴尔干爆发的几次短促的战争，欧洲大部分地区总的来说确实得到了一段久违的和平与安宁。这也就解释了为什么在既往的纪念性作品中，人们往往喜欢强调这段岁月的和平与安宁、城市上层阶级的富足与优雅，以及社会各阶层的温和与彬彬有礼。但美好年代的欧洲真的如那些文章所表现的那样美好吗？

很遗憾，事实并非如此。欧洲的美好年代其实是一个剧烈变动的时期。欧洲大部分地区都进入了一个急剧工业化的阶段，社会中的各种矛盾开始积聚，只是被高增长所掩盖。

---

① 1872—1879年，德意志帝国宰相俾斯麦担心天主教会和天主教中央党的势力过大，害怕如果法国建立天主教的君主政体，法、奥以及德国境内的天主教势力进行联合，发动了一场反天主教斗争。他采取强制性行政手段，制定了一系列旨在打击天主教和天主教中央党的政策法令，如禁止耶稣会，拒绝录用没有参加国立学校和大学规定考试的神职人员，规定只有在户籍登记处办完手续的婚姻才具有法律效力，以国家监督教育取代教会监督，等等。1880年代，俾斯麦与教廷及天主教中央党达成妥协。

② 亨利五世（Henri，Count of Chambord，1820—1883），波旁王朝查理十世的孙子，法兰西王位的正统继承者。第二帝国崩溃后，保王党在全国会议中是多数派。奥尔良派也同意拥立亨利，希望亨利死后由他们所支持的奥尔良派继承人巴黎伯爵奥尔良的腓力（路易-菲利普的孙子）继位。但亨利坚持要废掉象征革命的三色旗，采用波旁王朝的白百合花旗，这一点得不到通过。于是临时性的法兰西第三共和国建立了，目的是等到亨利去世之后，由更倾向自由派的巴黎伯爵继位。但1883年亨利去世时，公众舆论已从支持帝国转向支持共和国政体。法国复辟君主制的选项从此消失。

1914年，那些在几十年间被滚滚向前的社会所忽视的矛盾，都随着战争降临而爆发出来。这些被战争所释放，也被战争所放大的社会矛盾最终摧毁了老欧洲的岁月静好。1914年的战争之后还有1939年的战争，两次战争之间还有遍及欧洲的民族撕裂与社会崩溃。所有这些可怕的场面才让美好年代的所有纷争、动荡与焦虑，在身处之后黑暗时期的人眼中变得无伤大雅，而它的优点也变得光彩夺目。这个时代仅仅是因为被20世纪的悲剧反衬，才真正当得起“美好年代”这个头衔。也只有考虑到20世纪的那些野蛮和疯狂，我们才能真正理解当斯蒂芬·茨威格在自己的书中写下“对那个年代的人而言，一切野蛮和激进的事情都是不可想象的”时候，笔尖流淌的苦涩。

跨洋轮船与林荫大道

美好年代的欧洲社会最大的特点是剧烈的人口流动，这种流动的根本原因是快速的工业化。越来越多的农民离开村庄迁徙到城市，当他们背起行囊离开家时，到底是去柏林，维也纳，还是纽约，决定性的因素其实是路费。而这个时代最重要的进步刚好体现于此。

铁路和轮船的进步让运输成本大幅度下降，尤其是跨过大西洋的船票变得越来越便宜。我们知道轮船技术的发展让越来越多的殖民地农产品流入欧洲，尤其是坚持捍卫自由贸易政策的英国：1905年，英国60%的食品和80%的小麦都来自国外，除了粮食还有大量工业品。

19世纪上半叶，英国大臣还可以骄傲地宣布：英国之外，整个世界的工业都不过是英国工业的补充。但随着时间的推移，英国大臣的调门不得不越放越低，到19世纪末，英国财政大臣不得不承认，美国在工业产值方面已经超越了英国，成为世界第一大工业国。新大陆的粮食、肉类、乳制品，甚至工业品都源源不断地输往欧洲，越来越多的轮船航行在大西洋航线上，为了不让这些船白白横渡一次大西洋，人——就成了轮船公司争相选择的“新货物”。

未来的英国首相内维尔·张伯伦先生一战前在伯明翰经营一家五金公司，而这家公司最重要的财富就是一项船用折叠床铺的专利。这种折叠床铺可以在轮船从新大陆驶往欧洲的时候被折叠起来腾出空间装货，而当轮船从欧洲返航美洲时，则可以打开成为床铺，把货仓变成那种空气污浊、人挤人的下等舱。这项专利让张伯伦先生很早就发了财，可想而知当时大西洋上的人口流动有多么频繁。

船票价格的下降让越来越多的人选择远渡重洋，而欧洲各国的国内政策又往往影响了这些移民的选择。比如德意志帝国的建立，让很多厌恶，甚至怨恨普鲁士的德意志人选择离开自己的故土，到新大陆开始新生活；而奥匈妥协导致马扎尔自由党在匈牙利执政，则让包括德意志人在内的匈牙利各个少数民族最终选择离开；类似的还有俄国对犹太人和波兰的压迫性政策，意大利王国对南方的那不勒斯和西西里人的歧视，英国对天主教徒的歧视和爱尔兰的农业歉收。所有这些因素都推动了欧洲人向美洲，尤其是向美国的流动。从 1875 年到 1900 年，仅美国一国就接纳了 2500 万欧洲移民。

但多数人毕竟还是不想或者不能渡过大西洋成为一名现代美国人的祖先的。那么，城市就成了他们迁徙之路的必然落脚点。这些人离开祖祖辈辈耕种的土地，为了找到相对轻松的工作，或者为了追求某种暧昧的希望来到大城市。这个时期的城市又是什么样的呢？

跨进这个时期的大城市，尤其是各强国的首都，这个新市民看到的很可能是一个大工地。当然，因为国家不同，程度也有所不同。比如，伦敦就构成了这一时期城市规划里盎格鲁–撒克逊的一面，简单地说就是自由放任，私搭乱建猖獗，穷街陋巷和富人区可能只有一墙之隔。英格兰的空气污染到这个时候已经相当成规模上档次了。1900 年代英国左翼报纸宣称：伦敦至少有四分之一的人口陷于贫困之中。一位诚实的伦敦商人认为左派夸大其词，耸人听闻，于是出钱委托专门机构对伦敦贫困人口进行调查和统计。调查委员会进行了详细的调查，在提交的报告书中宣布：“伦敦有三分之一的人口陷于不同程度的贫困状况。”

换而言之，作为这一时期伦敦的一名低端人口，你要带你的小老乡参观大伦敦是很容易的。即使你只是一个普通劳动者，你住的位置也很可能高度接近伦敦的核心地带，但如果你希望呼吸的空气干净一点、饮用水卫生条件好一点，或者住得舒服些，房间里有暖气，甚至邻居打老婆的声音小一点，那就比较困难了。体面人虽然跟你们离得并不远，但他们的生活离你很远，不到万不得已，他们一般不会选择穿过你们所在的这些穷街陋巷。

在法国，你会遇到欧洲城市规划中“法国派”的典范，如果你有把子力气，想靠当产业工人在巴黎的大型工厂里闯出一片天，那么恭喜你！你可以回家了。巴黎的产业升级已经推进了几十年，奥斯曼男爵[①]想要实现的目标——“把工厂连同工厂里的工人一起赶出巴黎核心地带”，已经靠地价的上涨、经济的不景气、国家的政策导向和铁路取代塞纳河成为巴黎的主要运输手段而逐渐实现了！重工业和大型工厂在这个年代的巴黎越来越少，它们越来越多地向城乡接合部迁移。很多过去建立在塞纳河两岸的企业，到这个时期只在原址上保留了仓库，车间已经迁走。随着时间的推移，这个趋势还会进一步发展，最终巴黎将只有金融、服务、文化产业和飞机制造这样需要高端技术工人的产业。传统的工业将以越来越快的速度退出巴黎。换而言之，如果你来到巴黎进入一两个传统的工厂，这些企业很可能经营状况不

---

① 奥斯曼男爵（Baron Georges-Eugène Haussmann，1809—1891），拿破仑三世时期的重要官员。早年为律师。历任多省省长，支持拿破仑三世的政变和恢复帝制。1853 年被任命为巴黎警察局长，后任塞纳区行政长官，领导巴黎城市改建工作，以古典式对称中轴线道路和广场为中心，使首都大部地区由陋屋窄巷变为宽街直路，建起许多公园、广场、教堂、公共建筑及住宅区，巴黎的公共卫生条件得到改善，传染病绝迹，交通较以前顺畅，新建筑较旧建筑更美观、更实用。由于城市改建时出现大量投机活动，奥斯曼遭到舆论和议会的指责。1870 年年初，由于都市改造带来大量债务，被解除职务。

佳；如果你头脑活络，选择到某个小酒馆或者俱乐部当个服务员，你的处境可能会越来越好。

奥斯曼男爵在巴黎推动的拓宽老城道路，用横平竖直宽阔到没法修筑街垒的道路来分割旧城区，甚至用星形广场上那种放射状道路来切割旧城区、截弯取直的事业，随着1870年的巴黎围城战和巴黎公社革命而取得了进一步的成功。因为围城战期间的炮火，以及巴黎公社革命者的纵火，很多奥斯曼男爵无法强拆的古老建筑物被破坏了，其结果就是1870年以后的巴黎改造不仅没有随着共和国的建立而放慢速度，反而更加高歌猛进。至于说为什么要拓宽道路，为什么要截弯取直，还是让奥斯曼男爵自己来回答您吧——“因为炮弹不会拐弯儿！”

在德意志帝国，随着工业进步而急剧扩张的大城市无疑是柏林。1840年人口只有32.9万的柏林到1871年骤增至93.2万，到1910年时已暴增到370万，70年间人口数量增加了一个零，而柏林的城市规划则同时采取了盎格鲁–撒克逊的自由放任和巴黎的横平竖直，这看起来是一个不可能的任务，但也没什么难以理解的。

柏林是一座小城市，在普鲁士王国时期，柏林甚至连加冕城都不是，那时候的柏林被叫作省城柏林，从面积到人口都是地方性的，因而也就没什么需要大刀阔斧改造的旧城区，更没有足以威胁帝国秩序的人口和企业需要清理。所以，1862年的柏林规划在保留旧城区的同时，于旧城区之外规划了一圈围绕着旧城区的简单粗暴的新区，这个帝国时期围绕着旧柏林的新城区，就是“威廉环”。威廉环的北部是工业区，一个来柏林讨生活碰运气的新柏林人大体上会住在这个地区，而他们的老板，则跟他们隔着几乎整个柏林旧城，住在柏林的西南部。

维也纳采取的政策和柏林相似，这一点我们在第四章已经谈过了。与威廉环不同，维也纳的环城大道上住的几乎是清一色的维也纳资产阶级，新流入的人口主要居住在环城大道之外。从区分维也纳内城与外城的环城大道，到与环城大道平行的带状大道之间，是维也纳第一区到第十区，也就是过去的近郊区。随着维也纳人口的增加，这 10 个区也已经成了老维也纳市民的居住区，新维也纳人只能住到更远离市中心的地方。1890 年带状大道之外，过去的“远郊区”也被并入维也纳城，这片如同摊大饼一般纳入维也纳的土地被划分为第十一区到第二十区。一战前，当维也纳人口逼近 300 万时，新移民以及被市中心高昂的房价、污浊的空气和饮用水驱逐出来的老维也纳人，已经被迫进一步远离市中心，迁入那些过去临近维也纳的“市镇”。

所有这些城市构成了美好年代的舞台，在这个舞台上，社会的各个阶级分别表演了属于他们自己的戏剧。假如我们忽略每个人的特殊性，而用一种简单粗暴的态度来划分城市的各个阶层，那么舞台上的演员大体可以划分为贵族、中产阶级和下层阶级。这三个阶级的戏剧结合在一起就形成了美好年代的社会。

美好年代的贵族

美好年代的贵族无论处在欧洲列强中的哪一个国家，遇到的困境都是相似的：一方面，技术的进步让欧洲的粮价持续下降；另一方面，技术进步又让上流社会精致生活的费用变得越来越高。当贵族的经济状态越来越恶劣时，国家的民主化所导致的累进所得税和遗产税的征收又进一步加剧了他们的困境。除此之外，他们还遭遇了工业化和城市化所导致的市民社会的兴起，他们在新的市民社会中变得越来越尴尬和边缘化。在美好年代的大部分时间里，欧洲的贵族阶级一直在这样的艰难处境中竭力自救，当然，他们自救的能力也因为各国制度以及他们掌握的权力的差异而各不相同。

在法国，随着共和国的巩固和王朝复辟的失败，贵族逐渐退出了政治舞台。虽然他们在高级官僚领域还保持着优越地位，但依靠国家力量来自救的能力已经微乎其微，很多法国贵族不可避免地没落了。幸存的那些依然保持着与自身地位相称的消费能力的贵族，在第三共和国的历史上主要扮演了艺术保护人和时尚先锋的角色。这种角色让他们很自然地接纳了那些在艺术品位和生活作风上与自己相近的中产阶级，贵族与市民之间历史的鸿沟因此被审美趣味所突破。也正是通过这种建立在审美趣味上的联盟，法国贵族得到了一个最难能可贵的崇拜者和观察者——马塞尔·普鲁斯特，通过这位观察者对往事的不懈追索，法国贵族走进了他用文字构成的“琥珀”而得以万世不朽。

相比于法国，普鲁士的贵族此时保持着自己对普鲁士–德意志国家权力的掌控。通过这种优势地位，他们在政治上不择手段地捍卫贸易保护政策，在家庭财政上则千方百计地拿国家的补贴并靠从事公职来补贴家用，因此普鲁士贵族在美好年代的大部分时间里独霸了军官和外交官这两种职业。而霍亨索伦王朝也乐于通过各种国家补贴和军官团与外交官团里的这种潜规则来拉贵族们一把。在市民社会兴起这个问题上，皇室感受到的压力其实比贵族们还要大。面对一个越来越中产阶级化的社会，头戴羽饰、身穿军服、骑着高头大马的皇帝显得越来越形单影只。如果任由这种局面继续发展，皇帝有可能在这个穿西服、戴礼帽的社会里被人当成马戏团的演员。所以，霍亨索伦王朝不但乐于扶持普鲁士的容克贵族，甚至还默许了德意志各邦大大小小的宫廷。霍亨索伦王朝总是强调他们的皇室经费并不多，却往往忽略了一个重要的问题，即霍亨索伦王室只是德意志几十个宫廷里的一个。作为皇帝，威廉二世每年只能从帝国得到 30 万马克的皇帝自由经费，而萨克森–魏玛的公爵一年却有 100 万马克的王室经费。这些德意志的小邦君主们，有好几个都名列世界王室财富榜前十名，比如巴伐利亚国王就排在第八位，紧跟在排名第七的日本天皇之后。而萨克森国王则排在第九位。即使是黑森–达姆施塔特大公国[①]这样1866年战争的失败者，也保持着不亚于丹麦王室的收入。

威廉二世的帝国花费了这么一大笔钱养活了德意志各邦的君主、各邦的贵族，以及普鲁士自己的贵族，然后才能在20世纪初的市民社会大潮面前维持一个现代君主国的体面。1913年在给莱比锡民族大会战纪念柱揭幕的时候，身穿军装的威廉皇帝，因为有了这些人的簇拥才让整个场面显得顺理成章，而不被当成古装表演。

相比于这些幸运的德意志同行，奥地利贵族的处境就差多了。随着选举权的扩大，奥地利贵族在奥匈二元君主国的奥地利部分的影响力越来越小，即使他们当中的很多家族都投资于罗斯柴尔德家族的银行，或是其他利润更有保证的生意，像列支敦士登的“赤色王子”这样的人，甚至投身更符合民主时代游戏规则的天主教社会运动，但更多的奥地利贵族还是不可避免地衰败了。君主国根据自己的需要册封了大票的新贵族，而这些贵族当中很少有人是大地主，更多的是大工业家、霍夫曼施塔尔[②]的父亲那样的大金融家，甚至是里尔克的叔叔那样为宫廷辩护的著名律师，或者是哈耶克的爷爷那样的植物学家。

与这些欧洲大陆的贵族相比，英国贵族的处境其实更为糟糕，一方面他们的权力受到了选举权扩大的损害，让他们无法采取贸易保护政策来捍卫自己的利益；另一方面，面对日益强大的选票压力，他们也无法阻止遗产税这样直接针对他们的税收被议会通过。到1900年，被抵押给银行的一万多个贵族庄园里，还能继续偿还贷款的只有20%。

---

① 黑森–达姆施塔特最初是一个伯爵领地，1806年被提升为大公国。在1866年的普奥战争中，黑森–达姆施塔特加入奥地利一方，战败后被迫将刚刚获得的黑森–霍姆堡和黑森中部地区割让给普鲁士。1871—1919年，它是德意志帝国中的联邦之一。一战后，黑森大公国变成黑森人民州。

② 霍夫曼施塔尔（Hugo von Hofmannsthal，1874—1929），奥地利作家，诗人。他的父亲是大银行家。优越的家庭环境使他从小就与当时的重要艺术家们有着密切的交往。

喜欢汽车的爱德华七世

更糟糕的是，英国上层阶级还出了一个超级花花公子——日后的爱德华七世国王。这位威尔士亲王以英国绅士的楷模自居，倡导一种追求优雅、华丽和时髦的新生活方式。在英国贵族传统的跳舞、狩猎、考究的服装和饮食之外，这位王子还引入了更时髦也更昂贵的游艇和汽车，而所有这些东西对经济上日益困窘的英国贵族来说都成了沉重的负担。所以当这位王子在其享受的艺术上日趋精进时，能跟上他脚步的人却越来越少，除了他的两个皇帝外甥——德皇威廉和沙皇尼古拉，就只剩下美国人和犹太大富豪了。所以这位威尔士亲王和国王也就满不在乎地和那些美国人、犹太人一起过他们的风雅生活，全然不把英国贵族的愤怒和抗议放在眼里。

说到美国人，他们确实是英国贵族的救星，但这里的“美国人”是维多利亚时代意义上的。王尔德说，对伦敦社交界来说，“美国人”是一个阴性词，因为在伦敦，人们从来只能见到美国人的姐妹、女儿和妻子，却从来见不到他们本人。换言之，维多利亚时代的美国人就是美国女人，这就跟1917年欧洲人眼中的美国人就等于那些欢蹦乱跳地像跑去打橄榄球一样跑进战壕的美国大兵一样。而这些美国的女士们又可以根据年龄分为想物色儿媳和女婿的母亲们和准备嫁入英国贵族家庭的女儿们。

娶美国媳妇是这个时期内外交困的英国贵族自我拯救的捷径，因为美国的百万富翁为了让女儿成为贵族夫人是舍得掏嫁妆的。当然了，英国贵族一开始还比较矜持，比如马尔巴洛家族[①]就没让长子娶美国媳妇，他们让自己的次子先试试水，于是第七代马尔巴洛公爵的小儿子伦道夫·丘吉尔勋爵和美国报业大亨的女儿结了婚。这次试水留给英国两件遗产：第一是威尔士亲王和这位漂亮的美国女士之间的绯闻；第二是留给英国一位伟大的首相温斯顿·丘吉尔。伦道夫勋爵试水成功后，第九代马尔巴洛公爵也娶了一位美国人作公爵夫人。

在娶美国女继承人方面，英国有一个得天独厚的优势——英国人讲英语，但也有一个缺点，英国的贵族实在太少，财产继承也限制得太严格。相比于1800年有爵位的贵族就有两万多人的小国普鲁士，英国到1880年真正有头衔的贵族家庭也只有几百个。这些贵族家庭的有爵位的长子往往也不太缺钱，即使真缺钱他们也经常狮子大张口，要价很高，小儿子们固然便宜，

① 1702年，英国安妮女王册封著名将领约翰·丘吉尔（John Churchill，1st Earl of Marlborough，1650—1722）为马尔巴洛公爵。著名的温斯顿·丘吉尔首相（Winston Leonard Spencer Churchill，1874—1965）就是马尔巴洛家族的成员。他的父亲伦道夫·丘吉尔（Randolph Henry Spencer-Churchill，1849—1895）是第七代马尔巴罗公爵的小儿子，母亲是美国金融家、报业大亨伦纳德·杰罗姆（Leonard Walter Jerome，1817—1891）的女儿。

但他们又往往没有爵位，得靠父母和岳父的力量在政界创出一番成就之后才能被封爵，这又意味着另外一大笔钱。

同样是掏一笔嫁妆，自己的女儿在英国往往只能做有名无实的“勋爵夫人”，这在美国岳父看来实在有点亏。而欧洲大陆就不一样了，且不说那些穷得戴着佩剑下地干活的匈牙利贵族，很多法国名门也已经物是人非，但他们的头衔比一个英国 Lord 的含金量还是高很多的。更何况还有王子满街跑的德意志，同样是花一笔钱，似乎让自己的女儿从此成为“殿下”才最划算。所以到 19 世纪末，美国岳父们也开始考虑欧洲大陆的贵族，虽然并没有太多的成功案例，但至少留下了托马斯·曼的著名小说《海因里希殿下》。这本小说就描写了一个衰落的德意志公国的王子如何通过迎娶一位美国百万富翁的女儿而拯救了自己祖国的故事，这从另一个侧面表现了美国媳妇对美好年代的贵族阶级甚至整个传统社会的重要意义。

布尔乔亚？布尔乔亚！——中产阶级是谁？

谈完了贵族，我们再来谈谈“中产阶级”。中产阶级这个概念本身就是一个非常复杂的问题。从历史上看，这个概念其实是在美好年代晚期兴起的。克里孟梭[①]使用的“第四阶层”很接近中产阶级的概念，类似的还有“中间阶层”，但是“中间阶层”这个概念在政治上演变为社民党的“新中间”要等到二战以后。在美好年代或者说上一次世纪之交，中产阶级这个概念被没兴趣条分缕析的同时代人和“布尔乔亚”混为一谈，但布尔乔亚并不能被看作中产阶级的同义词，因为它的概念同样非常含糊：法国人把布尔乔

① 克里孟梭（Georges Benjamin Clemenceau，1841—1929），法兰西第三共和国执政时间最长的总理，众议院中激进派领袖，一战后代表法国出席巴黎和会，成为主宰会议的三巨头之一。

亚分成“大布尔乔亚”“正格布尔乔亚”和“小布尔乔亚”，而我觉得第二个和第三个概念是比较接近中产阶级的。“大布尔乔亚”，如果从他们的另一个头衔“金融贵族”或“实业家”上理解，其实更接近我们刚刚谈过的贵族。他们和贵族的区别可能是他们当中的一部分人并没有爵位，而有爵位的那些人可能比地产贵族更有钱，比如，能跟爱德华七世和威廉二世玩到一起的贵族当中，有很多人就出自这个“大布尔乔亚”阶层。

由此，我们可以得出一个美好年代的中产阶级定义，即一个在财富和社会地位上低于大资产阶级，也低于贵族，却高于城市贫民的市民阶层。比如，普鲁斯特的父亲，作为著名防疫学家、很成功的医生和法兰西学院的院士，他死后留给普鲁斯特一笔数量相当可观的遗产，但他的家庭在社会地位上依然属于中产阶级。普鲁斯特大夫夫妇看到儿子把孟德斯鸠伯爵[①]这样的贵族朋友带回家时，是非常震惊的。而普鲁斯特大夫自己的交际圈，比如设计铁塔的居斯塔夫·埃菲尔、《卡门》的作曲者比才、写《磨坊书简》的阿尔方斯·都德，都跟普鲁斯特大夫属于同一个阶层，而这些家庭中的孩子则构成了小普鲁斯特最初的朋友圈，其中影响最深远的无疑是吕西安·都德[②]。

实际上，中产阶级还有另一个定义，也就是按照职业来划分，公务员、教师、律师、记者、编辑、公证人、艺术家、医生这些都是比较传统的19世纪末20世纪初的中产阶级职业。其中很多行业的伸缩性非常大。比如公

---

① 孟德斯鸠伯爵（Marie Joseph Robert Anatole，Comte de Montesquiou-Fézensac，1855—1921），19世纪末巴黎社交界的巨星，他的祖先是《三个火枪手》中达达尼昂的原型。他不仅左右着时尚潮流，也深刻影响着文艺趣味。他推广了加勒和拉利克（Galle and Lalique）的玻璃工艺美术，资助了加吉列夫的俄罗斯芭蕾舞团（Diaghilev's Ballets Russes），捧红了美国画家詹姆斯·惠斯勒（James Whistler），为埃德加·德加（Edgar Degas）、古斯塔夫·莫罗（Gustave Moreau）、保罗-凯萨·埃勒（Paul-Cesar Helleu）等现代主义画家打通成功之路，他与普鲁斯特要好过，又翻了脸。他是《追忆逝水年华》中夏吕斯男爵的原型。

② 吕西安·都德（Lucien Daudet，1878—1946），著名作家阿尔方斯·都德（Alphonse Daudet，1840—1897）的次子。他是一名作家、画家，不过今天他主要是因为与普鲁斯特的亲密关系而被人们记起。

务员，巴尔扎克有本小说就叫《公务员》，里边的公务员从年入两万法郎，却几乎不在部里露面的花花公子秘书，到每天唯恐外套袖子磨破而戴套袖办公的低级秘书都是公务员，而且很尴尬的是，只要他们没有爬到大臣的位子上，他们始终是中产阶级的一分子。莫泊桑经常在小说里以挖苦这些中产阶级的可怜人为乐，以首饰为题的文章他至少写了两篇：第一篇是丢了假首饰毁了一生的故事，第二篇则是妻子自称买了一批假首饰，结果她死后丈夫发现全是真货的绿油油的故事。艺术家这个行业也一样，功成名就的大作家、大画家、大音乐家是中产阶级，住在阁楼上每天只吃一顿饭的穷作家也算，当然像阿道夫·希特勒那样住桥洞或者收容所的画家算不算，我个人持保留态度，倒不是说他穷得不像个中产阶级，而是说他实在没什么才能，不太够格。

军人其实也一样，士兵显然不算中产阶级，在等级森严的年代，军官无疑是可以成为中产阶级的，但很多国家军官的薪俸相当微薄，奥匈帝国就是典范。一个陆军上尉的退休工资还不如电车司机。一个陆军上校，驻布拉格第五军的参谋长，是的，我说的就是雷德尔上校[①]，他一个月的工资收入只够付他在布拉格雇的四个仆人里的一个半，这句话翻译过来就是一个陆军上校的月工资只相当于男仆的1.5倍。当然，我们知道雷德尔靠出卖情报而获得暴利，他雇的也不是我们今天这种打扫卫生的小时工，而是美好年代的男仆，男仆是那个时代下层阶级一个挺不错的职业，收入本来就高。

---

① 阿尔弗雷德·雷德尔（Alfred Redl，1864—1913），出身加利西亚伦贝格（现乌克兰利沃夫）铁路工人家庭，青年时代浪迹四方，会说多种语言，因得宠于奥地利军方情报头子冯·吉斯尔将军，1900年升为反间谍部队的头目。1902年充当俄国间谍（据说他是同性恋的证据被俄国华沙情报机构掌握受到威胁所致），将大量情报送给俄国人。间谍身份败露后被迫自杀。有分析认为，雷德尔对一战爆发后奥匈帝国军队20%—30%的伤亡负有直接或间接责任。

中产阶级的衣食住行

所以，无论怎么看，中产阶级都有着非常巨大的伸缩性，其衣食住行自然也是如此。中产阶级上层的典范，有两个大作家：普鲁斯特和施尼茨勒，嗯，他们的爹当模版最合适！他们的爹都是功成名就、收入丰厚的开业医生。这俩人的居住环境也相差不大，都住在新兴的供出租的住宅里。这种住宅配备了 19 世纪七八十年代兴起的各种时髦的舒适性设备，一层往往作为底商，但由于一层的挑高非常高，二层的住户并不会受到底商噪音的影响。二层的挑高同样非常高，通风、采光也非常好，而且每一个单元的面积都设计得非常大，房间非常多，在内部空间和装修的奢侈程度上虽然不能和贵族宅邸并驾齐驱，但也不会显得寒酸，所以这样的套间往往都是租给像两位大夫这样功成名就的中产阶级的，这种套间在维也纳有一个体面的名字叫“贵族套间”，你可以把它理解为贵族也会住的套间。

普鲁斯特大夫和施尼茨勒大夫都拥有非常宽敞的房间，几乎占据了他们所属的那栋楼的一层，考虑到那个年代的公寓楼比我们现在的要大，也可以说他们占据了那栋楼的一翼。在这样的公寓里，他们可以为儿女们提供各自的房间。他们还有自己的办公室，比如当施尼茨勒教授偷看了自己儿子的日记本，发现了他的那些付费恋爱的小秘密之后，可以把他叫到自己的办公室，让他大声朗读一篇关于梅毒的论文。这种事如果发生在我们现在这种层高两米六到两米七，面积从 75m^2 到 230m^2 不等的公寓楼里，再考虑到我们的住宅那令人扼腕的隔音水平，很可能会要了施尼茨勒的命。

这种住宅，一层和二层的挑高非常高，底商和贵族套间不会互相打扰。再上一层虽然比二层要差一些，但依然很宽敞，提供给地位和经济能力比住贵族套间的人要低一些，但生活水平也不差的人（见彩图 22）。比如当大作家普鲁斯特被迫从父母的住宅搬出时，他的楼层就从奥斯曼大街的二层变成了阿姆兰大街的三层。如果还有四层的话，普鲁斯特租下阿姆兰大街房子的时候，他的女仆就问了这个问题——那么多半要么空着、要么租给城市贫民居住，比如底商的店员、公寓的看门人。而这样的人其实并不是很多，比如普鲁斯特这套房子的四层就是空着的，不但空着，忠诚的女仆塞莱斯特还干脆用家具和杂物把通往四层的楼梯口给堵住了，以保证她的普鲁斯特先生不受楼上噪音的影响。从这里我们也可以看出，三层的挑高和隔音水平已经远不能跟二层相比了。

这种四到六层的新式公寓楼完美地契合了新城市的各种需求：从底商到为上层阶级准备的贵族套间，到体面的中产阶级套间，还有属于中产阶级下层的小公寓和为他们的仆人、门房和听差准备的顶层阁楼。它首先发端于英国，因为英国的商业和市民社会在欧洲发展得最完备。伦敦是这方面的先驱，但伦敦在市政建设方面采取了自由放任政策，他们没有以官方手段来推广这种公寓楼，而是让其随着社会需求的增长自然发展。所以这种公寓楼的未来在推崇官方管制的欧洲大陆，第二帝国对巴黎的改造，使这种来自伦敦的新建筑成了欧洲大陆时髦住宅楼的典范。从巴黎到维也纳、从柏林到彼得堡，各色人等都住在这种住宅里，而且这种住宅区里的绿化和街头景观也都是相似的。

20 世纪初，一个人乘火车从彼得堡到巴黎，沿途看到的都是相似的、刚刚完工的新住宅和刚刚完成的林荫大道。《追忆逝水年华》中夏尔·斯万先生的原型夏尔·哈斯从自己的住宅窗口望出去，和 1905 年听到枪声的维特伯爵从自己的公寓窗口看出去，除了彼得堡的冰雪之外，其他并没有什么不同。

但这种住宅无法满足近代城市的需求。19 世纪五六十年代的欧洲城市改造吸引大量人口流入，新兴的中产阶级可不像施尼茨勒大夫或者普鲁斯特大夫那么有钱，于是新式住宅应运而生。这种住宅几乎不设贵族套间，虽然外表恢弘壮丽，但里边却是分割的小户型住宅。公寓楼大体上是提供给中产阶级的，买主要么是嫌这玩意儿太寒酸根本不会去住，要么是住不起，他们勒紧腰带买下一套或者两套公寓是为了挣房租。为了开发环区土地，维也纳市政府下令环区房产 30 年免征房产税，考虑到奥匈帝国只有 51 年的历史，土地开发房屋建设还占用了一段时间，所以这项政策发挥了相当大的吸引力，很多根本不可能住得起楼房的人都成了环区的房产主，他们大多靠房租维持生活，有的人还要当厨娘或者女仆来多挣一份钱，像前面提到的伟大的建筑师奥托·瓦格纳的母亲就是这样一个靠当房东兼厨娘维生的寡妇。

这些小户型的中产阶级的房子一般有多大呢？建筑史告诉我们，这种设有多个楼梯井、每层楼可以分割成 8 个单元、多个小户型单元共享临街窗户和天井的出租公寓楼的单个房间基本上都不大。如今的维也纳依然有很多这样的建筑在对外出租，如果你走进去看看，会发现即使与今天的一线城市住宅相比，面积也不算大，何况是在 19 世纪。为了给这种分割得如此之小的公寓提供照明和通风，19 世纪末的设计师绞尽了脑汁，而奥托·瓦格纳就是一个减少公摊面积的高手。他们没把这种房子划分为一室两厅，用设计独立餐厅的方法“回避房屋面积和窗户的比例”的最大原因，我觉得是那时候的维也纳市政府并没有做出这样的规定。还有一种小户型就是贝克街 221-B，这不是那种小户型公寓楼，而是那个时代的联排或者错层住宅，从“-B”这一点就可以看出来。福尔摩斯先生就租住在这样的房子里，而且他还觉得房租对《血字的研究》时代的他有点高，所以他叫上了在阿富汗受伤的华生大夫。其实，私人侦探也是中产阶级。

说到这里，我们大致可以确定，一个维多利亚时代的中产阶级中层单身汉大都住小户型；而一个有家庭的中产阶级，比如马勒他爸就住得大一些，但是你必须考虑到马勒家孩子很多，他不得不租一个面积大点的，即便如此，还是无法给每个孩子提供一个房间。那个时代的儿童房以能放下一张甚至两张双人床为目标，就体现了父母在房间数量上的捉襟见肘。另外，无论普鲁斯特、施尼茨勒、福尔摩斯或者马勒，他们都是租房子住，这也是世纪之交中产阶级在住这方面的一个重要特点。

房子是美好年代中产阶级的真正世界，即使房子是租来的也一样。当时房子的租约一般会持续很久，普鲁斯特因为父母的去世才第一次需要搬家。在租住的房子里，这些中产阶级用艺术品、纪念品、书籍和小摆设营造出自己的世界。房子就是他们的城堡，在这座城堡中，通风采光最好的那个房间不是用来住的，这样的房间往往被布置得如同博物馆，用来集中展示主人的艺术品位和审美趣味，因为对他们来说，职业、工作和财富是外在的和次要的，审美和艺术才是内在的、根本性的。

在伦敦和巴黎，中产阶级虽然热爱艺术和艺术品，却跟艺术家之间保持着相当的距离。但在柏林和维也纳，中产阶级接纳了艺术家，甚至自己成了艺术家。同样出身于银行家家庭，保罗·塞尚的父亲就坚决反对他画画，而霍夫曼施塔尔的父亲却默许了他去写诗。在巴黎，中产阶级出身的普鲁斯特之所以能成为作家，跟他的哮喘病决定了他干不了别的是分不开的。但生活在维也纳的一个身强力壮版的普鲁斯特，同样出生在医生家庭的施尼茨勒就堂而皇之地成了一个作家，这是维也纳及中欧的一个独特之处，我们把这个问题留到后边谈。

住在摆满艺术品的房子里，那么，有仆人来照料生活是再合理不过的了。这一点即使在《合约的经济后果》这本由经济学家写的政论性小册子里，也可以体现出来。在这本书中，凯恩斯谈到战前的伦敦上层市民习惯于躺在床上喝茶，这个习惯意味着，从早晨一睁眼到夜晚入睡之间，他/她一直都和仆人在一起。巴黎的夏尔·斯万或者夏尔·哈斯先生也不例外，甚至普鲁斯特也是一个典型。普鲁斯特对他“忠诚的塞莱斯特”[①]的依赖绝不仅仅

---

① 塞莱斯特·阿尔巴雷（Celeste Albaret，1891—1984），普鲁斯特忠实的女仆人，身兼秘书、信使、女管家、贴身仆人、护士和厨师，服侍普鲁斯特直到他去世。她说：“他这个人什么事也不会做。他笔杆掉到地上也不去捡。所有笔杆都掉到地上之后，他就摇铃叫我……每天都得彻底整理他的床铺并调换床单被单，因为他说身体潮湿把床单被单也弄潮了。梳洗时，他有时要用20至22条毛巾，因为只要一条毛巾湿了或弄湿了一点，他就不愿再用了。”

是一个生病的孩子对看护人的依赖，相反，当普鲁斯特能够站起来打扮齐整走出他的屋子的时候，塞莱斯特对他来说，就是一个美好年代的典型仆人。

说到普鲁斯特和塞莱斯特，我得承认，很难找到一个像普鲁斯特这样典型的上层中产阶级了，他在衣食住行方面，只要健康状况允许，一直都以一种典范般的方式享受他的生活。所以我们决定在后文专门谈一谈普鲁斯特，在这里只要说说他的特殊之处就可以了。

比如，普鲁斯特先生有汽车，他的小宝贝就是他的司机，这在美好年代显得很不一般，因为一辆汽车在这个时代也不是一个中产阶级能够随便拥有的。但中产阶级确实很喜欢汽车，在天气好的时候，一个弗洛伊德或者彼得·德鲁克的父亲那样的人，即使没有自己的汽车也会租一辆或者借一辆，带全家人到郊外去享受一段短暂的闲暇时光。对弗洛伊德一家来说，这样的“采蘑菇的日子”是非常神圣且充满仪式感的。当普鲁斯特先生兴高采烈地坐巴黎地铁的时候，他就显得更合群了，对这个时代的中产阶级来说，公共交通要比私家车要重要得多。火车不仅仅对想要离开欧洲或者想到大城市追梦的人来说是一件奇迹，对城市里的中产阶级也是一样。列车时刻表是一个真正划时代的创造，布拉格的弗兰茨·卡夫卡就对列车时刻表极为精通，在写给朋友的信里，他可以把旅行的全过程，从赶哪一班火车到另一站转另一班火车，在车站候车时吃早餐，都精确到分钟。

此外，普鲁斯特先生没有专职的厨师，当他想请人吃饭时，他就把人请到丽兹酒店[①]；当他不可避免地要跟人在家里吃饭的时候，就让仆人到丽兹酒店的后厨去取餐。这一点，小说里的夏尔·斯万先生跟他是一样的，他会在理发师整理发型的间歇在家里吃上几片面包，却不会在家吃正餐，从来

① 丽兹酒店（Hotel Ritz）于1898年创办，位于巴黎旺多姆广场北侧，是欧洲首批为每间客房提供浴室、电话和电力的酒店之一，以最完美的服务、最奢华的设施、最精美的饮食和最高档的价格而著称。普鲁斯特喜欢在这里与不同的人会面，积累写作素材。据说，他在弥留之际还曾派司机去这里买他最喜欢的冰啤酒。

都是在餐馆里吃。布达佩斯的“他”先生就有自己的厨师，而且他的妻子会指导厨师做菜，让经常在家吃饭或者招待朋友的丈夫吃得更愉快。美好年代的妻子很少或者说基本不会亲自做菜，她们主要是根据菜谱指导或者监督厨师做，这从那个时代的菜谱并不重视菜的具体配方和做法，却花费大量篇幅教导读者如何找到一个忠诚可靠的厨师这一点上也可以加以证明。至于为什么称这位先生为“他”，主要在于马洛伊·山多尔并没有在《伪装成独白的爱情》里给那位体面绅士一个名字，总是让他自己用“我”，而其他人用“他”来称呼。在“我”和“他”这两种称呼里，看起来还是“他”显得比较客观。

你听！汽锤的声音！

贵族和中产阶级之后，我们来谈谈城市中的最后一个阶层——“无产阶级”。对我们这些 21 世纪的人来说，美好年代劳动者的生活肯定是相当可怕的。在德意志帝国，工人每天工作的时间是朝七晚七，而维也纳最初的劳动法规定的劳动时间也是一样的长。但对当时的人来说，如此之长的劳动时间一般也意味着工厂管饭，而且是管三顿饭！在很多企业里，每天下午四点还提供一顿加肉面包。三顿饭和一顿加餐的伙食实际上已经比他们当农民的处境好了很多。而且在这些企业提供的福利之外，新兴的工会还组织工人夜校，教授一些可以帮助你得到更好的工作岗位和更高收入的知识和技能。而且我们必须注意到，尽管发生了如此剧烈的城市化和工业化，但由于流水线技术还没有出现并引入欧洲，当时企业对工人的技术培训是比较全面的，再加上国家的贸易保护政策，所以很多工人通过学习知识和技术，自身处境都得到了比较明显的改善。

除此之外，选举权的扩大也让工会和工人党的地位得以提升。德意志帝国最早颁布了劳动保险法，虽然社会主义者一再抨击社会保险制度是庞氏骗局，但社民党人很快发现它是一项对劳动者有利的制度，于是立刻决定鼓励和指导劳动者把这项制度所能带来的利益最大化，在这一方面，未来的总统弗里德里希·艾伯特①就是一个为工人提供社保咨询的著名人物。当德意志帝国的社会保险制度证明了自己的廉价高效之后，它就成了其他国家模仿的榜样。奥匈帝国效法德国建立了自己的社会保险组织，而英国虽然拖到20世纪初，也最终通过了自己的社会保险法。

劳动时间缩短的同时是收入的增加，虽然这时劳动者的生活处境非常困苦，但如果他们自我纵向比较一下，会发现工资收入一直都在上升，虽然非常缓慢。工人处境改善的证据是，酒吧和酒吧老板开始在工人运动里扮演越来越重要的角色。到20世纪初，汉堡的警察已经不得不花费大量的时间去监视当地的酒吧和小酒馆，因为那里几乎到处是愤愤不平的码头工人。这一事实固然可以用来证明工人处境的恶劣和不满情绪的激增，但从另一个角度看，这些不满的工人不是聚集在大街上或者别的地方，而是聚集在一个需要花钱消费的酒吧里，而且酒吧老板即使冒着被警察监视的风险，依然默许他们在自己的店里聚集，这说明要么老板自己就是社会主义者，要么就是这些人是经常消费的常客，老板宁可冒风险也不愿意把他们赶走。多数情况下，两个因素都有，例子还是前边提到的那位未来的总统弗里德里希·艾伯特，这位老兄1892年还在报上打广告说自己承接坐垫，还能以优惠价格加工书包背囊和箱子，却在一年时间里都无人问津。1894年，他接手了一家小酒馆，并把自己的工人朋友们都聚集到这个小酒馆里来，然后就过上了中产阶

---

① 弗里德里希·艾伯特（Friedrich Ebert，1871—1925），温和的社会民主党人，魏玛共和国第一任总统。出身于手工业者家庭，1889年加入社会民主党，1912年当选为国会议员，1918年11月接替马克西米利安·冯·巴登为宰相，收拾残局，1919年当选为共和国首任总统。他在1918—1919年德国革命期间力求恢复和平与秩序，与保守派和民族主义政治力量结盟，遏制左翼革命。

级生活，甚至还能租得起围场，偶尔“以打猎的方式向上层阶级示威”。

工人聚集到酒吧这个事实，也从另一个侧面证明了工人运动的发展，相比过去的聚集热点车间、仓库或者宿舍这类纯粹的工人阶级环境，酒吧的顾客往往三教九流、无所不包，一个倾向于左翼的中产阶级，比如前文提到的维克托·阿德勒大夫这样的人，也很愿意到这种地方坐一坐。工人聚集到酒吧说明他们和其他阶级的联系变得更加紧密了，联系就意味着政治影响力。

这一时期的工人阶级主要有三个组成部分。传统的技术工匠，即传统的欧洲城市行会师傅们的后代，往往有一技之长，有的在城市里还有自己的房子和一定的门路。对他们而言，新兴的机器工业的工人往往是竞争者，他们大都从事奢侈品制造，所以对上层阶级比对新进城的无产阶级反而要亲近一些。他们成了这一时期工人中间的右翼，比如，老是被拎出来当例子的总统艾伯特就是一个皮具匠人，而他的总理菲利普·谢德曼[①]的父亲是一个黑森–卡塞尔选侯邦的王室家具匠人，他们的出身与他们在社民党里右翼的立场是一致的。

另一类就是流水线被引入以前的工业时期的工人，他们往往在劳动中掌握了一定的技术，而且跟社民党的联系比较紧密，在职工夜校、技术培训中改善了自身的处境。1914 年交战各国的社民党，尤其是德、奥的社民党都投票支持战争拨款。其中固然有社民党人缺乏斗争积极性、软弱易于妥协的原因；另一个重要因素是，很多工人觉得战争一旦失败就意味着自己在战前

① 谢德曼（Philipp Heinrich Scheidemann，1865—1939），德国社会民主党领袖之一，魏玛共和国第一任总理。生于一个家具匠家庭，曾当过印刷工人、新闻记者、报纸编辑。1903 年当选为国会议员。1918 年 11 月革命爆发时，艾伯特仍想保存君主制度，谢德曼则认为再保存君主制度已不可能，宣布成立共和国则可以阻止革命的进一步发展。11 月 9 日，宰相马克西米利安·冯·巴登在单方面宣布皇帝和皇储退位后辞职，任命艾伯特为接任者。中午，谢德曼听说斯巴达派（共产党）领导人李卜克内西要宣布成立苏维埃政权，他立刻走到国会大厦的阳台上，宣布君主制已经结束，德国成立共和国。而艾伯特事后对他怒吼说他没有权力这样做。1919 年，当选为总统的艾伯特任命谢德曼为总理。

通过斗争所获得的相对好一些的处境要被摧毁。比如，很多法国工人认为，一旦德国胜利了，就是他们良好处境的末日；而在很多德、奥工人看来，如果俄国胜利了，他们的生活也要崩溃。所以尽管他们在社会上总体处境不佳，但对社民党是忠诚的，而且对社民党的保守政策也是认同的。

而跟这两类比较保守的无产阶级相比，在 1914 年以前跟他们旗鼓相当的第三类是流水线工人，他们的劳动时间更长，技术更单一，受经济萧条的影响更大，也没有门路和背景。减税斗争、降低关税、技术培训和职工夜校都不能给他们带来实际的好处。所以，他们对社民党人在战前所采取的政策实际上是不以为然的，相对这些“改良政策”，他们更关心的其实是社民党人始终停留在纸面上的“革命”。他们的这种倾向在战前岁月里已经一再让社民党陷入分裂的危机，却没有真正撕裂社民党，可能俄国社会民主工党是唯一的例外。他们真正成为政治舞台上举足轻重的力量要等到世界大战爆发，快速膨胀的军火工业培养了大批在兵工厂工作的产业工人，一旦战争结束就可能失业，他们对技术培训、职工夜校完全不感兴趣，而那些忠于社民党的工人当中，很多人要么在战场上死了，要么在战壕里等死。所以，当战争以失败的形式在中欧和东欧落下帷幕的时候，布尔什维克的时代到来了。不过，那个红旗飘扬的世界已经不在本书的讨论范围之内了。

二十二 华丽的退场——世纪末的贵族幻梦

在生存压力空前的年代，贵族作为一种从生存压力中解放出来的代表、一个具象化的梦而存在，并且引来资产阶级子弟的效仿和艺术家的赞叹。在布达佩斯人口普查发现有50人的住址是在公园的树上的年代，在伦敦有三分之一的人口陷于贫困的年代——这真的只是一个梦，虽然虚无，却很美。

波德莱尔（1821—1867）

如前所述，贵族到美好年代已经逐渐退出了历史舞台，但在文化和趣味上依然保持着自己的地位和影响，只要贵族还有钱，他们总是令人崇敬的。如果一个人有钱还令人崇敬，他就会显得“非常贵族”。在美好年代，中产阶级比过去的盟友城市下层民众更喜欢贵族，这一方面说明他们确实更有钱了，另一方面也说明贵族身上有某种吸引人的东西。

在这里我们不得不提一提波德莱尔，泰奥菲尔·戈蒂耶还是谁，说他第一次在波德莱尔那个暗绿色房间见到波德莱尔的时候，觉得他像一个遥远异邦的王子，住在人工营造的天堂里。其实，波德莱尔的老爸只是奥尔良公爵的秘书，晚年娶了一个年轻姑娘，生了一个看上去像他孙子的儿子，死后只留给波德莱尔一小片土地和几万法郎的现金或证券，这点钱显然是不够他花的，所以波德莱尔很快就破产了。这也可以告诉我们一点：贵族气质这个东西里，天生的部分并不重要，钱也并不重要，很多贵族可能比你还穷。

贵族气质是什么？对于这个问题，最有启发的一句话在《红与黑》里，小说里的那个俄国王子克拉索夫亲王在斯特拉斯堡教导小帅哥于连·索雷尔时说：切忌表现出痛苦，你应该表现得厌倦，因为痛苦意味着你讨好别人失败了，而厌倦则意味着别人讨好你失败了。这是最能解释贵族气质的一句话。贵族气质说到底就是对精致的享受，被照料、被讨好的状态以及对导致这种状态的地位、财富的习以为常，甚至表现出厌倦。

在贵族阶级的时代，投资渠道是非常狭窄的。某位股神在他的书里说，如果卡蒂利亚的伊莎贝拉女王不是把她的钱投资给哥伦布而是投给 IBM，那么从 1492 年到现在她就能收获一笔天文数字的钱。这句话说得非常有道理，但是我想伊莎贝拉女王一定会回答：“我那个年代真的没有 IBM 的股票可买。”在贵族精神和骑士精神形成的时代，社会财富的绝大部分是农民创造的，而分配依据就是土地，你可以选择的投资渠道非常少，造个磨坊、酿酒作坊，就所剩无几了。造桥曾经是个好买卖，但利润高风险也高，狮子亨利就是摧毁了主教的桥，然后在附近修了自己的，从此兴起了慕尼黑城。还有一个好买卖是造教堂和修道院，但这个买卖从主教授职权之争以后就很麻烦了。要是赶上宗教改革，就只能呵呵了。

所以，骑士精神也好，贵族的慷慨风气也好，都必须建立在一个基础之上，那就是他拿着钱却没有什么地方可用。如果那时候有 5% 收益的保本理财，就不会有贵族气质了。为什么这种气质会在非贵族阶级的人中间出现？其实也不奇怪，因为人生模仿艺术远过艺术模仿人生。贵族气质和骑士豪侠之风一样，很大程度上是文学创作的产物，由于这些文学创作流行于世，贵族阶级受其影响并加以模仿，所以，从某种意义上说，中世纪以来尤其是近代大君主国的兴起，贵族阶级逐渐退出政治舞台，它在很大程度上文学化、艺术化了。

贵族阶级本身的艺术化和艺术家因同样不见容于资产阶级社会而产生的愤世嫉俗的心态导致了艺术家的贵族化。1830 年以来，原本和贵族有点隔阂的艺术家发现，他们在资产阶级的社会里同样过得很不愉快，于是，不满的艺术家和不满的贵族产生了某种亲近感。在现实生活里，被艺术塑造过的贵族表现出某种世俗生活里本不该有的艺术色彩。这就是为什么普鲁斯特如此着迷于巴黎社交界的那些贵族。《斯万的爱情》里那句“您可真有贵族气质，差一个头衔就完美了”的台词，用在普鲁斯特头上也是合适的。

波德莱尔也是如此。在批评资本主义时，无产阶级的立场在 19 世纪并不太吸引人，贵族阶级的视角却是令人神往的。如果再加上刚刚传到欧洲大陆的英国式生活方式：近代化的礼服、马车，打猎、喝下午茶等风尚，这些东西加起来就形成了社会中的贵族阶级的回潮。这也就解释了为什么一个将军的养子、一个资产阶级的儿子的波德莱尔却表现得像一个“大贵族”。这里的“贵族”实际上意味着一种艺术的、不以世俗的好处为目的的生活方式，那是一种浪漫的幻想、一种优雅的但历史上不曾存在的价值观。

孟德斯鸠伯爵（见彩图 23）既有钱又有趣味，长得帅还爱打扮；一个有钱懒散、有爵位、还不胖的王尔德如果生活在巴黎就是孟德斯鸠伯爵。

孟德斯鸠伯爵的家被布置成梦幻房间，他的宠物龟很可能启发了于斯曼小说中的主人公，后者在小说里也养了一只海龟，可惜死掉了。孟德斯鸠伯爵唯一的缺点是傲慢和极度需要被赞美，这让他和贵族爱好者普鲁斯特保持了长久的友谊。对于孟德斯鸠伯爵，有人感叹道："幸好有大革命，否则他肯定会赶着我们去敲打池塘，好让青蛙闭嘴。"

最后再补充一点。贵族精神作为一种被艺术加工过的文化，将其单纯地理解为物质生活丰富导致的厌倦和冷漠是不够的。贵族精神在某种程度上是作为人类理想的一种反应存在的，即从生存竞争和谋生的压力里解脱出来。巴尔扎克有一本篇幅不太长的书叫《风雅生活论》，他在书里把理想化的巴黎上流社会的生活叫作"风雅生活"而不是"奢侈生活"。艺术化的贵族阶级和理想的贵族精神不但不推崇奢侈生活，相反，它拒绝和抵制奢侈生活。一个东西被选择是因为它"美"，而不是因为它"贵"。

爱德华七世在当快乐的风流胖王子的美好年代里，自称从来不穿新衣服，做好的衣服必须用专门的刷子刷，甚至还有人说是用毛玻璃刮到看不出是新衣服的时候，他才肯穿。一个体重 200 多磅的大胖子老王子，打扮得花枝招展却毫不突兀。这就代表着近代化的贵族生活的理想：一种优雅的、不以获取财富为目标的、懒散的生活方式。远离谋生的压力，不是为了获取金钱而花费自己的精力和才智，执着地追求艺术和美。这种理想，本质上是非现实的，但正因为贵族养尊处优，天生继承了大笔财富，他们欣然接受了这样一个非现实的定位。在生存压力空前的年代，贵族作为一种从生存压力下解放出来的代表、一个具象化的梦而存在，并引来资产阶级子弟的效仿和艺术家的赞叹。在布达佩斯人口普查发现有 50 人的住址是在公园的树上的年代，在伦敦有三分之一的人口陷于贫困的年代——这真的只是一个梦，虽然虚无，却很美。

二十三　弗洛伊德：一代人的怕与爱

一方面强调婚姻的神圣，谴责婚外恋；一方面又继续捍卫财产第一的婚姻方式，造成了世纪交替时期的“道德”变得前所未有的机械和刻板，甚至变成了比法律还严厉的“律法”。任何挑衅“道德”的行为都可能招致社会的谴责和报复，而掌握权力的男性对“道德”却阳奉阴违，这种“伪善之罪”成了此时中欧城市上层阶级生活的一大特色。

弗洛伊德（1856—1939）

美好年代的社会从来都不太平，它充满混乱、动荡不安。即使那些看起来坚如磐石的社会中上层民众，他们的精神也时刻被烦躁、焦虑和各种暧昧的痛苦所折磨。有什么好办法可以帮助我们走进这个时代中产阶级内心的深处吗？我们可以从这个时代一本奇妙的书开始，它就是《梦的解析》。时至今日，《梦的解析》依然被看作一本心理学著作，它受到的赞扬和批评都是学术性的。如果换一个角度去看这本书，你会发现，我们再也找不到一个比维也纳山巷街 19 号的弗洛伊德教授这样更典型的中产阶级精英了。100 多年前，他用一种十足的科学精神对自己的每一个梦条分缕析，从而为我们打开了一扇通向美好年代中产阶级心灵深处的窗户。

透过这扇窗户，我们会发现美好年代中产阶级的躁动、焦虑和各种暧昧，其实跟我们今天所感受到的是差不多的。如果你想知道当年他们脑袋里在想些什么，山巷街的弗洛伊德教授可以很明确地告诉你：所有人脑袋里想的东西说到底都是性！

布尔乔亚道德与伪善之罪

20 世纪初期的欧洲其实是 19 世纪欧洲的一个漫长尾声和余响。19 世纪的后 30 年和 20 世纪最初的十几年，整个欧洲都在剧烈而急促的工业化，经济从 1873 年的危机以后就在保护政策扶持下不断高歌猛进，科学技术和工业化把老欧洲在生活方式上推进 20 世纪。在这个新式公寓取代旧式宅邸、电灯取代煤气灯，宫殿里新式取暖设备、盥洗室取代传统暖炉和马桶的年代，老欧洲的君主政体、教会体系、君王和贵族、王子和公主又如同白昼梦幻一般贯穿了这个日新月异的时代。在生活的便捷性上，这个时代指向未来，而在社会制度上，它又是过去的延续。

在社会伦理方面也是如此。比如“性”的问题，所谈论的“女性”不能从性别意义上的女性来理解。世纪初性焦虑里的女性是从社会地位上定义的——专指社会中上层阶级的女士。那时的欧洲社会，下层阶级女性在绝大部分问题上直接被忽略不计，只有体面的中产阶级和上流社会的女士才算是女性。这一点巴尔扎克在《婚姻生理学》的开篇《婚姻统计学》里已经说得非常清楚了：按1815—1848年法国社会的标准，全法国能够算得上“女士”的女性总计不过几千人。巴尔扎克还指出，上流社会的风流绅士有将近一万人，这将近一万个青年才俊每个都自称有过不止一个情人。于是，复辟时期和奥尔良王朝时期，已婚男子的环保使用程度和上流社会婚姻的真相，就被巴尔扎克用简单的统计学方法指明了。

前文提到，1815—1848年，城市上层阶级中的贵族正在没落。而没落的程度各不相同，其中哈布斯堡君主国贵族的没落最为严重，1859年的意大利战争让皇帝把军队交给考试选拔出的平民军官，1866年普奥战争战败后实行征兵制，剥夺了贵族免试担任军官和优先晋升的特权。选举权的扩大让贵族政治家逐渐被平民鼓动家取代。

贵族在政治和经济上衰落的结果是20世纪初贵族阶级在城市生活中出现了不同程度的边缘化，直接导致了社会伦理的布尔乔亚化，这是中欧君主国的一个奇妙之处。

在奥匈帝国的维也纳，贵族在城市生活中的边缘化，导致中产阶级掌握了城市生活和社会伦理的话语权。而德意志帝国的容克贵族们最初是不愿意居住在首都的，后来则是因为经济窘迫而无力居住在首都，因此德意志帝国的城市生活从一开始就带有非常鲜明的中产阶级色彩。反观同样表现得道貌岸然的英国，却和中欧君主国完全不同，贵族在维多利亚时代晚期还把持着英国社会。维多利亚时代严肃刻板的道德氛围，实际上更多的来自君主个人的道德态度。尤其是“王夫”阿尔伯特自己的道德感，给整个英国宫廷和上流社会带来一段罕见的道德方正的时代。

20世纪初的这种布尔乔亚伦理观，一如它所属的时代，实际是介于贵族的“婚姻是一种财产关系”和20世纪下半叶形成的“婚姻应该以感情为基础”之间的中间状态。这个时代的人们越来越反对婚外恋，但他们又坚持把财产作为婚姻的前提。这个时代依然把婚姻看作一桩生意，尤其对需要出嫁妆的女性来说就更是如此。为了规避风险，人们不愿意把女儿嫁给还在做生意的男性，因为这样的人很容易连累女性一起破产。所以，很多新城市中产阶级要等到退休以后，纯靠财产生活时才可以娶跟自己身份对等的妻子。比如，英国首相内维尔·张伯伦的祖父就是40多岁退休时才娶妻，生了未来的“维多利亚时代的罗伯斯庇尔”①。

一方面强调婚姻的神圣，谴责婚外恋；一方面又继续捍卫财产第一的婚姻方式，造成了世纪交替时期的“道德”变得前所未有的机械和刻板，甚至变成了比法律还严厉的“律法”。任何挑衅“道德”的行为都可能招致社会的谴责和报复，而掌握权力的男性对“道德”却阳奉阴违，这种“伪善之罪”成了此时中欧城市上层阶级生活的一大特色。在维也纳人的生活中拥有举足轻重地位的最大报纸《新自由报》，就成了伪善之罪的典型。这份捍卫“道德”的严肃报纸的前几版通常都是连篇累牍的道德说教，尤其以对“同性恋”的抨击文章为多，但正文版面之后的收费广告栏里通常连着几版都是“男按摩师”广告，这些“男按摩师”到底是提供什么服务的，报纸编辑和读者都心知肚明。

这种伪善之罪遭到了来自四面八方的抨击，最猛烈的批评者无疑是卡尔·克劳斯，如果说这位愤怒的批评家对维也纳人的抨击可以概括为：“你们脑袋里除了性，还有没有点别的？”那么，弗洛伊德以一种科学家的姿态，用一种不容置疑的方式回答了卡尔·克劳斯，他用科学式的语言晦涩地

① 约瑟夫·张伯伦（Joseph Chamberlain，1836—1914），英国政治家，后来的内维尔·张伯伦首相的父亲。曾任伯明翰市长、对外贸易大臣、殖民大臣。作为一个平民政治家，他主张政府介入民生，提供公共福利，鼓吹普选权、财政改革、土地改革。他受到底层民众的欢迎，以至于反对者把他看作罗伯斯庇尔再世。

宣布："所有人脑袋里想的东西说到底都是性！"这彻底颠覆了维也纳人的道德体系。但维也纳人除了去找弗洛伊德看病之外，在大部分场合都假装不了解弗洛伊德的观点，这种沉默给这位"精神分析学的上帝"造成了深刻的伤害。弗洛伊德抱怨说唯一承认他学术地位的官方机构是维也纳税务局，他们写信给弗洛伊德说："为什么您已经举世知名了，申报的个人收入却这么少？"

穆齐尔曾说："有两样东西没法反驳，因为它们太大、太肥，而且没头没尾，那就是卡尔·克劳斯和精神分析学。"穆齐尔这句话显然忽略了一个真正巨大到无法回避的东西——建筑师阿道夫·卢斯在霍夫堡宫正对面修建的"高盛集团大厦"（或称卢斯馆），就是前文中那个让弗兰茨·约瑟夫皇帝下令必须挂窗帘遮住的建筑。卢斯是卡尔·克劳斯的好朋友，他身体力行反对伪善之罪的方法是指出建筑的"装饰之罪"——建筑功能性之外的装饰就是建筑领域上的"伪善之罪"，于是，他在皇宫对面建造了毫无外立面装饰的卢斯馆，引起了维也纳上到皇帝下到市民的普遍愤怒。

面对伪善之罪的战斗在世纪初的维也纳是一场全面斗争，评价家要摧毁伪善，建筑师要摧毁装饰，而心理学家宣布人其实是欲望的奴隶而不是理性的工具。这三个人都引起了轩然大波，但还有一个人表现得比他们狡猾得多，这个人也跟他们很熟悉，就是音乐家勋伯格[①]。在世纪初的维也纳，他要摧毁音乐的"调性"。1913 年年初，维也纳人怀揣着给音乐会捣乱用的钥匙[②]，坐等勋伯格来朝他们脸上泼音符，结果勋伯格给了他们一首完美的浪漫主义音乐，维也纳人兜里的钥匙一直都没掏出来，最后他们只能给作曲家献

---

① 阿诺德·勋伯格（Arnold Schönberg，1874—1951），奥地利音乐家。勋伯格起初受 19 世纪末德奥浪漫派作曲家的影响，创作风格被归为惯用半音化处理的晚期浪漫主义。1908 年结识画家康定斯基，并和他共同举办了享誉一时的蓝骑士画展。两位艺术家在创作理念上交相刺激影响，从而开启了勋伯格音乐创作上著名的表现主义时期，在此期间，勋伯格的音乐创作，逐渐由浪漫晚期的复杂调性转为无调音乐。

② 维也纳人在音乐会上敲钥匙表示喝倒彩。

上疯狂的掌声。维也纳人觉得勋伯格跟他们和解了，于是，勋伯格在维也纳人对他毫无防备的 4 月亲自指挥他的学生阿尔班·贝尔格的无调性音乐。愤怒的评论家兜里没带钥匙，所以他扑上去给了勋伯格一耳光，这就是著名的“耳光音乐会”。

世纪初的性焦虑

伪善之罪的盛行和对它的猛烈抨击，虽是世纪初欧洲文化生活的重要组成部分，但说到底它只是弥漫在整个中欧城市中上层阶级的“性”焦虑的一种表现。这些争论的深层原因还是所有这些争论的参与者对性问题的不安。这种不安没有因为伪善之罪而在男性中间得以缓解，因为普鲁士刑法典第 143 条和德意志帝国刑法典第 175 条都规定，同性恋在世纪交替时并不属于道德犯罪，而是刑事犯罪。

1902 年，当同性恋丑闻的传闻开始指向阿尔弗雷德·克虏伯[①]的时候，他在当年 11 月就因为“中风”死在了埃森。虽然克虏伯家族始终坚称他的死因是中风，但符腾堡王国的首相索登男爵却在 1907 年的信中直接说他死于自杀。索登之所以写这封信是由于当时同性恋丑闻正在德意志帝国的最高层爆发，这一次的同性恋指控直接指向“皇帝的挚友”菲利普·奥伊伦堡亲王[②]。

---

① 弗里德里希·阿尔弗雷德·克虏伯（Friedrich Alfred Krupp，1854—1902），著名军火商，克虏伯公司的第二代总裁。1902 年 11 月他被揭发在地中海卡普里岛享受数十个男孩的陪伴。11 月 22 日，克虏伯去世。

② 菲利普·奥伊伦堡（Philipp Friedrich Alexander, Prince of Eulenburg and Hertefeld, Count von Sandels，1847—1921），德国贵族，威廉二世密友，对 1886—1897 年的德国政治产生了很大的影响，同时也是一个有造诣的诗人、音乐家和作曲家。他的同性恋身份被揭露后引起轩然大波。

奥伊伦堡亲王是威廉二世最好的朋友，以他为首构成了皇帝私人朋友组成的“莱本堡小集团”。当这个小集团的成员毛奇伯爵[①]1899 年和妻子离婚时，他们离婚的理由据称是毛奇伯爵和奥伊伦堡亲王有不正当关系。他的前妻把这个理由泄露给了媒体，于是，1906 年新闻记者马克西米利安·哈登[②]发表了一篇指控某德国高级外交官是同性恋，而且和法国外交官一起旅行的文章。虽然奥伊伦堡 1906 年被迫宣布退出政界，但针对他的指控还是不断升级。而索登男爵在信里真正表示抱怨的其实是被“莱本堡小集团”的人们称为“小宝贝”的威廉二世皇帝，不但不敢站出来为他的朋友开脱，反而是勃然大怒，直接和“莱本堡小集团”彻底断绝了关系。

奥伊伦堡丑闻在 1908 年以对奥伊伦堡的逮捕和审问为最高潮。到这年 4 月，奥伊伦堡的好朋友已经觉得“劝说奥伊伦堡自杀”可能是作为朋友最后应尽的义务，但是案件却也渐渐走向不了了之。奥伊伦堡虚弱的身体让他得以避免被判刑，而毛奇伯爵则花了 4 万马克获得了庭外和解。奥伊伦堡丑闻在 1908 年几乎发展到威胁威廉二世皇位的地步，但也随着审判案的终结而渐渐风平浪静。毛奇伯爵和奥伊伦堡亲王虽然都没有机会再见到他们的“小宝贝”威廉，但是一个活到 1923 年、一个活到 1921 年。跟德皇的这两位亲密朋友的好运气相比，1904 年的柏林，一个奥地利留学生的死就显得无足轻重多了，他在一家咖啡馆点了一杯牛奶和一首歌，在音乐高潮时用这杯牛奶服氰化物自杀。今天，后者的死比名噪一时的奥伊伦堡丑闻要著名得多，自杀者有一个非常著名的弟弟——哲学家路德维希·维特根斯坦。

鲁道夫·维特根斯坦选择自杀的原因也是对同性恋丑闻的恐惧，他是维

---

① 毛奇（Kuno Augustus Friedrich Karl Detlev Graf von Moltke，1847—1923），曾为威廉二世侍从，中将，同性恋丑闻后离开军队。

② 马克西米利安·哈登（Maximilian Harden，1861—1927），德国记者和编辑，出身犹太商人家庭。早期在自由派报纸上发文，一战期间鼓吹帝国扩张，战后成为和平主义者，晚年退居瑞士。

也纳的“钢铁大王”卡尔·维特根斯坦的儿子，一个典型的维也纳中产阶级，他的自杀没有引起社会的普遍关注，可见同性恋对中产阶级男性的威胁之深刻。而这种威胁本身就成了世纪之交中产阶级男性对同性恋的焦虑和恐惧的根源。

在这种恐惧和焦虑的推动下，这一时期的维也纳德语文学产生了对性问题偏执般的关注。这种关注不仅体现在文学中，也体现在作家的日记里。维也纳的著名作家中最喜欢在日记里记录性行为的人就是施尼茨勒，所以才会出现前文提到的施尼茨勒大夫偷看儿子日记之后让他念梅毒论文的那一幕。这件事之后，施尼茨勒对父亲失去了信任，却没有改变记日记的习惯，以至于他的研究者几乎可以统计他在某一时段里和某个情人到底有多少次关系。而这种习惯并不是施尼茨勒所独有，前边提到的罗伯特·穆齐尔也是如此，只不过行事风格要低调很多，他在日记里用某些字母或暗语来记录这类活动。

所有这些日记，以及相关的行动、其他人的评价（比如穆齐尔在战争期间被长官认为是“色情狂”），事实上都是他们对同性恋恐惧的一种反应，在面临同性恋指控时的自辩证据。“色情狂”属于道德缺陷，而同性恋是刑事犯罪，就是这种行为的最好解释。

歇斯底里症

相比于利用自己的优势地位不断寻欢作乐，内心深处却被对同性恋的恐惧所折磨的男性，女性的处境其实要差得多。布尔乔亚伦理真正约束住的实际上只有中产阶级中上层的女性。畸形的婚姻观导致老夫少妻的情况非常普遍，而女性结婚之后就被看作生儿育女的工具。这项工作一旦完成就成了家里的摆设。妻子在一个严厉的世纪之交家庭里并没有太多的发言权，而且教育让她们几乎形成了完全顺从男权社会的观念。

比如前边提到的哲学家维特根斯坦的母亲，在家庭里就受到“钢铁大王”丈夫的压制，即使丈夫死了也完全没有独立选择和对抗社会权威的想法。1914 年一开战，她的一个儿子钢琴家保罗就受伤丢了一条胳膊，还在俄国战俘营里饱受虐待，九死一生。她在悲伤之余，还是把其他儿子送上了战场。小儿子哲学家维特根斯坦在布鲁西洛夫攻势里被俄国人拿枪追打，但大儿子一回到维也纳就被她送进军队。1917 年夏天，当从美国回来的康拉德也要离家到军队报到的时候，维特根斯坦老太太为他弹了 4 小时的舒伯特作为告别。琴声中既有一个母亲的悲哀，也有一个女人的无奈。

虽然我们不能否认有阿尔玛・辛德勒[①]这样的女性人生赢家的存在，但更多的女性在客观上处于被遗弃的状态。由于长期的性压抑而变得神经质、情绪化、精神抑郁、易怒甚至出现生理疾病时，20 世纪初的男性并不愿意从最显而易见的角度去理解她们的症状。相反，人们从各自的角度去解释她们的异常，然后统称为“歇斯底里症”。当时的医学对歇斯底里症做出了各种解释，但都出于伪善之罪而不愿意把明摆着的理由拿出来说，人们只是拿出来做！但是，你们不要想歪了，并不是说让医生来代替丈夫，医生只是采用“按摩疗法”来治疗歇斯底里症。当时这是一种公开的治疗手段，一般都是私下进行。人们用一切可以找到的借口来掩盖歇斯底里症的真相。

当女性的不正常状态愈演愈烈时，整个中欧社会都对这个问题发表了自己的意见，期间最有趣的是三个人。

---

① 阿尔玛・辛德勒又称阿尔玛・玛利亚・马勒・格罗皮厄斯・魏菲尔（Alma Maria Mahler Gropius Werfel，1879—1964），风景画家埃米尔・雅各布・辛德勒的女儿，1902 年嫁给作曲家古斯塔夫・马勒，1910 年成为建筑师瓦尔特・格罗皮厄斯的情人，1914 年又成为画家奥斯卡・柯克西卡的情人，1915 年与瓦尔特・格罗皮乌斯结婚，在此期间又与诗人弗兰茨・魏菲尔有染，1929 年与诗人弗兰茨・魏菲尔结婚。

首先是1903年自杀的“天才”奥托·魏宁格[①]。魏宁格认为并不存在绝对的男性和女性，只有男性性格和女性性格。他把被性欲支配的、情绪化的、非理性的性格视为女性性格；把理性的、创造性的性格视为男性性格。男人可以有女性性格，女人也可以有男性性格。他的观点在1902年的著作《性与性格》出版后引起了轰动，但他最引起轰动的是1903年在贝多芬逝世的房间里自杀。他自杀后，很多维也纳人都跃跃欲试想去那里自杀，甚至有人真的取得了成功。

相比于只有23岁的魏宁格，弗洛伊德是一个正常的维也纳中产阶级，恋爱、结婚、生子，过着标准的中产阶级生活。弗洛伊德在这个问题上比魏宁格要成熟客观得多。他认为并不是只有女性或者纯然女性性格的女性才是被性欲支配的，其实所有人无论男女都是被性欲支配的，从性欲得到满足或者得不到满足当中形成了情绪，而情绪支配了人的行为。这种把整个人类社会的活动都归结于情绪、非理性和无意识，甚至直接归结于性欲的观点，比魏宁格更有颠覆性。在魏宁格看来，至少存在着一种理性的“男性性格”，而弗洛伊德则宣布根本没有什么理性的男性性格，所有人都被欲望支配。这完全颠覆了社会道德观的基础，所以维也纳人选择装作没看见。

在这个问题上见解最高明的，其实是画家克利姆特。克利姆特的一生可以分为三个阶段：环城大道时期、分离派时期和金灿灿时期。在第一阶段，克利姆特是一个典型的布尔乔亚，从主题到风格都是“环城大道风格”。而在第三阶段，克利姆特被他发表的一系列充满哲学和思想色彩的作品所引起的轩然大波吓坏了，立刻退回到作为手艺人的角色里，转而以一副技巧高超的艺术家形象示人。但他跟魏宁格、弗洛伊德都不同，魏宁格从哲学角度、弗洛伊德从心理学角度所不断思考和讨论的性，对克利姆特来说就是日常生

① 奥托·魏宁格（Otto Weininger，1880—1903），出生于维也纳的犹太人，23岁时出版了《性与性格》，这本书日后给他带来了世界性的声誉。不久后举枪自杀。

活的一部分，虽然他一辈子没结婚，但前面我们就说过，他死后，维也纳法院替他认定的私生子就有十几个。

在克利姆特还喜欢在绘画里表达自己思想的年代，他的作品表现了性关系中男性的苍白无力和女性无限的不可满足的欲望的矛盾，以及这种矛盾所带给男性的恐惧和焦虑感。从这个意义上说，克利姆特很像魏宁格。但克利姆特指出这种恐惧和焦虑感，以及男性对女性生殖能力的崇拜和嫉妒，构成了男性对理性的推崇和对创造执着追求的基础，这一点上，他又很像弗洛伊德。只可惜克利姆特是在包括维也纳大学天顶画（见彩图 24）在内的一系列公共绘画上表达自己的观点，但也正因为如此让克利姆特成了弗洛伊德事业上的救星和贵人。

维也纳双子星

弗洛伊德在今天被看作精神分析学说的创造者，赞美他的人把他说成一个横空出世的伟人，而批评者则说他是一个打扮成科学家的思想家，认为他的学说事实上没有科学依据，其价值主要是思想上的。如果我们纵观弗洛伊德生活的时代中关于伪善之罪的争论和无论男女都普遍存在的焦虑和不安，我们就能发现弗洛伊德的观点和他所属的时代之间的深刻关系。事实上，弗洛伊德是被迫面对所有这些焦虑、恐惧、不安和歇斯底里的中欧中产阶级的一分子。他在自己的领域中探讨和回应了他所属的时代的所有主题，形成了精神分析学说。而事实上，当时的维也纳还有一个从背景到学识到观点都和弗洛伊德惊人一致的人——施尼茨勒。

施尼茨勒（1862—1931）

施尼茨勒和弗洛伊德今天被看作完全风马牛不相及的两个人。事实上，这两个人在有生之年不仅都是维也纳的名人，而且还互相欣赏，施尼茨勒被称作文学界的弗洛伊德，而弗洛伊德也公开宣称施尼茨勒是最能理解他的人。这两个人互相吹捧，有时候互相开玩笑寻开心。比如，施尼茨勒的诊所曾经收到一个急诊病人，这位病人是一个年轻人，被一匹小马咬伤了生殖器，然后施尼茨勒大夫立刻命令："赶快把伤者送到急诊医院去。"然后又说："把马送到弗洛伊德教授那里去！"

但他们又一直互相回避、避免见面。因为他们的共同点太多，很可能当他们发现对方没有选择自己的行业时都松了一口气。实际上最应该松一口气的是弗洛伊德教授，因为施尼茨勒并不是没有选择心理学，作为维也纳大学医学教授的儿子，一个从小就生活在维也纳中产阶级社会里的犹太人，施尼茨勒的职业道路是他父亲决定的，就是成为一个大夫，他学的也是最热门的心理学。作为一个具备开业资格的心理医生，施尼茨勒的兴趣却主要在文学领域。大施尼茨勒六岁的弗洛伊德则是一个凤凰男般的外省犹太人，他家从摩拉维亚迁往维也纳，是一大家子人里成才的那个宝贝儿子[①]，所以他可没有施尼茨勒那样的自由，他的职业就是心理学，所以兴趣也必须是心理学。虽然喜欢收集小古董，但那些收集品只有两个作用，在他有生之年装饰候诊室，死后装饰弗洛伊德博物馆。

这二人都敏锐地观察到了歇斯底里症的根源，也意识到了其他人拒绝直接回答的病根儿。施尼茨勒的作品里写的最多的就是性：卖淫、出轨、男性的出轨和女性的出轨。女性因为被男人欺凌导致的精神崩溃和自杀，女性对丑闻的恐惧而精神崩溃，施尼茨勒用文学回答了“歇斯底里”问题的根源——女性的从属地位和被遗弃状态，还有伪善之罪所造成的性问题上的不平等。

而弗洛伊德没这么颠覆，他不是作家，也不是画家，他是一个勤劳的开业医生，必须遵循医学领域的游戏规则，而科学领域对心理医生的最高荣誉，就是成为维也纳医科大学的教授，得到这个头衔才能算是成功。所以，弗洛伊德不能直接说“歇斯底里的根源就是你们把老婆当家具”，也不能像人生赢家克利姆特那样直接指出性焦虑的根本。弗洛伊德在这个问题上采取

---

① 弗洛伊德出生于一个犹太人家庭，父亲雅各布·弗洛伊德（Jakob Freud）是一个呢绒商，母亲是父亲的第二任妻子，弗洛伊德出生时，父亲 41 岁，母亲 21 岁。父亲与第一任妻子有过两个儿子，弗洛伊德则是其母亲所生的八个孩子（其中一个夭折了）中的长子。据说，他出生时身上带着胞衣，这被认为是幸运的象征。也有传闻说，他出生后被吉普赛人预言将成为一位伟大的人物。父母对弗洛伊德寄予厚望，在家中为他尽力创造最好的条件，甚至不惜让其他孩子做出牺牲。

了迂回路线，宣称一切心理问题的根源都是性欲和对性欲的焦虑。他首先树立了一个理论基础，然后把歇斯底里的性根源，作为这个规律的必然结论推导出来，如此就显得温和多了。弗洛伊德用精神分析方法成功治好了好几位上层阶级的女病人，考虑到其他医生用的是“按摩治疗”，而弗洛伊德博士用的是心理咨询，我们必须承认弗洛伊德确实有两下子。

弗洛伊德博士治好了很多人的歇斯底里症，理所当然地有了很多上层阶级的女病人做保护人，但他在维也纳的同行眼中依然是离经叛道或是江湖骗子，再或者是一个打扮成科学家的思想家，把弗洛伊德的成就归入思想或者哲学领域，而否定其科学地位。维也纳大学医学系从 1897 年就开始推荐弗洛伊德为医学教授，但文化和教育部在整整四年里都不置可否，弗洛伊德为此一直愤愤不平。事实上，教育大臣是基于另一个理由而不愿授予弗洛伊德教授职位的。维也纳大学医学教授一直都是文化和教育部用来奖赏那些因为在公立医院里长期行医而导致收入受损的名医的一种补偿手段，可是弗洛伊德绝大部分时间里都是收入丰厚的开业医生，教育大臣并不愿意把有限的教授名额浪费在弗洛伊德身上。但对于饱受争议的弗洛伊德，维也纳大学医学教授的职位是他得到官方认可的最好标志，所以他又志在必得，于是克利姆特在 1902 年“拉”了弗洛伊德一把。

1900 年前后，随着克利姆特第一幅天顶画《哲学》的公开展出，作品中所包含的思想立刻引起了轩然大波。78 位维也纳大学的教授联名致信教育大臣，抗议克利姆特的作品。教育大臣哈尔特男爵坚定地站在克利姆特一边，所以克利姆特并不为所动，并在 1901 年和 1903 年分别展出了他为维也纳大学创作的另外两幅天顶画《医学》和《法学》。这两幅画引起了比《哲学》更为猛烈的批评，甚至连维也纳市长卡尔·鲁格也站出来批评克利姆特。面对如此强大的反对呼声，哈尔特男爵只能转而把这个问题冷处理。但教育大臣不想因此损害和克利姆特的关系，就想通过为即将开放的分离派美术馆捐献一副名画作为补偿。大臣当然不会自己出这幅画的钱，这时候就需要有人帮忙。而弗洛伊德的女保护人慷慨地表示可以帮大臣弄到画，条件是弗洛伊德必须成为教授。于是 1902 年，弗洛伊德激动地在日记上写道："法令通过了，弗洛伊德被任命为教授。"

今天，弗洛伊德被看作精神分析学说的创造者，之所以他在日后的时代里显得富于独创性，是由于他的时代和他曾经厕身其间的那个社会已经随着 20 世纪的历史消逝了。如果我们把目光转向弗洛伊德生活过的那个社会，就会看到包括弗洛伊德、卡尔·克劳斯、施尼茨勒、克利姆特、魏宁格甚至阿道夫·卢斯等一系列维也纳中产阶级知识分子，他们对社会伦理和伪善之罪的愤怒和抨击，以及他们对性本身的焦虑和思考。

二十四 普鲁斯特的黄昏

执着于记忆，感受到记忆被唤醒，并耐心地沉浸其中，然后优雅地加以表现，就是普鲁斯特的文学天才之所在。普鲁斯特爱他所过的那种生活，看到了在这种表面上虚伪、矫饰的生活之下蕴含着一种值得不朽的东西。他对爱的无休止的追寻和他对记忆中的人、物、事的不加区分的执着，让他的作品变成一颗琥珀，一个逝去的世界在这颗琥珀里以最美好的方式被封存。

正在向女士献殷勤的普鲁斯特

如果弗洛伊德是我们通向美好年代中产阶级内心深处的一扇窗户，那么普鲁斯特先生大概就是我们走向中产阶级生活的一扇大门了。普鲁斯特和我们这个年代已经被忘记的“美女作家”们有一个共同点——他们都是用“身体写作”。普鲁斯特爱他所过的那种生活，看到了在这种表面上虚伪、矫饰的生活之下蕴含着一种值得不朽的东西。他自己只要力所能及一直都是一个典型的上流社会成员，而他用全部生命吐出来的丝把这种生活包裹起来的产物，就是《追忆逝水年华》。弗洛伊德关注人的内心，而普鲁斯特关注人的记忆，当我们沿着他们的道路走进他们的世界，我们大概能够听到他们内心深处的轻轻叹息。

在 1917 年的战争年代，如果你站在硕果仅存的几个美好年代的老宝贝中间高喊：“再过一百年，在中国人中间，最著名的第三共和国作家是阿尔方斯·都德！”他们的回答无疑是“呃……”，而且声音中带有不加掩饰的不耐烦甚至倒彩声。

“和马塞尔·普鲁斯特！”当你在这阵充满敌意的嘈杂中，加上这后半句后，你会发现他们的“呃”拉了长音，声音里的不屑变成了沉吟和疑虑，他们端着杯子或拄着手杖面面相觑，一开始他们觉得你要么疯要么傻，现在他们觉得自己可能跟你一样疯了。

马塞尔·普鲁斯特是谁？这个问题，1917 年的人会问，今天的我们也会问。人人都知道普鲁斯特，对 1917 年的上流社会来说，不知道普鲁斯特是不可能的，“他那么可爱谁会不知道？”是的，普鲁斯特作为一个风趣的、优雅的、可爱的社交人物活跃在美好年代，1913 年他出版了一本书，确切地说是他那本书的第一卷，但这对他的形象似乎没有太大帮助。安德烈·纪德和他的朋友们几乎连看都没看就拒绝出版，因为他们觉得普鲁斯特“附庸风雅”。

对我们而言，普鲁斯特的形象也非常模糊，在 21 世纪的今天，作家普鲁斯特几乎无人不知，而且他的重要著作说到底也就是《追忆逝水年华》这一本，记住这本书的名字并不难，所以人人都知道他和他的书。但是，我可以负责任地说，包括我在内的绝大部分的“我们”，知道的也就仅此而已。

生命太短，普鲁斯特太长。1919年阿纳托尔·法郎士①因此而不愿意读普鲁斯特的这本书，但当时这本书其实才出到第二卷。1909年，普鲁斯特向一位出版商介绍了他正在酝酿的这本书，出版商爽快地拒绝了他，如果有人这时候走过去拍着他俩的肩膀说“嘿！你别听他的，这本书还得写十几年，写完的时候长度是4300页”，可能会把这两个人都吓傻。

贵人迷

当我写完这个标题，普鲁斯特的声音在我耳畔回响——

“我要朝这个蠢货的脑袋上开一枪！”

“而不是他头上的空气！”

“因为他在谈论我的时候居然用圣伯夫②的那一套。”

是的，任何人如果从普鲁斯特的生平入手来谈论他的作品，后果都是很严重的。普鲁斯特厌恶圣伯夫开创的这种方法。他之所以要写他唯一的并令他永恒的作品也是基于对圣伯夫方法的反感。

普鲁斯特仇恨传记法，也跟文学史对着干。从生卒年代上看，他是莫里

① 阿纳托尔·法郎士（1844—1924），普鲁斯特笔下作家戈贝特的原型之一。普鲁斯特对其仰慕已久，但见面后却大失所望。在想象中，他是一位“白发苍苍的温柔歌手”，而遇到真人后，却看到“像蜗牛壳”的鼻子、黑色山羊胡子，说话有点口吃。法郎士看在情人面子上，为普鲁斯特的《欢乐与时日》写了序言。1913年《追忆逝水年华》第一卷出版时，法郎士说了著名的那句：生命太短，普鲁斯特太长。

② 圣伯夫（Charles Augustin Sainte-Beuve，1804—1869），法国文学评论家。他认为了解一位作者的性格以及成长环境对理解其作品有重要意义，将传记方式引入文学批评。普鲁斯特针对他写了《驳圣伯夫》。

斯·巴雷斯时期的人（米歇尔·诺维克著作《法国知识分子的世纪》第一卷叫作《巴雷斯时代》，但米歇尔·诺维克将自己著作的第二卷命名为《安德烈·纪德时代》，其实纪德只比普鲁斯特大一岁）。对我们来说，普鲁斯特很遥远，印象中他属于那个穿礼服戴大礼帽的时代，我们从他在威尼斯摆出浮夸姿势的照片中看到的是另一个时代的人。而另一个人生赢家雅克·亨利·拉蒂格[①]在戛纳海滨的照片却现代得多。亨利·拉蒂格活到1986年，玩的是摄影，他显然是我们时代的人，但是1980年代他在接受电视台采访的时候，却大谈他的朋友普鲁斯特。普鲁斯特的另一个小朋友让·谷克多[②]活到1963年，有生之年已经站在了新浪潮导演们的背后，他们都是我们时代的人。

普鲁斯特不喜欢读者的目光。他的形象是暧昧的，如果要用一个词来描述，我第一个想到的是“光影斑驳”，第二个是“树影婆娑”。这两个词结合在一起的场景就是秋日阳光的树荫下，我们看到普鲁斯特的胡子、眼睛、衣服、手杖、帽子，但我们看不到他的全貌，他的面孔模糊不清。我们投射在普鲁斯特身上的目光被他折射到自己作品中去，而他的作品专注的则是那个礼服和大礼帽的时代，以及那个时代里处于社会边缘的一个阶层，虽然是高高在上的阶层。普鲁斯特误导了我们。

普鲁斯特生活的第三共和国是一个妥协的产物，从第二帝国灭亡到颁布第三共和国宪法，法国人斗争了将近五年，在这五年中，议会里的多数派希

---

① 雅克·亨利·拉蒂格（Jacques Henri Lartigue，1894—1986），法国摄影家。

② 让·谷克多（Jean Maurice Eugène Clément Cocteau，1889—1963），法国电影导演，现代派艺术家，诗人。

望恢复君主制，尚博尔伯爵[①]将作为法国国王亨利五世凯旋巴黎，议会甚至已经在准备迎接国王所需要的仪式和物品了。

但是，尚博尔伯爵没能成为亨利五世，从1875年议会勉强通过共和国宪法开始，法国就陷入了持久的分裂。左翼的法国和右翼的法国，巴黎和外省，无神论和天主教，整个法国围绕意识形态分裂为两派，这种分裂随着法国的经济发展，还跟阶级矛盾结合在一起。法国的贵族阶级原本积极地投身政治斗争——让巴黎伯爵成为尚博尔伯爵的继承人，贵族阶级中间势力最强大、掌握着国家高级官僚和军队的奥尔良派，与在意识形态上占据了制高点的波旁正统派实现了和解（两派约定，亨利死后由路易·菲利普的孙子巴黎伯爵奥尔良的腓力继位），但是复辟的失败使他们渐渐心灰意冷。

贵族沙龙的政治色彩渐渐退居次要，由于在艺术上的鉴赏力和优雅的生活方式上具有天然优势，贵族阶级在美好年代里成了时尚先锋。于是，我们通过普鲁斯特的作品所熟悉的那个对政治总体上保持着居高临下的超然立场（除了少数例外情况，比如全民参与的德雷福斯事件），隐入欣赏艺术、收集古董和艺术品、保持着自己的优雅生活方式和高贵举止的贵族社交界诞生了。

普鲁斯特不是贵族，这是一个奇妙的地方。虽然普鲁斯特在他的作品里把美好年代的贵族阶级变成了琥珀里的昆虫，但他自己却不是一个贵族。奥黛特的那句刻薄的俏皮话[②]说的是夏尔·斯万先生，我们知道夏尔·斯万先

---

① 尚博尔伯爵即亨利五世（Henri V de France，1820—1883），有名无实的法国国王。查理十世的次子贝里公爵查理·斐迪南和那不勒斯和西西里公主卡罗丽娜唯一的儿子，一出生就封为波尔多公爵及尚博尔伯爵。由于伯父王太子路易没有子女，他被视为上帝赠予的孩子。1830年8月，祖父查理十世、伯父路易十九先后被迫退位，他也被迫流亡，被视为正统王位继承人。1870年第二帝国垮台，保王党在全国会议中成为多数派。然而他坚持放弃三色旗国旗，恢复白色的百合花饰国旗，否则就不接受王位。这一坚持最终使波旁王室复辟成为泡影。

② 《追忆逝水年华》第一卷中的《斯万的爱情》里，奥黛特揶揄斯万先生“你戴着单片眼镜真有风度，就缺个爵位了”。

生的原型是夏尔·哈斯，但夏尔·哈斯先生如果没有他的女儿（夏尔·哈斯后来结婚生了一个女儿，普鲁斯特后来写的一本书中提及此事），或者普鲁斯特先生没有他那本垂之后世的书，这两个人几乎可以互换。我们可以说，普鲁斯特先生把夏尔·哈斯先生揪出来，替自己挡下了打得太漂亮的这一枪（在这儿我们又要引用奥黛特的那句完美的俏皮话）。

普鲁斯特的家庭背景决定了普鲁斯特在美好年代的社会金字塔上的起点。但这个新兴的法国中产阶级也处于分裂状态，美好年代的法国的政治斗争主要围绕意识形态进行，而不是阶级斗争，虽然中产阶级的利益受到了累进所得税的影响，但他们仍然支持累进所得税。马克思眼中保守反动的阶层：公证人、执达吏[①]、律师、记者、法官、编辑、公证人、医生，所有依赖社会稳定的人，却因为各自的政治信仰而投身斗争。有些人投身社会主义运动，有些人则投身保守主义运动，比如我们在《最后一课》里熟悉的阿尔方斯·都德，他的两个儿子就投身保守主义运动。他的大儿子莱昂·都德日后成为“法兰西行动”的领袖。而小儿子、“家里的王子”吕西安·都德则比哥哥更进一步，他热烈地崇拜已经退出斗争的贵族阶级，他说大革命时代的法国贵族为了表示进步而把名与姓之间的贵族中缀词“de”与姓连在一起（比如《危险的关系》的作者德拉克洛），而他为了能把自己的姓里的“D”拆出来变成贵族中缀词，为了把自己的姓从都德（Daudet），变成德·欧德（D’Audet）而愿意付出一切代价。这就是我们在《华丽的退场——世纪末的贵族幻梦》那篇里所讲的，中产阶级对理想的或者说艺术的贵族阶级在赞赏基础上的爱。这种爱影响了普鲁斯特，也为普鲁斯特打开了大门。

吕西安·都德是一个花花公子，生活方式现代而优雅，有艺术鉴赏力，热烈地崇拜贵族，日后当了拿破仑三世的皇后欧仁妮的侍从，并一直陪伴皇后到她生命的终点。但即使在皇后的影子宫廷里，吕西安·都德也被认为过

① 执达吏又称执达员，是一种为法庭服务，负责执行及传达法官裁决的官吏、职员。

吕西安 · 都德

于追求打扮，他唤起了普鲁斯特身上“贵人迷”的一面，终其一生都乐此不疲。而真正为普鲁斯特推开贵族阶级大门的人，则是无与伦比的孟德斯鸠伯爵。

罗贝尔·德·孟德斯鸠比普鲁斯特大12岁，今天已经几乎被遗忘，但在美好年代却赫赫有名。《骄傲之塔》的作者芭芭拉·塔奇曼说，如果王尔德有爵位、有财产、生活在巴黎而且懒惰，那就是孟德斯鸠伯爵，这句话我们还要补充一点，那就是“不胖而且帅”。

孟德斯鸠伯爵举止优雅，但态度高傲，盛气凌人，喜欢朗诵自己的诗，他和大部分自视甚高的人一样，有强烈的被夸奖的需求，如果得不到赞美，他会暴跳如雷。而当他遇到公认的最会夸奖别人的普鲁斯特时候，这个艺术化了的贵族和热爱艺术化了的贵族的普鲁斯特之间就建立了一种奇妙的关系。

孟德斯鸠伯爵为普鲁斯特打开了封闭的贵族阶级的大门。普鲁斯特在马德莱娜·勒梅尔夫人的沙龙里认识了孟德斯鸠伯爵，然后通过孟德斯鸠伯爵认识了德·拉罗什富科伯爵[①]和德·费纳隆[②]。这两个人的姓氏足以让任何一个崇拜贵族阶级的人心旌荡漾。作为传统的中产阶级，普鲁斯特的父母看着家里居然出现了这样的“贵客”，更多的是感到震惊。尤其是老普鲁斯特，一个实际又严肃的布尔乔亚，他坚定地相信自己的儿子是一个“不能自食其力的人”，这在布尔乔亚的世界观里是一个人能犯下的最大的几桩罪恶之一。而毕业于巴黎政治学院的普鲁斯特先生对此的回击是找到了一份无薪水的图书管理员工作，随即用尽一切办法请长假。

在美好年代里，普鲁斯特长大、咳嗽，在咳嗽中长大，观察、生活，就像一艘拖网渔船驶过急切想要忘记烦恼与忧愁的社会，但却没有方向。他的文学成就到 1913 年还几乎可以忽略不计，他在等待某个时刻的来临。虽然大部分人都觉得他就是另一个夏尔·哈斯，但他自己不这么看。虽然已经走过了一半的人生旅途，但文学上的普鲁斯特尚未觉醒。

怀孕的小狼

普鲁斯特大夫家的小马塞尔从巴黎政治学院开始攀登社会的金字塔，到

---

① 加布里埃尔·德·拉罗什富科（Gabriel de La Rochefoucauld），普鲁斯特的上流社会朋友，他的祖先拉罗什富科（Gabriel de Rochechouart de Mortemart, Duke of Mortemart，1600—1675）是路易十三、路易十四时代的名人，《道德箴言录》的作者。

② 贝特朗·德·费纳隆子爵（Betrand de Fenelon），普鲁斯特的上层社会朋友，1902 年陪他去过荷兰，主要目的是看低地国家艺术家的作品，特别是伦勃朗的。1914 年 12 月阵亡于一战战场。费纳隆是双性恋。

世纪之交，他的成就已经吓了父母一大跳。但普鲁斯特大夫依然对他的儿子是不是一个游手好闲的公子哥而忧心忡忡。不过普鲁斯特夫人对她的“小狼”充满信心，在这种母爱的支持下，小马塞尔开始写作。除了最初的《欢乐与时日》之外，他开始翻译罗斯金，这是一个有意思的尝试，因为我们知道普鲁斯特英语水平令人扼腕，他长时间地盯着罗斯金的原文，然后在母亲和朋友直译的基础上进行再创作。

但这一切并不能满足严厉的普鲁斯特大夫，他死于 1903 年，此时的普鲁斯特除了罗斯金的译文、《欢乐与时日》以及《费加罗报》上的几篇以笔名发表的小文章外再无其他。普鲁斯特大夫觉得他的儿子和大部分公子哥一样，只是出于无聊才写作。普鲁斯特把《亚眠大教堂》的法文版题献给他，以纪念“11 月 24 日患病，11 月 26 日逝世的父亲”。1905 年普鲁斯特太太逝世，她的“小狼”陪伴她到最后，她留给泪流满面的儿子的最后一句话是：“你即使不是一个罗马人，也应该无愧于罗马人。”

普鲁斯特说，母亲的死永远地带走了小马塞尔。普鲁斯特必须正视他的命运了。属于他的道路现在才开始闪闪发亮。父母的离去在财政上解放了普鲁斯特，之前的 30 多年里，普鲁斯特夫妇像管孩子一样管着他们的儿子，在普鲁斯特太太眼中，她的儿子永远 4 岁，这句话在经济上也成立，他们要求普鲁斯特详细计算自己的花销，包括给服务员的小费和给夫人们送什么样的花、送几次。有时候为了请朋友一家去歌剧院，普鲁斯特只能选择饿肚子。但是，1905 年他发现普鲁斯特大夫比他想象的要富得多，尤其在他这样一个对钱没有正确概念的人眼中，他继承的财产就更加惊人。1905 年，普鲁斯特反复宣布他破产了，但是他的公证人告诉他：他不但没有破产，实际上还相当富裕。一个泪眼婆娑的中年人，从痛苦中站起来的时候，发现自己岁入十万法郎，这在任何时代都是一件充满讽刺意味的事。

1906 年，让人想起福楼拜的《情感教育》，这一年，小马塞尔终于意识到自己的使命所在，而为了这一使命，继承了财产的普鲁斯特先生更加热情地投入享乐生活。他最终搬出了父母的公寓，但从没有舍得离开父母的那些笨重家具，他无法住在一个没有母亲记忆的房子里。有了钱普鲁斯特不在家里招待朋友吃饭，而是把他们往丽兹饭店请，他送各种各样漂亮的礼物给别人，这些东西都不便宜。随着年龄的增长，他的"朋友"的社会地位逐渐下降，他把他们变成自己的司机、秘书和助理，他的花销越来越大，他甚至给他的"好朋友"、可爱的阿尔弗雷德①买了一架飞机。

当然，他也越来越积极地投入写作，在白昼打扮精致的普鲁斯特先生身后，是一个从未忘记父母目光的小马塞尔，他在药粉熏制过的空气里，穿着长睡衣写作。孟德斯鸠伯爵的仇敌让·洛兰在文章里辱骂普鲁斯特是"上流社会的小公子哥儿，千方百计地让自己肚子里怀上文学"。普鲁斯特因此在1897年跟他用手枪决斗。但让·洛兰的辱骂却揭示了一个现实，那就是普鲁斯特的文学已经在他的生命里蠢蠢欲动，这是被一个人的生命孕育出来的作品。

此时，孕育这作品的生命也正在走向拐点。普鲁斯特说他1907年只下过五次床，历史学家经过反复考证，认为他的说法是错误的，他一年至少下过八次床。床上的一年之后，1908年，普鲁斯特第一次开始谈论他的作品，在给朋友的信中，他描述作品大体上是两篇报刊文章，一篇是严肃的论文，另一篇从一个早晨的对话开始，"妈妈来到我的窗前，我对她谈论我的思想"。1909年，当普鲁斯特再次跟一位出版商谈到他的作品的时候，这两篇文章变成了一本大约300页的书，附带150页的一篇关于圣伯夫的严肃对话。

这本300页的书到1912年已经写变成了1200页，它被寄给巴黎的出版商，然后遭到无情的拒绝。它又被寄给日后的加里马出版社，纪德和他的朋友们组成了这家出版社的审查委员会，他们几乎没有读就拒绝了普鲁斯特。

---

① 阿尔弗雷德·阿格斯蒂内利遇到普鲁斯特时19岁，是位英俊的摩洛哥人。普鲁斯特说："我真正地爱过阿尔弗雷德。说我爱过他还不够，我仰慕他。我不知道我为什么要用过去时。我依然爱着他。"

最后，普鲁斯特找到了他的“乌木切纸机”般的贝纳尔·格拉塞[①]，而后者跟他在自费出版的前提下达成了协议。

普鲁斯特先生在社交界是一个优雅的绅士，在写作上也一样。他和巴尔扎克一样喜欢在清样上大肆修改，所以当排版软件诞生时，他和巴尔扎克一起被誉为排版软件最能拯救的作家。但巴尔扎克先生是吃在印刷机边、睡在印刷机边的码字奴隶，而普鲁斯特先生呢？普鲁斯特先生是口授给速记员或者秘书，然后再由秘书或者打字员打字。如果有时间他就在打字稿上大肆修改，然后越改越多；如果没时间他就等印刷厂把清样快递过来，在清样上大肆修改，然后越改越多。考虑到《在斯万家那边》的出版费用需要普鲁斯特自理，我们就能更好地感受到这种写作方式的绅士气派。

1913 年 11 月《在斯万家那边》出版，但普鲁斯特可爱的“小阿尔弗雷德”跑掉了，普鲁斯特先生陷入爱情的痛苦之中。事业的成功，即使安德烈·纪德亲口承认其作品的价值和自己的失误，也无法抚平普鲁斯特的痛苦。然后世界大战开始了，德·费纳隆在 1914 年战死，小阿尔弗雷德回到了普鲁斯特身边，普鲁斯特给他买了一架飞机。为了学会开飞机，小阿尔弗雷德死在地中海里，人们看到不会游泳的他爬上飞机残骸拼命呼救，最后被淹死，他随身携带的大笔现金可能加速了这一过程。

1919 年战争结束，《在少女花影下》出版，普鲁斯特由此为自己争取到龚古尔奖。但一个世界已经远去。普鲁斯特得到了越来越多的荣誉和赞美，但他的生命正和那个时代一起远去。1922 年 9 月 18 日，为了见老朋友弗斯格伦，普鲁斯特在里维埃拉酒店空等了四个多小时。两个月后，11 月 18 日，普鲁斯特逝世。

---

① 贝纳尔·格拉塞（Bernard Grasset，1881—1955），几乎缔造了法国现代出版业的出版商，工作风格强悍、犀利、高效，善于利用大规模媒体活动做广告，贿赂名人发起宣传。普鲁斯特把他比喻成“乌木切纸机”。参看爱德华·怀特《马塞尔·普鲁斯特》，生活·读书·新知三联书店 2014 年版，第 129 页。

日日夜夜，双重生活

有生之年的大部分时间里，普鲁斯特过着双重生活：昼间上流社会的社交明星普鲁斯特先生的享乐生活，以及夜间疯狂写作的哮喘病患者马塞尔先生的修道士般的生活。为了过昼间的普鲁斯特生活，他服用兴奋剂；为了把夜间的小马塞尔哄上床，他又服用镇静剂。他接受了自己形象上的二重性，并像一个好演员一样投入其间。在哮喘病发作的日子里，普鲁斯特过着昼夜颠倒的生活，只能在尘埃落定的午夜时分出门；在战争时期，他忠实的女仆每天晚上等着她的马塞尔先生回来，在清晨看着他入睡，然后在下午用咖啡静候着他醒来。那个会不厌其烦地讲述各种社会八卦，却从不让女仆坐下听的马塞尔先生，是夜间的普鲁斯特，那是在交谈中思考的作家，在讲述中记忆的普鲁斯特。

而在那些能够出门的日子里，白昼的、光天化日之下的普鲁斯特先生，是殷勤的、愉快的，喜欢把任何人，包括在报上猛烈抨击他作品的人都往丽兹饭店请。他会给贵族家的管家送大笔小费换取小道消息，在丽兹饭店付200% 的小费，吃得却并不多。他以每月 60 法郎的价格订了歌剧院的电话直播服务，然后对别人说："我听到的田园交响乐和贝多芬听到的一样，完全没有声音。"他害怕老鼠胜过害怕来轰炸的德国飞机。

普鲁斯特的作品是孕育出来的，普鲁斯特自己也持这种看法，基于这种看法，他否定了文学才能的价值。记忆是最关键的，或者说记忆被唤醒的瞬间是最关键的，记忆被唤醒的瞬间就是灵光闪现的瞬间。按照这个逻辑，可以说：普鲁斯特相信所有人都具备成为他的可能，文学的才能被抹杀了。但是，本着这个逻辑，我们也可以说：执着于记忆，感受到记忆被唤醒，并耐心地沉浸其中，然后优雅地加以表现，就是普鲁斯特的文学天才之所在。

普鲁斯特的作品，并不是哮喘病人在床上无穷无尽的回想，也不是纠缠于往事的病人的梦魂经过对同性恋的回避而改头换面的产物。普鲁斯特之憎恨传记法，也是基于这个理由。

昼间的普鲁斯特和夜间的小马塞尔哪个才是真实的？社交界之花的普鲁斯特先生和作家普鲁斯特先生，美好年代上流社会熟悉的普鲁斯特和我们在《追忆逝水年华》中读到的那个“我”，到底哪个才是真实的？我们可以简单地说：两个都是，两个又都不是，他们都是真实的，也都是假象。那个介于昼夜之间的或者融合了两者的，同时戴着微笑和哭泣两个面具，却哭笑不得的普鲁斯特，才是真实的。那是在爱、追求、欢乐和失望之后的肃穆，一张希腊化时代雕塑般的脸。1922 年 9 月 18 日坐在里维埃里酒店里的那个衰竭的普鲁斯特。那个一生都在追求，同时比任何人都更清楚地感受到自己追求的虚妄和愚蠢的普鲁斯特，永远的小马塞尔，他对爱的无休止的追寻和他对记忆中的人、物、事的不加区分的执着，让他的作品变成一颗琥珀，一个逝去的世界在这颗琥珀里以最美好的方式被封存。

二十五　我们的和他们的 1913

处在 1913 年的人们正急切地憧憬着未来，这和 1914 年以后的人喜欢怀念过去形成了鲜明的对比。人们在热切地盼望着 20 世纪揭开它神奇的大幕，从先锋艺术到技术进步，人们对大幕后面的东西充满了想象，唯独没有考虑到“战争”和“革命”。如果日后能选择，他们多半宁愿留在 1913 年，但当时他们浑然不觉。

1913 年《春之祭》剧照

在这本书即将结束之时，我对最后一篇到底要说什么想了很多。我原计划给你们讲讲 1914 年的那个夏天——比如斐迪南大公为什么会去萨拉热窝？那个星期天，得意扬扬地坐在他身后的那位波斯尼亚驻军长官波蒂奥雷克将军是谁？为什么总参谋长康拉德将军[①]不但没有陪同皇储访问萨拉热窝，甚至没有等皇储夫妇一起回维也纳，当天早晨就独自上了火车，一直到火车抵达阿格拉姆或者用它今天的名字“萨格勒布”，他才从上火车向他报告的雷门将军口中听到了皇储夫妇遇刺的消息？

再比如皇储夫妇的汽车怎样在萨拉热窝迷了路，司机把车停在一间咖啡馆门口掉头，而正在为自己的胆怯而懊恼的普林西普[②]就在这里，他刚刚祈求上天再给自己一次机会，皇储夫妇就出现在面前了。还有当这对命运多舛的夫妻的灵柩最终被火车运回维也纳时，在月台上等候他们的人里有两位过去的美景宫宠儿[③]——总参谋长康拉德将军和前陆军大臣奥芬贝格将军。但这两位被皇储一手提拔起来的将军，在迎接他们的老主人归来的整个过程里谈的只有一件事——迫在眉睫的战争。

对于一本始自启蒙时代，以 19 世纪的老欧洲为主题的书，没有比 1914 年的七月危机更适合当结尾的了。在这个夏天，那些欧洲的当局者对他们自身和人类命运所表现出来的短视和颟顸，以及他们走上欧洲历史分水岭时所表现出来的无能和软弱，都与他们造成的巨大灾难，以及被这场灾难埋葬的那个世界形成一种强烈的反差。这种反差所体现的就是历史本身的悲剧

① 弗兰茨·康拉德·冯·赫岑多夫伯爵（Franz Graf Conrad von Hötzendorf，1852—1925），奥地利陆军元帅，1906 年在王储斐迪南大公的推荐下任总参谋长。

② 加夫里洛·普林西普（1894 年 7 月 25 日—1918 年 4 月 28 日），波斯尼亚人，塞尔维亚民族主义者。经过两个月的预谋，1914 年 6 月 28 日，普林西普在萨拉热窝街头用小型自动手枪连开两枪，刺杀了正在萨拉热窝进行访问的奥匈帝国王储兼继承人弗兰茨·斐迪南大公和他的妻子苏菲，史称萨拉热窝事件。该刺杀行动成为第一次世界大战的导火线，最终导致一战的爆发。

③ 皇储弗兰茨·斐迪南大公住在美景宫，他的亲信被戏称为美景宫宠儿。

色彩。

但我最终还是决定把这本书的结局放在1913年，把后面的故事放到下一本书去讲。因为相比于1914年夏天那些当局者对命运的漠不关心，更加富于悲剧色彩的是，在1913年走向终结的那个世界里的每一个人对命运的茫然无知。1914年6月的那次刺杀把少数几个人推到了历史舞台的聚光灯下，但在那之前，在1913年，他们每一个人都是小人物，都是旧世界芸芸众生里的一员，虽然他们当中有些人高高在上，但在1913年，没有人相信单凭他们几个就能把整个欧洲推进黑暗。

1913年的欧洲人继续着他们的生活。在这一年的开头，勋伯格用一部完美的浪漫主义作品满足了维也纳听众，然后又在一场现代派音乐会上挨了一记耳光。相比之下，巴黎人虽然也对先锋音乐缺乏宽容，但毕竟还算文雅。1913年，俄罗斯芭蕾舞团在巴黎上演了《春之祭》，普鲁斯特和可爱的哈里·凯斯勒伯爵[①]一起观看了彩排。今天它被看作世纪初文化上的焦虑、躁动和不安的象征，但当时的观众只感受到了愤怒，他们在剧院里大声抗议，最后只能靠警察维持秩序。

1913年，卡夫卡在继续他的写作，写作不顺利时就给自己在柏林的女朋友写信。施尼茨勒在维也纳朗诵了他的剧本，却总是感到心烦意乱，甚至几次想要自杀，在他想要自杀的那个周末的夜晚，雷德尔上校却真的自杀了。这个消息最初没有引起关注，但基施踢爆了被帝国军队严格保密的雷德尔的死因，尤其是军队最终站出来指控雷德尔是俄国间谍，这个消息吓坏了茨威格。山巷街19号的弗洛伊德教授依然在他的诊所给人提供心理分析，在天气好的日子里带上全家人去维也纳森林采蘑菇；他竭力把叛徒卡尔·荣

---

① 哈里·凯斯勒伯爵（Harry Graf Kessler，1868—1937），传说中的威廉一世皇帝的私生子、威廉二世皇帝的名誉叔父，出生在巴黎，拥有德国爵位，家在魏玛，却是伦敦、巴黎和柏林社交界的明星。哈里·凯斯勒几乎可以看作战前欧洲一体化的象征的人物，但在第一次世界大战中，他投身德国军队，成为一个坚定的爱国者、一个德意志民族主义者。

格从生活中排除出去，其实，弗洛伊德非常认真地研究了荣格的观点。在这一年的国际心理学大会上，同样把弗洛伊德教授当空气的卡尔·荣格也一直在背地里研究弗洛伊德的“俄狄浦斯情结”。在巴黎，香奈儿女士创立了自己的品牌，忙着开新店，她设计的针织女装一推出就大受欢迎。这一年，大洋彼岸的美国发明了汽车流水生产线和第一台家用电冰箱。1913 年，生活在继续。

1913 年的人们正急切地憧憬着未来，这和 1914 年以后的人喜欢怀念过去形成了鲜明的对比。人们在热切地盼望着 20 世纪揭开它神奇的大幕，从先锋艺术到技术进步，人们对大幕后面的东西充满了想象，唯独没有考虑到“战争”和“革命”，就像没有人注意到这一年的早春，在寒冷的美泉宫花园里，一个维也纳的流浪汉和一个用化名来到维也纳的俄国革命者可能擦肩而过，前者这时候主要是靠画画谋生，而后者有一个古怪的名字“朱加什维利”[①]。

虽然报纸的政治版一再警告人们：欧洲正处在一场战争的边缘，但在 1913 年的欧洲人看来，报纸的政治版已经这样警告了十几年了。欧洲在战争的边缘徘徊了十几年，1909 年和 1912 年仿佛都已经到了战争的边缘，但战争并没有爆发。人们对报纸上的政治新闻和评论家的忧心忡忡变得越来越不感兴趣。对茨威格和他的朋友们来说，报纸的政治版往往是被直接翻过的，他们的兴趣是新戏预告和音乐会节目单以及足球比分。

上层阶级里的很多人基于“科学”的真理而充满乐观情绪，扬·戈特利布·布洛赫[②]这位热心和平事业的商人，在 1898 年出版了他的《未来的战争》，他在书中指出，随着军队规模的扩大和武器杀伤力的提高，现代战争的破坏力以及现代战争的财政负担已经决定了它不可能为任何国家的政府所

---

① 朱加什维利是约瑟夫·斯大林的原姓。

② 扬·戈特利布·布洛赫（Jan Gotlib Bloch，1836—1902），波兰银行家、铁路金融家，私人时间致力于对现代工业战争的研究。

接受。虽然军备竞赛在继续，但战争正在远离人类社会。

社会主义者没有他们这样乐观，但同样认为他们可以消灭战争。1913年，法国社会主义者的领袖饶勒斯[①]被欧洲社会主义者看作英雄、旗手、欧洲和平的捍卫者。1911年，这些社会主义者在维也纳举行过一次和平大会，按照这次大会的决议，1914年10月他们要在维也纳举行一次更大的和平会议，那时候饶勒斯应该已经是法国外交部长了，届时将领导整个大会并最终把欧洲从战争的阴影下解放出来。

1913年，欧洲大多数人根本没有想过什么战争，少数想到它的人里比较情绪化的那一类已经变得不耐烦，他们宣布：如果战争必将爆发，那不如干脆早点来。而比较理性的那部分人则相信它应该永远也不会来了。1913年，诺曼·安吉尔爵士[②]在《给德国大学生的公开信》中宣布全球化的阳光已经驱散了世界大战的阴云。斯坦福大学的校长戴维·乔丹[③]也认为，"在全球化的1913年，世界大战永远也不会到来"。

如果知道你的世界行将就木你会做什么？这个问题可能有无数个答案。但假如稍加修改变成如果你的世界行将就木，你却对此毫无觉察，你会做什么。回答可能只有一种：继续眼前的生活。对于本书谈论过的大部分人而言，1913年都是他们日常生活的继续，威廉二世在这一年举办了欧洲君主大家庭的最后一次盛会——为他的女儿和被普鲁士吞并的汉诺威王国的王储恩斯特·奥古斯特举行婚礼（见彩图25）。在这次婚礼之后，那位流亡的汉诺威王储放弃了他的王国，接受了威廉册封的不伦瑞克大公头衔。英王乔治五

---

① 让·饶勒斯（Jean Léon Jaurès，1859—1914），20世纪初法国社会主义运动中最有影响力的领导人之一。1914年7月31日，在巴黎被一个认为他要将法国出卖给德国的狂热分子暗杀。

② 诺曼·安吉尔爵士（Sir Ralph Norman Angell，1872—1967），英国作家、英国工党国会议员，1933年度诺贝尔和平奖获得者。

③ 戴维·乔丹（David S. Jordan，1851—1931），美国知名的高等教育改革家与实践家。他作为斯坦福大学的首任校长，在任长达24年。

世和沙皇尼古拉二世都访问了柏林，这三个表兄弟在检阅军队和出席庆典的过程中，谁也没想到这是他们生命中的最后一次会面。

1913 年行将终结的时候，里尔克在巴黎一边抱怨天寒地冻，一边对普鲁斯特新出版的《在斯万家那边》赞不绝口；罗伯特·穆齐尔凭借他那张“重度神经衰弱伤及心肺功能”的医生诊断书又一次从他担任图书馆馆员的大学请到了长假，他准备再到柏林去碰碰运气，第二年夏天他就在柏林街头看到了因为宣战而走上街头的柏林人。在 1913 年的最后一天，施尼茨勒和他的朋友们一起迎接新年，当 1914 年到来的时候，他们一起开球庆祝新一年的开始。他们没有想到，一个新世界随着 1914 年的新年钟声降临了。如果日后能选择，他们多半宁愿留在 1913 年，但当时他们浑然不觉。而那个在他们的浑然不觉中降临的世界就是我们今天身处其间的世界。他们的世界远去了，我们的世界到来了，（见彩图 26）我们的故事也就讲完了。

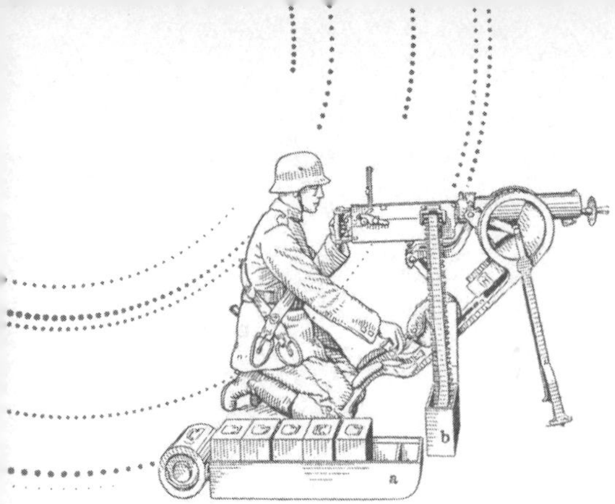
b
a